ROWOHLT
BERLIN

Deutsche Freunde

Zwölf Doppelporträts

Herausgegeben von
Thomas Karlauf

Rowohlt · Berlin

1. Auflage August 1995

Umschlaggestaltung Walter Hellmann
Fritz Haber und Albert Einstein (rechts),
Foto von S. Tamaru, Bibliothek und Archiv
zur Geschichte der Max-Planck-Gesellschaft
Friedrich Wilhelm Joseph Schelling,
Bleistiftzeichnung von Friedrich Tieck
Friedrich Hölderlin, Pastellbild von Franz Karl Hiemer
Foto der deutschen Fußballnationalmannschaft,
Weltmeister 1954 in Bern: Ullstein Bilderdienst
Gesetzt aus der Bembo (Linotronic 500)
Gesamtherstellung Clausen & Bosse, Leck
Printed in Germany
ISBN 3 87134 243 2

Inhalt

Von der Freundschaft

von Matthias Claudius

Von der Freundschaft spricht einer: sie sei überall, der andre: sie sei nirgends; und es steht dahin, wer von beiden am ärgsten gelogen hat.

Wenn Du Paul den Peter rühmen hörst, so wirst Du finden, rühmt Peter den Paul wieder, und das heißen sie denn Freunde. Und ist oft zwischen ihnen weiter nichts, als daß einer den andern kratzt, damit er ihn wieder kratze, und sie sich so einander wechselweise zu Narren haben, denn wie Du siehst, ist hier, wie in vielen andern Fällen, ein jeder von ihnen nur sein eigner Freund und nicht des andern. Ich pflege solch Ding «Holunderfreundschaften» zu nennen. Wenn Du einen jungen Holunderzweig ansiehst, so sieht er fein stämmig und wohl gegründet aus, schneidest Du ihn aber ab, so ist er inwendig hohl, und ist ein so trocken, schwammig Wesen darin.

So ganz rein geht's hier freilich selten ab, und etwas Menschliches pflegt sich wohl mit einzumischen, aber das erste Gesetz der Freundschaft soll doch sein: daß einer des andern Freund sei.

Und das zweite ist, daß Du's von Herzen seist und Gutes und Böses mit ihm teilest, wie's vorkömmt. Die Delikatesse, da man den und jenen Gram allein behalten und seines Freundes schonen will, ist meistens Zärtelei; denn eben darum ist er Dein Freund, daß er mit untertrete und es Deinen Schultern leichter mache.

Drittens laß Du Deinen Freund nicht zweimal bitten. Aber wenn's not ist, und er helfen kann, so nimm Du auch kein Blatt vors Maul, sondern gehe und fordre frisch heraus, als ob's so sein müßte und gar nicht anders sein könne.

Hat Dein Freund an sich, das nicht taugt, so mußt Du ihm das nicht verhalten und es nicht entschuldigen gegen ihn. Aber gegen den dritten Mann mußt Du es verhalten und entschuldigen. Mache nicht schnell jemand zu Deinem Freund, ist er's aber einmal, so muß er's gegen den dritten Mann mit allen seinen Fehlern sein. Etwas Sinnlichkeit und Parteilichkeit für den Freund scheint mit zur Freundschaft in dieser Welt zu gehören. Denn wolltest Du an ihm nur die wirklich ehr- und liebenswürdigen Eigenschaften ehren und lieben, wofür wärst Du denn sein Freund, das soll ja jeder wildfremde, unparteiische Mann tun. Nein, Du mußt Deinen Freund mit allem, was an ihm ist, in Deinen Arm und Deinen Schutz nehmen, das granum salis versteht sich von selbst, und daß aus einem Edlen kein Unedles werden müsse.

Es gibt eine körperliche Freundschaft. Nach der werden auch zwei Pferde, die eine Zeitlang beisammen stehen, Freunde und können eins des andern nicht entbehren. Es gibt auch sonst noch mancherlei Arten und Veranlassungen. Aber eigentliche Freundschaft kann nicht sein ohne Einigung, und wo die ist, da machte sie sich gern und von selbst. So sind Leute, die zusammen Schiffbruch leiden und die an eine wüste Insel geworfen werden, Freunde. Nämlich das gleiche Gefühl der Not in ihnen allen, die gleiche Hoffnung und der eine Wunsch nach Hülfe einigte sie, und je inniger und edler dies Gefühl, dieser Wunsch und diese Hoffnung sind, desto inniger und edler ist auch die Freundschaft, die daraus wird.

Aber, denkst Du, auf diese Weise sollten ja alle Menschen auf Erden die innigsten Freunde sein? Freilich wohl! und es ist meine Schuld nicht, daß sie es nicht sind.

Postskript. Es gibt einige Freundschaften, die im Himmel beschlossen sind und auf Erden vollzogen werden.

«Ich sterbe mit tausend Freuden für Sie»

FRIEDRICH VON PREUSSEN UND KATTE

von Thomas Stamm-Kuhlmann

I Das stellvertretende Opfer

Und Gott sprach: «Nimm Isaak, deinen einzigen Sohn, den du liebhast, und gehe hin in das Land Moria und opfere ihn daselbst zum Brandopfer auf einem Berge, den ich dir sagen werde.» ... Und als sie kamen an die Stätte, die ihm Gott gesagt hatte, baute Abraham daselbst einen Altar und legte das Holz darauf und band seinen Sohn Isaak, legte ihn auf den Altar oben auf das Holz und reckte seine Hand aus und faßte das Messer, daß er seinen Sohn schlachtete.

Da rief ihn der Engel des Herrn vom Himmel und sprach: «Abraham! Abraham!» Er antwortete: «Hier bin ich.»

Er sprach: «Lege deine Hand nicht an den Knaben und tu ihm nichts, denn nun weiß ich, daß du Gott fürchtest und hast deines einzigen Sohnes nicht verschont um meinetwillen.» Da hob Abraham seine Augen auf und sah einen Widder hinter sich in der Hecke mit seinen Hörnern hangen und ging hin und nahm den Widder und opferte ihn zum Brandopfer an seines Sohnes statt.

Diese Geschichte, die ihre Parallelen in der Sage der Griechen von Iphigenie in Aulis hat, erinnert uns daran, daß in archaischen Zeiten die Opferung von Kindern nichts Ungewöhnliches war. Beide Sagen, die biblische wie die griechische, weisen ferner darauf hin, daß der Mensch sich gegen diesen Brauch zu sträuben begann, weshalb in beiden Fällen der Gottheit die Rolle zukam, für den Ersatz des Kindes durch ein Opfertier zu sorgen.

In der wahren Geschichte vom Kronprinzen Friedrich und seinem Freund Hans Hermann Katte war es der Götze der Autorität, dem ein Sohn geopfert werden sollte; die Stellvertretung aber fiel hier nicht einem Widder zu, sondern dem Sohn eines andern: dem Leutnant Katte, dessen Großvater sich vergeblich um seine Begnadigung bemühte.

Worum es ging? König Friedrich Wilhelm I. von Preußen, der «Soldatenkönig», hatte seit einer Reihe von Jahren feststellen müssen, daß sein ältester Sohn und Thronfolger, der spätere Friedrich der Große, nicht dem Bild entsprach, das sich der Vater von einem künftigen preußischen Monarchen machte. Statt ordentlich, sauber, korrekt, hart, männlich und sparsam zu sein wie er selbst, erschien ihm Kronprinz Friedrich nachlässig, schmutzig und effeminiert; auch machte er heimlich Schulden. In einer Serie von Konfrontationen hatte der Vater den Sohn erst im kleinen Kreis, dann vor dem Hofpersonal, schließlich vor den Offizieren seines Regiments gedemütigt und zurechtgewiesen. Der Sohn aber hatte in der Form des väterlichen Tadels eine Kränkung seiner Ehre erblickt und schließlich, achtzehnjährig, den Plan gefaßt, sich eine Zeitlang dem Zugriff seines Vaters zu entziehen, indem er ins Ausland entwich.

Im August 1730 sollte der Plan in die Tat umgesetzt werden. Vertraute waren gewonnen, die die Flucht ermöglichen sollten, unter ihnen der Gardeleutnant Hans Hermann von Katte. Andere Personen, denen der König Wachsamkeit anbefohlen hatte, da er einen Fluchtversuch seines Sohnes voraussah, entdeckten die Absicht und erstickten das Unternehmen im Keim. Friedrich und drei weitere Personen wurden festgesetzt, und über sie sowie einen Flüchtigen wurde vom König ein Kriegsgericht angeordnet. Der Prinz und seine Helfer, so formulierte es der König wiederholt eigenhändig, hätten sich des Verbrechens der Desertion schuldig gemacht. Das Gericht verurteilte den Fluchthelfer Katte zu lebenslanger Festungshaft. Für ein Urteil über den Prinzen erklärte es sich nicht zuständig. Der König bestätigte drei Urteile, das gegen Katte wandelte er in ein Todesurteil um.

Soweit der Sachverhalt. Daß es sich hier um eine stellvertretende Tötung handelte, die es dem König erlaubte, seinen Zorn zu kühlen, ohne Hand an sein eigen Fleisch und Blut legen zu müssen, war den beiden Hauptfiguren, Friedrich und Katte, bewußt. «Tausendmal» hat Friedrich seinen Freund dafür um Verzeihung gebeten, daß er zum Anlaß für dessen schmachvollen und vorzeitigen Tod geworden war, und ebenso deutlich hat ihm Katte geantwortet: «Je meurs avec mille plaisirs pour vous.»

Katte ist für Friedrich gestorben, und er erschien schon Theodor Fontane als der wahre Held in der Affäre. Vergeblich hatte der Kronprinz zuletzt versucht, alles zu opfern, um Katte loszukaufen, hatte sein eigenes Leben, wenigstens sein Recht auf die Thronfolge, dafür geboten. Sein Angebot wurde nicht erhört, es konnte nicht erhört werden, weil der Vater einen anderen Zweck verfolgte.

Der König wollte sich einen Nachfolger schaffen, der dem eigenen Wunschbild entsprach und dem er das unfertige Gebilde des preußischen Königreichs würde anvertrauen können. Zu diesem Zweck sollte sein Eigensinn durch eine tödliche Bedrohung und eine schwere seelische Erschütterung zuvor gebrochen werden.

In einer Zeit, die noch gewohnt war, alle Lebensäußerungen im Gewand religiöser Begriffe zu erfassen, erhielt auch dieser Konflikt zwischen Vater und Sohn ein religiöses Kleid. Unterwerfung und Reue des gedemütigten Sohnes unter den Vater wurden gleichgesetzt mit einer Bekehrung zu Gott und – noch spezieller – mit der Ersetzung einer bestimmten theologischen Auffassung durch eine andere. Von der Theologie wird noch die Rede sein. In dem Unterwerfungsplan des Vaters spielte der zur Schau gestellte Tod Kattes eine ausschlaggebende Rolle, wie der dem Kronprinzen beigegebene Feldprediger Müller in seinem seelsorgerischen Gespräch mit diesem richtig analysiert hat: «Daß der König nicht des Kronprinzen Untergang, sondern nur seine wahre Bekehrung und Besserung suche, wäre hieraus zu schließen, ... weil der König den Katten vor des Kronprinzen Auge hätte richten lassen, um dadurch den Kronprinzen zum ernstlichen und gründlichen Nachdenken zu bringen.»

Welche Ungeheuerlichkeit dieses Verfahren darstellte, kam keinem der Beteiligten voll zu Bewußtsein, weil alle durch die Vorstellungen von Buße und Bekehrung zu Gott benebelt waren, auch das Opfer, Katte, selbst, der dem Kronprinzen ausrichten ließ: «daß der Kronprinz wegen dieser Exekution nicht einen Groll gegen Se. Königl. Majestät fassen möge, als welche nicht schuld an seinem Tode wären, sondern der Gerechtigkeit Gottes hierinne dienten.»

Das Opfer bittet, man möge dem Täter die Tat nicht anrechnen: Eine bessere Chance zur Verschleierung der Zusammenhänge gibt es nicht.

Kattes Tod war Friedrich Wilhelm I. durchaus anzurechnen. Er besaß einen Entscheidungsspielraum, den ihm das Kriegsgericht sorgfältig vorbereitet hatte. Das Urteil des Kriegsgerichts legte ihm die Möglichkeit offen, die Todesstrafe zu verhängen. Immerhin hatte die Majorität der Einzelvoten des Gerichts diese Strafe für rechtens erkannt. Der König konnte aber ebenso die mildernden Umstände berücksichtigen, die sogar diejenigen Offiziere des Kriegsgerichts zu bedenken gegeben hatten, die für die Todesstrafe votierten. Ein mildernder Umstand war natürlich vor allem, daß die Tat, zu der Katte seine Hilfe geliehen hatte, nicht ausgeführt, sondern durch wachsame Diener des Königs vereitelt worden war. In den Sentenzen zweier Klassen von Richtern (das Gericht mußte nach Rangklassen getrennt abstimmen) erscheint noch ein anderer Grund: Der Kronprinz hatte zugestanden, «bei Erfolgung dessen [d. h. Kattes] Todesstrafe lebenslang kein geruhiges Gewissen zu haben».

Friedrich Wilhelm I. aber ließ sich davon nicht rühren. Er setzte sich sogar über die Tatsache hinweg, daß die Schlußsentenz des Kriegsgerichts, die unter dem Einfluß seines Präsidenten, des Generals Achatz von der Schulenburg, abgefaßt war, eben nicht auf die Todesstrafe für Hans Hermann von Katte, sondern auf lebenslangen Festungsarrest lautete. Friedrich Wilhelm I. stellte sich, als habe er keine Wahl, als lasse er lediglich der Gerechtigkeit ihren Lauf, wenn er das tat, was – zumindest gegenüber dem in der Schlußsentenz ausgedrückten Gesamturteil des Gerichts – auf eine Strafverschärfung hinauslief, und

Katte zum Tode verurteilte. Dazu prägte er den berühmten Satz: «Wann das Krieges-Recht dem Katten die Sentenz publizieret, soll Ihm gesagt werden, daß Sr. K. M. es leid täte, es wäre aber besser, daß er stürbe, als daß die Justiz aus der Welt käme.» Theodor Fontane, seinem Vaterland Preußen gegenüber in der Ambivalenz von Liebe und Haß erstarrt, hat dazu geschrieben: «Ein großartiges Wort, das ich nie gelesen habe (und ich habe es oft gelesen), ohne davon im Innersten erschüttert zu werden.» Von Biegung des Rechts durch den König könne man nicht sprechen.

Das mag sein, da die Befugnis des Königs, die Urteile von Kriegs- und Zivilgerichten zu verschärfen, zu Beginn des 18. Jahrhunderts noch unbestritten war. Ein halbes Jahrhundert später, in den letzten Regierungsjahren König Friedrichs, sah das schon anders aus. Die Justiz mußte andererseits keineswegs aus der Welt kommen, wenn Hans Hermann von Katte am Leben blieb. Der König hätte sich an den Schlußspruch seines Kriegsgerichts halten können – und alle Welt hätte seine Gerechtigkeit und Milde gepriesen. Daß die statt dessen verfügte Strafverschärfung zumindest ungewöhnlich war, sprach die maßgebliche Kabinettsorder selbst aus, indem sie darauf hinwies, daß Friedrich Wilhelm I. gewöhnlich nur zwecks Milderung der Strafen in die Rechtsprechung eingreife.

Es ist vielleicht das typisch Preußische an den Stellungnahmen zum Fall Katte, daß man sich – bis heute – weithin scheut, eine klare Verurteilung der Aktionen Friedrich Wilhelms I. auszusprechen. Man ergreift nicht Partei, indem man einer Seite das Recht und der anderen das Unrecht zuweist, sondern man flüchtet sich in das Bild der Tragödie. Was aber heißt Tragödie im strengen Sinn?

Die Tragödie geht davon aus, daß die Helden des Dramas vernichtet werden, weil sie unter dem Konflikt zweier berechtigter – aber eben verschiedenartiger – Ansprüche stehen. So widerstreitet etwa im Fall der Antigone das Prinzip der Pietät für den Angehörigen, das sie zwingt, ihren im Kampf gegen die Heimatstadt gefallenen Bruder zu begraben, dem Prinzip der Loyalität gegen die Staatsmacht, die angeordnet hat, den Bruder als einen Hochverräter unbegraben zu lassen. So widerstreiten im Fall Friedrichs und Kattes das Prinzip der Ehre und Selbstbehauptung eines Fürstensprosses – Friedrichs – und das Prinzip der Aufopferung aus Freundschaft – Kattes – angeblich dem Prinzip der staatlichen Autorität, das von dem Offizier Fritz und dem Gardeleutnant unbedingten Gehorsam verlangte.

Man konstatiert Schauder vor der Härte Friedrich Wilhelms I. – so auch Fontane –, ehrt die Ritterlichkeit Kattes und meint im übrigen, der König habe keine andere Wahl gehabt, ja, man geht sogar so weit, daß man den König für seine Strenge rühmt. Gleichzeitig aber wird ihm attestiert, daß er sich in der Behandlung des Kronprinzen, die den Konflikt ausgelöst hatte, falsch verhalten habe. Einerseits – andererseits. Man verharrt in der Ambivalenz. Das führt dazu, daß man, wie der verdiente Preußenforscher Carl Hinrichs 1936, davon spricht, der arme Leutnant Katte sei Opfer eines «Elementarereignisses» geworden. Eine in Anbetracht der Jahreszahl zweckmäßige Sprachregelung. Man lebte schließlich in einer Diktatur, deren Justiz bereits gezeigt hatte, zu welchen Exzessen sie fähig war. Die Nazis und ihre Mitläufer fabulierten gern von «Schicksal», wo persönliche Verantwortung hätte namhaft gemacht werden können.

Was hat Preußens größter Philosoph, Immanuel Kant, als Richtschnur gegeben? Er forderte, daß ein Mensch immer nur als Zweck, niemals als Mittel anzusehen sei. Die Unterwerfung des Kronprinzen war der Zweck, Katte war das Mittel. Hans Hermann von Katte wurde mißbraucht.

II Die Einsamkeit des Prinzen

Die unglückliche Geschichte des Hans Hermann von Katte liefert uns zweierlei. Sie ist ein Lehrstück über das preußische Verhältnis zur Autorität, und sie zeigt, wie gefährlich es sein konnte, Freund eines Fürsten zu sein. Fürstenfreundschaft war aber nicht nur für den Nichtfürsten problematisch. Es gehörte zu den gängigen

Lehren der Zeit Friedrich Wilhelms I., daß ein Fürst gegenüber «Freunden» äußerstes Mißtrauen zu bewahren habe, da es naheliegenderweise genügend Gründe gab, aus Gewinnsucht seine Nähe und sein Vertrauen zu erstreben. Deshalb hat Friedrich Wilhelm I. selbst in seinem politischen Testament geschrieben: «Hütet Euch für die Flatteurs oder Schmeichelers, die seind Euer Feinde, die Euch alles nach dem Munde reden und Euch zu allen Bösen capable sein zu verführen... denn die Flatteurs sind Eure größten Feinde. Die Euch aber die Wahrheit sagen, sind Eure Freunde und die Euch lieb haben, das seid versichert.»

Gegen Ende des 18. Jahrhunderts hat der Philosoph und Prinzenerzieher Johann Jakob Engel die Frage sogar so weit zugespitzt, daß er in Zweifel zog, ob ein regierender Fürst überhaupt einen wirklichen Freund haben könne.

1730 allerdings war Prinz Friedrich noch kein regierender Fürst. Er war allenfalls die «aufgehende Sonne», wie sich der Vater in seinem Argwohn ausdrückte, aber noch nicht der Herrscher, der die Zügel ergriffen hatte. Friedrich Wilhelm I. war überdies erst zweiundvierzig Jahre alt. Zwar hatte er schon acht Jahre zuvor einmal Bedenken hinsichtlich seiner Gesundheit gehabt, die ihn zur Abfassung eines politischen Testaments veranlaßten. Die schweren gesundheitlichen Erschütterungen aber standen ihm noch bevor. Sie sollten erst 1734 und 1735 eintreten. Der Fall war überhaupt nicht ausgeschlossen, daß ein König seine aufgehende Sonne, seinen Sohn, überlebte, wie es beispielsweise George II. von England widerfuhr, dessen Sohn, der Prince of Wales Frederick Lewis, schon 1751 starb, während George II. bis 1760 lebte und seinen Enkel als George III. zum Nachfolger bekam. Vom Standpunkt eines Opportunisten aber hieß das, daß man sich nicht zu voreilig zu einem oppositionellen Prinzen bekennen durfte; man mochte es noch bereuen.

Friedrich Wilhelm I. war ein Herrscher, der sich gern, in herzhaften Kernsprüchen, zu seinem absolutistischen Regierungsstil bekannte. Zwar war er schon in der Lage, das Gemeinwesen, das er geerbt hatte, als etwas Anvertrautes und sein Herrschertum als ein von Gott verliehenes Amt aufzufassen, über dessen Verwaltung er Gott würde Rechenschaft ablegen müssen. Die

Gleichsetzung der Stellung des Monarchen im Staat mit der eines Paterfamilias und Oberhaupts seiner Sippe aber war ihm selbstverständlich. Das bedeutete: Wenn schon im Staat absolut geherrscht wurde, dann in der Familie erst recht. Der Monarch durfte die Erziehung seiner Kinder bis ins kleinste vorschreiben, er durfte sie nach Gutdünken verheiraten, er konnte sie bespitzeln und überwachen lassen, wenn ihm danach war.

Das Familienleben im preußischen Königshaus wurde sieben Jahre lang von dem Streit um das englische Heiratsprojekt überschattet, von der Absicht, die besonders Preußens Königin Sophie Dorothea hegte, ihren Sohn Friedrich und ihre älteste Tochter Wilhelmine mit Kindern ihres Bruders George II. von Großbritannien und Hannover zu verheiraten. Das Projekt war erdacht und angeknüpft worden, lange bevor George II. 1727 den Thron bestieg. Es widersprach den machtpolitischen Interessen des römisch-deutschen Kaisers, der bestrebt sein mußte, ein enges Zusammenrücken der norddeutschen protestantischen Macht Preußen mit der norddeutschen protestantischen Macht Hannover und der Weltmacht Großbritannien zu verhindern. Die Intrigen, die der kaiserliche Gesandte von Seckendorff in Berlin angesponnen hatte, waren weder für Friedrich Wilhelm I. noch für Friedrich, seinen Sohn und Erben, ganz zu durchschauen. Der König, auf jeden Fall, entwickelte sich zu einem Gegner des englischen Heiratsplans; mehr noch, er geriet in Reibereien mit seinem königlichen Schwager George II., und statt der norddeutsch-britischen Eintracht bekam Europa einen Streit zwischen den Nachbarn Hannover und Preußen, der beinahe in einen Krieg ausgeartet wäre.

Seine Kinder Friedrich und Wilhelmine, die von ihrer Mutter, der Königin Sophie Dorothea, in der Erwartung der englischen Doppelheirat erzogen worden waren, erschienen dem König daraufhin als Sympathisanten einer nicht mehr befreundeten Macht. «Canailles Anglaises» nannte er sie. Im Dezember 1729 meldete der englische Gesandte Du Bourgay, Seine Preußische Majestät könne weder den Anblick des Kronprinzen noch der ältesten Prinzessin ertragen. «Kalkstein macht dich englisch?» hatte der König in diesen Tagen seinen Sohn gefragt – Kalkstein

1725 meldete der kaiserliche Gesandte Graf Seckendorff nach Wien, König Friedrich Wilhelm I. ermüde den Kronprinzen «mit früh Aufstehn und allen Strapazen den ganzen Tag dergestalt, daß er bei seinen jungen Jahren so ältlich und so steif aussieht und dahergeht, als ob er schon viele Campagnen getan hätte». Diesen Eindruck bestätigt das drei Jahre später von Antoine Pesne gemalte Porträt Friedrichs von Preußen nicht. Dennoch lag Seckendorff mit seiner Prophezeiung, die Erziehung des Königs würde einen «konträren Effekt mit der Zeit haben», nicht falsch.

war einer der Prinzenerzieher. Er respektiere die Engländer, hatte der Prinz geantwortet, weil er wisse, daß man ihn dort liebe, worauf der König ihn beim Kragen gepackt und mit seinem Rohrstock geprügelt hatte. Es herrsche die allgemeine Erwartung, so war die Schlußfolgerung des englischen Gesandten, daß sich binnen kurzem etwas Tragisches ereignen werde.

Diese Erwartung speiste sich aus vielen Quellen, denn der Streit um das englische Heiratsprojekt war nicht der einzige, nicht einmal der primäre Anlaß zu Mißtrauen zwischen Vater und Sohn gewesen.

Dieses Mißtrauen war vielmehr allmählich gewachsen. Es hatte begonnen, nachdem der Vater immer öfter hatte wahrnehmen müssen, daß der Sohn seinen Idealen von Männlichkeit und Pflichterfüllung nicht zu entsprechen schien. Tatsächlich hat Friedrich Wilhelm viel Zeit und, wenn man Aufmerksamkeit und Sorgfalt unter die Früchte der Liebe zählen will, auch viel Liebe auf die Erziehung seines Thronfolgers verwandt. Von elf bis zwei Uhr sollte der Sohn täglich um den Vater sein. Der König hat im Jahre 1718 den Hofmeistern und Pädagogen, die er ausgesucht hatte, dieselbe Instruktion als Grundlage für die Behandlung seines 1712 geborenen Sohnes vorgeschrieben, die schon für seine eigene Erziehung maßgeblich gewesen war, und nur einige charakteristische Abänderungen hinzugefügt, die sich auf Erfahrungen seiner eigenen Kinderzeit stützten. Da ihm selbst das Latein zu lernen nicht geglückt war, sollte auch sein Sohn keinen Lateinunterricht bekommen. Um so mehr sollte er Rechnen und «Ökonomie» lernen. Theologische Lehrmeinungen, die der König als Irrlehren betrachtete und von seinem Sohn ferngehalten wissen wollte, waren aufgezählt, darunter noch nicht die später so gefürchtete Prädestinationslehre. Der Prinz sollte dazu erzogen werden, im Soldatendasein seine «einzige Gloria» zu suchen. Von 1721 stammt eine Instruktion, die den Verlauf der einzelnen Wochentage mit ihren Pflichten regelte, ein tägliches, auf den Knien zu haltendes Morgengebet vorschrieb und bestimmte: «Im Aus- und Anziehen müssen sie Ihn gewöhnen, daß Er hurtig aus und in die Kleider kommt, soviel als menschmöglich ist. Sie sollen auch dahin sehen, daß

Er sich selbst aus- und anziehen lerne und daß Er propre und reinlich werde, und nicht so schmutzig sei.»

1725 meldete der kaiserliche Gesandte Graf Seckendorff nach Wien, der König ermüde den Kronprinzen «mit früh Aufstehn und allen Strapazen den ganzen Tag dergestalt, daß er bei seinen jungen Jahren so ältlich und so steif aussieht und dahergeht, als ob er schon viele Campagnen getan hätte». Zu diesem Zeitpunkt bereits – der Prinz war erst dreizehn – fiel den Beobachtern auf, daß «diese Art zu leben wider des Kronprinzen Inklination» sei, und schon jetzt sagte Seckendorff voraus, daß die Versuche des Königs, die Neigungen seines Sohnes zu beeinflussen, einen «konträren Effekt mit der Zeit haben» würden.

Die Spannungen bauten sich auf. 1728 antwortete der König auf einen verzweifelten Brief des Sohnes, der Vater möge doch den «grausamen Haß, den ich aus allem Seinen Tun genug habe wahrnehmen können... fahren lassen»: «Sein eigensinniger böser Kopf, der nicht seinen Vater liebet; denn wenn man nun Alles tut, absonderlich seinen Vater liebet; so tut man, was er haben will, nicht wenn er dabei steht, sondern wenn er nicht Alles sieht. Zum Andern weiß er wohl, daß ich keinen effeminierten Kerl leiden kann, der keine menschliche Inklinationen hat, der sich schämt, nicht reiten noch schießen kann, und dabei malpropre ist an seinem Leibe, seine Haare wie ein Narr sich frisieret und nicht verschneidet, und ich Alles dieses tausendmal reprimandieret, aber Alles umsonst und keine Besserung in nichts ist. Zum Andern hoffärtig, recht bauernstolz ist... und nicht populär und affable [leutselig] ist, und mit dem Gesicht Grimassen macht, als wenn er ein Narr wäre, und in nichts meinen Willen tut, als mit der Force angehalten; nichts aus Liebe, und er Alles dazu nichts Lust hat, als seinem eigenen Kopf folgen, sonsten alles nichts nütze ist. Dieses ist die Antwort. Friedrich Wilhelm.»

Den Überwachungs- und Beeinflussungsabsichten des Vaters ausgeliefert, an einem Fürstenhof aufwachsend, der von seiner Natur her bereits tausend Möglichkeiten für Verstellung, Intrige und Bespitzelung bot, mußte sich der Prinz in der Tat einsam fühlen. Welche Zufluchtsmöglichkeiten hatte er?

Als erstes die Mutter, zu der er zeitlebens eine besonders innige Beziehung hatte und deren Tod im schwarzen Kriegsjahr 1757 ihn tief erschütterte. Die Mutter aber war den Kontrollen des Vaters ausgesetzt und durch die Erfordernisse der Etikette oftmals zur Distanz von ihren Kindern gezwungen. Dennoch: sie konnte manches tun. Im Juli 1728 hatte der König, der die Anwesenheit seiner Kinder bei der königlichen Tafel verlangte, dafür gesorgt, daß der Kronprinz nicht satt wurde – so berichtete es jedenfalls der britische Gesandte Du Bourgay nach London. Die Königin habe daher eines Tages einen vertrauenswürdigen Bediensteten mit einer Dose kalten Geflügels und anderer Speisen zu ihrem Ältesten geschickt.

Sodann konnte sich der Prinz vor allem Wilhelmine anvertrauen, der 1709 geborenen Schwester, mit der zusammen Friedrich als Dreijähriger durch Antoine Pesne gemalt worden ist. Schon dadurch wurden die beiden überdurchschnittlich begabten Kinder zueinander getrieben, daß der König nicht nur Friedrich, sondern auch Wilhelmine mißtraute. Auch Wilhelmine blieb ihrem Bruder stets teuer, obwohl das Verhältnis zwischen den beiden im Erwachsenenalter durch Mißverständnisse zeitweise getrübt war.

Schließlich liebte Friedrich seinen Erzieher, den jungen Franzosen Duhan de Jandun, der ebenfalls erst als Soldat hatte dienen müssen, um dem König würdig zu erscheinen, seinen Nachfolger in Französisch und Geschichte zu unterrichten. Mit 15 hatte Friedrich an Duhan geschrieben: «Ich verspreche Ihnen, sobald ich mein eigenes Geld in Händen habe, jährlich 2400 Taler zu geben und Sie immer noch etwas mehr zu lieben als jetzt, wenn ich es vermag.»

Nachdem der Prinz durch die väterliche Gängelung genötigt worden war, sich ein Geheimleben aufzubauen, gab es auch hierbei Helfer. So soll der König im Sommer 1730 einen großen Fundus klassischer und zeitgenössischer Schriftsteller in den Räumen Friedrichs entdeckt haben. Wutentbrannt ließ der König den Buchhändler Haude kommen und beauftragte ihn, die Sammlung seines Sohnes antiquarisch zu verkaufen. Der Buchhändler aber tat nichts dergleichen, sondern behielt die Bände bei

Porträt des Hans Hermann von Katte, dessen Hinrichtung 1730 Friedrich Wilhelm I. mit den Worten kommentierte, daß es ihm «leid täte, es wäre aber besser, daß er stürbe, als daß die Justiz aus der Welt käme». Für Theodor Fontane war dies «ein großartiges Wort, das ich nie gelesen habe (und ich habe es oft gelesen), ohne davon im Innersten erschüttert zu werden».

sich und «lieh» dem Kronprinzen aus, was der sich wünschte. Verbürgt ist, daß Friedrich sich eine Bibliothek aufgebaut hat, die er heimlich in dem Haus des Hofrats Peinen, dem Berliner Schloß gegenüber, aufstellte und die Katte ihm nach gelungener Flucht über Hamburg hätte nachsenden sollen.

Mit sechzehn Jahren befand sich der Kronprinz in einem Alter, in dem Freundschaften höchst wichtig werden und besonders intensiv, ja manchmal schwärmerisch ausgelebt werden. An den Leutnant Felix von Borcke schrieb er: «J'aime toujours mes amis plus que moi-même.» Und er war in dem Alter, in dem erste sexuelle Erfahrungen gemacht werden. Nicht selten waren Freundschaften, gerade in privilegierten Schichten, Anlässe, um gemeinsam etwas zu «erleben», in der Sprache des 18. Jahrhunderts: zu «debauchieren».

Nach einer zusammen mit dem Vater unternommenen Reise an den Hof Augusts des Starken nach Dresden – der Herrscher der Sachsen und Polen nutzte sie, um König und Thronfolger mit den Verlockungen der Venus zu konfrontieren – soll sich der heimgekehrte Prinz nach Meinung seines Biographen Thomas Carlyle im Sumpf der Ausschweifungen gesuhlt haben wie ein Nashorn im Schlamm. Mag dieses Bild selbst zeitgebunden sein und dem viktorianischen Zeitalter entstammen, in dem Carlyle seine vielbändige Darstellung Friedrichs des Großen verfaßte, so läßt sich doch denken, daß Friedrich nach den Eindrücken, die er am liederlichsten aller deutschen Fürstenhöfe empfangen haben muß, nicht mehr zufrieden war, so weiterzuleben wie bisher. Und da Kontrolle und Überwachung eines Königs, der alle Regierungsgeschäfte selbst erledigen wollte, niemals vollkommen sein konnten, fand Friedrich offenbar auch Möglichkeiten, in Berlin etwas «zu erleben».

Hilfe erhielt er dabei durch einen Pagen des Königs namens Peter Christoph Carl von Keith, der nur unwesentlich älter als der Kronprinz war. Dieser benachrichtigte den Prinzen wohl auch von manchen Schritten, die der König vorhatte, und ermöglichte ihm so seine Abenteuer. Zumindest behauptet dies Wilhelmine. Wenn wir ihren Memoiren glauben dürfen, die, um mit Fontane zu sprechen, «im einzelnen beständig unrecht, im ganzen beständig recht» haben – also Tendenzen richtig wiedergeben –, wurden Keith und Friedrich bald unzertrennlich, und Keith diente ihrem Bruder «aus wahrer Zuneigung». Er «hatte Verstand, aber keine Erziehung». Keith wurde schließlich im Januar 1730 als Leutnant zum Infanterieregiment von Dossow versetzt, das im Herzogtum Kleve stationiert und mithin weit von Berlin entfernt war.

III Katte betritt die Szene

Die Wegbeförderung des jungen Herrn von Keith, so berichtet Wilhelmine, habe sie selbst und möglicherweise auch die Königin sehr gefreut, denn, so schreibt sie, «wir hofften, mein Bruder sollte nach seiner Entfernung wieder auf die gute Bahn zurückkehren und seine Ausschweifungen unterlassen. Aber leider traf das Gegenteil ein. Er fand einen anderen, noch viel gefährlicheren Intimus, den Sohn des Feldmarschalls von Katt und Enkel des Feldmarschalls von Wartensleben.»

Nach einer Aussage Kattes vor dem Kriegsgericht lag seine erste Begegnung mit dem Kronprinzen schon «etliche Jahre» zurück. Anfangs habe ihm der Kronprinz sogar übel gewollt, da sich Katte oft in der Umgebung des Markgrafen Friedrich Heinrich von Brandenburg-Schwedt befunden habe, den der König als einen möglichen Gemahl seiner Tochter Wilhelmine ausersehen hatte, während ihn Wilhelmine entschieden ablehnte. Offensichtlich hätten jedoch Potsdamer Offiziere, ehemalige Schulkameraden Kattes, dem Kronprinzen eine bessere Meinung von Katte vermittelt. «Hernach hätten S[eine] H[oheit] den Deponenten [den Verhörten] manchmal in Berlin angeredet, sowohl wegen seiner Lektüre, davon er deroselben erzählet, als daß Sie wissen wollen, ob Deponent die Musik verstünde und Liebhaber von der Fleute traversière sei.» Er sei dann oft des Nachmittags der Musik wegen beim Kronprinzen gewesen, zuletzt auch abends zu ihm gekommen, wenn der Prinz sich vom König hatte zurückziehen dürfen, sei anfangs aber nur im Vorzimmer geblieben und habe den Prinzen en passant gesprochen. Friedrichs Kammerdiener Gummersbach dagegen hat der Verhörkommission gegenüber erklärt, Katte «sei gekommen, wann er gewollt, und wann er bei dem Kronprinzen gewesen, hätte niemand dabei sein dürfen».

Über Kattes Werdegang und Charakter berichtet Wilhelmine weiter: «Sein Vater hatte ihn sehr gut studieren lassen und seines ausgezeichneten Genies wegen zum Zivildienst bestimmt, das hatte aber dem Könige nicht gefallen; dieser versetzte ihn also zum Militär, damals war er Kapitän der Gendarmes. [Hier findet sich der erste Fehler, denn Katte ist über den Leutnantsrang nicht mehr hinausgekommen.] Der häufige Verkehr im Hause des französischen Gesandten, Grafen von Rotenburg, verschiedene Reisen, Fleiß und Lektüre hatten seinen Geist und seine Sitten verfeinert; er war sehr gebildet und besaß dabei einen höchst angenehmen und leichten Gesprächston. Zugleich war er sehr häßlich von Gesicht, braun und voll Narben, die ihm die Kinderblattern zurückgelassen hatten; seine dicken schwarzen Augenbrauen, die ihm fast das Auge bedeckten und sich über der Nase vereinigten, gaben ihm eine unglückselige Physiognomie. Er war ungeheuer ausschweifend und spielte den starken Geist. Bei ihm verlor mein Bruder alles Christentum und ließ sich zur zügellosen Liederlichkeit hinreißen.» Wir müssen diese Beschreibung in solcher Länge zitieren, weil sie die ausführlichste ist, die wir von Katte haben. Ihre Aussagen decken sich ungefähr mit denen des Freiherrn Carl Ludwig von Pöllnitz in dessen 1791 veröffentlichten Memoiren, der aber zusätzlich einiges bemerkt, was die Akzente verschiebt. Pöllnitz schreibt nämlich: «Er [Katte] war es hauptsächlich, der die Unzufriedenheit des Prinzen nährte, denn er ward von demselben in allen Stücken zu Rate gezogen. Nichts geschah, ohne daß Katte befragt worden wäre, und dabei war er klug genug, dem Prinzen immer nur anzuraten, was dieser wünschte. Es wäre für beide gut gewesen, wenn sie einander nie kennengelernt hätten.»

Dieser Behauptung gegenüber ist festzuhalten: Katte hat in den Verhören des Kriegsgerichts unterstrichen, daß er dem Kronprinzen lange Zeit von einer Flucht abgeraten habe. Und mag man dies noch als einen verständlichen, aber wenig aussagekräftigen Verteidigungsversuch ansehen wollen, so wiegt doch das Zeugnis Friedrichs schwer, der zu Protokoll gab: «daß S[eine] Königl[iche] Maj[estät] geruhen möchten, Ihn als den Schuldigen anzusehen, und Katten als den Verführten, und wann dieser gestraft werden sollte, solches in allergnädigste Consideration zu ziehen, indem Katte genug geraten, abzustehen, er aber dem ohngeachtet allezeit bei seiner Meinung und Vorhaben geblieben wäre». Auf jeden Fall ist es bedeutsam, daß zwei Freundschaften Friedrichs mit jungen Männern, die, wie er seiner Schwester gesagt haben soll, bereit waren, ihm «an das Ende der Welt zu folgen», im Zusammenhang mit dem «debauchement» erwähnt werden.

Eine weitere Verquickung wird von Wilhelmine beschrieben. Wir können davon ausgehen, daß der Zwang zu allgemein sichtbarer Religionsübung durch Gesang, Gebet und Glaubensunterweisung, wie er aus der Instruktion von 1721 zu entnehmen ist, nicht geringe Abneigung in dem heranwachsenden Kronprinzen ausgelöst hat. Diese Abneigung wurde einmal durch die aufklärerischen Bücher verstärkt, die Friedrich heimlich las, aber auch durch die Gespräche mit Menschen wie Katte. So verband sich, wie man vermuten darf, bei dem jungen Prinzen die Rechtfertigung eines lockeren Lebenswandels mit der Religionskritik, und unter den scharfen Streichen der religionskritischen Argumentation dürfte auch jede Wertschätzung für die Lebensführung des Vaters in Trümmer gegangen sein. Daß der Fleiß, die Entsagung, auch die eheliche Treue des Vaters etwas Anerkennenswertes waren, hat erst der erwachsene Friedrich einzugestehen vermocht, und zu diesem Eingeständnis dürfte in der Tat die Erschütterung durch Kattes demonstrative Hinrichtung den Weg gebahnt haben.

Katte hat, wiederum Wilhelmine zufolge, dem Prinzen für seinen Ungehorsam einen theologischen Rechtfertigungsgrund geliefert. Denn Katte scheint die Raisonnements genährt zu haben, denen sich Friedrich über die christliche Lehre damals hingab. Heraus kam eine bequeme Schlußfolgerung aus der Prädestinationslehre, der Lehre von der absoluten Vorherbestimmung, die Calvin aus dem Dogma von der göttlichen Allmacht hergeleitet hatte. Danach war vor Beginn der Zeiten bereits durch Gott beschlossen, welcher Mensch den Weg zum Heil und welcher den Weg zur Sünde gehen müsse, und der freie Wille des Menschen konnte dagegen nichts bewirken. War das eigene Schicksal aber vorherbestimmt, scheint Friedrich geschlußfolgert zu haben, so war es nutzlos, sich der Sünde noch zu widersetzen oder überhaupt an der Änderung des eigenen Charakters arbeiten zu wollen.

Ein detailliert geschildertes Ereignis, das uns aus der Zeit von Friedrichs Beziehung zu Katte vor dem Fluchtversuch zugetragen wird, hat weder mit Ausschweifung noch mit Religion zu tun, sondern mit einem Kunstgenuß. Die Geschichte wird 1790 im zweiten Heft von Friedrich Nicolais *Anekdoten von König Friedrich II. von Preußen und von einigen Personen, die um ihn waren* erzählt.

Demzufolge hat Königin Sophie Dorothea dafür gesorgt, daß der Kronprinz wenigstens für einzelne Wochen Gelegenheit bekam, bei dem sächsischen Hofkapellmeister Quantz Unterricht im Flötenspiel zu nehmen. Für diesen Zweck kam Quantz eigens nach Berlin. Friedrich liebte es, bei den Übungsstunden die militärische Uniform mit luxuriösen Zivilkleidern zu vertauschen. So hat er sich eines Tages – im Jahr 1730 – in einen Morgenmantel aus Goldbrokat gehüllt, um mit Quantz zusammen zu musizieren. Friedrich wußte, daß sein Vater dergleichen Beschäftigung mißbilligte, und scheint infolgedessen den Leutnant von Katte als Aufpasser in das Vorzimmer postiert zu haben. Plötzlich stürzte Katte herein und brachte die Alarmnachricht, daß der König sich nähere. Der Leutnant schnappte sich Notenhefte und Flöten sowie Quantz und versteckte sich mit allem in einem Wandschrank, in dem gewöhnlich Feuerholz aufbewahrt wurde. Der Kronprinz hatte zwar den Brokatrock ab- und den Uniformrock übergeworfen, doch reichte die Zeit nicht, sich auch von dem eleganten französischen Haarbeutel zu trennen. Der König aber, dessen Argwohn durch die Frisur geweckt war, durchsuchte das Zimmer wohl eine Stunde lang, förderte dabei natürlich auch den Schlafrock zutage und warf ihn ins Feuer. Den Wandschrank öffnete er nicht. Nicolai will diese Geschichte von Quantz selbst erfahren haben.

Alle Zutaten, aus denen sich der Konflikt des Kronprinzen mit dem Vater aufbaute, sind hier versammelt: die verbotenen künstlerischen Betätigungen, der Gegensatz von Luxuskleidung und Uniform, die Verstellung des Sohnes wie der Jähzorn des Vaters. Schließlich ist auch der Freund im Spiel, der wenig später in die Vorbereitungen des Kronprinzen zu seiner Flucht verwickelt wird.

Katte gab während der Untersuchung gegen ihn in seiner eigenhändigen «Species facti» an, ein engerer Kontakt zwischen ihm und dem Kronprinzen habe sich rund ein Jahr vor seiner Verhaftung, also im Sommer 1729, angebahnt. Gelegenheit hierzu hatte sich – wie konnte es im Militärstaat Preußen auch anders sein – auf der Parade und bei der Paroleausgabe geboten. Schon bald sei die besondere Aufmerksamkeit des Prinzen für Katte einem jeden aufgefallen, und man habe ihn insbesondere davor gewarnt, daß ihm die Gunst des Prinzen die Ungnade des Königs zuziehen könnte. Katte aber habe geantwortet, daß es doch nicht verboten sei, mit dem Prinzen zu sprechen und ihm die Aufwartung zu machen. Er will dann aber doch bald die Absicht gefaßt haben, dem Prinzen auszuweichen, und sich zu diesem Zweck entschlossen haben, um einen Auftrag zur Rekrutenwerbung nachzusuchen, der mit einer Entfernung von seiner Garnison verbunden gewesen wäre.

Just hierzu aber habe ihn – freilich erst im Juni 1730 – auch der Prinz aufgefordert, was zu jenem Zeitpunkt indessen nur mit einer anderen Absicht geschehen sein kann, nämlich: einen Helfershelfer zu gewinnen, der außerhalb der preußischen Grenzen zur Verfügung stehen würde.

Unterdessen hatten sich die Beziehungen zwischen Vater und Sohn weiter verschlechtert. Gegenüber Katte beklagte sich der Prinz aber zunächst nur, «sie müßten in solchem Zustande leben, daß sie wenig hätten». Katte will darauf geantwortet haben, «es sei solches Gottes Schickung». Dem Kronprinzen sei das harte Los durch niemand anders als den eigenen Vater auferlegt, was wohl soviel heißen sollte wie, daß er sich fügen müsse.

IV Friedrich schmiedet Fluchtpläne

Friedrich aber wollte nicht mehr. Im November 1729, so hat der Prinz später bei seinem Verhör durch den Vater in Wesel angegeben, habe er mit dem damaligen Pagen, späteren Leutnant Keith davon gesprochen, außer Landes zu gehen. «Dieser hätte versprochen, mit zu gehen und alles zu besorgen.»

Friedrich habe auch damals schon beabsichtigt, sich zu einer Fernreise einen eigenen Wagen anfertigen zu lassen, und den Leutnant Alexander Schweder von Spaen aus dem Regiment des Königs dafür gewonnen, die Bestellung vorzunehmen, ohne daß er jedoch Spaen in seine Pläne habe Einblick nehmen lassen. Spaen scheint erst nach einem weiteren Auftrag des Prinzen bewußt geworden zu sein, worauf diese Besorgungen hinauszulaufen drohten. Das Fluchtziel sollte Frankreich sein, wo Friedrich beabsichtigt habe, Dienst zu nehmen. Jedoch will Friedrich gezögert und dann diesen Plan ganz fallengelassen haben, da er argwöhnte, der König sei ihm auf der Spur.

In der Tat lag die Vorstellung, der Kronprinz könnte versuchen, sich seiner unwürdigen Lage durch die Flucht zu entziehen, in der Luft. Sie wurde genährt durch die Erinnerung an vergangene Vater-Sohn-Konflikte im Herrscherhaus. So sprach man schließlich an der Offizierstafel ganz offen davon, daß sich der verstorbene erste König in Preußen, Friedrich I., als Kurprinz ja längere Zeit in Kassel aufgehalten habe, um die Nähe seines Vaters, des Großen Kurfürsten, meiden zu können. Mit einer anonymen Warnung, die Friedrich Wilhelm I. im Januar erhielt, steht womöglich auch die Entfernung des Pagen Keith vom Hof in Zusammenhang.

Kronprinz Friedrichs Gedanken kreisten jetzt fast unablässig um die Möglichkeit, zu entfliehen. Für den Februar 1730 plante Friedrich Wilhelm I. einen neuerlichen Besuch in Dresden und hatte entschieden, seinen Sohn mitzunehmen, womöglich, weil er glaubte, ihn so am besten beaufsichtigen zu können. In der Nacht vor der Abreise, berichtet Wilhelmine, habe sich Friedrich, ganz gekleidet nach der Art eines französischen Kavaliers, zu ihr geschlichen und angekündigt, daß er auf dieser Reise die Gelegenheit ergreifen werde, zu entwischen. Doch habe ihm die Schwester – hier als eine wahre Freundin agierend – das Versprechen abgenommen, solche Fluchtpläne mindestens noch aufzuschieben, wenn er sie nicht schon ganz aufzugeben bereit war. In der Tat hat sich auf dieser Reise nichts ereignet. Sie wurde vielmehr das Vorspiel zu einer zweiten Sachsenreise des Preußenkönigs, die im Juni 1730 in das große «Sächsische Lager» (wie die Verhörprotokolle von 1730 es nennen), Lager von Mühlberg (wie Leopold von Ranke schreibt), Radewitz (wie sich Thomas Carlyle ausdrückt) oder Zeithain (wie sich die Historiker unterdessen zu schreiben entschieden haben) geführt hat. Hier hielt August der Starke, Kurfürst von Sachsen und König von Polen, eine große Truppenrevue mit Schaumanövern ab, deren prominenteste Gäste Friedrich Wilhelm und der Kronprinz waren.

Auf dem Weg dorthin, in Koßdorf, wo die preußische Reisegesellschaft am 30. Mai feierlich empfangen wurde, hat Friedrich, nach Kattes Aussage, den Leutnant zu sich gewunken und ihm gesagt: «Der König sei ihm ungnädig und habe ihm duretés gesagt.» Auch diesmal will Katte zur Geduld geraten und gemahnt haben: «Es ist Ihr Vater und Ihr König!» Im Lager angekommen, habe der Prinz, im Schutz seines eigenen Zelts, am folgenden Tag zu Katte geäußert: «Mein Vater gehet so hart mit mir um, ich kann es nicht aushalten, ich will mich eine Zeitlang absentieren, und wann das der König siehet, werden wir wieder Freunde sein.» Erneut warnte Katte, der Prinz werde sich unglücklich machen. Er wisse doch gar nicht, wohin er gehen sollte, «als ein Vagabund» aber könne er in der Welt nicht leben. «S[einer] H[oheit] Meinung wäre gewesen, in Frankreich zuerst zu gehen und von dar nach England, bis S[eine] K[önigliche] M[ajestät] ihm gnädiger würden, welches aber Inquisit [Katte] gleichfalls widerraten, daß Sie in Frankreich keine Retraite finden würden, vielmehr er obligieret sein würde, solches an S[eine] M[ajestät] zu sagen.»

Katte hat also in seinem Verhör Wert darauf gelegt, herauszustellen, wie lange er den Prinzen vor einer Flucht gewarnt habe, und er will sogar darauf hingewiesen haben, daß es seine Pflicht sei, einen Fluchtversuch zu denunzieren. Insbesondere habe er, so führte er in seiner eigenhändigen «Species facti» weiter aus, dem Kronprinzen die Verwicklungen vor Augen geführt, die eine Flucht nach Frankreich mit sich bringen werde. Man werde dort «zwar versuchen, ihm allerhand Plaisirs und Divertissements zu machen, aber wann er gedächte, von dorten wieder wegzugehen, würde man nicht alleine ihn suchen aufzuhalten, sondern ohne desavantageuse conditions vor ihm nicht wegzulassen, und was daraus einmal entstehen könnte, überließe ich seinem Urteile». Katte will soviel Bedenken als möglich vorgebracht haben, um Zeit zu gewinnen und die Flucht zu verschleppen. Unter dem Einfluß Kattes, so besagen dann übereinstimmend die Zeugnisse Friedrichs wie auch Kattes, habe der Prinz den Gedanken, sich in Frankreich niederzulassen, aufgegeben.

Statt dessen begannen sich seine Hoffnungen jetzt auf England zu richten, und da sich der britische Legationssekretär Melchior Guy-Dickens gerade im Gefolge des preußischen Königs befand, sagte Friedrich zu diesem: «Ich habe lange auf eine Gelegenheit gewartet, um mit Ihnen oder mit Hotham [dem britischen Gesandten] über meine traurige Lage zu sprechen. Ich will die empörende Behandlung, welche ich täglich von meinem Vater erfahre, nicht länger ertragen, und bin entschlossen, mich davon, sobald es irgend möglich ist, zu befreien.» Der Prinz soll, einer Depesche Hothams zufolge, in diesem Gespräch, das um den 10. Juni 1730 stattgefunden haben muß, gar nicht mehr die Absicht geäußert haben, sofort zu entweichen, sondern seine Hoffnungen bereits auf eine für August angesetzte Reise in die Territorien der fränkischen Hohenzollern, nach Ansbach, und anschließend nach Stuttgart gesetzt haben. In Stuttgart wollte er sich absetzen und über den Rhein nach Frankreich entweichen, von dort nach einer Weile weiter nach England gehen. Die britischen Diplomaten aber sollten klären, ob Friedrich am Hof seines Onkels willkommen sein würde.

Unterdessen geschah nichts, das geeignet gewesen wäre, den Kronprinzen mit seinem Vater wieder auf einen besseren Fuß zu bringen, im Gegenteil. Friedrich wurde nicht nur wie ein ungehorsamer Junge traktiert und geprügelt, er wurde jetzt auch noch verhöhnt: «Wenn Ihm sein Vater so was gesagt hätte», rief Friedrich Wilhelm I. eines Tages aus, «so hätte Er sich totgeschossen, aber er, der Prinz, achte alles nicht.»

Daß der Prinz in diesen Tagen mit betrübtem Gesicht umherlief, fiel dem Obristlieutenant von Rochow so deutlich auf, daß er den Prinzen ansprach. Rochow redete ihm zu: «Er möchte in seinem ersten mouvement keine Dinge tun, so Ihm tôt ou tard zum ersten leid werden möchten.» Am folgenden Tag sagte Rochow, seiner eigenen Aussage nach, zu Katte: «Mons[ieur] Katte, ich finde unsern Kronprinzen sehr inquiet, ich warne Ihn als einen guten Freund, da ich sehe, daß Er mit ihm sehr familiär ist, nichts mit ihm zu entrepreniren, so Ihm vielleicht gereuen könnte.» Rochow will Katte eindringlich ermahnt und auch gebeten haben, dem Kronprinzen seinerseits zuzureden. Darauf habe Katte geantwortet, er glaube doch, daß Rochow ihn für einen Ehrenmann halte. Er wolle auch mit dem Kronprinzen deswegen sprechen. Da Katte dieses Gespräch nahezu gleichlautend berichtet hat, gibt es keinen Grund, zu bezweifeln, daß es stattgefunden hat. Kein Wunder aber auch, daß der Vernehmungsbeamte Katte fragte, warum er nicht die Gelegenheit ergriffen und sein Wissen dem Obristlieutenant Rochow offenbart habe. Er sei davon ausgegangen, lautete die Antwort, daß der Kronprinz ohne ihn selbst nichts unternehmen könne und es also in seiner, Kattes, Macht stünde, eine Flucht des Kronprinzen zu verhindern.

Aus diesem Grund auch will Katte weiter den Anschein des Einvernehmens gepflegt, aber stets weitere Hinderungsgründe gesucht haben. So habe er dem Prinzen erklärt: «Es wäre auch wegen der sehr vielen Fremden [die damals in das Sächsische Lager gekommen waren] eine difficile Sache, allezeit Pferde zu bekommen, ich hätte schon Unterschiedene darüber klagen hören, wie es mir auch wäre berichtet worden, so würden auch im Posthause ohne des Grafen Hoyms Order keine Pferde abgefolget.» – «Wann es weiter keine Diffikultäten gilt als diese», soll der Prinz daraufhin geantwortet haben, «so will ich die Sache bald zu Stande bringen: Ich will dem Grafen Hoym sagen, daß ein paar Officiers wären, die gerne incognito nach Leipzig wollten, ob er nicht machen könnte, daß sie Pferde bekommen, und unerkannt dorten ankommen können, welches er mir gewiß nicht abschlagen wird.»

Es scheint, als habe sich Katte daraufhin heimlich an den Grafen Hoym gewandt und diesen vorgewarnt: «Wann ihm S[eine] H[oheit] der Kronprinz von einer Reise, so ich nach Leipzig tun sollte, sprechen würde, möchte er nur alle Diffikultäten, so viel als möglich machen.» Hoym lachte, sagte: «Ich kann ohngefähr wohl merken, was es bedeutet», und versprach, dem Prinzen schon zu verstehen zu geben, «wie man sich Projekte fingierte, die man sich leichte vorstellte, und wenn sie zur Exekution gedeihen sollten, so fänden sich nicht allein so viel Hindernisse, woran man nicht einmal gedacht, sondern sie kämen auch die meiste Zeit nicht zur Ausführung, welches auch nur am besten wäre, zumalen, wenn sie von solcher Art wären, daß sie einem mehr Schaden und Verdruß als Nutzen brächten».

Weiterhin warnte Katte den Prinzen, er werde von vielen Leuten observiert, «suchte ihm dadurch eine Furcht einzujagen, die mir auch glücklich reussierte, darauf versicherte er mich, daß er nicht mehr daran denken wollte, ich sollte ihm aber versprechen, daß, wo sich die Sachen nicht änderten, daß ich auf der Ansbachischen Reise es bewerkstelligen wollte; um ihn nur zu beruhigen, so sagte ich, wie daß ich glaubte, daß es dorten füglicher angehen würde, als hier, es wäre noch Zeit genug bis dahin, unterdessen könnte man auf Mittel denken, solches zu bewerkstelligen». Alles dieses aber sei nur geschehen, um den Prinzen hinzuhalten und Zeit zu gewinnen.

In der Tat kehrte man zunächst nach Potsdam zurück. In Potsdam aber fand sich, sechs bis acht Tage nach der Rückkehr der preußischen Gäste aus dem sächsischen Lager, auch der Legationssekretär Guy-Dickens ein, der eine ganz und gar unerwünschte Nachricht vom britischen Königshof mitbrachte. Diese Nachricht lautete kurz und bündig: «Man wolle ihn vorjetzo nicht haben und müßte er sich solche Gedanken ganz aus dem Sinne schlagen.» Mehr noch, der Kronprinz hat Guy-Dickens in die Hand versprechen müssen, nicht mehr an eine

Flucht zu denken. König George II. fürchtete den Verdacht, er könne den Sohn eines europäischen Souveräns zu einer solchen unerhörten Flucht «seduziert», das heißt verführt haben. Bei dieser Unterredung oblag es Katte, wie zuvor bei der Flötenstunde, Wache zu stehen, um zu verhindern, daß Friedrich von den Spionen des Königs ertappt wurde.

Um dem Prinzen den Anlaß für eine Flucht zu nehmen, war man in London sogar bereit, ihm die Schulden zu bezahlen, und Friedrich schrieb für den britischen Diplomaten einen Zettel, auf dem er den Stand seiner persönlichen Schulden mit 15000 bis 16000 Talern bezifferte – wesentlich mehr als jene 7000 Taler, die der Prinz im Winter 1729/30 seinem Vater gegenüber eingeräumt und die dieser daraufhin bezahlt hatte. Die Schuldsumme, die er Guy-Dickens gegenüber angab, so der Kronprinz später, sei weit überhöht gewesen. Er habe sich aber auf diese Weise noch einen Geldvorrat verschaffen wollen. Den Zettel hat Katte dem Briten überreichen müssen.

Von der ablehnenden Antwort aus London war Friedrich rundum enttäuscht. Er bereute, daß er sich nicht schon aus Sachsen abgesetzt hatte, und gab Katte hieran die Schuld. Unterdessen hatte er begonnen, seinem Vertrauten nach und nach Besitztümer anzuvertrauen, die er auf eine Flucht mitnehmen wollte. Zuletzt übergab er Katte weitere «offene Briefschaften, etliche Tabatieren und etwa 3000 T[a]l[e]r Geld» sowie eine versiegelte Schachtel, die Katte an den Leutnant von Keith in Wesel weitergeben sollte. Den Kontakt zu Keith hatte Friedrich von Sachsen aus gepflegt; die Schachtel enthielt Geld.

Katte will nunmehr sicher gewesen sein, den Kronprinzen von sich abhängig gemacht zu haben. Aus diesem Grund habe er keine Veranlassung gesehen, die Fluchtpläne anzuzeigen: «Weil er nunmehro gewußt, daß S[eine] H[oheit] nunmehro ledig und ohne Geld nicht fortkommen könnten.» Um seine Rolle zu Ende zu spielen, habe er deshalb auch in die Abrede eingewilligt, die der Kronprinz jetzt mit ihm traf. Demzufolge sollte Katte, während der Kronprinz mit seinem Vater sich zunächst nach Ansbach im Fränkischen begeben würde, bevor die Reise des Königs dann über Stuttgart, Mannheim und Bonn fortgesetzt werden sollte, nach Cannstatt vorausreisen und dort auf Friedrich warten. Cannstatt schien dem Kronprinzen nahe genug an der französischen Grenze. Am Abend, bevor Friedrich Potsdam verließ, um mit seinem Vater die Fahrt nach Ansbach anzutreten, erschien ein Page bei Katte und brachte ihm «einen Brief, nebst Sattel und Musik». In dem Brief brachte Friedrich seine Hoffnung zum Ausdruck, daß Katte Wort halten und ihn in Cannstatt erwarten werde.

Für Katte war es freilich nicht so einfach, diesem Wunsch nachzukommen. Stand er doch als aktiver Offizier unter militärischer Disziplin und hatte bei seinem Regiment zu sein, das in Potsdam stationiert war. Er benötigte deshalb Urlaub, den er unter dem Vorwand beantragte, er wolle auf eine Werbereise gehen und dem König im Ausland Rekruten für seine Regimenter anwerben.

Daß man ihm diesen Urlaub abschlug, mußte Katte alarmieren. Doch mehr noch, man warnte ihn unverblümt. Katte wurde zum dänischen Gesandten, dem Generalmajor Graf Paul von Löwenör, bestellt, der ihn fragte, ob er wohl «die Ursache wüßte, warum man mir den Urlaub oder die Werbung nicht verstatten wollen».

In seinem Verhör sagte Katte aus, er habe die Frage glatt verneint. In seiner danach eigenhändig niedergeschriebenen «Species facti» räumte er dagegen ein, er habe dem Gesandten gleich geantwortet, es müsse sich wohl um die Fluchtpläne des Kronprinzen handeln. Sodann will er – das steht in beiden Äußerungen zu lesen – dem Gesandten alles offenbart und ihm sein Verhalten folgendermaßen erklärt haben: «Es wäre wahr, ich hätte den Prinzen hintergangen, aber es wäre aus einer guten Intention geschehen, hätte mich auch zuletzt aller seiner Sachen bemächtiget einzig und allein, um ihn außer Vermögen zu setzen, dergleichen allein vorzunehmen; daß ich hierin ein gut Gewissen hätte, könnte ich daraus beweisen, daß ich ganz geruhig hier bliebe. Ich wäre auch vollkommen versichert, daß er anjetzo nichts entreprenieren würde, und könnte teils, weil er kein Vermögen dazu in Händen hätte und mich fest erwartete, teils auch, weil Rochow und seine Bediente den Soupçon von ihm hätten, sie gewiß sehr genau auf ihn Achtung geben würden, daß er ohnmöglich echappieren könnte. Daraus könnte er ja klärlich sehen, ob meine Intention so schlimm wäre.» Katte habe «unnötigen Verdruß oder Chagrin» vermeiden wollen, wie er zwangsläufig entstehen mußte, wenn der König von den Fluchtplänen Nachricht bekam.

Das war, was Katte anging, schon alles. Er schrieb dem Kronprinzen davon, daß ihm der Urlaub verweigert worden war, scheint aber in diesen Brief – kaum verständlich – keine Warnung aufgenommen zu haben, wie nahe die Pläne des Prinzen daran waren, aufgedeckt zu werden, und fügte hinzu – womit er sich das Urteil sprach –, daß er notfalls auch ohne Urlaub entweichen und nach Wesel kommen werde. Über diesen Punkt befragt, suchte sich Katte später zu rechtfertigen, indem er sagte: «Er habe versprochen, wann er nicht reüssieren könnte, wollte er ohne Urlaub weggehen, nur damit der Kronprinz glauben solle, er würde ihn in Wesel gewiß finden, und in solcher Versicherung gewiß nach Wesel kommen möchte.» Dem Leser der Protokolle fällt es schwer, Katte noch zu folgen. Zu sehr erscheint diese Einlassung eine Folge der Umdeutung, die aus einer konsequenten Komplizenschaft ein Projekt zur Verhinderung des Unternehmens zu machen versuchte.

Von diesem Brief an, den er dem Kronprinzen auf dem Weg über seinen Cousin, den Rittmeister von Katte, der sich in Erlangen auf Werbung befand, zustellen ließ, war Katte lediglich passiver Zuschauer des Dramas, das sich jetzt fern von ihm zu entrollen begann. Vier Tage später erhielt er einen Brief des Kronprinzen aus Ansbach, der die Nachricht enthielt, daß seine Leiden und damit der Zwang zu fliehen weiter zugenommen hätten; er wolle deshalb von Sinsheim aus entkommen, das auf der Route von Stuttgart nach Mannheim lag. Katte sollte – neuer Plan – nunmehr unmittelbar nach Den Haag kommen, um den Kronprinzen dort zu treffen, der unter dem Namen eines Comte d'Alberville reisen würde. Damit der König über die Motive des Prinzen unterrichtet war – und auch, damit es einen Anknüpfungspunkt für eine Wiederaussöhnung gebe –, hatte Friedrich einen zweiten, ebenfalls an Katte adressierten

Brief beigefügt, der aber in Wahrheit für die Augen des Königs bestimmt war. Darin war erklärt, daß Friedrich allein deshalb geflohen sei, weil er die rüde Behandlung durch den König nicht mehr ertragen könne, der von einem Kapitän Haacke mit Verleumdungen gegen ihn aufgehetzt werde. Diesen Brief sollte Katte liegenlassen, damit er «zufällig» gefunden werde. In der letzten Variante seines Plans, die in einem von Triesdorf, dem Schloß der Markgrafen von Ansbach, abgesandten Brief an Katte enthalten war, hat Friedrich seinem Freund dann Straßburg als Treffpunkt genannt.

Nun waren solche Postsendungen wohl, wenn sie nicht per Estaffette geschickt werden konnten – wozu man einen amtlichen Auftrag brauchte – mehr als eine Woche unterwegs, und unterdessen mußte die königliche Reisegesellschaft bereits in Wesel, auf preußischem Boden also, angelangt sein.

V Das Unheil nimmt seinen Lauf

In der Tat konnte Katte keine anderen Nachrichten erhalten als solche, «daß noch alles im guten Stande und I[hre] M[ajestät] nebst des Kronprinzen H[oheit] aller Orten glücklich angekommen wären und in etlichen Tagen in Wesel anzulangen gedachten».

Denn am 5. August 1730 war tatsächlich der dilettantische Fluchtversuch, und zwar in dem Ort Steinsfurt, kurz vor Sinsheim, unternommen, vereitelt und schließlich aufgedeckt worden, aber Seine Majestät hatten es vorgezogen, den Vorfall noch geheimzuhalten, und hatten das Besuchsprogramm bei den deutschen Klein- und Mittelfürsten so, wie vorgesehen, absolviert. Es konnte daher gar keine beunruhigende Nachricht zu Katte gelangen.

Was war geschehen? Noch vor Morgengrauen des 5. August 1730 hatte sich der Kronprinz in der Scheune, die einem Teil der Reisegesellschaft zum Nachtquartier diente, erhoben, einen heimlich für die Zwecke der Flucht in Augsburg und Ludwigs-

Die Festung Küstrin, wo der Kronprinz nach seiner gescheiterten Flucht gefangen saß, zeitgenössische Radierung.

burg angefertigten roten Rock angezogen und war auf die Straße hinausgegangen, wo er den Pagen Keith, Bruder des Weseler Leutnants, erwartete, der ihm Postpferde besorgen sollte. Da es noch lange bis zu der vom König festgesetzten Aufbruchszeit hin war, weckte dies den Verdacht des Kammerdieners Gummersbach, des Jägers Büttner und besonders des Obristlieutenant von Rochow, den der König mit der Bewachung des Prinzen beauftragt hatte. Rochow trat deshalb ebenfalls auf die Straße und wünschte dem Kronprinzen einen guten Morgen. Erst jetzt traf der Page mit den Pferden ein, doch nun konnte sich Friedrich nicht mehr unbemerkt entfernen. Keine Geschichte von aufregendem Ritt und Verfolgungsjagd, nur ein verfrühtes Aufstehen, bei dem der Kronprinz nicht allein blieb. Diese unspektakuläre Szene war es, die den kolossalen Zornesausbruch Friedrich Wilhelms I. und einen Prozeß nach sich zog, über den sich bald halb Europa erregen sollte.

Der König bemerkte zunächst nichts, bis sich am folgenden Tag der Page Keith ihm zu Füßen warf und offenbarte, warum er besondere Pferde hatte besorgen sollen. Der König aber setzte die Reise wie geplant fort und absolvierte mit seinem Gefolge und mit dem Prinzen die vereinbarten Staatsbesuche in Mannheim und Bonn. Erst, als ihm auf einer späteren Station der Rheinreise, in Geldern, gemeldet wurde, daß der Leutnant Keith aus Wesel desertiert sei, mußte er davon ausgehen, daß ein seit längerem vorbereitetes Komplott vorlag, wenn es auch nicht die Ausmaße besaß, die dem König seine übersteigerte Phantasie jetzt nach und nach vorspiegelte. Bei erster Gelegenheit nach dem Eintreffen auf preußischem Boden, am Abend des 12. August in Wesel, begann das Verhör des Kronprinzen. Friedrich hat bei dieser Gelegenheit auch gleich den Namen des Leutnants Katte preisgegeben und erklärt, dieser habe die Fluchtpläne gebilligt und «versprochen, mit von der Partie zu sein».

Katte war weiterhin arglos und konnte nicht ahnen, daß schon am 12. August durch den König seine Verhaftung angeordnet war; die Order wurde per Estaffette nach Berlin befördert und traf dort am 15. August abends um neun Uhr ein. Der Postbeamte hatte freilich den Eilvermerk übersehen, und so wurde das Schreiben erst am Morgen des folgenden Tags, zwischen 6 und 7 Uhr, dem Generalleutnant von Glasenapp zugestellt.

Katte wurde bald danach zum Feldmarschall von Natzmer bestellt, unter dem Vorwand, daß er dem Marschall das Regimentsbuch überbringen müsse. Natzmer befahl dem Leutnant, im Vorzimmer zu warten, rief bald darauf den Obristen von Pannwitz, mit dem er sich eine Weile heimlich beriet. Beim Herausgehen sagte Natzmer noch, Pannwitz solle sich nach den Umständen erkundigen und Katte nur mitnehmen. Pannwitz und Katte fuhren nun zunächst im Wagen des Obersten zu dessen Wohnung, sodann zu der Behausung Kattes. Dort erklärte der Leutnant unter Berufung auf einen am Tag zuvor beim Feldmarschall erbetenen Urlaub, er wolle Berlin verlassen, vermutlich, um auf einem seiner Güter nach dem Rechten zu sehen. Statt des Urlaubs sagte ihm der Oberst jetzt den Arrest an. Er brachte ihn aber erst am Abend auf die Hauptwache, die als Arrestlokal diente.

Katte hat darauf bestanden, nicht gewarnt worden zu sein. Er versicherte, andernfalls würde er «es nicht unterlassen haben, eine Flucht zu tentieren und mich aus dem Staube zu machen». Wilhelmine berichtet es anders. Katte habe nur gezögert, weil er auf die Fertigstellung eines ganz besonderen Sattels gewartet habe, den er in Auftrag gegeben hatte und der ein echter Fluchtsattel, mit der Möglichkeit zur versteckten Aufbewahrung von Geld und Kleidern, werden sollte. Wilhelmines nach Jahrzehnten den Memoiren anvertraute Schilderungen in diesem Punkt weichen deutlich von Kattes im Verhör gegebener Darstellung ab; so gibt sie an, daß Natzmer persönlich Katte aufgesucht habe, um diesem den Degen abzufordern.

Wenn Katte doch eine Warnung erhalten haben sollte, so hat er sich im Verhör besonders umsichtig und tapfer benommen und damit alle in Frage kommenden Helfer geschützt; der König befahl sogar, ihm mit der Folter zu drohen. Der Minister Grumbkow erreichte allerdings, daß dieser Befehl ausgesetzt wurde. Eine solche Umsicht des Gefangenen stünde in deutlichem Gegensatz zu Kattes eitlem Verhalten in den Monaten vor der Flucht des Prinzen, als er sich seiner guten Beziehungen zu den Königskindern rühmte und prahlerisch ein Bild Wilhelmines herumzeigte, das er nach einer Vorlage im Besitz des Kronprinzen selbst gemalt hatte. Es scheint, als habe Friedrich Wilhelm seine älteste Tochter inzwischen verdächtigt, mit dem Kronprinzen und Katte im Komplott gewesen zu sein. Daraus resultierte, kurz nachdem der König am 27. August in Berlin eingetroffen war, eine gewalttätige Szene, bei der der König mit den Fäusten nun auch auf Wilhelmine losgegangen ist und von der sich ein Nachhall noch in den britischen Gesandtschaftsberichten findet.

Katte saß unterdessen in Haft, bis er am 27. August auf das Berliner Schloß «vorgefordert» wurde. Wilhelmine sah ihn kommen: «Er war blaß und entstellt; bei meinem Anblick zog er den Hut ab, und ich bemerkte, daß sein Gesicht die größte Bestürzung ausdrückte. Man trug seinen und meines Bruders Koffer, die beide versiegelt waren, hinter ihm her. Gleich darauf benachrichtigte man den König von seiner Gegenwart, und er eilte fort, wobei er stets rief: Nun werde ich endlich Beweise genug gegen den Schurken von Fritz erhalten, um ihm den Kopf wegputzen zu können... Sobald der König eintrat, warf sich Katte auf die Knie; der König fiel über ihn her, versetzte ihm mehrere Backenstreiche und Stockschläge ins Gesicht, trat ihn mit Füßen und behandelte ihn auf die unwürdigste Weise.»

Das Protokoll sagt davon verständlicherweise nichts. Das Verhör wurde im Beisein des Königs von dem Generalfiskal (dem öffentlichen Ankläger) Gustav Friedrich Gerbet, von dem Generalauditeur Christian Otto Mylius, dem General von Glasenapp, dem Obristen von Sydow und dem Minister von Grumbkow geführt. Während er in diesem ersten Verhör noch taktierte, gab Katte in den folgenden, besonders in den am 28. August, 30. August und 9. September gehaltenen Verhören weiteren Widerstand auf und ließ immer mehr Einzelheiten zum Vorschein kommen. Am Grundtenor seiner Aussagen, daß er nämlich durch sein Einverständnis den Kronprinzen nur habe hinhalten und insbesondere davon abhalten wollen, sich noch andere Fluchthelfer zu suchen, hielt er fest.

Schon in Wesel hatte der König unterdessen Anordnungen für das Schicksal des Prinzen getroffen. Dieser war unter schwerer Bewachung zunächst nach Mittenwalde, nicht weit von des Königs Lieblingswohnsitz Wusterhausen, gebracht worden. Hier nahmen die Verhöre ihren Fortgang. Der König hatte zu diesem Zweck dem Generalauditeur Mylius seine persönliche Version der Ereignisse auf der Reise durch Süddeutschland und zum Rhein in die Feder diktiert. In einer Schlußerklärung, die am Ende dieser Runde von Vernehmungen stand, bat Friedrich darum, «im Fall S[ein]e Königl[iche] Majestät den Katten am Leben strafen wollten, bäte Er, die Strafe eher über Ihn ergehen zu lassen, weil Er als eines Königes Sohn mehr gesündiget hätte».

Damit war aber nur die erste Runde der Verhöre abgeschlossen, die zweite fand in den ersten Septemberwochen statt. Es handelte sich dabei um eine nach der damaligen Strafprozeßordnung übliche «Inquisition auf Artikel», das heißt um ein Verhör, das nach vorher schriftlich fixierten Frageartikeln vorging. Den Inhalt dieser Artikel schrieb der König seinem Justizbeamten Mylius vor. Dabei fällt auf, daß einerseits der König das Vorgehen gegen seinen Sohn immer mehr in Richtung auf ein regelmäßiges justizförmiges Verfahren trieb und befahl, den Tatbestand der Desertion (nicht, wie die Juristen und Offiziere es anfangs formulierten, die «Retirade» oder «Eschappade») zum Anklagepunkt zu machen, andererseits sehr persönliche und familiäre Streitpunkte in die amtlichen Akten einfließen ließ, z. B. so: «Er sollte ... in sich gehen, und in puncto desertionis, in puncto der Correspondenz mit fremden Ministres und fremden Höfen, in puncto des Geldes zu fordern vom König von Engelland, in pto. der Lügen, die er Mir vorgelogen hätte wegen seiner Schuld, in puncto daß er seinem Vater und Landesherrn und Kriegsherrn ungehorsam gewesen, alle gute Vermahnungen von seinem Vater nicht angenommen, sondern gegen den Vater gemaulet, gegen alle Menschen sich beklaget wegen des Vaters, daß er so übel traktieret würde, und sich darum doch nicht zu korrigieren, niemals des Vaters Willen getan, als mit der schärfesten Subordination, sondern Er nichts getan hätte seinem Vater und Herrn, Ihm was zu Gefallen zu tun, sondern von Bagatelle bis auf das Allerhöchste seinen Vaters Willen nicht wollen konfirmieren und seinen Vater dadurch gegen alle Fremde zu blamieren gesucht. Inquisite soll sagen, was er meritieret und vor eine Strafe gewärtig ist?» Bei dieser Vermischung des familiären Konflikts mit justitiablen Anklagepunkten ist Friedrich Wilhelm geblieben; eben diese Vermengung aber wurde von den Richtern des Kriegsgerichts auch erkannt und herangezogen, um dem Zwang zu einem Spruch über den Thronfolger zu entgehen.

Am 20. September berichtete Mylius, daß die Beweisaufnahme im Fall Kattes so weit gelangt sei, daß ein Gericht nunmehr seinen Spruch fällen könne.

Friedrich, der unterdessen nach Küstrin gebracht worden war, wo er nach detaillierten Befehlen des Königs unter harten Bedingungen hinter Schloß und Riegel gehalten wurde, gab am 20. September zu erkennen, daß er noch weitere Aussagen zu machen habe. Daraufhin reiste die Untersuchungskommission nach Küstrin. Friedrich, der in der Ungewißheit lebte, wie der

König gegen ihn vorgehen wollte, war derart zermürbt, daß er am 11. Oktober zu Protokoll gab, er unterwerfe sich in jeder Hinsicht bedingungslos seinem Vater und sei auch bereit, auf die Thronfolge zu verzichten; darüber hinaus: «woferne es das Letzte sein und Er sein Leben verlieren sollte, bäte Er, daß es Ihm bei Zeiten zu verstehen gegeben würde».

Mit Kabinettsorder vom 22. Oktober an den Generalleutnant von der Schulenburg, der zum Vorsitzenden ausersehen war, ordnete der König schließlich an, daß zu Köpenick ein Kriegsgericht gehalten werden solle. Neben dem Prinzen Friedrich waren Katte, der Leutnant von Spaen, der eingewilligt hatte, einen Fluchtwagen zu bestellen, der desertierte Leutnant von Keith in Abwesenheit (ihm war die Flucht nach England gelungen) und der Leutnant von Ingersleben abzuurteilen. Des letzteren einziges Vergehen bestand darin, für den Kronprinzen den Postillon d'amour gemacht und einige Briefe und einfache Geschenke an die sechzehnjährige Tochter eines Potsdamer Kantors, Doris Ritter, überbracht zu haben. (Dieses Mädchen, dessen ganzes Verbrechen darin bestand, die Geschenke angenommen zu haben, ließ der König übrigens vom Henker durch die Stadt peitschen und ins Spinnhaus sperren.)

Das Kriegsgericht, das nach Aktenlage, das heißt aufgrund der Verhörprotokolle, zu urteilen hatte, kam bereits nach drei Tagen zum Spruch. Es verhängte gegen Katte lebenslangen Festungsarrest, leitete aber auch dessen Gnadengesuch an den König weiter. Gegen den Leutnant von Spaen lautete der Spruch auf Kassation aus der Armee und dreijährigen Festungsarrest, gegen Ingersleben auf sechs Monate Haft. Dem Deserteur Keith sprach das Gericht die übliche Strafe der Erhängung *in effigie*, das heißt durch Annageln seines Bildes am Galgen, zu.

Für den Kronprinzen aber erklärte sich das Gericht als schlicht nicht zuständig. Diese Sache sei «eine Staats- und Familien-Sache... zwischen einem großen Könige und dessen Sohne, welches ersteren väterliche Zucht und Potestät über seinen Sohn kein Kriegsrecht oder ander weltlicher Richter jemalen sich erkühnen dürfen, zu beurteilen». Der vom König vertretene Standpunkt, daß der Kronprinz schließlich auch Offizier in einem von des Königs Regimentern sei und damit den Kriegsartikeln unterliege, verfing nicht. Ob Friedrich Wilhelm, der damals von Gespenstererscheinungen und Schlaflosigkeit heimgesucht wurde, es gewünscht hat, daß seine Offiziere ihn von der Verantwortung für die Zukunft seines Sohnes entlasteten? Wir wissen es nicht, wir wissen aber wohl, daß er mit dem Resultat der gerichtlichen Untersuchung in anderer Hinsicht nicht zufrieden war. So schrieb er auf den Bericht des Gerichtspräsidenten den verächtlichen Satz: «Sie sollen Recht sprech[en] u[n]d nit mit den Flederwisch vorübergehn; da [es] Katte also wohl getan, soll das Kriechgerich wieder zusammenkommen u[nd] ein ande[re]s sprechen.»

Daß sich die Richter für den Kronprinzen nicht zuständig erklärten, war somit akzeptiert; zurückgewiesen aber war das Urteil gegen Katte. Die Richter traten umgehend wieder zusammen und berieten erneut, stellten jedoch, jede Klasse für sich, klar, daß sie an ihrem Beschluß festhalten müßten. Wiederum einen Tag später erfolgte die königliche Strafverschärfung.

Wäre sie Friedrich Wilhelm so schwer gefallen, wie viele Schriftsteller immer wieder ohne Beleg behauptet haben, so hätte er sich damit Zeit gelassen, wie dies andere Herrscher getan haben, wenn sie sich gezwungen sahen, Todesurteile mit ihrer staatsoberhauptlichen Bestätigung zu versehen. Aber nichts dergleichen findet sich, nur die Beschwörung des alten Satzes: *Fiat justitia, pereat mundus!* und die Behauptung, daß der König nicht anders handeln könne. An sich sei Katte als ein *Majestätsverbrecher* zu betrachten und müsse mit glühenden Zangen gerissen und anschließend aufgehängt werden; demgegenüber sei die Strafe des Enthauptens, die damalige Kavaliersstrafe, schon eine Vergünstigung.

Welche Anhaltspunkte hatte der König für den Straftatbestand des *crimen laesae Majestatis*, des *Verbrechens der verletzten Majestät*? Das Besondere an diesem aus der römischen Kaiserzeit stammenden Begriff war gerade, daß seine Grenzen äußerst weit gezogen waren. Es mußte eben nicht die Person des Herrschers angegriffen sein. Es genügte, wenn sich irgendwo Attacken auf die Würde und die Hoheit des königlichen Amts finden ließen; und solche Schmälerungen der königlichen Autorität waren bereits gegeben, wenn sich mehrere Personen, wie im Fall Friedrichs und seiner Helfer, auch nur verabredeten. *Vorbereitung zum Hochverrat* würde man das heute nennen. Eine Handhabung für ausufernde Rechtsprechung also, und in der Geschichte immer da besonders häufig anzutreffen, wo die Freiheit einen schlechten Stand hat. Der Straftatbestand des Majestätsverbrechens war prinzipiell in der deutschen Jurisprudenz unbestritten; aber mußte man den Begriff auf einen sechsundzwanzigjährigen Leutnant anwenden, der mit dem Thronfolger nur etwas verabredet hatte und dessen ganze Tat darin bestand, daß er vorübergehend Geld und Briefe von diesem in Verwahrung genommen hatte? Man mußte nicht, man wollte. Und verschanzte sich dann hinter Gottes Ratschluß.

Der Rest ist schnell erzählt. Katte wurde nach Küstrin transportiert. Schon dies ist ein Hinweis darauf, daß seine Hinrichtung ein Mittel zum Zweck der Beeinflussung des Kronprinzen war, denn andernfalls hätte man ihn in Berlin enthauptet. Statt dessen nahm Friedrich Wilhelm das Risiko einer vielstündigen Reise in Kauf, die der Verurteilte zum größten Teil damit verbrachte, mit dem Prediger seines Regiments und mit seiner Bewachung in der Kutsche geistliche Lieder zu singen.

Dem Kronprinzen wurde erst am Morgen des Hinrichtungstags, des 6. November 1730, um 5 Uhr eröffnet, «daß der Lieutenant von Katte ankommen und er ihn in kurzer Zeit vor seinem Fenster würde exekutieren sehen, worüber er sich ungemeint alteriert». Er sagte: «Was bringen Sie mir für eine böse Zeitung, Herr Jesus, bringen Sie mich doch lieber um das Leben.» – «Bis zur Exekution», so berichtete der Gouverneur von Küstrin, der Generalmajor von Lepel, an den König, «hat er sehr lamentieret, daß dieses vor seinen Augen geschehen sollte, die Hände gerungen, geweinet, gefraget, ob die Exekution nicht Anstand haben, und Er eine Estaffette an Ew. Königl[iche] Majestät schicken könnte.» Schließlich bettelte Friedrich: Wenn er auf diese Weise Kattes Leben retten könne, wolle er gern unterschreiben, daß er auf die Thronfolge verzichte oder ewig gefangen bleiben wolle.

Bis zur Exekution, so berichtete der Gouverneur von Küstrin dem König, habe Kronprinz Friedrich «sehr lamentieret, daß dieses vor seinen Augen geschehen sollte, die Hände gerungen, geweinet, gefraget, ob die Exekution nicht Anstand haben» könnte. «Er hat wohl dreimal gefragt, ob denn kein Pardon wäre, auch Katten sagen lassen, er möchte es ihm doch vergeben.» Stich von A. W. Küfner.

«Er hat wohl dreimal gefragt, ob denn kein Pardon wäre, auch Katten sagen lassen, er möchte es ihm doch vergeben.»

Beide, der Prinz wie Katte, baten vergebens um die Möglichkeit zu einer Aussprache. Der Prinz habe «nichts anderes glauben können», meldet ein anderer Bericht, «als der Lieutenant von Katte müßte, weil er Ursache an seinem Tode, einen Haß gegen ihn haben; dieserhalb hat er zweimal den Kommandanten an ihn geschickt, welcher ihm aber das contrarium versichern müssen». Der Verdacht des Kronprinzen war nicht unbegründet, hatte er doch nicht nur Katte in seine eigenen Angelegenheiten verwickelt, sondern auch noch bei der ersten Gelegenheit, nämlich schon in Wesel, Kattes Namen preisgegeben.

Die Exekution fand vor Friedrichs Augen statt, «und hat der Katte, nachdem er sich entblößet, das Gesichte gegen ihn gekehret, worüber der Kronprinz in Ohnmacht gefallen, und der Kapitän zutreten und ihn halten müssen». Dann, um Viertel vor 8 am Morgen des 6. November, «flog der Kopf weg», den der Bursche des Majors von Schack vom Regiment Gens d'armes «aufnahm und wieder an seinen Ort legte».

Der König hatte angeordnet, daß Kattes Leichnam mehrere Stunden auf dem Richtplatz, wenn auch zugedeckt, liegenbleiben müsse. Während der ganzen Zeit behielt der Kronprinz «die Augen beständig auf den Körper gerichtet, bis nachmittags», und schaute auch zu, als er in den Sarg gelegt wurde. Auch danach starrte Friedrich den Richtplatz unverwandt an und verlangte schließlich, man möge den Sand wegbringen. In der Nacht schlief er schlecht, beklagte sich beim Kammerdiener darüber, «daß er schlimme Phantasien gehabt und Katte ihm immer vor den Augen stünde... Er weinet noch öfters, und höret man ihn ächzen und seufzen, wenn man vor der Stube stehet.»

Der König konnte zufrieden sein. Sein Sohn war genügend zermürbt, wie auch der Feldprediger Müller berichtete, den der König zu ihm geschickt hatte: «Der Zweck Ew. Maj[estät] an dem Kronprinzen ist in soweit durch göttliche Gnade erreichet, daß der Kronprinz seine Sünde nun viel größer, als vorher achtet, und auch Gott demütiglich abbittet, daß Gott nicht mit ihm ins Gericht gehen möge... Er danket auch Gott und Ew. Königl[iche] Maj[estät] für diese Demütigungen, und will Ew. Königl[ichen] Maj[estät] so wohl Väterlichem als Königlichem Willen und Befehl sich in allem unterwerfen, wann seine unterthänige Abbitte nicht sollte zureichend sein.»

Um zu sehen, ob der Wille des Prinzen vollständig gebrochen war, nahm der Prediger mit ihm die Glaubensartikel durch, in denen zwischen Vater und Sohn ein so großer Dissens entstanden war. Der Prinz ließ es jetzt zu, daß der Prediger ihm anhand einzelner Bibelstellen die Prädestinationslehre widerlegte. Müller forderte den Kronprinzen auf, zur Kenntnis zu nehmen, daß keineswegs sämtliche Theologen der reformierten Konfession von dem «absoluten Dekret», der Vorherbestimmung über Heil oder Verdammnis, überzeugt seien. Nachdem dieser Glaube bei Friedrich erfolgreich erschüttert war, ging ihm auf, «daß also keine Fatalität, sondern Er allein an Kattens Tode und Seinem eigenen Unglück schuld hätte».

Von jetzt an gehen in der Argumentation der König und Gott nahezu ineinander. Der Prediger berichtet: «Hierauf antwortete Er: ‹. . . wenn nur noch Gnade für mich ist, und Gott nur allein in diesem Leben mit mir wollte Abrechnung halten›; worauf [ich] Ihm sagte, daß Gott deswegen seinen Zorn ihn also fühlen ließe, damit Er nach Gnade schreien sollte. Er gab zur Antwort, ‹ich glaube es auch, aber ich fürchte, daß ich mein Lebelang bei dem Könige nicht werde zu Gnaden kommen, denn der König wird mir meine Sünden nicht vergeben, oder doch nicht völlig vergeben und vergessen, indem ich seinen Zorn gar zu sehr gereizet habe.›» Der Prediger: «Er solle das Gegenteil glauben, denn darum hätte Gott des Königs Herz zur Ausübung dieser Justice gelenket, daß er zum rechten Gefühl und gründlicher Emendation kommen sollte.» Als Beweis für die guten Absichten, die der König mit Friedrich habe, führt der Prediger an, daß der König Katte zu Besserungszwecken vor seinen Augen habe hinrichten lassen . . .

Genug. Nachdem so viel eingerissen war, hielt der König die Zeit für gekommen, mit dem Neuaufbau zu beginnen. Schon am 8. November ordnete er an, man möge dem Prinzen die Perspektive einer allmählichen Besserung seiner Lage eröffnen, was mit einer Lockerung seines Arrestes und damit beginnen sollte, daß man ihm bei den Küstriner Regierungsbehörden Akten zu bearbeiten gab. Zuvor sollte er allerdings noch einen feierlichen Unterwerfungseid ablegen. Wie zu erwarten war, machte Friedrich keine Schwierigkeiten mehr. Der Eid, «Seiner Königl[ichen] Majestät meinem allergnädigsten Könige, Vater und Herrn, wie ich ohne dem, bei Verlust meiner Seelen Heil und Seligkeit, schuldig und verbunden bin, allemal getreu, gehorsam und untertänig sein» zu wollen, wurde am 19. November 1730 in Gegenwart des Ministers von Grumbkow, des Generals von Glasenapp und anderer königlicher Beauftragter geleistet, vom Prinzen eigenhändig abgeschrieben und unterzeichnet. Der Weg war frei für eine Rückkehr des Prinzen in alle seine fürstlichen Rechte. Friedrich rettete erfolgreich seine Thronfolge, während sein Vater weiterregierte und die Armee drillte, an deren Spitze König Friedrich II. 1740, zehn Jahre nach seinem Unterwerfungseid, in Schlesien einfiel.

VI Kattes Nachruhm

Und Katte? Er hatte gewissermaßen eine postume Karriere als berühmtes Henkersopfer. Es ging ihm hierin wie 1820 dem Attentäter Karl Ludwig Sand: Beider Hinterlassenschaften wurden vom Publikum wie Reliquien verehrt. Katte hatte durch seine würdige und gottergebene Art zu sterben seinem Nachruhm großen Auftrieb gegeben. In der Tat sind alle Zeugen, insbesondere auch seine Bewacher, voller Bewunderung. «Man ist so begierig, von des sel[igen] Lieutenants Sachen zu haben», meldet ein Bericht, der im Brandenburg-Preußischen Hausarchiv aufbewahrt wird, daß man einem Unteroffizier, dem Katte seine Bibel geschenkt hatte, schon 20 Taler dafür geboten und sogar gesagt habe, er solle fordern, was er wolle. Doch habe der Unteroffizier die Bibel nicht hergeben wollen.

Der Leichnam wurde zunächst auf Anordnung des Königs in Küstrin anständig beigesetzt. Erst später ließ ihn die Familie in die Gruft auf dem Stammsitz Wust bei Jerichow in der Kurmark überführen.

Theodor Fontane hat diese Gruft 1867 aufgesucht. Neben dem Marmorsarkophag des Feldmarschalls Hans Heinrich von Katte, des unglücklichen Vaters, der für seinen Kummer beim König nur die Empfehlung geerntet hat, er möge sich in Gottes Willen schicken, stand dort auch der einfache Holzsarg des Hans Hermann von Katte. Fontane schreibt: «Der Diener gab mir den Leuchter, faßte den Deckel und schob ihn beiseite. Noch verbarg sich uns sein Inhalt. In dem äußeren Sarge stand ein zweiter, der eigentliche, vielleicht der, in den man ihn zu Küstrin gelegt hatte, eine bloß zugeschrägte Kiste mit einem flachen Deckel. Nun hoben wir auch diesen und blickten auf alles Irdische, was von dem unglücklichen Katte noch übrig ist.

Ein hellblauer Seidenmantel umhüllt den Körper. Da, wo dieser Mantel nach oben hin aufhört, liegt ein Schädel, neben dem Schädel eine blaue, kunstvoll zurechtgemachte, mit Spitzenüberresten geschmückte Schleife, die früher das schöne Haar des Toten zusammenhielt. Noch in den zwanziger Jahren dieses Jahrhunderts war der Schädel wohlerhalten, seitdem aber, weil niemand lebte, der die Gruft und speziell diesen Sarg vor Unbill geschützt hätte, trat der Verfall ein, der sich jetzt zeigt... Frivole Neugier, renommistischer Hang und Kuriositätenkrämerei führten zu offenbarer Entweihung.» Ein Engländer erschien in Wust, «ließ sich die Gruft aufschließen und trat an den geöffneten Sarg. Er war offenbar ein Kenner, suchte unter den Halswirbeln umher, fand endlich den, den das Richtschwert durchschnitten hatte, und führte ihn im Triumphe weg. Andere nahmen die Zähne des Enthaupteten als Erinnerungsstücke mit.» Erst nach 1850 wurde der Respekt vor den Überresten des Leutnants wiederhergestellt.

In dem am 31. Januar 1922 in Berlin uraufgeführten Film *Fridericus Rex* von Arzen von Czerépy findet sich auch die Katte-Episode. Friedrich Sieburg schrieb dazu: «Fridericus ist zu den Sternen entrückt und lebt dennoch in unserem kleinen Leben unaustilgbar. Er ist ein Bestandteil unseres Alltags, auch wenn wir nichts von ihm wissen. Sein Glanz wirkt im Raum unserer kalten Welt... Nicht auf die Darlegung der Biographie kommt es an, sondern auf die Deutung des Mythos.» Die sozialdemokratische Parteizeitung *Vorwärts* dagegen empfahl im selben Jahr, den Film zu verbieten (das geschah damals nach Polizeirecht schnell und häufig). Der *Vorwärts* meldete, einzelne Filmvorführer hätten sich geweigert, den deutschnationalen Streifen zu zeigen. Das Blatt meinte: «Wenn man will, kann man den ersten Teil des Films, der in die sadistische Grausamkeit Friedrich Wilhelms... hineinleuchtet, als einen republikanischen Aufklärungsfilm ansprechen. Der zweite Teil freilich ist ein Lehrfilm: ‹Wie werde ich monarchisch?› Zwischen diesen beiden Teilen klafft eine psychologische und dramatologische Lücke. Friedrich Wilhelm ist im ersten Teil nur Tyrann... Mit der... Hinrichtung Kattes schließt der erste Teil. Und derselbe König, der eben erfolgreich gemordet hat, ist... ein lieber alter Herr, der – rauhe Schale, guter Kern – ein paar Podagragrimassen schneidet, Staatsraison schwitzt und sein Groschenheft-Vaterherz entdeckt. Der junge Fritz wird, da er... Zeuge der Hinrichtung Kattes sein mußte, ganz butterweich geläutert. Man hatte nicht den Mut, zu sagen: dem Kronprinzen ging der Verstand auf, er spielte Komödie, nein, er mußte waschlappig werden. Und das ist eigentlich eine Beleidigung für Friedrich.»

Der Rezensent hat es sich zu einfach gemacht. Friedrich spielte nicht Komödie, er *war* verändert. Er wurde auch nicht waschlappig, sondern begann sich mit seinem Vater zu identifizieren. Die Folgen für Preußen und Deutschland sind bekannt. Doch die Deutschen aus dem wohllüstigen Schauer zu erlösen, in dem Kurt Tucholsky sie noch fand, als er schrieb: «Wir wollen, wir wollen geprügelt sein!», ist überfällig. Denn eigentlich sind die Deutschen gar nicht mehr so. Nur anläßlich Kattes und Friedrich Wilhelms hat es ihnen noch keiner so richtig gesagt.

Jugendfreundschaft

Hölderlin, Hegel, Schelling

von Matthias Kroß

Freundschaft, unter Philosophen zumal, war immer ein besonders gefährdetes und daher kostbares Gut. Denn der Philosoph ist bereits dem Namen nach zuerst ein Freund der Weisheit und der Wahrheit und erst dann Freund eines Menschen. So konnte Aristoteles in seiner *Nikomachischen Ethik* schreiben, daß er zwar ein Freund des Platon, mehr aber noch ein Freund der Wahrheit sei. Im selben Buch hat Aristoteles zugleich zwischen drei Arten der Freundschaft unterschieden: derjenigen, die sich auf das Gute, derjenigen, die sich auf das Lustvolle, und derjenigen, die sich auf das Nützliche beziehe. Die auf das Gute gerichtete Freundschaft ist die für Aristoteles erstrebenswerteste, denn diese beruhe auf der Tugend. Die Tugendhaften aber bewirkten füreinander das Gute, weil sie das Gute an sich verfolgten. In einer solchen Freundschaft ergeben sich für Aristoteles das Lustvolle und das Nützliche gleichsam von selbst.

Die philosophische Jugendfreundschaft zwischen Hölderlin, Hegel und Schelling im Tübinger Stift 1790–1793 erscheint auf den ersten Blick wie ein später, aber um so eindrucksvollerer Beweis für die Freundschaftslehre des Aristoteles. Wohl sind nur wenige Originalzeugnisse aus der Tübinger Zeit der «drei Idealisten» erhalten geblieben – die jugendlichen Revolutionäre hinterließen mit Bedacht keine sie belastenden Schriftstücke –, doch das Erhaltene ist eindrucksvoll genug. Die drei stellten ihre Arbeit unter eine gemeinsame Losung, schliefen, wachten, aßen zusammen, lasen, diskutierten, lachten gemeinsam, unternahmen Ausflüge in die Landgaststuben in der Umgebung der Stadt, rebellierten gegen verzopfte Professoren und pingelige

Aufseher. Sie verfolgten dieselben Ideen und Ideale, gebrauchten die gleichen Argumente, verehrten dieselben Dichter und Philosophen – kurz: Sie waren Freunde in jenem idealistischen Sinne, den Schiller in seiner *An die Freude* besungen hat: «Wem der große Wurf gelungen / Eines Freundes Freund zu sein...»

Trotz aller Geistesverwandtschaft und Begeisterung füreinander waren sie jedoch in der Anlage ihrer Persönlichkeit grundverschieden. Jeder verkörperte zugleich einen eigenen Kosmos, und die Losungen und philosophischen Begriffe, die sie sich immer wieder aufs neue zuriefen, bekamen daher bald nach ihrer Trennung einen unterschiedlichen Klang. Das Verständnis des «gemeinsamen Guten», das sie verband, sollte nach einer Weile unter den dreien strittig werden, die Freunde nach und nach einander fremd. Schelling bezichtigte Hegel später sogar des Plagiats seiner Ideen, Hölderlin zog sich in die Kontaktlosigkeit seines Turms am Neckar zurück.

Historisch bedeutsam ist die Freundschaft zwischen Hölderlin, Hegel und Schelling vor allem, weil die drei Freunde in ihrer persönlichen Entwicklung zugleich grundlegende Wahlmöglichkeiten des philosophischen Diskurses der Moderne verkörpern. Die Fragen, über die sie sich während ihrer gemeinsamen Tübinger Zeit die Köpfe heiß redeten, sind auch Grundfragen unserer Zeit und von bleibender Aktualität. Schelling ist als Verkünder einer mit dem Religiösen versöhnten Natur in unseren Tagen zunehmender Technikkritik wieder hochaktuell; Hölderlin, der Dichter-Denker, erfährt durch die Philosophie Heideggers eine späte, aber um so innigere und bis heute philosophisch wirksame Andacht; Hegel hat sich als Theoretiker der Dialektik und der politischen Philosophie tief in die Geschichte unseres Jahrhunderts eingeschrieben.

Daß gerade Hegel, Hölderlin und Schelling in Tübingen aufeinandertrafen und zu Freunden wurden, ist sicher kein Zufall. Alle drei nämlich besaßen sie einen sehr ähnlichen familialen Hintergrund: Sie entstammten dem schwäbischen, pietistisch geprägten Pfarrhaus. Alle drei waren sie von daher prädestiniert, eine theologische Laufbahn einzuschlagen, selber Pfarrer zu werden und ihre Kinder wiederum die theologische Laufbahn einschlagen zu lassen. Albrecht Schöne schreibt über die «Geniezüchtungsanstalt» Pfarrhaus: «Seit Mitte des 16. Jahrhunderts empfängt das deutsche Schrifttum aus dem protestantischen Pfarrhaus einen mächtigen Zustrom literarischer Begabungen.» Er gibt sodann folgende Aufstellung berühmter Namen, vor allem von Dichtern: Fleming, Gryphius, Gottsched, Gellert, Lessing, Wieland, Claudius, Lichtenberg, Bürger, Hölty, Lenz, Jean Paul, die Gebrüder Schlegel, Gotthelf, Geibel, zuletzt Gottfried Benn. Hinzuzufügen sind Philosophen wie Herder und Nietzsche und eben Schelling und Hegel, um nur die Herausragendsten zu nennen.

Pierre Bertaux, einer der besten Kenner der Lebensgeschichte Hölderlins, gibt für Schönes statistische Erhebungen folgende Erklärung: «In dreieinhalb Jahrhunderten stammt mehr als ein Viertel der deutschen literarischen Begabungen direkt aus dem Pfarrhaus ... Das System, das in Deutschland, und sonderlich in Schwaben, von Luther und seinen Nachfolgern eingeführt wurde, hat zu einer wahren, wenn auch unbeabsichtigten, Geniezüchtung geführt: ein hochinteressantes human-genetisches Experiment, das über drei Jahrhunderte andauerte. Da die angehenden Pastoren des öfteren Pastorentöchter heirateten – es war nämlich üblich, bei einem Pastor Vikar zu werden, der eine heiratsfähige Tochter (oder deren mehrere) hatte, und in eine Stelle einzuheiraten –, bildeten im Laufe weniger Generationen die Gelehrten- und Pastorenfamilien das, was Kretschmer eine ‹Inzuchtherde› nannte.» Innerhalb weniger Generationen waren praktisch alle schwäbischen Pfarrhäuser durch vielfältiges Einheiraten miteinander verwandt. Die Stammtafel des Pfarrerehepaares Regina und Carl Bardili weist beispielsweise ab der fünften, sechsten Generation Namen wie Hölderlin, Mörike oder Uhland auf.

I «Sich auf die Theologiam verlegen»

Die fast «geschlossene» Erbmasse des schwäbischen Pfarrhauses liefert zunächst nur die unerläßliche Voraussetzung für die intellektuellen Züchtungserfolge des Pfarrhauses. Entscheidend für das Aufeinandertreffen der drei Freunde in Tübingen wurden indes die sozialselektiven Verfahren, die den Ausbildungsgang der drei in Alt-Württemberg bestimmten.

Zu nennen ist vor allem die von den württembergischen Herzögen nach Einführung der Reformation systematisch betriebene einseitige Talentpflege durch Examens- und Berufsauslese im Hinblick auf das für den evangelischen Pfarrer so wichtige *genium linguae*. Gemeint ist damit zunächst jenes verfeinerte Sprachgefühl, das für die Kunst der Schriftauslegung in der Predigt unerläßlich ist und bis zum heutigen Tag den Kernbestand der evangelischen Seelsorge ausmacht. Dieses *genium* wurde durch eine systematische Ausbildung unter strikter staatlicher Aufsicht bis aufs äußerste bei den Alumnen ausgebildet; nur die Begabtesten vermochten die jeweiligen Selektionsstufen zu überwinden und zur intellektuellen Elite des Landes aufzusteigen.

Am Beginn der geistlichen Ausbildung, die Herzog Ulrich (1487–1550) bei der Einführung der Reformation in Württemberg in den Grundzügen festgelegt und die sich durch die Jahrhunderte erhalten hatte, stand der Besuch einer der im 18. Jahrhundert fünfundfünfzig über das Land verstreuten Lateinschulen. Dort unterrichteten knapp einhundert Lehrer – Präzeptoren, Oberpräzeptoren oder Kollaboratoren genannt – etwa 2100 Schüler. Danach besuchten die Zöglinge eine Klosterschule (die wiederum in eine «niedere» bis zum Alter von 16 Jahren und eine «höhere» untergliedert war), in der sie auf das mit 18 Jahren beginnende Studium vorbereitet wurden. Gemäß der «Klosterordnung» von 1556 erhielten diese der «Erziehung der Studiosen» gewidmeten Einrichtungen ein staatliches Stipendium, «dieweil viel unser Untertanen Kinder, welche gute und fruchtbare Ingenia haben, um des willen bisher verhindert worden, daß ihre Eltern also unvermöglich gewesen, sie bei den Studiis, bis zur Theologie tauglich, zu erhalten und zu verlegen». Im Alter von achtzehn Jahren schließlich erhielten die Begabtesten unter den Alumnen ein Stipendium des Landesvaters an der zentralen Ausbildungsstätte des Landes für Theologen und Lehrer, dem Tübinger Stift.

Die Vorbedingung für die Aufnahme in die jeweils höhere Stufe war stets ein «Landexamen» in Stuttgart. Mit fünfzehn, sechzehn Jahren hatte der Zögling häufig bereits vier- oder fünfmal das *Quota vice?* (das wievielte Mal der Prüfung) gehört und sich ein gigantisches Pensum an formelhaftem Paukwissen angeeignet. Der Unterricht in den Elementarschulen konzentrierte sich fast ausschließlich auf das Lateinische. Das Griechische wurde im Hinblick auf das Neue Testament unterrichtet; vom zehnten Jahr an kam das Hebräische hinzu. Inhaltlich stand das Memorieren von Definitionen aus der Logik und Rhetorik im Mittelpunkt. Rechnen, Geschichte oder Geographie galten dagegen als nebensächlich. Der Sinn eines solchen klösterlich abgeschiedenen, merkwürdig weltfremden Schul- und Ausbildungssystems liegt auf der Hand: Der Landesherr zog sich auf diese Weise eine durch langjährige Abrichtung und finanzielle Abhängigkeit treu ergebene, nichtsdestoweniger äußerst funktionstüchtige intellektuelle Verwaltungselite heran, die das Volk in christlicher Demut unterwies: *Cuius regio – eius religio.*

Fast wichtiger als die rechte religiöse Ausrichtung wurde bald eine ganze Reihe von Sekundärtugenden, die in den Pflanzstätten der Orthodoxie den Zöglingen unbarmherzig eingedrillt wurden: «Püncktlichkeit, Praecision und unterscheidende Genauigkeit». Selbst der Mediokre darf «wider die Orthographie, Etymologie und Syntax entweder gar nicht, oder doch nicht mehr als ein oder andermal, und nur in schweren Fällen» fehlen. Die spätere Berufswahl war ohnehin klar: «Mit allem Ernst und Fleiß», heißt es in der Klosterordnung, gelobe der Schüler, sich «auf keine andere Profession, dann die Theologiam zu verlegen»; andernfalls müsse er das Stipendium «ohngeweigert und vollkommentlich refundieren».

«Ein rechtes Seminarium und junger Bomsatz (Pflanzgarten) der Kirchen Gottes», so wurde das Stipendium in Tübingen, das «Stift», in einem Landtagsabschied 1583 genannt. Der damals regierende Herzog Ludwig bezeichnete bei einem seiner zahlreichen Besuche die Stiftler einmal sogar als seine «Söhne und seine Augenweide». Angesichts der Vielzahl großer Begabungen, die das Stift hervorbrachte, mag mancher den verklärten obrigkeitlichen Blick auf das Treiben hinter den schroffen Mauern in dem ehemaligen Augustinerkloster teilen wollen. Doch sprachen die Vielzahl von sogenannten Statuten, von immer neuen Geboten, Erlassen, Ermahnungen sowie die nicht enden wollenden Klagen über den Verfall der Zucht und nicht zuletzt Relegationen und Repressionen bis hin zur öffentlichen Auspeitschung der Stipendiaten nur allzudeutlich dem frommen Wunschbild Hohn, das die Anstalt nach außen zu vermitteln suchte.

Das Stift teilte das Schicksal aller Institutionen, die aus einer Begeisterung geboren sind, die nur eine starke Gesinnung hervorzurufen und nur eine erstarrte Geisteshaltung dauerhaft am Leben zu erhalten vermag. Das Stipendium, das Herzog Ulrich 1536 in Tübingen gegründet hatte, sollte «um Gottes Ehr und zur Erhaltung und Erbauung frommer, geschickter, gottliebender Menschen» dienen, wie es in der «Ordnung der Stipendiaten» vom 14. Februar 1536 heißt. Die lutherische Reformation, die sich 1534 schließlich auch in Württemberg durchgesetzt hatte, war in Tübingen durch das Wirken Philipp Melanchthons fest in obrigkeitsstaatliche Bahnen gelenkt worden. Die starke Kraft des Wiedertäufertums sowie die Nachbarschaft der Schweizer Radikalreformer einerseits, die Bestrebungen der katholischen Gegenreformation, welche die Konfessionsgrenze schnell wieder bis an den Main vorschob, andererseits mögen zu jener geistigen Verengung, ja Erstarrung beigetragen haben, welche das Stiftsleben von Anbeginn an prägte.

Im 18. Jahrhundert war Tübingen eines der Zentren des Pietismus und damit jener verfeinerten Strategien der Selbstprüfung und inneren Frömmigkeit, die zu aktiver Selbstheiligung unerläßlich waren. Wie in kaum einer anderen Bildungseinrichtung zwang diese Geisteshaltung die Stiftler in eine wahre Tretmühle religiöser Bekundungen, die von den Studenten oft als eine lästige Pflicht empfunden wurden. Andererseits führte der Pietismus zu einer verstärkten Individualisierung und zur Förderung der Fähigkeiten des einzelnen. Typisch dafür ist folgende Anordnung des *Summarischen Extrakts*, der Studienordnung aus dem Jahre 1704: «Weilen auch ein fleißiges Gebet halb studieret ist, und durch dasselbe die göttliche Benedeiung und Segen in Studiis erbeten werden muß, sollen die Preces (Gebete) von sämtlichen Stipendariis fleissig und ohnausbleiblich verrichtet werden.»

II «Da ich ein Knabe war / Rettet' ein Gott mich oft»

Johann Christian Friedrich Hölderlin wurde am 20. März 1770 in Nürtingen geboren. Die Hölderlins waren ein alteingesessenes Geschlecht; der Familienstammbaum nennt Hans, genannt «Bäderhans», geboren um 1525 und 1585 gestorben, Bürgermeister und Vogtamtsverweser in Nürtingen, als Stammvater der Sippe. Friedrich war erst zwei Jahre alt, als sein Vater, der Klosterhofmeister Heinrich Friedrich, in Lauffen bei «einem Besuche in der Oberamtei vom Schlage betroffen» wurde und «in etlich Stunden dahinging». Hölderlins Mutter, Johanna Christiane, geborene Heyn, heiratete zweieinhalb Jahre später den Nürtinger Bürgermeister Johann Christian Gock, einen ebenso tatkräftigen und wohlhabenden wie frommen Mann. Doch auch diese Ehe währte nicht lange. Nach nur fünf Jahren starb der Stiefvater im Jahre 1779. Immerhin hinterließ er der Witwe und dem Stiefsohn ein ansehnliches Vermögen, das die Mutter geschickt verwaltete und von dem Friedrich zeit seines Lebens zehren konnte.

Von den Eltern hat Hölderlin wohl jene tiefe Frömmigkeit ererbt, die ihn für die pietistischen Bildungsbemühungen empfänglich machte, die der Nürtinger Diakon («Helfer») Nathanael Köstlin (1744–1826) auf ihn wandte. Der «hochehrwür-

Friedrich Hölderlin (1770–1843), Bleistiftzeichnung von 1788.

dige, hochgelehrte Insbesonders Hochzuverehrende Herr Helffer», wie der fünfzehnjährige Hölderlin ihn nannte, wurde bald zum Ersatzvater: «Ihr weißer Christen-Wandel erwekte... in mir eine solche Liebe zu Ihnen, daß ich, es aufrichtig zu sagen, Sie nicht anders, als wie meinen Vater betrachten kan... Seyn Sie mein Führer, mein Vater, mein Freund.» Köstlin war ein überzeugter Vertreter des württembergischen Pietismus in der Tradition von Bengel, Oetinger und Philipp Matthäus Hahn. Kennzeichnend für diese Schule war die Suche nach dem Ausgleich zwischen rationaler Weltdeutung und dem Mysterium der Anbetung, zwischen Zergliederung des einzelnen und Einsicht in die ganzheitliche Harmonie der Schöpfung.

Die Pflege des *genium linguae* in der fast wortwörtlichen Testamentsauslegung, ein an Platon geschulter Kognitivismus sowie ein mystisches Streben nach der Schau der Geheimnisse der Schöpfung – diese drei Momente des Köstlinschen Pietismus wurden auch für den jungen Hölderlin prägend: «Oft offenbart sich im Kleinsten das Gröste. Das Urbild aller Einheit, das wir im Geiste bewahren, es scheint uns wieder in den friedlichen Bewegungen unseres Herzens, es stellt sich uns im Angesicht dieses Kindes dar.» Diese Einheit findet der sechzehnjährige Hölderlin allerdings nicht in der Gesellschaft der Menschen, sondern in der Natur, eines Abends am *Neckarstrand*:

> Endlich sah ich auf. Im Abendschimmer
> Stand der Strom. Ein heiliges Gefühl
> Bebte mir durchs Herz; und plötzlich scherzt' ich nimmer,
> Plötzlich stand ich ernster auf vom Knabenspiel.
> Bebend lispelt' ich: wir wollen betten!

Hölderlins Grundhaltung weist von Anfang an von den Menschen fort. Nicht das tätige Wirken in einer befreiten Gesellschaft, sondern der versöhnte Umgang mit der mit dem Schöpfer identischen Natur ist das Ideal seines Daseins:

Da ich ein Knabe war,
Rettet' ein Gott mich oft
Vom Geschrei und der Ruthe der Menschen,
Da spielt' ich sicher und gut
Mit den Blumen des Hains,
Und die Lüftchen des Himmels
Spielten mit mir.

Die Lateinschule in Nürtingen, auf die Hölderlin wie selbstverständlich geschickt wurde, war wohl kaum Heimstätte jenes Gottes, der Friedrich vor der «Ruthe der Menschen» bewahrte. Doch gewann er im letzten Schuljahr einen um einiges jüngeren Freund, der für sein späteres Leben Bedeutung gewinnen sollte: den damals neunjährigen Schelling, einen Neffen seines Lehrers Köstlin. Das Wunderkind Schelling, bereits damals von keineswegs bescheidenem Auftreten, erinnert sich der Anfeindungen der Klassenkameraden. Er sei «wegen seiner Kleinheit zum allgemeinen Gespött geworden», der liebenswürdige Hölderlin sei ihm gegen die «anderen, den so viel jüngeren zu mißhandeln geneigten Schüler» zu Hilfe gekommen.

Hölderlins späterer Unterricht in der Niederen Klosterschule von Denkendorf stand unter dem Vorzeichen des Pietisten Bengel, der dort in der ersten Jahrhunderthälfte als Präzeptor und Prediger gewirkt hatte. Hölderlin besaß mit dessen Buch *Gnomon* (Zeiger) eine Wort-für-Wort-Auslegung des Neuen Testaments, die ihn für den Evangelisten Johannes begeisterte. Johannes beginnt sein Evangelium mit den Worten: «Am Anfang war der *logos* (in der Übersetzung Luthers ‹das Wort›), und der *logos* war bei Gott.» *Theos* und *logos*, der vom Gott ausgehende *logos* als das die Welt durchziehende, schöpferische Prinzip des Einzelnen und des Ganzen – in dieser Formel konnte Hölderlin die Spur des Heiligen in der Welt erkennen. «Von Gott aus gehet mein Werk», schreibt er später.

Nach bestandenem «Landexamen» wechselte der Vierzehnjährige auf die eineinhalb Wegstunden von Nürtingen entfernte Klosterschule Maulbronn. Das aufgelassene Zisterzienserkloster hatte seinen Eleven außer strenger Zucht und Entbehrung vor allem ein «beständiges starkes Angreiffen des Kopfs» zu bieten, wie Hölderlin zusammen mit der dringenden Bitte um Kaffee nach Hause schreibt. Mehr noch als die Enge und die Entbehrungen des Klosterlebens drückten Hölderlin die Repressionen der Obrigkeit. In seinen Gedichten wendet er sich gegen Despotismus, devote Pfaffen und Fürstenknechte. Neben der Kritik an der herkömmlichen Theologie taucht zum erstenmal auch der Begriff der Freiheit auf. Er begeistert sich für Schillers Schauspiel *Die Räuber*. Schillers Motto *In Tyrannos!* kehrt in seinen Gedichten leitmotivisch wieder. Mit diesem Freiheitspathos verband Hölderlin zugleich die Sehnsucht nach Überwindung der gesellschaftlich-höfischen Künstlichkeiten in Gestalt einer Romantik der Vorzeit und des Ritterlichen.

Von den Schulfreunden war Hölderlin Immanuel Gottlieb Nast der liebste, mit dessen Base Luise er, wie er bekennt, «Stunden der feurigsten süßesten Liebe» verbrachte. Immanuel war Sohn des Maulbronner Klosterverwalters, eines Kollegen von Hölderlins Vater. Die hübsche Luise war zwei Jahre älter als Friedrich, aber sofort in ihn verliebt. Kein Wunder, denn Hölderlin war ein auffallend schöner Mann. Christoph Theodor Schwab berichtet über seine Erscheinung: «Die Freundschaft mit Hölderlin gewann schon durch seine körperliche Schönheit etwas Idealisches; seine Studiengenossen haben erzählt, wenn er vor Tische auf und ab gegangen, sei es gewesen, als schritte Apollo durch den Saal.» Gerühmt wurden auch seine «regelmäßige Gesichtsbildung, der sanfte Ausdruck seines Gesichts, sein schöner Wuchs, sein sorgfältig reinlicher Anzug und jener unverkennbare Ausdruck des Höheren in seinem ganzen Wesen».

III «Die Tiefe, die in dem Knaben steckte»

Die Hegels waren im 16. Jahrhundert aus Kärnten oder der Steiermark ins schwäbische Bottwar zugewandert. Schon bald tauchte der Familienname in der schwäbischen Geistlichkeit auf; ein Pfarrer Hegel taufte Friedrich Schiller in Marbach. Georg Friedrich Wilhelm wurde am 27. August 1770 in der Röderschen Gasse in Stuttgart als Sohn des Expeditionsrates Georg Ludwig Hegel und der Maria Magdalena Fromm geboren. Von der Schwester Christine ist eine anschauliche Schilderung der Kindheit Hegels überliefert: «Als Knabe von 3 Jahren wurde er in die Deutsche und im 5. Jahr in die Lateinische Schule geschickt, in welchem Alter er schon die erste Deklination und die dahin gehörigen lateinischen Wörter kannte, die ihm unsere sel. Mutter lehrte ... In allen Klassen erhielt er jedes Jahr einen Preis, da er immer unter den ersten 5 war; und vom 10ten Jahr an bis ins 18te war er der Erste in seiner Abteilung im Gymnasium. Im Alter schenkte ihm sein Lehrer Löffler... Shakespeare's von Eschenburg übersetzte dramatische Werke... Also dieser Lehrer bemerkte schon die Tiefe, die in dem Knaben steckte.»

Anders als Hölderlin ging Hegel also nicht auf eine der Klosterschulen, sondern verblieb am Stuttgarter Gymnasium Ilustre, nur wenige Schritte vom Elternhaus entfernt. Sicherlich war dort die Ausbildung weit weniger anspruchsvoll oder elitär als in den geistlichen Einrichtungen. Doch bot das Gymnasium durchaus Vorteile. Denn auf Hegels Stundenplan standen neben der Ausbildung in den alten Sprachen humanistische Bildung und die moderate Berücksichtigung der zeitgenössischen Dichtung und Philosophie. Als Fünfzehnjähriger begann er, ein Schultagebuch zu führen: Die Eintragungen, bald in lateinischer Sprache, lassen mitunter einen altklugen Ton erkennen. Die Schenkung von Büchern wird darin ebenso penibel vermerkt wie die Ermahnung des Schuldirektors, sich vor den «Herrens» zu hüten, «die Jungfrauen spazierenführen und sich die Zeit in heilloser Weise verderben», wie es unter dem Datum des 27. Juni 1785 heißt.

Dieser Ermahnung hätte es beim Musterschüler Hegel sicherlich gar nicht bedurft. Hegel war kein Heißsporn, sondern verkörperte die bedächtige, reflektierende Seite des schwäbischen Gemüts. Er verbrachte die Zeit mit Exzerpieren seiner weitläufigen Lektüre, mit dem vielseitigen, geduldigen Rezipieren und dem Versuch, sich das Gelesene rekonstruierend begreifbar zu machen. Im Unterschied zu Hölderlin ließ sich Hegel nicht leicht zur Poesie fortreißen, sondern blickte gleichsam auf dem

Georg Wilhelm Friedrich Hegel (1770–1831), Lithographie nach Xeller.

Fundament einer sicher gegründeten Existenz neugierig und aufnehmend um sich. Im wohlhabenden Haus der Familie waren Kultur und Bildung, wie sie die glänzende Residenzstadt Stuttgart boten, schließlich eine Selbstverständlichkeit.

Auch das Stuttgarter Gymnasium atmete den Geist literarischer Bildung. Johannes Nast, Hegels Lehrer in der fünften Klasse, widmete seinen *Teutschen Sprachforscher* Autoren wie Klopstock, Lessing und Wieland. Der als «Praezeptor» hochverehrte Johann Jakob Löffler führte ihn zudem in das Studium der Alten ein. Vom Prorektor der Karlsschule, Jakob Friedrich Abel, der auch am Gymnasium tätig war, lernte Hegel den gemäßigten Pietismus eines Hopf kennen; der Philosoph und Arzt Johann Georg Zimmermann vertrat in seinen Büchern *Vom Nationalstolze* und *Über die Einsamkeit* eine radikal antikatholische Haltung, die Hegel begierig aufnahm. Der Schüler Hegel war mit den wichtigsten Strömungen seiner Zeit also in weit größerem Maße vertraut als sein Jahrgangsgenosse Hölderlin: «Herder, Klopstock, der frühe Schiller, gewiß auch Mendelssohn, Campe und vor allem Garve, Feder, Eberhardt, Nicolai bestimmten die literarische Sozialisierung Hegels. Nie hatte die deutsche Literatur so große Veränderungen, nie so einen Reichtum erlebt, und fast alles ist in Hegels Frühzeit anwesend», bemerkt dazu José María Ripalda in einem Aufsatz über den jungen Hegel. Hinzuzusetzen ist, daß Hegel auch eine aufklärerische philosophische Sozialisierung erhielt, die ihm bereits in seiner Stuttgarter Zeit den Zwiespalt zwischen dem «Bürger» und dem «Citoyen», zwischen «öffentlichem» und «privatem Gebrauch» der Vernunft, zwischen der Aufklärung für den «Stand der Gelehrten» und der für den «gemeinen Mann» schmerzlich bewußt werden ließ.

IV «Arg unmüßig»

Schelling war von den «drei Idealisten», wie man die Tübinger Freunde oft genannt hat, das Wunderkind. Will man es mit den Begriffen der Dialektik fassen, so verkörperte Hölderlin die reine Poesie, Hegel die reine Reflexion und Schelling die Synthese aus poetischer Haltung und der außerordentlichen Begabung zu abstraktem Denken und einer schier unglaublichen Auffassungskraft.

Die Familiengeschichte des großen Natur- und Religionsphi-

Friedrich Wilhelm Joseph Schelling (1775–1854), Zeichnung von Friedrich Tieck.

losophen ist wohl einer der überzeugendsten Belege für die These von der «Züchtungsfunktion» des schwäbischen Pfarrhauses. Zwar zählten die Schellings nicht zu den alteingesessenen Kreisen der «geistlichen Aristokratie» (Julius Klaiber) Württembergs, da sie erst mit dem Vater Joseph Friedrich in die oberen Ränge der Kirchenhierarchie aufstiegen; wohl aber die Rieger und Cleß, von denen Schellings Mutter in direkter Linie abstammte. Zu den im Lande geistlich regierenden Geschlechtern gehörten auch Schellings Onkel Bardili, der Spezial in Kirchheim u. T. war, und sein Onkel H. D. Cleß, der als Stuttgarter Gymnasialprofessor unter anderem Hegel unterrichtete und später Prälat in Blaubeuren wurde. Ein Großonkel war Stiftsprediger in Stuttgart, ein anderer Großonkel vertrat das Land als Botschafter in Paris.

Als Friedrich Wilhelm Joseph als erstes Kind der Eheleute Schelling am 27. Januar 1775 in Leonberg geboren wurde, war sein Vater, dessen Spezialgebiet die Orientalistik war und der theologisch vom Pietismus Bengels beeinflußt wurde, Diakon und stand am Beginn einer beachtlichen Karriere, in deren Verlauf er es schließlich 1807 zum Prälaten in Maulbronn brachte. Im Jahre 1777 übernahm er eine Professur im idyllisch gelegenen Kloster Bebenhausen unweit von Tübingen.

Dort, unter den Augen des Vaters, erhielt der Sohn den Elementarunterricht. Im Alter von zehn Jahren wechselte er auf die bekannte Lateinschule nach Nürtingen, die auch Hölderlin besucht hatte. Grund für die Wahl gerade dieser Schule war nicht nur der gute Ruf des Stiftes, sondern auch der Umstand, daß der dortige Diakon Nathanael Köstlin, der «Helffer» Hölderlins, mit einer Schwester von Schellings Mutter verheiratet war. Bereits bei der Eingangsexamination fiel die überdurchschnittliche Auffassungsgabe und geistige Reife des Knaben auf. Die Landexamina, zu denen er geschickt wurde, bestätigten den Eindruck seiner Nürtinger Lehrer. Kein Wunder, daß er bereits im Herbst des folgenden Jahres mit der Bemerkung nach Bebenhausen zurückgeschickt wurde, er sei den anderen Schülern so weit voraus, daß er dort nichts mehr zu lernen vermöchte.

Daß der Vater seinen Sohn daraufhin in seiner eigenen Schule behielt, zeugt wohl von dessen konservativer Grundüberzeugung, daß nur der Weg durch Kloster und Stift wahre Bildung vermitteln könne. Denn die einzige in Frage kommende weltliche Schule, die damals noch junge Karlsschule in Stuttgart, erteilte keinen Theologieunterricht. Für den Besuch einer regulären Klosterschule hingegen war Schelling noch zu jung. Gewiß spricht aus der Entscheidung des Vaters auch ein recht rücksichtsloser paternaler Ehrgeiz, denn sein Sohn mußte nun, im Alter von elf Jahren, zusammen mit Sechzehn- bis Siebzehnjährigen lernen und leben. Sein Ausbildungsgang mutet geradezu absurd an: Der kleine Schelling bekam zuerst die zweite Hälfte des Pensums, danach das gesamte Pensum und zum Abschluß noch einmal dessen erste Hälfte zu lernen. Daß er unter den so viel Älteren keine Freunde gewann und sich die Einsamkeit in der Klosteranlage und den dichten Wäldern ringsum durch Lesen und Studieren vertrieb, ist nur zu verständlich. Auch war er selbst für sein Alter zart, geradezu klein; die pubertären Derbheiten der Älteren dürften ihn kaum interessiert, eher abgestoßen haben. Seine herausragende Intelligenz und sein überdurchschnittliches Wissen ließen ihn in ihren Augen gewiß als Streber und Sonderling erscheinen.

Auf diese Weise wurde Schelling, wie es seinem intellektuellen Temperament entsprach, «arg unmüßig», wie es seine Schwester einmal ausdrückte. Der Zwölfjährige begann sich für alles zu interessieren, suchte immer neue Nahrung für seinen gefräßigen Geist und seinen ausgeprägten intellektuellen Geltungstrieb – wohl nicht zum wenigsten, um von der Einsamkeit und Mißlichkeit seines Daseins abzulenken und seine körperliche Unterlegenheit zu kompensieren. So stürzte er sich auf die alten Sprachen, lernte von seinem Vater Hebräisch und Arabisch. Später kamen Französisch und Grundkenntnisse des Englischen, Italienischen und Spanischen hinzu. Zugleich arbeitete er sich an der theologischen Orthodoxie ab. Das überschwengliche Urteil seiner Lehrer über seine Fortschritte bestärkte ihn, sich mit immer neuen lateinischen Distichen, sapphischen Oden oder griechischen Versen in melischem oder epischem Maß hervorzutun. Die lateinischen Übungsstücke *Ad Angliam* oder *De origine sermonis humani*, in tadellosen Hexametern und Distichen verfaßt, sind ein eindrucksvoller Beleg für das *ingenium praecox* ihres Verfassers.

Mit fünfzehneinhalb Jahren hatte der *Praecox* die Stiftsreife erlangt. Zwar hätte er wegen seines zu geringen Alters allenfalls als Gast am Unterricht in Tübingen teilnehmen dürfen, doch sein ehrgeiziger Vater setzte durch persönliche Intervention beim Konsistorium eine Ausnahmegenehmigung durch. Am 18. Oktober 1790 trat der kleine Schelling als Novize ins Stift ein. Hölderlin und Hegel hatten zu diesem Zeitpunkt bereits ihre Magisterprüfung bestanden.

V «Der übrigen Jugend des Staates zum Beispiel»

Wie die abgeschiedenen Klosterschulen trug auch das Stift in Tübingen äußerlich wie in seinem Inneren klösterliche Züge – schließlich war es über den Mauern eines aufgelassenen Augustinerklosters errichtet worden. Der hohe, kompakte Gebäudekomplex mit beträchtlichen Ausmaßen steht wie ein Sperriegel am Abhang zum Neckarufer, von der Stadt auf seiner Rückseite fast feindselig abgewandt. Die schmale Pforte befindet sich seitlich des Gebäudes und gibt den Blick auf einen Innenhof frei. Über dem Eingangsportal des Stifts stand lange Jahre die Inschrift *Claustrum hoc cum patria statque caditque sua* – «Dieses Kloster steht und fällt mit seinem Vaterland».

Als der Beschluß erging, zum 21. Oktober 1788 «die bißher in dem Closter Maulbronn gestandenen *Alumnos* in Unser Herzogl.s *Stipendium theologicum* zu Tübingen gdgst zu befördern, zugleich aber auch dahin einige *Subjecta* aus Unserem allhiesigen Herzogl. Obern *Gymnasio* in Gnaden aufzunehmen», stand es mit dem Stift nicht zum besten. Äußerlich konnte die Ruhe noch aufrechterhalten werden. Im Inneren des Stipendiums hingegen wuchs die Unruhe. Nur unter Aufbietung schärfster Repressionsmittel gelang es dem «Ephoren», wie der Stiftsleiter genannt wurde, und den ihm zugeordneten zwei Professoren, den Superattendenten, sowie ihren «Ohren und Augen», den «Repetenten» und «Famuli», Ordnung und Disziplin aufrechtzuerhalten. Eine Reform der Haus- und Studienordnung aus dem Jahre 1752 hatte nur geringfügige Abhilfe gebracht. Zwar donnerten noch immer die Gebote eines absolutistischen Regiments durch die Gänge des Stifts: «Alle Stipendiaten», hieß es etwa, «sollen sich der vergeblichen Führung des Namen GOt-

Eines der Zentren des Pietismus in Deutschland: das Stift in Tübingen, um 1820. «Dieses Kloster steht und fällt mit seinem Vaterland», stand lange Jahre als Inschrift über dem Eingangsportal. 1788 traten Hölderlin und Hegel ein, Schelling folgte zwei Jahre später.

tes, auch aller Flüche und Schwüre, als wider alle Göttliche und menschliche Gesetze lauffenden Frevel, enthalten. Der Leichtsinn und böse Gewohnheit hierinn solle mit Verweisung des Stipendii, die aus Übereilung oder Zorn geschenene Übertretung aber mit dem Carcere gestraft; das beharrliche Fluchen, schwören und GOttes-Lästern hingegen in das Fürstliche Consistorium berichtet, und andern zum Exempel mit strenger Straffe angesehen werden.» Doch konnten die Einsichtigen in der Konsistorialverwaltung nicht übersehen, daß die absolutistische Struktur des Stiftes einer grundlegenden Neuordnung bedurfte.

Die konservative Kritik, die beispielsweise Eberhard Friedrich Georgii im Jahre 1790 an den «Gebrechen» des Stifts übte, fiel auf die Verantwortlichen selbst zurück: «Eckel vor dem soliden, mühsamen Studio, oberflächliche Kenntnisse, Journalengelehrsamkeit, Verachtung der Theologie, Hang mit heterodoxen Meinungen zu prahlen, ohne sie geprüft zu haben... Erschlaffung und Trägheit, Hang zu Frivolität und Wohlleben,

Geringschätzung der Gesetze, Unbotmäßigkeit, falscher Freiheitssinn, Mangel an praktischer Lebensklugheit, wenig Lebensart, entweder Blödigkeit oder Dreistigkeit, Abneigung gegen den geistlichen Stand.»

Die im Herbst 1788 einrückenden «Alumnos» – aus Maulbronn zählten dazu Hölderlin sowie seine Freunde Bilfinger und Renz; unter den «Subjecta» befanden sich Hegel, Märklin, Authenried und Faber – erwartete ein Studiengang, der sich im Verlauf der Jahrhunderte nur wenig verändert hatte und der sich kaum von der strengen Aufsicht in den Klosterschulen unterschied. Neu war für die angehenden Pfarrer lediglich das Studium an der Universität. Den Ausbildungsgang der Studenten beschrieb August Friedrich Bök in seiner Geschichte der Universität Tübingen 1774 folgendermaßen: «Die Alumni werden gleich nach ihrer Hieherkunft in den Sprachen, der Geschichte, Logik, Arithmetik und Geometrie geprüft, und zu Baccalaureis gemacht. Sie besuchen sodann in den zwey Jahren die Vorlesungen der Professoren für Philosophie, und die wöchentlichen Repetitionen der Repetenten, werden von diesen alle Vierteljahre, unter der Aufsicht der Superattendenten und des Ephorus examinirt und locirt [d. h. einem Rang zugeordnet] und erhalten nach ausgehaltenen Prüfungen, abgelegten öffentlichen Proben, auch vorgehenden letzten Location... die Magisterwürde.» Im Verlauf des nachfolgenden dreijährigen Theologiestudiums wurden die Studenten einmal in der Woche von ihren Repetenten examiniert, «welches der Locus genannt wird». Dieser wurde seit 1782 nach dem gemäßigten Lehrbuch *Compendium Theologiae dogmaticae* des Kanzlers der Tübinger Universität, Christoph Friedrich Sartorius, wiederholt durchgenommen. Themen waren: Dogmatik nach der im Lehrbuch eingeführten Ordnung sowie teils wechselseitige Predigten nach vorgeschriebenen Texten zu jeder Mahlzeit. «Nach Verfluß dieser drey Jahre», schließt Bök, werden die Studenten «vom herzoglichen Consistorio zu Stuttgart zum Hauptexamen geruffen.»

Der Tagesablauf der etwa einhundertfünfzig Hausbewohner war eintönig und stand unter ständiger Überwachung. Tag für Tag, nur unterbrochen von den Oster- und Herbstferien (den

«Vakanzen»), wiederholte sich die unerbittliche Routine: Im Sommer um fünf, im Winter um sechseinhalb Uhr wurden die Stipendiaten durch die Stiftsglocke geweckt. Nach dem Ankleiden hatten sich alle zum gemeinsamen Gebet in der «Communität» einzufinden. Jeder Student gab dem «Zensor» seinen Namen an. Wer bei dem Appell fehlte, wurde mit Entziehung des beim Mittagessen ausgeschenkten Tischweins bestraft, er mußte «carieren». Nach dem Gebet kehrten die Studenten auf ihre Stuben zurück, um dort ein Kapitel aus dem Neuen Testament in griechischer Sprache anzuhören. Daraufhin nahm man auf den Zimmern das Frühstück ein, für das jeder Student selbst aufkommen mußte.

Nach dem Besuch der morgendlichen Vorlesungen wurde gemeinsam nach einem Gebet das Mittagessen eingenommen. Die Wahl der Speisen war eintönig und bot häufigen Anlaß zu Klagen, denen sich sogar die Stiftsleitung anschloß. Während der Mahlzeit wurde aus der Bibel vorgelesen, sonntags und donnerstags gab es nach der Mahlzeit Musikstücke aus dem *Collegium Musicum* des Stifts. An diesen Tagen durften die Stiftler zudem das Gebäude bis zum Abend verlassen, an den anderen Tagen lediglich zwischen zwölf und drei Uhr. «Mutwilliges Vagieren» wurde vom Torwart vermerkt und mit «Carition» geahndet. Die Nachmittage waren wiederum den Vorlesungen sowie Privatstudien gewidmet. Nach dem Abendessen um sechs Uhr durften die Stiftler zumindest während der Sommermonate bis Torschluß, das heißt bis etwa neun Uhr, ausgehen. Um 22 Uhr gab es den Abendappell, bei dem die Repetenten die Fehlenden notierten. Wer nach zehn Uhr kam, galt als «Abnoctant» und wurde im Wiederholungsfall «mit dem Carcere nach Umständen» bestraft.

Zu Repetenten des Stiftes wurden ursprünglich die Besten des Jahrgangs berufen; Ende des 18. Jahrhunderts handelte es sich allerdings meist um drei bis zehn Jahre ältere Stiftler, welche die Stipendiaten während der Unterrichtszeit zu beaufsichtigen hatten. Kein Wunder, daß sie als erste den Unmut und den Zorn der Zöglinge zu spüren bekamen. Noch mehr verhaßt und gefürchtet allerdings waren die «Famuli», meist Söhne ärmerer

Handwerker aus Tübingen, die das Essen zu servieren und das Stiftstor zu öffnen hatten. Sie mußten Verstöße gegen die Stiftsvorschriften in bezug auf Kleidung und Verhalten, das Versäumen von Lehrveranstaltungen, Gottesdiensten oder Repetitionen, das Vagieren oder den Tabakgenuß sowie übermäßiges Trinken notieren und melden.

Erschwerend kam der schlechte bauliche Zustand des Gebäudes hinzu. Ludwig Wekhrlin beschreibt das Stift in seiner Polemik *Das graue Ungeheuer* als einen «alten, schwarzen, verrauchten Bau». Im Winter mußten die Studenten, da nur wenige Zimmer beheizbar waren, zu zehnt auf einer Stube wohnen. Auch die Stadt Tübingen selbst hatte den gewiß nicht verwöhnten Stiftlern kaum etwas Reizvolles zu bieten. Laut Friedrich Nicolai machte sie sogar einen äußerst abstoßenden Eindruck. In seiner *Beschreibung einer Reise durch Deutschland und die Schweiz im Jahre 1781* heißt es: «Die Stadt hat eine höchst unbequeme Lage auf einem Bergrücken. Die Straßen sind daher äußerst uneben... Dazu kommt, daß (sie) meist sehr eng, krumm und schlecht gepflastert, abends gar nicht erleuchtet sind; und eben nicht sehr reinlich gehalten werden. In vielen Gassen... sieht man vor vielen Häusern große Misthaufen liegen. Das Äußere der Häuser... ist höchst elend. Ich kenne keine Stadt in Deutschland von einiger Bedeutung, die so häßlich wäre, als diese.»

Alles dies wäre wohl erträglich gewesen, wenn die Studenten nicht unmittelbar die Unfreiheit und die Unterdrückung durch die Obrigkeit hätten erleben müssen. Herzog Carl Eugen, vor dessen Willkürherrschaft Schiller hatte fliehen müssen, hatte begonnen, seine Landeskinder als Soldaten an die Engländer zu verkaufen, die sie wiederum gegen die amerikanische Republik einsetzten. Schubart, der gegen die absolutistische Willkürherrschaft lautstark in seiner *Teutschen Chronik* protestierte, wurde für zehn Jahre Festungshaft auf den Hohen Asperg geschickt. Carl Eugen war auf Lebenszeit Rektor der Universität und häufiger Gast in Tübingen. Immer wieder ergriff er die Gelegenheit, mahnende Worte an die Jugend zu richten, so 1777 anläßlich des dreihundertjährigen Bestehens der Universität: «Väterliche Ermahnungen wirken auf die Herzen der Guten.

Von Jugend auf dem Dienste der Kirche gewidmet, sollte man von Euch ein Benehmen nach dem Willen der Kirche fordern können. Von Jugend endlich mit dem Gedanken ernährt, Gott und seinem Tempel eigen zu sein, sollte Euer ganzer Lebenswandel der übrigen Jugend des Staates zum Beispiel sein.»

Angesichts der Mißstände im Land verloren solche Ermahnungen zunehmend an Wirkung. Die Angesprochenen hielten ganz andere Beurteilungen für angemessen, etwa die, die Karl Friedrich Reinhardt 1785 im *Schwäbischen Museum* veröffentlichte: «Der unbegreifliche Contrast zwischen der freyen, beynahe ausgelassenen Denkungsart, die im Stift herrscht... und der höchst sclavischen Behandlungsart, der man unterworfen ist – Alles dieses läßt den Denker eine Revolution ahnden, die beynahe unvermeidlich ist.»

VI Insubordinationen

Der Novize Hegel beschäftigte sich am liebsten mit Rousseau, dem wohl schärfsten Kritiker der spätabsolutistischen Gesellschaft, dem Vordenker der Französischen Revolution. Wie sein Kommilitone Chr. Leutwein sich später erinnerte, war Rousseau «sein Held, in dessen Emil, contrat social, confessions... man sich gewisser [all]gemeiner Verstandsregulirungen, oder, wie H. sagte, Fesseln entledigte». Besondere Freude habe Hegel auch «am Buch Hiob» gehabt, «wegen der ungeregelten Natursprache, die er darin antraf». Dieser Eindruck Leutweins fügt sich nahtlos zu Hegels früher Begeisterung für Shakespeare, dessen «Realismus» ihm als Befreiung von dem höfischen Formalismus galt. Dieser Realismus bedeutete für Hegel offensichtlich auch, sich gegen den Formalismus der zeitgenössischen Schulmetaphysik zu wenden. Hinzu kamen vielleicht persönliche Gründe: In der Lokation, also in der Rangfolge des Jahrgangs, hatte man ihn noch hinter Märklin gesetzt, der, so Leutwein, ein «Erz Metaphysiker» und deshalb ein «Antagonist» Hegels war.

Hegel zeigte in seiner ersten Tübinger Zeit bezeichnenderweise kaum Interesse am Kantschen System, das, in gemäßigter Version, von dem Ephoren Schnurrer und seinem Repetenten Diez im Stift vertreten wurde; Hegels Neigungen gingen auf die Kunst und ein von den Fesseln der Disziplin befreites «geniales Betragen». Wie Leutwein berichtet, scherte sich der angehende Pfarrer kaum um die strengen Regeln des Stifts: «Von Seiten seines akademischen Fleisses, und des regelmässigen Besuchs der Collegien, hatte er sich auch kaum empfohlen. Es war an ihm etwas desultatorisches.» Hegel galt als ein Eklektiker und schweifte «noch im Reiche des Wissens cavalirerementе herum», wie Leutwein vieldeutig schreibt. Mit einem Wort, der junge Hegel war genau das, was man von einem intelligenten, begabten jungen Mann erwarten würde: widerwillig gegen Kontrolle und Bevormundung, den Ideen der Gegenwart zugetan, neugierig auf vielen Wissensgebieten, jedem Trott und den Konventionen abhold und – ein sinnenfroher und genußfähiger Mensch.

Sportliche Betätigung – Reiten oder Fechten – waren seine Sache ebensowenig wie die Obacht auf eine gepflegte Erscheinung. Den geselligen Spielchen mit den jungen Damen, namentlich einer Auguste Hegelmeier, dem Tarokspielen, dem Tabakschnupfen und vor allem dem Pokulieren hingegen war der Stuttgarter Bakkalaureus und Magister von Herzen zugetan. Seine metallene Stimme, sein breiter schwäbischer Dialekt, seine bedächtige Weise zu sprechen und nicht zuletzt seine unvorteilhafte Gestik ließen ihn älter wirken, als er in Wahrheit war. Das trug ihm den Spitznamen «der Alte» ein. Fallot, ein Kommilitone aus Mömpelgard, einer linksrheinischen Besitzung Württembergs, trug sich in Hegels Stammbuch mit einer Skizze ein, die den neunzehnjährigen Hegel als gebrechlichen Mann mit Krücken zeigt (Unterschrift: «Gott stehe dem alten Mann bey»). Auf der Rückseite findet sich folgende Bemerkung: «Mon chèr ami, voici quelques jours que nous avons déjà faits beaucoup de sottises en amour. J'espère que tu te souviendras toujours avec plaisir des soirées que nous avons passées ensemble chez le Boulanger en buvant du vin de quattre baz et en mangeant des Butter Brezel.» Das Boulanger war eine jener

Weinstuben, die im Schwäbischen als «Gogenwirtschaften» bezeichnet werden. Häufig genug kam Hegel erst zu später Stunde aus einem solchen «Gogenwirtschäftle» vom «Vierteleschlotzen» mit seinen Zechkumpanen heim, so daß ihm der Stubenälteste wohl zurief: «O Hegel, du saufst dir gewiß no dei bißle Verstand vollends ab!» Verständlich, daß sich die Notierungen durch Famuli und Repetenten häuften.

Für die Streitereien zwischen den «Naturalisten» und den «Supranaturalisten», die in Reaktion auf die Philosophie Kants die theologische Diskussion beherrschten und die Gemüter der Professoren und Studenten an der Universität und im Stift gleichermaßen erhitzten, interessierte sich Hegel allenfalls am Rande. Hegel, so Leutwein, konnte mit den «Unterhaltungen über Kant, Reinhold, Fichte» nicht viel anfangen. Der berühmte, ehrfurchtgebietende «bestirnte Himmel» Kants galt ihm als ein «häßlicher Ausschlag». Gern hätte er nach der Magisterpromotion zum Jurastudium gewechselt, doch duldete dies sein Vater nicht. Hegel dachte bereits damals eher politisch als praktisch. Mit Rousseau verband ihn die Begeisterung für die Neugründung der Gesellschaft auf einer *volonté générale*, die einen überindividuellen Gesamtwillen, den «Volksgeist», verkörperte. Von dem großen Franzosen lernte Hegel in jenen Jahren auf dem Stift, daß auch die Philosophie der Aufklärung noch einer Aufklärung über sich selbst bedurfte, um sich über die Folgen ihres Tuns, vor allem über die Folgen der Zerstörung des naiven Offenbarungsglaubens, Klarheit zu verschaffen. Dem kosmopolitischen Rationalismus eines freiheitlichen Universalismus stellte der junge Hegel die Empfindsamkeit des konkreten Menschen zur Seite.

Es war gewiß ein Glücksfall für Hegel, daß er im Winter 1790/91 mit Hölderlin und Schelling auf eine Stube kam. Bis dahin hatte er, abgesehen von seinen Rousseaustudien, vor allem seine «genialischen Neigungen» gepflegt und auf anderen Gebieten nur wenig intellektuellen Ehrgeiz an den Tag gelegt. Seine Kommilitonen aus den ersten beiden Jahren im Stift zeigten sich später denn auch über seine Karriere vom jugendlichen Zechgesellen zum preußischen Staatsphilosophen höchst überrascht. In Hölderlin und Schelling fand er intellektuell Überlegene, Reifere, die seinen vagabundierenden Studien philosophische Tiefe und künstlerische Richtung zu geben vermochten. Besonders Schellings Frühreife und dessen recht arrogantes Auftreten haben Hegel in seinem Selbstbewußtsein tief getroffen und ihn zugleich angespornt, sich intensiver mit der Philosophie zu beschäftigen.

Natürlich hatte auch Hegel den beiden, mit denen er im «Ochsenstall» genannten Zimmer auf der Etage der «Jägersphäre» zusammen wohnte, etwas zu bieten: Seine weitläufige weltliche Bildung stellte gewiß ein Gegengewicht zu Schellings theologischem Fachwissen dar; seine Geselligkeit und humorvolle Art sowie seine in sich selbst ruhende Bedächtigkeit empfand der unstete Hölderlin als Gegengewicht zur eigenen Unsicherheit. Er fühle «Hegels Umgang sehr wohltätig», schrieb Hölderlin 1790, «ich liebe die ruhigen Verstandesmenschen, weil man sich so gut bei ihnen orientieren kann, wenn man nicht so recht weiß, in welchem Falle man mit sich und der Welt begriffen ist».

Hölderlin war bereits als Dichter ins Stift gekommen. In seinen Ohren klangen die Gedichte und die Dramen Schillers, die den Ruf nach Freiheit an den Ufern des Neckars widerhallen ließen. Ähnlich wie Hegel strafte er den verschmockten Stiftsalltag mit seiner pedantischen Ödnis und formelhaften Frömmigkeit mit Verachtung und Verweigerung; dann wieder litt er darunter bis zur Verzweiflung. Schon nach einem Jahr bittet er die Mutter, aus dem Stift austreten und Jura studieren zu dürfen. Er beklagt den «immer wärenden Verdruß, die Einschränkung, die ungesunde Luft, die schlechte Kost». – «O liebe Mamma», heißt es, «soll ich einst sagen müssen ‹meine Universitätsjahre verbitterten mir das Leben auf immer›?» Der Mutter zuliebe entschloß sich Hölderlin jedoch, am Theologiestudium festzuhalten, obwohl er lieber vor den Karren der Lohnschreiberei gespannt sein wollte, als «an der Galeere der Theologie zu seufzen». Tübingen und das Stift, das waren für ihn Dienstsitze von «Todtengräbern».

Hinzu kam die Trennung von Luise Nast, seiner Freundin aus

Maulbronner Tagen, die er abrupt und auf eine Luise äußerst verletzende Weise im Frühjahr 1790 vollzog. Er begründete diese Trennung in einem ziemlich schroffen Brief mit seinem «Ehrgeiz», also einem Verlangen nach mehr als nur einer Pfarre mit vielköpfiger Familie. Es trieb ihn heraus aus der Wohlanständigkeit der württembergischen Geistlichkeit, aus den scheinbar von Gott eingesetzten Institutionen der Obrigkeit. Sein Bruch mit Luise war die erste große Absage an die geordnete Welt, von der er zu ahnen schien, daß sie seinen poetischen Träumen und seiner Sehnsucht nach Versöhnung aller Gegensätze nicht würde genügen können.

Im Sommer des gleichen Jahres wendeten sich die Dinge dann doch zum Besseren. Hölderlin fand in Christian Ludwig Neuffer und Rudolf Magenau Freunde, die mit ihm umzugehen verstanden, «wann die Grillen sich einstellen»: Grillen – das waren seine zermürbenden Zweifel über seine Stellung zur Welt und die künftige Berufswahl. Mit Magenau und Neuffer durchlebte Hölderlin nach seinem Bruch mit den Maulbronner Jugendfreunden eine zweite, unbekümmerte und zugleich idealistische Phase der Freundschaft. Sie war erfüllt von inniger Zuneigung und hochfliegenden Gedanken; Neuffer hatte ihn «das Glük der Freundschaft wahr und gründlich» gelehrt. Die drei gründeten den Bund der Aldermänner in Anlehnung an Klopstocks «Gelehrtenrepublik», und Hölderlin stellte den Bund unter das enthusiastische Motto «Eine Seele in drei Leibern!». Neuffer rückschauend: «Wir drey lebten zusammen in friedlicher Stille. Kein Tag vergieng, an dem wir uns nicht gesprochen, kein Abend, an dem wir uns nicht gesehen hätten. In gleicher Laufbahn rangen wir nach dem Ziele, dem Dank der Mußen... Wir versammelten uns... wöchentlich einmal bei einem Becher Weins oder Bier, und da mußte jeder ein Gedicht sr. Muße vorlesen... Frei zu urtheilen war jedem erlaubt, ja es war die erste Pflicht... Mit jeder Woche wurde von uns dreien einer zum *Aldermanne* gewählt. Dieser durfte den zwei andern, sich selber nicht vergessend, ein *Them* zu einer ästhetischen Abhandlung anweisen, u. vorschlagen, welche alsdenn bei der nächsten Sizzung abgelesen werden mußte, zb. über Sprache, Purismus derselben, Schönheit, Würde, Popularität, u. s. w.... Nicht selten laßen wir auch ganze Werke gemeinschaftlich, und beurtheilten sie.»

Dennoch blieb Hölderlin immer ein unruhiger Mensch, der sein Leben im «Unterwegs» lebte. Jede Phase der Seßhaftigkeit war für ihn quälend. Aber was ist diese Unrast anderes als der Spiegel einer in Gärung und Unruhe befindlichen Zeit der Revolution? Hölderlin war um diese Zeit ohne Frage Revolutionär: In *Weisheit des Traurers* droht er den absolutistischen Despoten «der furchtbaren Rache Tag» an; seine *Hymne an die Menschheit*, mit einem Motto Jean Jacques Rousseaus versehen, atmet das Pathos der Schillerschen Oden; das *Lied der Liebe* läßt in Form, Versmaß und Reimen sogar unmittelbar an Schillers Apotheose der bürgerlichen Ideale in *An die Freude* denken. Seinem Stiefbruder Karl schrieb Hölderlin 1793 geradezu sein politisch-philosophisches Credo: «Ich liebe das Geschlecht der kommenden Jahrhunderte. Denn diß ist meine seeligste Hoffnung, der Glaube, der mich stark erhält und tätig, unsere Enkel werden besser sein, als wir, die Freiheit muß einmal kommen, und die Tugend wird besser gedeihen in der Freiheit heiligem erwärmenden Lichte, als unter der eiskalten Zone des Despotismus. Wir leben in einer Zeitperiode, wo alles hinarbeitet auf bessere Tage... Sieh! lieber Karl! diß ists, woran nun mein Herz hängt. Diß ist das heilige Ziel meiner Wünsche... daß ich in unserm Zeitalter die Keime weke, die in einem künftigen reifen werden.»

Hölderlin formulierte damit nicht nur ein persönliches Bekenntnis, sondern brachte die Überzeugungen derjenigen Stiftler zum Ausdruck, die sich zum sogenannten «politischen Clubb» zusammengeschlossen hatten. Diesem «Clubb» gehörten auch Hegel und, bald nach seinem Eintritt, der erst sechzehnjährige Schelling an.

«D'Kloi» (der Kleine), wie Schelling auf der Stube von den beiden Älteren genannt wurde, war trotz seiner Jugend der philosophisch am weitesten entwickelte Kopf des Dreiergespanns. Das, was ihm die Professoren in ihren Vorlesungen zu sagen hatten, war ihm bereits aus Bebenhausen bis zum Überdruß bekannt. Um so größeren Anteil nahm er an dem, was ihm bisher vorenthalten wurde: die verbotenen und verdammten Bücher der Aufklärer, der Freiheitsdichter und vor allem die Schriften Kants, die in einem heimlichen Diskussionszirkel gelesen wurden. Kein Wunder, daß sich Schelling nach Abschluß des philosophischen Grundstudiums gerade nicht, wie es die Studienordnung wollte, der Theologie, sondern endgültig der Philosophie zuwandte. Vor den theologischen Pflichtvorlesungen begann er sich zu drücken. Am 4. September 1792 sagte das herzogliche Reskript von ihm: «Da es Uns allerdings auffallen mußte, daß Studiosus Schelling wegen 29 Caritionen notirt ist, so habt ihr ihn nachdrücklich zu erinnern, daß er als Primus seiner Promotion mit einem guten Beispiel vorangehn und sich daher den Klosterregeln genau fügen solle.»

Doch was galten die kleinkrämerischen Statuten des despotischen Klosterregiments gegen die Kühnheit der Freiheitslehren? Was vermochten die verstaubten *Loci theologici* gegen die Deklaration der Menschenrechte? Was war die Drohung mit dem Karzer gegen den revolutionären Ruf nach Freiheit und Gleichheit? Von den beiden Älteren konnte Schelling, sonst der Besserwisser und den anderen immer überlegen, ein neues Glaubensbekenntnis lernen. Zusammen studierten sie die politischen Philosophen der Antike, besonders Platon, aber auch moderne Autoren wie Jacobi. Hölderlin berichtete von Leibniz und Spinoza, Hegel trug seine Exzerpte aus dem Rousseauschen *Evangelium* vor. Sie schmuggelten die neuesten Ausgaben revolutionärer Zeitschriften ins Stift und steckten die Köpfe über die patriotischen Artikel und Aufrufe zum Kampf gegen die Despotie zusammen. Getragen vom Pathos der Freiheit, dichtete Hölderlin seine *Hymne an die Wahrheit*, die er später in *Hymne an die Göttin der Harmonie* umbenennen sollte:

Geister! Brüder! Unser Bund erglühe
Von der Liebe göttlicher Magie.
Unbegrenzte, reine Liebe ziehe
Freundlich uns zur hohen Harmonie.

Es war, als ob die muffigen Mauern des Stiftes sich auftaten und die dichterische Phantasie ein neues Reich Gottes herbeizauberte, frei von allen dogmatischen Begriffsklaubereien und logischen Verschraubungen, frei auch von dem Druck einer tyrannischen Obrigkeit in Gestalt blutarmer, schwarzgekleideter Aufseher und ihrer allgegenwärtigen Spitzel. Heimlich, abends auf der Stube, schwärmten sie von dem «kommenden Gott», der sie von der Schlechtigkeit der Welt erlösen und ein neues, edles Griechentum, einen brüderlichen Bund gleicher und freier Männer begründen würde. Auf ihren Wanderungen hinaus auf die Alb und beim Wein in den Gogenwirtschaften berauschten sie sich an der Freundschaft zwischen allen Wesen, an dem unendlichen Weben und Werden der Natur.

Ihre kühnsten Erwartungen richteten sich auf Frankreich. Wie viele im Stift waren sie schnell zu Anhängern der französischen Revolutionäre geworden. Diese Helden, deren Geburtstag sie alljährlich im geheimen feierten, hatten die Forderungen von Vernunft und Philosophie nach Mündigkeit und Freiheit verwirklicht und den Despotismus der Fürstenherrschaft hinweggefegt. Begierig verschlangen sie alle nur erhältlichen Berichte über die Entwicklungen in Frankreich. Der ehemalige Stiftler Graf Reinhold, seit 1792 Gesandtschaftssekretär des französischen Auswärtigen Departements, schrieb ausführlich in den Zeitschriften aus Paris; auch die Mömpelgarder brachten von der anderen Rheinseite aktuelle Neuigkeiten von ihren Vakanzen mit. 1793 lehnte der Herzog die Aufnahme eines Elsässers als Stipendiat ab, weil die Mömpelgarder Studenten «an dem Verderben der übrigen hieländischen schuldig seien».

Der Stiftler August Wetzel, der 1791 nach Straßburg geflohen und den dortigen Jakobinern beigetreten war, war ein Jahr später ins Stift zurückgekehrt – mit der Marseillaise im Gepäck. Schelling soll den Text sofort ins Deutsche übersetzt haben. Natürlich wurde das Lied als Hymnus auf Republik und Demokratie im politischen Club gesungen, natürlich wurde provokativ die Kokarde getragen. Im Stiftskarzer tauchten neben christlichen Symbolen nun auch die Erkennungszeichen der Revolution auf. 1792 häuften sich zudem die «Insubordinationen» und Zusammenstöße zwischen einer immer aufsässiger werdenden Studentenschaft und den braven Tübinger Bürgern. Hegel, so berichtet Karl Klüpfel, «erklärte einmal einem Stadtburschen, es solle sich Abends keiner von ihnen auf dem Markt blicken lassen, wenn er nicht Gefahr laufen wolle todt geschlagen zu werden».

Dies Vorkommnis ist exemplarisch. «Es finden sich nicht leicht in einer anderen Periode so viele Händel, Schlägereien und Verwundungen», heißt es bei Klüpfel weiter. Gerüchte wollten wissen, daß Hölderlin, Hegel und Schelling mit anderen Studenten gelegentlich einen Freiheitsbaum errichtet und umtanzt hätten. Solche Gerüchte reichten dem Herzog für geharnischte Reaktionen. Am 13. August 1793 ordnete er Untersuchungen darüber an, daß im Stift «die Stimmung äußerst democratisch seyn solle, besonders aber ohne Scheu die französische Anarchie und der Königsmord öffentlich verkündiget werden». Die Untersuchung brachte erwartungsgemäß nichts Greifbares ans Licht; die Repetenten versicherten, daß außer vagen Gerüchten nichts *ad fidem publicam* belauscht worden sei. Man statuierte ein abschreckendes Beispiel *in absentia*: Der rechtzeitig geflohene Wetzel wurde als «democrata» aus dem Stift ausgeschlossen. Schelling wurde, wie sein Sohn später berichtete, vom Herzog höchstpersönlich wegen der Marseillaise zur Rede gestellt. Er antwortete ausweichend, reichte jedoch beim Ephorus Schnurrer eine Verteidigungsschrift ein.

Schellings Vater im nahen Bebenhausen war über die Vorgänge begreiflicherweise äußerst beunruhigt: «Eure Magnifizenz», wandte er sich auf dem Höhepunkt der Insubordinationen Mitte 1793 an Schnurrer, «werden sich die Bekümmerniß gewiß selbst lebhaft genug vorstellen können, in welche die neuesten Nachrichten von unserm Sohn mich und meine Frau versetzt haben.» Der Orientalist in Bebenhausen suchte den Bruder Orientalisten in Tübingen milde zu stimmen, die Wogen zu glätten und die Chancen des Sohnes auf eine Pfarre oder geistliche Lehrtätigkeit zu wahren. Der freilich bedurfte solcher Besänftigungsbemühungen nicht mehr. Wie Hölderlin und Hegel hatte er den Plan einer theologischen Karriere bereits mit ganzem Herzen aufgegeben.

Hölderlin und Hegel beendeten im Herbst 1793 ihr Studium. Auf Vermittlung Schillers erhielt Hölderlin bei der Familie von Kalb eine Hauslehrerstelle in Waltershausen; Hegel reiste, ebenfalls als Hauslehrer, nach Bern. Schelling, der Jüngere, schloß seine Studien 1795 ab. Auch er, der jakobinische Feuerkopf, trat schließlich, der Not gehorchend, eine Stelle als Hauslehrer bei einer adligen Familie an. Bis Anfang März 1796 unterrichtete er die jungen Barone von Riedesel in Stuttgart.

VII Das Reich Gottes

In den Jahren nach der Revolution war der Geist der drei Freunde flügge geworden; sie wollten sich seiner ohne Anleitung der als despotisch empfundenen Orthodoxie nunmehr selber bedienen. Politisch waren sie Jakobiner; die in Tübingen gelehrte Theologie verachteten sie zutiefst.

Das Heil lag für sie in der Philosophie allein. Niemand, der die berühmten drei *Kritiken* Kants und seine 1793 erschienene Schrift *Die Religion innerhalb der Grenzen der bloßen Vernunft* ernst nahm, konnte sich der Einsicht widersetzen, daß die alte Theologie nicht zu halten war. Daher rührte der Spott, mit dem die drei Freunde die theologischen Vorlesungen und die hilflosen Rettungsversuche des Hergebrachten durch Professoren wie Flatt und Schnurrer bedachten. Die «Vergatterungen», die sie sich wegen unerlaubten Fernbleibens von den Vorlesungen einfingen, sind sicher auch Ausdruck ihrer Protesthaltung.

Doch bestand in der Zertrümmerung der Metaphysik durch die *Kritiken* nur die eine Seite der Kantschen Philosophie. Mit seiner These von der Unerkennbarkeit des «Dings an sich» hatte der «Alleszermalmer», als den Moses Mendelssohn den Königsberger Aufklärer bezeichnet hatte, die Möglichkeit einer neuen Philosophie überhaupt in Frage gestellt. Jeder letztgewissen Erkenntnis der Natur, aber auch der Ethik und der Religion schien endgültig der Boden entzogen zu sein. Die Aufklärungsphilosophie Kants brachte so einerseits die Freiheit des Selber-

«Ich kenne keine Stadt in Deutschland von einiger Bedeutung, die so häßlich wäre als diese» (Friedrich Nicolai, 1781). Tübingen von Süden, vor 1792.

Denkens und die Zerstörung christlicher Bevormundungen; zugleich aber entließ sie die Menschen in eine metaphysische Unbehaustheit, in der es an Orientierungsmarken für das Handeln fehlte und der Mensch keinen festen Halt mehr finden konnte. Hinter der Welt der Erscheinungen, die allein der Verstand zu erkennen imstande sei, drohte die Leere eines von Gott verlassenen wissenschaftlichen Universums. Der Zugewinn an Mündigkeit bedeutete einen Verlust an der Gewißheit des Absoluten. Zwar sollte die Vernunft nach Kant imstande sein, dieses Absolute zu erfassen, doch nur als eine Idee des betrachtenden Subjekts und nicht als etwas in Wirklichkeit Bestehendes.

Kant hat in seiner *Kritik der Urteilskraft* 1790 allerdings selbst Hinweise gegeben, wie die Kluft zwischen einer sinnentleerten Welt der bloßen Erscheinungen und einer Welt der Sinngebung und des Absoluten überbrückt werden könnte: durch die Kunst sowie durch eine teleologische Betrachtung der Natur und der Geschichte. In der Kunst, so Kant, tritt das Erkenntnisvermögen des Menschen in ein freies und versöhntes Spiel des Zusammenwirkens und übersteigt die Welt der Erscheinungen; in der teleologischen Geschichtsauffassung haben sinnstiftende Erzählungen, Fortschrittsglaube und Freiheitsdenken, ja selbst die Idee Gottes ihren legitimen, die Naturwissenschaften übersteigenden Platz. In der *Religions*-Schrift ist sogar von der «heimlichen Kirche» die Rede, zu der sich die Gemeinde der aufgeklärten, aber nichtsdestoweniger gläubigen Bürger versammelt. Doch immer beharrte Kant darauf, daß Kunst, Teleologie und Religion nichts anderes seien als regulative Ideen der menschlichen Vorstellungswelt und keineswegs objektive Wirkmächte. Die Kluft zwischen Gott und den Menschen, zwischen der Welt und ihrer Deutung, zwischen Sein und Sollen, zwischen Tatsachenfeststellung und wertender Interpretation, zwischen Freiheit und Notwendigkeit blieb bei Kant letztlich ungelöst.

Es war dieser Verlust des Absoluten, den die Tübinger Freunde tief und schmerzlich empfanden. Sie suchten nach neuen Grundlagen, nach einem neuen Unbedingten, nach einem «kommenden Gott». Das Pathos der freiheitsstiftenden revolutionären Tat, das Schelling zum Jakobiner werden ließ, Hegels gleichzeitige Abwendung von Kant und seine Hinwendung zum Rousseauschen Evangelium der *volonté générale*, Hölderlins Begeisterung für Spinozas Lehre des Monismus der Substanz und eine republikanische Verfassung des Gemeinwesens – im Namen der Aufklärung wollten, ja mußten alle drei über die Aufklärung hinausgehen. Indem sie nach einem neuen Absoluten suchten, hofften sie die verdeckte Skepsis der Aufklärung zu überwinden. Dabei übersahen sie jedoch, wie stark sie selber der Theologie verhaftet waren. Sosehr sie ihre theologischen Lehrer im Stift verspotteten, sosehr sind sie doch in ihrer Grundhaltung immer religiöse Denker geblieben.

Diese religiöse Grundhaltung und das damit verbundene Pathos bildete noch über Jahre hinweg die Basis ihrer Freundschaft. Diese Freundschaft trug selbst Züge einer liturgischen Gemeinschaft, die sich zum Ziel gesetzt hatte, an der Errichtung des Reiches Gottes mitzuwirken. So schrieb Hölderlin im Sommer 1794 an Hegel: «Lieber Bruder! Ich bin gewis, daß Du indessen zuweilen meiner gedachtest, seit wir mit der Loosung – Reich Gottes! von einnander schieden. An dieser Loosung würden wir uns nach jeder Metamorphose, wie ich glaube, wiedererkennen.» Hegel darauf in seinem Gedicht *Eleusis*, das er Hölderlin widmete:

Dein Bild, Geliebter, tritt vor mich,
Und der entfloh'nen Tage Lust; doch bald weicht sie
Des Wiedersehens süßern Hoffnungen –
Schon mahlt sich mir der langersehnten, feurigen
Umarmung Scene; dann der Fragen, des geheimern
Des wechselseitigen Ausspähens Scene,
Was hier an Haltung, Ausdruk, Sinnesart am Freund
Sich seit der Zeit geändert, der Gewisheit Wonne,
Des alten Bundes Treue, fester, reifer noch zu finden
Des Bundes, den kein Eid besiegelte,
Der freien Wahrheit nur zu leben,
Frieden mit der Satzung
Die Meinung und Empfindung regelt, nie nie einzugehn.

Und Hegel an Schelling, im Januar 1795: «Das Reich Gottes komme, und unsre Hände seien nicht müßig im Schoße! Vernunft und Freiheit bleiben unsere Losung, und unser Vereinigungspunkt die unsichtbare Kirche.» Schelling darauf an Hegel: «Es kommt darauf an, daß junge Männer, entschieden, alles zu wagen und zu unternehmen, sich vereinigen, um von verschiedenen Seiten her dasselbe Werk zu betreiben, nicht auf einem, sondern auf verschiednen Wegen dem Ziel entgegenzugehen, überall aber gemeinschaftlich zu handeln übereinkommen, und der Sieg ist gewonnen.»

In einem Brief an J. G. Ebel vom November 1795 beschrieb Hölderlin die Tübinger Freundschaft als «unsichtbar streitende Kirche», aus der einst im Triumph die «Zukunft des Herrn» hervorgehen werde. Und später, im *Hyperion*, den Hölderlin sicher schon in Tübingen begonnen hatte, schreibt er gleichsam das Glaubensbekenntnis der Tübinger über die «unsichtbare Kirche»: «O Regen vom Himmel! o Begeisterung! Du wirst den

Frühling der Völker uns wiederbringen. Dich kann der Staat nicht hergebieten. Aber er störe dich nicht, so wirst du kommen, kommen wirst du, mit deinen allmächtigen Wonnen, in goldne Wolken wirst du uns hüllen und empor uns tragen über die Sterblichkeit, und wir werden staunen und fragen, ob wir es noch seyen, wir, die Dürftigen, die wir die Sterne fragten, ob dort uns ein Frühling blühe – Frägst du mich, wann diß seyn wird? Dann, wann die Lieblingin der Zeit, die jüngste, schönste Tochter der Zeit, die neue Kirche, hervorgehen wird aus diesen beflekten veralteten Formen, wann das erwachte Gefühl des Göttlichen dem Menschen seine Gottheit, und seiner Brust die schöne Jugend wiederbringen wird.»

Die neue «unsichtbare Kirche», deren Kommen Hölderlin für gewiß hielt, sollte das Haus eines Gottes sein, dessen Göttlichkeit, anders als die des personalen Gottes des Christentums, mit der Welt verschmelzen und auf diese Weise alle Entzweiung überwinden sollte. Sie würde das wahre *hen kai pan*, das «Ein und Alles», verkörpern. Diese pantheistische Losung Spinozas hatten die Tübinger Freunde in Jakobis Schrift *Über die Lehre des Spinoza in Briefen an Herrn Moses Mendelssohn* gefunden; Hölderlin, der sich intensiv mit Spinoza beschäftigte, schrieb sie 1791 ins Stammbuch Hegels. Dem jungen Schelling lieferte sie die Formel für die endgültige Abwendung von der christlichen Gottesvorstellung. Doch war Schelling eben nur in bezug auf die paternalistische Gottesvorstellung Atheist geworden, wie er in seinem *Epikureisch Glaubensbekenntnis Heinz Widerporstens* freimütig bekennt. Das *hen kai pan* blieb für ihn die Chiffre des Absoluten, das er später durchaus wieder mit dem Begriff Gott bezeichnete.

Dieses Absolute zu fassen und mit dem Bedingten, dem historisch Wandelbaren und Zufälligen philosophisch zu vermitteln, die Vereinzelung der Person in der Kommunität der Freundschaft zu überwinden und Natur und Geist zu versöhnen – darin bestand die Grundlage der Freundschaft zwischen den drei Idealisten aus dem Tübinger Stift. Die Kunstreligion sollte zur Lehrerin der sich in der Geschichte bildenden Menschheit werden. Im sogenannten *Ältesten Systemprogramm* aus dem Jahre 1796, das von Hegels Hand überliefert ist, fließen die Denkansätze der drei

Tübinger Freunde in einem einzigen, ebenso eindrucksvollen wie knappen und kryptisch komprimierten Manifest zusammen. Eine Überfülle von Ideen scheint wie zusammengeschweißt; in seinem merkwürdigen Zusammenklang markiert der Text zugleich die Ausgangspunkte, von denen das Denken der drei in jeweils unterschiedliche Richtungen auseinanderstreben sollte.

Im *Systemprogramm* wird die Metaphysik in Moral überführt und ein «System aller Ideen» vorgestellt. Beginnend mit der «ersten Idee», der «Vorstellung von mir selbst als einem absolut freien Wesen, tritt sogleich eine ganze *Welt*... hervor... Die Frage ist diese: Wie muß eine Welt für ein moral[isches] Wesen beschaffen seyn? Ich möchte unsrer langsamen an Experminenten mühsam schreitenden – Physik einmal wieder Flügel geben. So – wenn die Philosophie die Ideen, die Erfahrung die Data angibt, können wir endl. die Physik im Großen... bekommen, die ich von spätern Zeitaltern erwarte. Es scheint [nicht] daß die jetzige Physik einen schöpferischen Geist, wie der unsrige ist, od. seyn soll, befriedigen könne... Nur was Gegenstand der *Freiheit* ist, heist *Idee*. Wir müssen also auch über den Staat hinaus! – Denn jeder Staat muß freie Menschen als ein mechanisches Räderwerk behandeln; u. das soll er nicht; also soll er *aufhören.*»

Die alle anderen Ideen vereinigende Idee aber besteht in der «Idee der *Schönheit*». Sie ist der höchste Akt der Vernunft. Der Philosoph müsse ebensoviel ästhetische Kraft besitzen wie der Dichter. «Selbst über Geschichte kann man nicht geistreich raisonniren – ohne ästhetischen Sinn... denn es gibt keine Philosophie, keine Geschichte mehr, die Dichtkunst allein wird alle übrigen Wissenschaften u. Künste überleben.» Gefordert wird eine «Idee, die... noch in keines Menschen Sinn gekommen ist – wir müßen eine neue Mythologie haben, diese Mythologie aber muß im Dienste der Ideen stehen, sie mus e Mythologie der *Vernunft* werden.»

VIII Das Verklingen der Harmonie

Die Aussöhnung zwischen dem Mythos und der Vernunft – darin bestand der Leitgedanke des Freundesbundes. Doch weder Hölderlin noch Schelling sollte eine solche Versöhnung gelingen.

«Die Welt ist für dich ein schmerzliches Rätsel.» Diese Formulierung des Stiftsrepetenten Conz könnte als Motto über dem weiteren Lebensweg Hölderlins stehen. Bereits während der letzten Monate im Stift, in denen er sich mit dem *Hyperion*-Projekt beschäftigte, mehrten sich Hölderlins Zweifel am Gelingen dieser Versöhnung. Hölderlin erkannte wohl als erster der Tübinger Freunde die tieferen Dimensionen einer Dialektik der Aufklärung, und stärker als die anderen wendete er sich dem Ästhetischen zu, ohne es allerdings, wie es das *Systemprogramm*, das in dieser Hinsicht von ihm geprägt wurde, fordert, mit der Vernunft in Übereinstimmung zu bringen. Ihm wurde zur schmerzlichen Gewißheit, daß der Anspruch, durch Kunst die Philosophie zu beenden, sich mit philosophischen Mitteln niemals erreichen ließ. Er schlug sich schließlich ganz auf das, wie er schrieb, «süße» Handwerk des Dichtens. Die Philosophie wurde ihm zu einer «Tyrannin»; ihr «Dogmatismus» ihm zunehmend verhaßt. Ganz anders das Dichten: «Warum bin ich denn friedlich und gut, wie ein Kind, wenn ich ungestört mit süßer Muße diß unschuldigste aller Geschäfte betreibe?» Dichten wurde für Hölderlin zum Fügen eines «heiligen Bildes», zum Opfern an die «Gottheit».

Hölderlins endgültige Abkehr von der Philosophie und sein theogonischer Übersprung in die Dichtung vollzogen sich aufgrund seiner Auseinandersetzung mit dem Denken Johann Gottlieb Fichtes, den er in Jena gehört hatte. Fichte, der als der Überwinder Kants angesehen wurde, sollte auch für Schelling zur Leitfigur der weiteren Entwicklung werden. Dieser war Fichte bereits 1793 und 1794 zweimal in Tübingen begegnet und nahm die Schriften dieses «großen Mannes», insbesondere die *Wissenschaftslehre*, geradezu enthusiastisch auf. Im Dezember 1794 schrieb er an Hegel: «Die Philosophie ist noch nicht am Ende. Kant hat die Resultate gegeben: die Prämissen fehlen noch. Und wer kann Resultate verstehen ohne Prämissen? Fichte wird die Philosophie auf eine Höhe heben, vor der selbst die meisten der bisherigen Kantianer schwindeln werden... Glücklich genug, wenn ich einer der ersten bin, die den neuen Helden, Fichte, im Land der Wahrheit begrüßen! – Segen sei dem großen Mann! Er wird das Werk vollenden.»

In Fichtes «absolutem Wollen» eines «absoluten Ichs», das der Subjekt-Objekt-Spaltung vorausliegt, fand Schelling jene absolute «Freiheit» der Idee, die in ihrer Unbedingtheit das Bedingte zu beseelen, die Natur und Bewußtsein in ihrer Entgegensetzung wie in ihrer Harmonie zu ermöglichen vermochte. Schellings Schriften aus seiner Tübinger Spätzeit, die *Briefe über Dogmatismus und Kriticismus* (1794) und *Vom Ich als Princip der Philosophie oder über das Unbedingte im menschlichen Wissen* (1795), sind vom Denken Fichtes erfüllt. Doch war es Hölderlins Fichte-Kritik, die ihm schließlich gegen Ende der neunziger Jahre von der Fichteschen Reflexionsphilosophie zum «Transzendentalsystem» und damit zur Entwicklung einer eigenständigen Philosophie verhalf. Die Schrift *Erster Entwurf eines Systems der Naturphilosophie* erschien 1799. In ihr findet sich philosophisch ausgebreitet, was in seinem Lehrgedicht *Epikureisch Glaubensbekenntnis* aus demselben Jahr folgendermaßen zusammengefaßt wird:

> In toten und lebend'gen Dingen
> Tut nach Bewußtsein mächtig ringen...
> Hinauf zu des Gedankens Jugendkraft,
> Wodurch Natur verjüngt sich wieder schafft,
> Ist Eine Kraft, Ein Pulsschlag nur, Ein Leben,
> Ein Wechselspiel von Hemmen und von Streben.

Unschwer läßt sich erkennen, daß Schelling zum *Systemprogramm* einen romantischen, am Maßstab der Ästhetik gebildeten Begriff der allbeseelten Physis beigesteuert hat. Und Hegel?

Hegel hatte sich nach seinem Weggang aus Tübingen den Schriften Kants zugewendet und sich erneut theologischen Themen gewidmet. Doch mußte er Schelling, dessen rasante Karriere in ihm immer Neid geweckt hatte, eingestehen, daß von seinen «Arbeiten nicht der Mühe wert zu reden» sei. Um so interessierter fragte er den Freund nach den Vorgängen im Stift und fügte sarkastische Kommentare über den verwässerten Kantianismus seiner ehemaligen Professoren an: «Vernunft und Freiheit blieben unsere Losung, und unser Vereinigungspunkt die unsichtbare Kirche.»

Im *Systemprogramm* kehren solche Losungen wieder; die Autorschaft Hegels spiegelt sich in der ethischen Grundhaltung und dem postulatorischen Charakter des Textes wider. Anders als für Hölderlin und Schelling sollte die Synthese aus Mythologie und Vernunft bei ihm stets unter dem Primat der Vernunft stehen. Allerdings entwickelte bereits der junge Hegel, wenn auch nur in Ansätzen, in seiner Frankfurter Zeit 1796/97 die Idee von der Geschichte als Vermittlungsinstanz. In seiner postum veröffentlichten Schrift *Der Geist des Christentums und sein Schicksal* ist bereits der für die späteren Jahre charakteristische Denkduktus der Vermittlung des Ewigen mit dem Zeitlichen, des Unendlichen mit dem Endlichen zu greifen. Indem er an der Idee der Vermittelbarkeit von Mythos und Vernunft, von *theos* und *logos* festhielt, rückte er von Hölderlin ab und näherte sich Schelling.

Schelling war 1798 auf Vermittlung Goethes an die Jenaer Universität berufen worden und dort mit der Ausarbeitung seines Systems des «Realistischen Idealismus» befaßt. Hegel, der Hauslehrer, hatte im bereits vorgerückten Alter von dreißig Jahren die Notwendigkeit begriffen, «das Ideal des Jünglingalters... zur Reflexionsform, in ein System zugleich [zu] verwandeln», wie er am 2. November 1800 an Schelling mit der Bitte um Hilfe bei der Suche nach einer festen Stelle schrieb. Hölderlin hingegen, der ruhelose Wanderer, verstrickte sich immer tiefer in das «schmerzliche Rätsel» Welt. Schelling und Hegel gaben ihren Freund schließlich auf: «Sein Anblick war für mich erschütternd», berichtete Schelling im Sommer 1803 an

Hegel, «er vernachlässigt sein Äußeres bis zum Ekelhaften.» Der Plan, daß sich Hegel seiner annehmen und, wie Neuffer fünfzehn Jahre zuvor, die ihn heimsuchenden «Grillen» vertreiben sollte, wurde nicht weiter verfolgt.

So ging die Freundschaft der «drei Idealisten» unerbittlich zu Ende. Der intellektuelle Akkord, der in den dreien angeschlagen worden war, war nicht mehr als eine vergängliche Harmonie in einem Sturm aus Dissonanzen. Nur in der Tübinger Zeit der revolutionären Tat schien dieser Einklang möglich; nach seinem Verklingen ertönten die Kakophonien um so schriller. Schelling, dessen Frühphilosophie Natur und Geist in der Idee der Schönheit zu umfassen vermochte, schlug sich später auf die Seite der mystischen Spekulation und in die Hermetik eines absoluten Systems, das sich schließlich anmaßte, die Erfüllung der Zeiten zu sein. Hegel, der Spätentwickler, vermochte zumindest in der großen Frühzeit seines dialektischen Denkens die Idee der Versöhnung in der Spannung des Unversöhnlichen zu halten: «Nicht das Leben, das sich vor dem Tode scheut und vor der Verwüstung rein bewahrt, sondern das ihn erträgt und in ihm sich erhält, ist das Leben des Geistes. Er gewinnt seine Wahrheit nur, indem er sich in der absoluten Zerrissenheit selbst findet», schrieb er in der 1807 veröffentlichten *Phänomenologie des Geistes*.

Im Erscheinungsjahr der *Phänomenologie* wurde Hölderlin, nach einem halbjährigen Aufenthalt in der Heilanstalt in Tübingen, zu dem Schreinermeister Zimmer in den «Turm» zur Pflege gegeben. Er dämmerte dort bis zu seinem Tode dahin. Während seine Freunde aus Tübinger Tagen zu berühmten Professoren avancierten, die in den luftigen Regionen des objektiven Idealismus die Aufhebung aller Gegensätze in Gedanken faßten, blieb Hölderlin in der Einsamkeit seines Turmzimmers und in seinem Verstummen ein Künder des Unversöhnten und zugleich des nach Versöhnung sich Verzehrenden.

Der Gott der Harmonie, dessen Ankunft sie alle drei, zumindest in ihrer gemeinsamen Jugendzeit, so sehnlich erhofft hatten, ist bis heute nicht erschienen.

Altersfreundschaft

Goethe und Zelter

von Ralph-Rainer Wuthenow

Sind doch die Buchstaben zum Schreiben erfunden.

C. F. Zelter

I

Brüder sind immer Brüder, auch wenn sie sich im Lauf ihres Lebens voneinander entfernen und sogar in Gegensatz treten. Freunde jedoch, die sich voneinander entfernen, hören auf, Freunde zu sein. Was man die Bande des Blutes nennt, die gemeinsame Herkunft und Erziehung, das ist untilgbar. Eine Freundschaft aber kann zerbrechen. Wenige Freundschaften haben ein Leben lang angehalten, wenige Freundschaften reichen in die früheste Kindheit zurück. Brüderschaft ist gegeben, Freundschaft hingegen wird, wie die Liebe, gewonnen, sie ist die Bruderschaft, die man, wie einst ein Ritus vorgab, trinken kann.

Auch werden die Phasen der ersten Bekanntschaft und des wachsenden Vertrauens bis zur offenkundigen Zuneigung eminent wichtig: Eine Jugendfreundschaft sieht anders aus und gestaltet sich zumeist auch anders als eine Altersfreundschaft, wie sie unausweichlich durch den Tod beendet wird. Unvergeßlich bleiben die Worte Montaignes in Erinnerung an die enthusiastische Jugendfreundschaft mit Etienne de la Boëtie. Diese Freundschaft, versichert er, sei so ganz und vollkommen gewesen, daß man gewiß kaum von einer gleichen werde lesen können; unter den Zeitgenossen jedenfalls finde sich keinerlei Beispiel, keine Spur.

Den ungestümen Formen der Liebe setzt Montaigne die allgemeine, dauerhafte, gleichbleibende und gemäßigte Wärme der Freundschaft entgegen, der nichts Bitteres eignet und nichts, was peinigt. Sie ist nicht sinnlich, sondern geistig. Die Freundschaft besitzt für ihn einen viel höheren Wert als die Liebe, zumal da die Ehe auf einer vertraglichen Vereinbarung beruht, die zu treffen ganz in unserem Ermessen liege; in der Freundschaft gehe es nur um diese selbst. Was man gemeinhin Freundschaft nennt, das seien nur vertraute Bekanntschaften, bei Gelegenheit und eher zufällig geknüpft. «Wenn man mich drängt», sagt Montaigne, «zu erklären, warum ich ihn liebte, so empfinde ich, daß dies nur in der Antwort auszudrücken ist: weil es doch er war, weil ich es doch war.»

Das alles ist, wie gesagt, auf eine beschwingende Jugendfreundschaft bezogen, in einer Ausschließlichkeit, die einer logischen Begründung sich entzieht wie Schicksal und Leidenschaft. Aber etwas davon wird in jeder wirklichen Freundschaft enthalten sein, die mehr ist als die gemeinsame Verfolgung von Interessen, von Beschäftigungen, beruflicher Tätigkeit, von Wertvorstellungen und sozialer Zugehörigkeit. Auch der Begriff der Sympathie reicht hier nicht aus. Weil es so ist, rettet sich der sonst so beredte Montaigne in die Tautologie, die nichts erklärt, obgleich sie alles sagt.

II

Altersfreundschaften sind nicht allein seltener, sie sind naturgemäß minder überschwenglich, lebhaft, hingebungsvoll und reich an Geständnissen, sie sind von anderer Temperatur, ihre Sprache ist meist verhaltener, die Scheu vor Geständnissen größer. Die enthusiastische Unmittelbarkeit gemeinsamen Entdekkens, Denkens und Empfindens weicht einer Haltung größerer Distance, denn wer älter geworden ist, weiß die Intimität des anderen, auch des Freundes, besser zu respektieren, wie er auch die eigene sorgsamer zu schützen gelernt hat.

Man kann das an den in einem langen Leben wiederholt erfahrenen Freundschaften Goethes sich verdeutlichen, der alle Formen der Freundschaft erfahren hat: die gleichsam ungebändigte mit Behrisch wie die mit dem ihm oft sarkastisch begegnenden Merck; die mächtig auf ihn einwirkende mit dem nicht viel älteren Herder; die mit dem Herzog Karl August, die wirklich eine Freundschaft war, der durch Stellung und Dienstverhältnis gebotenen höfischen Etikette zum Trotz; dann die Freundschaft mit Schiller, die sich gegen manche Vorbehalte und Widerstände entwickeln sollte; die mit den Humboldt-Brüdern darf man nicht vergessen, so wenig wie die späte mit dem aus Württemberg stammenden französischen Grafen Reinhard; schließlich die seltsame Altersfreundschaft, um die es im folgenden geht, die mit dem Berliner Baumeister, Architekten, Unternehmer und Musiker Carl Friedrich Zelter.

Man hat sie, wie Goethes Ehe mit Christiane Vulpius, immer wieder kritisch kommentiert, als sei Goethe, wie Biographen zuweilen anzudeuten nicht anstehen, unter sein Niveau gegangen und habe nicht die entsprechende Natur gefunden, die ihm nach Genie und Stand, Wissen und Bedeutung zugekommen wäre. Goethe hat dies offenkundig anders gesehen.

In den Werken Goethes taucht der Name Zelters naturgemäß seltener auf als der Name Schillers. Hier findet man ihn einmal, ein wenig formelhaft, als den «geistverwandten und herzverbundenen Freund» bezeichnet, dem er etwas zu vertonen geschickt hat. In den annalistisch resümierenden *Tag- und Jahresheften* wird für 1803 erwähnt, es habe sich ein näheres Verhältnis zu Zelter ergeben, der hier als «ein Mann zwischen Handwerk und Tonkunst» erscheint; einen «redlichen tüchtig bürgerlichen Ernst» weiß Goethe an ihm zu rühmen, zugleich aber die angestrebte sittliche Bildung, die mit der ästhetischen, Goethes Forderung zufolge, eng verbunden ist. Eben dadurch hat Zelter, scheint es, die Weimarer Kunstfreunde für sich einzunehmen keine Schwierigkeiten, ist er doch jemand, «der aus seinem Individuum den ganzen Reichtum der Tonwelt entwickelt».

Goethes Freundschaft mit Carl Friedrich Zelter wurde, ähnlich wie seine Ehe mit Christiane Vulpius, immer wieder kritisch kommentiert, als habe Goethe im Alter nicht den ihm gemäßen Freund gefunden. Goethe selbst hat dies offenkundig anders gesehen. «Wenn Du gehst, nimm mich mit; nimm den treuen Bruder mit», schrieb Zelter 1818. Sein Tod am 15. Mai 1832, keine acht Wochen nach Goethes Tod, war die Fügung, die er sich gewünscht hatte. Zelter nach einem Ölgemälde von Karl Begas, 1827.

Einige Jahre später (1810) erwähnt Goethe auch die Zelterschen Kompositionen, wie er ein andermal «musikalische Aufmunterung» durch Zelter erfährt (1813). Mit großem Interesse liest er später bei Gelegenheit ein Reisejournal Zelters, und 1821 bringt Zelter seinen höchste Verwunderung erregenden Zögling nach Weimar, den erst zwölfjährigen Felix Mendelssohn Bartholdy, der für Goethe musiziert und rasch das Herz des alten Mannes gewinnt, worüber der junge Virtuose und Komponist in den Briefen an seine Eltern ausführlich berichtet.

Zum 70. Geburtstag des Freundes, denn das ist ihm Zelter inzwischen geworden, verfaßt Goethe sogar (1828) eine Kantate und überdies ein Tischlied, die aber beide nicht mehr sind als Zeugnisse der Wertschätzung und der Freundschaft. Als Dichter ist Goethe wohl kaum von Zelter angeregt worden; umgekehrt hat sich Zelter wiederholt und schon vor der persönlichen Bekanntschaft mit Goethe, den er seit der ersten Werther-Lektüre verehrte, von Goetheschen Gedichten anregen lassen und eine ganze Reihe von Liedern komponiert, von denen Goethe knapp bemerkte: «Sie zeugen von der Wechselwirkung zweier Freunde, die seit mehreren Jahren einander kein Rätsel sind.»

Von diesen Zeugnissen wie einigen weiteren von der Hand Zelters abgesehen, ist uns diese ungewöhnliche Freundschaft zweier alternder, dann alter Menschen nur durch die Briefe überliefert, die Goethe und Zelter einander in mehr als dreißig Jahren geschrieben haben, dies allerdings in einer Ausführlichkeit wie nur selten, jedenfalls in einer für Goethe ungewöhnlichen Dichte. Das läßt aufmerken.

1826, also nach mehr als zwanzig Jahren einer zunächst langsam anlaufenden Korrespondenz, die dann immer intensiver wird, nennt Goethe selbst diesen Briefwechsel, an dessen Veröffentlichung er interessiert ist, mit dem ihm eigenen, Objektivität herstellenden Abstand, «ein wunderliches Dokument, das an wahrem Gehalt und barockem Wesen wohl kaum seines Gleichen finden möchte» (3. 6. 1826). Goethe, der bereits seinen Briefwechsel mit Schiller herausgegeben hat – die uneingeschränkte Offenheit, mit der darin auch von Lebenden die Rede war, rief manche Empörung hervor –, zögert nicht, den ihm in

Abschrift vorliegenden, noch gar nicht abgeschlossenen Briefwechsel mit Zelter als Dokument unvergleichlicher Art anzusehen.

Auch das gibt zu denken, denn Goethe ist kein Mann der großen Worte. Er hat wohl gemerkt, daß dieser Briefwechsel, sich verselbständigend, fast schon zum Werk geworden ist.

Mit einem wenig jüngeren Mann von ganz andrer Art, Herkunft, Begabung, anderem Beruf und Charakter führt Goethe über Jahrzehnte hinweg ein Briefgespräch, das jenes andere, durch den frühen Tod Schillers abgebrochene zwar nicht ersetzt, aber auf einer anderen Höhe, minder literarisch, kritisch und philosophisch, doch eher noch vertraulicher, fortsetzt oder besser: an seine Stelle tritt, denn bis zu Schillers Tod ist die Korrespondenz mit Zelter noch nicht ungewöhnlich zu nennen.

Es entsteht hier wie von selbst ein chronikalisch angelegtes autobiographisches Dokument, das freilich in der Öffentlichkeit, will man es den Gesprächen mit Eckermann an die Seite stellen, weit weniger Resonanz gefunden hat. Es ist nicht wie Eckermanns einseitiges und offenkundig zurechtgemachtes Gesprächsbuch zu einem Hausbuch des deutschen Bürgertums geworden. Dabei zeigt sich Goethe hier vertraulich wie sonst nur selten, zeigt sich in seinen Launen und Geständnissen, Vorlieben und Abneigungen, in Haussorgen und Alltagsangelegenheiten, unterrichtet den Freund und läßt sich unterrichten (denn er ist nicht ohne Neugier!), scheut nicht einmal ein wenig Klatsch, sowenig wie die Mitteilung weit vorausgreifender Einsichten mit dem Blick auf die Epoche und im Vertrauen auf das Fortwirken der zur Tätigkeit geschaffenen Entelechie. Kein andres Briefgespräch Goethes weist eine vergleichbare Skala auf, und so möchte sich in der Tat «wohl kaum seines Gleichen finden».

Aber an wen schreibt er in dieser beispiellosen Weise? Ist Zelter vielleicht nur der zufällige Adressat dieser zuweilen in geradezu imperialer Sprache gehaltenen Mitteilungen?

In einer sehr lebendigen Selbstdarstellung hat Zelter ein Bild von sich hinterlassen, das in seiner Einfachheit und Frische für ihn einnimmt; er erscheint als Mensch von Selbständigkeit und von Charakter. Goethe schätzt an Zelter sehr bald das Aufrechte, Schlichte, Solide und Praktische seines Wesens; er spricht es einmal dem Freunde gegenüber aus, wenn er ihn wissen läßt, daß sie am entgegengesetzten Ende der sozialen Welt sich befänden: «Du, in die kreiselnde Bewegung einer volkreichen Königstadt verschlungen, hast alles persönlich zu bestehen, unterrichtest und lehrst, gibst und genießest, arbeitest und vollbringst, gebietest und herrschest und was nicht alles; hierzu noch der Familienzirkel und fremde Gelage gerechnet, da gibt es denn schon etwas auszuhalten. Indessen ich einsam, wie *Merlin* vom leuchtenden Grabe her, mein eignes Echo, ruhig und gelegentlich in der Nähe, wohl auch in die Ferne vernehmen lasse» (10.–14. 12. 1830).

1796 erhält Goethe von Zelter *Zwölf Lieder am Klavier zu singen*; es handelt sich dabei um Vertonungen von lyrischen Einlagen aus dem *Wilhelm Meister*. Goethe fühlt sich angesprochen und würde nicht ungern mehr noch vertont wissen, auch äußert er den Wunsch, Zelter einmal kennenzulernen, um sich mit ihm unterhalten zu können. Der 1758 in Berlin geborene Zelter ist kein ganz unbekannter Mann: als Schüler von Johann Friedrich Fasch übernimmt der angesehene Maurermeister nach dessen Tod die Berliner Singakademie, gründet später die «Liedertafel», ist vielseitig tätig in der Organisation des Musiklebens der preußischen Hauptstadt und wirkt auch als Musikpädagoge, später sogar als Professor für Musik an der Berliner Akademie der Künste. Felix Mendelssohn Bartholdy, Otto Nicolai und Carl Löwe sind seine bekanntesten Schüler.

1802 weilt Zelter zum erstenmal zu Besuch in Weimar; es kommt zu wiederholten Begegnungen mit Goethe. Die Hoffnung, einen von diesem bearbeiteten dramatischen Stoff als Oper komponieren zu können, erfüllt sich freilich nicht: «Wir haben hier die sehr nahe Hoffnung, ein neues, größeres Theater zu erhalten, und es läßt sich denken, daß von nun an große Begebenheiten auch größer erscheinen werden. Diesen Umstand möchte ich nicht gern ungenützt lassen, um unter den Kindern des Parnasses nicht ferner mit leerer Hand zu stehn und über den Geschmack der Zeit zu seufzen» (30. 1. 1801). Zelter hatte immer die Absicht, größere Werke zu komponieren, und litt unter der Einsicht, daß seine Begabung dazu nicht ausreichen sollte. Goethes freundschaftliche Zuwendung mag ihn schließlich entschädigt haben, obschon es ihn zuweilen kränkte, sozusagen mit leeren Händen dazustehen. Aber diese Empfindung hat Goethe ihm nach und nach zu nehmen gewußt.

In den ersten Jahren der sich entwickelnden Freundschaft spricht Zelter nicht selten schwärmerisch-hingebungsvoll, zuweilen fast naiv zu dem so lang schon verehrten Dichter, und jedes Wort, das er erhält, beglückt ihn, er weiß dann kaum, wie er solches Empfinden ausdrücken soll. So heißt es einmal: «Ich danke Gott, daß Ew. Exzellenz von Ihrer schweren Krankheit hergestellt sind und werde einige Worte über meine Arbeit von Ihnen als ein Geschenk annehmen, das nicht oft kommen kann, weil es zu beglückend ist» (15. 4. 1801).

Und nach der ersten Begegnung heißt es: «Ich danke Gott stündlich auf den Knieen meines Herzens, daß ich endlich Ihr Angesicht gesehen habe. Die Erinnerung dieser Tage wird nur mit meinem Gedächtnis aufhören. Ein neuer Geist ist in mir durch die Berührung erweckt und wenn ich je etwas hervorgebracht oder hervorbringe, das der Musen würdig ist, so weiß ich daß es Gabe ist und woher sie kommt» (7. 4. 1802). Dementsprechend gesteht er auch: «Wie gern ich in Ihrer Nähe bin, weiß Gott; so warm als in Weimar hat mir nirgends eine Sonne geschienen» (16. 9. 1802).

Goethe weiß wohl, wieviel Befangenheit des Ausdrucks die Treuherzigkeit solcher Wendungen überlagert und erwidert in ungezwungenem und ermunterndem Ton: «Wenn ich in diesen trüben Tagen an erheiternde Gegenstände dachte, so erinnerte ich mich öfters Ihrer vorjährigen erfreulichen Gegenwart. Die Hoffnung Sie bald wieder zu sehen ist gering, und doch ist mein Wunsch, daß immer ein Faden zwischen uns fortgesponnen werde» (6. 12. 1802). Goethe scheint Zelters Briefe im Laufe der Zeit immer lieber zu lesen; Zelter weiß lebhaft zu erzählen, wie auch in seiner Autobiographie, daran hat Goethe seine Freude, und also schreibt Zelter häufig und ausführlich.

1812, nach dem Freitod von Zelters Stiefsohn, läßt Goethe in seinem teilnehmenden Brief unmerklich das vertrauliche Du

Die Singakademie in Berlin, die Wirkungsstätte Carl Friedrich Zelters, dessen bedeutendster Schüler, Felix Mendelssohn Bartholdy, als Zwölfjähriger das Herz des alten Goethe eroberte. Zeitgenössische Radierung, um 1830.

einfließen. Dies ist das Siegelwort der Freundschaft, das Zelter auch aus mancher Befangenheit befreit.

Natürlich kann man sich fragen, ob Goethe nicht vielleicht nur einen treuen, nichts verzerrenden Spiegel in Zelter gesucht habe, oder, wenn man will, ein bequemes Echo. Nun, das hatte er, später jedenfalls, täglich um sich, es trug den Namen Eckermann. Es muß mehr gewesen sein, was ihn mit Zelter verband. Ein später Brief Goethes läßt erkennen, daß ihm dies durchaus bewußt gewesen ist. So heißt es am 19. Oktober 1829: «Die Gegenwart hat wirklich etwas Absurdes, man meint das wär' es nun, man sehe, man fühle sich, darauf ruht man; was aber aus solchen Augenblicken zu gewinnen sei, darüber kommt man nicht zur Besinnung. Wir wollen uns hierüber so ausdrücken: Der Abwesende ist eine ideale Person; die Gegenwärtigen kommen sich einander ganz trivial vor. Es ist ein närrisch Ding, daß durchs Reale das Ideale gleichsam aufgehoben wird; daher mag denn wohl kommen, daß den Modernen ihr Ideales nur als Sehnsucht erscheint. Hierüber wollen wir nicht weiter nachgrübeln, sondern es bei diesem ziemlichen und unziemlichen Vorwort bewenden lassen; ob ich gleich noch eine lange Litanei zur Aufklärung der allgemeinen neuern Lebensweise hiernach wohl ausspinnen könnte.»

Die Idealität des Abwesenden verhilft wohl auch Zelter zu erhöhter Bedeutung, er ist nicht in Gefahr, als Gegenwärtiger trivial zu werden. Doch auch andere, mit denen Goethe korrespondiert, wären als «ideale Personen» zu bezeichnen – W. v. Humboldt, Hegel, Varnhagen allein schon in Berlin –, aber es ist Zelter, dem gegenüber Goethe sich beinahe rückhaltlos öffnet.

Im Zusammenhang mit der Niederschrift seiner überaus fesselnden Autobiographie hat Zelter 1820 seine Beziehung zu Goethe zu charakterisieren unternommen; er tat dies auf distanzierte, absichtsvoll nüchterne Weise: «Was Goethe betrifft, so mag ein so dauerhaftes vertrautes Freundschaftsband mit diesem außerordentlichen Manne manche Vermutung veranlaßt haben, insofern Brüderschaften ohne Blutsverwandtschaft wohl beim Trunke entstehn; und so gedenke ich die Veranlassung dazu hier niederzulegen.»

Goethe war mit einigen Kompositionen Zelters bekannt geworden, darunter der des Gedichtes «Ich denke dein» von Friederike Brun, die Goethe zu einer Umdichtung («Nähe des Geliebten») anregte. 1796 veranlaßt Zelter die Frau des Verlegers Unger, Goethe ein Exemplar der *Zwölf Lieder am Klavier zu singen* zukommen zu lassen. Die Vertonungen gefallen Goethe, hat Zelter es doch verstanden, anders als spätere Komponisten, den Text dominieren zu lassen und ihn nicht durch Musik gleichsam zu überwältigen. Da Goethe sich inzwischen mit dem Kapellmeister Reichardt überworfen hat, sieht er in Zelter wohl auch einen ihm dienlichen möglichen Berater in musikalischen Angelegenheiten.

Dies waren die Anfänge, von denen Zelter in seinem Lebensbericht nur andeutend zu erzählen wagt. Dann fährt er fort: «Was ich von seiner Persönlichkeit aus der Tradition wußte, wo nicht selbst die Opposition anerkannter Zeitgenossen gegen die Wirkung seiner Schriften, rührte den tiefsten Grund in mir auf. Ich hatte Partei genommen für ihn, ohne sagen zu können, wie und warum, und mein Glaube an jene Opposition, in der ich manchen persönlichen Freund zählte, verlor sich endlich ganz.»

Für einen von Schiller herauszugebenden Musenalmanach komponiert Zelter weitere Goethe-Gedichte, und so entsteht nach und nach ein Briefwechsel, in dem von Plänen und Intentionen die Rede ist, aber auch von häuslichem Tun und Kümmernissen. Goethes Anteil an Zelters Dasein, seinem Schicksal wurde ihm «wohltätig... da ich von meinen Jugendgefährten teils durch den Tod, teils durch weite Entfernung getrennt war». Als er dann vom Freitod seines Stiefsohnes berichtet, erhält er eine rasche Antwort voller Anteilnahme, in der er das überraschende Du zuerst nicht wörtlich nehmen will. «Da ich denken mußte, daß eine solche Benennung wohl nur momentan aus Menschlichkeit und Anteil eines erschütterten Herzens heraufgesprungen, beantwortete ich diesen Brief zwar mit der Ergießung einer übervollen Brust, doch mit verdoppelter Ehrfurcht gegen einen von mir aufs höchste verehrten Mann.»

Doch nun folgten, wie Zelter berichtet, die Briefe Goethes so rasch aufeinander, «daß ich denken durfte, an die Stelle eines verlorenen Sohnes einen lebendigen Bruder gewonnen zu haben». Im niederwerfenden Schmerz war ihm ein unerwarteter und starker Trost zuteil geworden; es ist Zelter, als wüßte er sich in der tiefsten Trauer erhoben, er faßt sich und fühlt sich gleichsam «gerettet». So heißt es: «Wenn ich mich nun der vertrauten Freundschaft dieses ewigen Dichters durch meine Kunst und manches Leiden rühme, so verzeihe ich mir diesen Ruhm gar zu gerne, da man sich doch von redlicher Freundschaft lieber etwas überschätzt als gleichgültig gehalten sieht.»

III

Vielleicht hat Goethe ihn tatsächlich überschätzt, so wie er es hier anklingen läßt; Zelter ist bescheiden, er kennt seine Grenzen, er ist fest genug, um bescheiden zu sein. Vielleicht – es wäre dies nicht der einzige Fall in Goethes wunderbarem Dasein – sind ihm durch diese Freundschaft auch Kräfte zugeflossen, die ihn, wenn man so sagen darf, gesteigert haben.

Die Briefe zeigen es: wenn Goethe in diesem Briefwechsel die Hauptrolle spielt, wenn seine Stimme die mächtigere, sein Gedankengang der erstaunlichste ist, so darf man deswegen den Anteil des bescheidenen Zelter nicht zu gering veranschlagen. Zelter hat auch etwas zu sagen – und weiß, wie er's zu sagen hat.

So schreibt er bereits 1802 nach Weimar: «Und so nehmen Sie so gern, was ich so gern gebe. Ich möchte Ihnen den Frieden der Himmlischen in Tönen nach Weimar senden, denn wo keine Götter sind ist doch kein Himmel» (12. 12. 1802). Wenig später, nachdem er nicht ohne starke Selbstzweifel von seinen musikalischen Arbeiten gesprochen hat und sich der Plan, nach Weimar zu reisen, zu zerschlagen droht, heißt es in einer Wendung des Unmuts: «Geben Sie doch acht, ob es in Ihrem Hause nicht umgeht? Es ist mein Geist, der sein Quartier bei Ihnen eingenommen hat und sich nach und nach ansiedelt und nistet» (2. 3. 1803).

Goethe seinerseits hat eine ganz eigene unauffällige Art, den Freund im entfernten Berlin aufzumuntern: «Der Sämann wenn er gesät hat entfernt sich und läßt die Saat keimen; Schade daß Sie nicht sehen können wie manches Gute aufgeht was Sie unter uns ausgestreut haben» (1. 7. 1803).

Aber es ist keineswegs immer, auch in den ersten Jahren der näheren Bekanntschaft nicht, Ermunterung nötig: Zelter berichtet spontan, ausführlich und kritisch-verständig von Theaterabenden, Inszenierungen des Königlichen Schauspielhauses zu Berlin, so der «Braut von Messina», was Goethe sofort veranlaßt, den aufmerksamen Blick Zelters möglichst wachzuhalten: «Schreiben Sie mir ja von Zeit zu Zeit und schicken mir doch etwa alle Monate die Komödienzettel. Schreiben Sie mir doch auch etwas von der Aufführung der *natürlichen Tochter*, nur gerade zu und ohne Rückhalt. Ich habe ohnehin Lust einige Szenen zu verkürzen, welche lang scheinen müssen, selbst wenn sie vortrefflich gespielt werden» (28. 7. 1803).

Zelter lebt seit seiner Jugend im Zwiespalt zwischen den ungeliebten Pflichten seines bürgerlichen Berufes (in dem er durchaus tüchtig und erfolgreich ist) und den künstlerisch-musikalischen Ambitionen, an denen sein Herz hängt. Dies erklärt, wieso ihn gelegentliche Besuche in Weimar über die ehrenvolle Vertrautheit mit dem bewunderten Dichter hinaus beglücken, erheben, ihn eine Existenz ahnen lassen, die, in einem solchen Zirkel, auch die seine hätte werden können.

So erklärt sich auch das folgende Geständnis: «Beinahe dreißig Jahre habe ich die Last und den Druck getragen, die mich auf dem flachen Boden halten, indem mich eine unbekannte Macht nach oben zieht, und ich lebe noch und kann noch ruhig scheinen wo die höchste Anstrengung meines Leibes und Gemüts nicht sichtbar werden soll. Hätte ich doch das Glück zwanzig Jahre eher gehabt in Ihren Kreis zu geraten! Alles um mich her in dieser großen Stadt lebt von dem was es liebt, und ihm ist wohl bei dem was es treibt. Ich darf nicht einmal dreist sagen was ich liebe, und was ich bin soll ich nicht sein. Was ich so machen kann wie es keiner macht, verlangt keiner, und was die meisten wenigstens eben so gut als ich können, gibt mir ein saures Brot, das ich, ohne Freude über vergossenen Schweiß genieße» (15. 7.–7. 8. 1803).

Dem folgt die kaum noch erforderliche Erklärung, die nur noch eine Bekräftigung des eben Ausgesprochenen bedeutet: «Aus dieser Darstellung sollen Sie, mein ehrwürdiger Freund, beurteilen was Sie mir wert sind, indem Sie mich wert achten. So viele Jahre habe ich mit Anstrengung mein Innerstes meinen nächsten Nachbarn verhehlt, und Sie haben in der Ferne den Schleier hinweggezogen. Von meiner Ergebenheit gegen sie sage ich Ihnen nichts...» Er sagt davon nichts, aber indem er zeigt, was er verschweigt, sagt er es doch.

Die Gefahr nun, sich in der fortwährenden Zerrissenheit zu

vergrämen, zu vergiften oder in mutwilligem Dilettantismus alles einer anerkennenswerten Begabung aufzuopfern und sich als Genie zu präsentieren, das man nicht ist – um dann zu scheitern –, hat Goethe an seinem Freund gewiß wahrgenommen. Vielleicht hat er gerade respektiert, daß es Zelter, wiewohl mit Mühe, gelang, in solcher Lage und bei solchen Anlagen das Gleichgewicht zu bewahren und sein Leben zu meistern.

Zelter erweist sich sehr bald als aufmerksamer und kritischer Kopf, der Hinweise aufzunehmen und selbständig darüber weiter nachzudenken fähig ist. Von einer Aufführung der *Natürlichen Tochter* berichtet er ausführlich nach Weimar und bemerkt sodann zum Drama selbst: «Das Stück möchte ich, außer dem poetischen Wert, eine diplomatische Deduction von Notwendigkeit und Schicksal nennen. Es ist ein eigentliches Kunstwerk, ein wahres Concert, worin sich die Personen, oder Stimmen, wie Himmelskörper durch einander bewegen und zu dessen Beurteilung ein Astrolog erfordert würde, der sich auf die Stimmen der Natur verstünde, welche wie die Adern in einem Körper nach bestimmten Gesetzen organisiert sind, aus deren Bahn nichts beiseite schreiten kann, ohne die Ordnung des Ganzen zu stören. Wenn dies die höchste Gattung des ernsthaften Dramas ist, so hätten die Deutschen also nun schon Eins, und wenn's dem edlen Dichter gefiele die folgenden bald nachkommen zu lassen, so hat die dramatische Literatur vor der Hand doch einen Stil, der nicht unversucht bleiben wird» (24.–28. 10. 1803).

Doch ist nicht allein von Theater und Musik die Rede, sondern auch von Geschäften, Ärger und Unpäßlichkeiten oder Erfreulichem wie Teltower Rübchen, die Zelter zusammen mit einem gefrorenen Hecht vor Weihnachten nach Weimar schickt, besorgt, ein starker Frost könnte die märkischen Feldfrüchte verderben, und in der Hoffnung, Goethe werde die Hecht-Leber zu schätzen wissen.

Dann stirbt Schiller unerwartet. Goethe, der selbst erkrankt war, erwähnt dieses Ereignis Zelter gegenüber nur in einem einzigen Satz: Es seien ihm, seit er zuletzt an ihn geschrieben, «wenig gute Tage» beschert gewesen. «Ich dachte mich selbst zu verlieren, und verliere nun einen Freund und in demselben die

Hälfte meines Daseins» (1. 6. 1805). Zelter schlägt ihm vor, eine Trauerkantate zu schreiben, wozu er dann die Musik liefern wolle: «Wenn dagegen wir beide, um eines Dritten willen, den wir nun fortlieben werden, etwas zu Stande bringen, sollte ich denken es müßte sich sehen und hören lassen; mir wenigstens wird es nach unseres Freundes Tode die erste erfreuliche Arbeit sein» (8.–11. 6. 1805). Zelter spricht hier nicht allein wie selbstverständlich von «unseres Freundes Tode», er ermahnt Goethe sogar und erinnert ihn schon mit der nächsten Post, er erwarte seine Meinung und seinen Willen hinsichtlich dieses Vorschlags.

In diesen Tagen liest Zelter Goethes Übersetzung von Diderots *Le Neveu de Rameau*; es mutet seltsam an, daß Goethe sich nicht wegen der schwierigen musikalischen Partien des Dialogs zur Unterstützung an den Berliner Freund gewandt hat. Der seinerseits verliert darüber kein Wort und reagiert, wie es scheint, spontan auf diese ihn faszinierende Prosa: «Es hat mich nicht wenig gekränkt daß Sie und er mehr von der Musik verstehn als ich. Ich habe niemals etwas gelesen das mir die Augen so mit Zangen aufgerissen hätte, wie diese Schrift. Man kann über sich selbst erstaunen dies Buch zu verstehn, und ich denke mir: Sie haben nicht widerstehn können es zu übersetzen, wenn es übersetzt ist» (8.–11. 6. 1805). Es mag sein, daß in dem Satz, es kränke ihn, daß Rameau und Goethe mehr von der Musik verständen als er, der hyperbolischen Huldigung also, tatsächlich eine leichte Verärgerung unterdrückt wird, aber für so raffiniert kann man Zelter auch wieder nicht halten. Goethe jedenfalls reagiert auf diese Bemerkungen mit der beruhigenden Versicherung, er habe bei der Arbeit an Diderots Manuskript oftmals an Zelter gedacht und ein Gespräch mit ihm gewünscht: «Ich kenne Musik mehr durch Nachdenken als durch Genuß und also nur im Allgemeinen» (19. 6. 1805). Im übrigen ist Zelter – neben Hegel – einer der wenigen Menschen, die *Rameaus Neffen* bei seinem Erscheinen zu begreifen wußten, die Literaturkritik reagierte eher ablehnend, ja böswillig.

Goethe scheint sich nun in der Tat dem vielbeschäftigten Musikmanne in Berlin vertraulicher zuzuwenden, als bedürfe er nach Schillers Tod seiner mehr als zuvor, obschon er dergleichen nicht ausspricht. Als Zelter einer Einladung nach Bad Lauchstädt nicht folgen kann, läßt sich Goethe bedauernd wie folgt vernehmen: «Bis zum heutigen Tage habe ich mir, wiewohl nur mit einer schwachen Hoffnung, geschmeichelt Sie hier zu sehen. Es gehört zu den traurigsten Bedingungen, unter denen wir leiden, uns nicht allein durch den Tod, sondern auch durch das Leben von denen getrennt zu sehen, die wir am meisten schätzen und lieben und deren Mitwirkung uns am besten fördern könnte» (4. 8. 1805). Zu ihnen gehört nun auch Zelter.

Immer deutlicher wird das Bewußtsein der Zusammengehörigkeit, selbstverständlich und fast unausgesprochen bei Goethe, betont und entsprechend deutlich akzentuiert bei Zelter. Es ist keineswegs so, daß Zelter die immer wieder einsetzenden Schreibpausen beendet, als warte der Dichter in Weimar nur darauf, vom jüngeren Freund wieder angesprochen zu werden; auch Goethe wendet sich an Zelter, wenn ihm die Pause zu lang wird, dies ohne einen Vorwurf anklingen zu lassen, wohl aber ein leichtes Bedauern.

Als Zelters Frau im Kindbett stirbt, findet Goethe für den vereinsamten Freund Worte, die nicht nur Mitgefühl, sondern Zuneigung erkennen lassen. Sein Sohn August hätte eigentlich nach Berlin reisen sollen; Goethe hätte es gern gesehen und darin einen Trost erblickt, «einen Repräsentanten meiner Neigung und herzlichen Teilnahme bei Ihnen zu wissen» (26. 3. 1806), doch es war dies nicht möglich.

Zelter spricht in seinem Brief an Goethe mit gleichsam tonloser Stimme: «Ich habe mir Arbeit vorgenommen und kann nicht in Zug kommen, es will nicht gehen, überall nicht. Ich bin wie ein gespaltener Baum. Die schöne Hälfte, die Sommerseite ist mir abgetrennt und gegen diese wirkt nun alles was schmerzhaft ist.» Aber er klagt eigentlich nicht, er will nur bewußt den Schmerz ausleiden, ohne Vorwurf gegen das Schicksal, ohne den falschen Trost der bloßen Ablenkung: «Die Freunde wollen mich aus dem Hause haben, mich von mir selber entfernen; das will ich nicht. Ich kann nur durch mich selber wieder zum Ganzen meiner selbst kommen und ich werde überwinden. Ich fühle meine Kraft und hoffe übrig zu behalten, doch will ich meinen Zustand lebendig fühlen» (20.–26. 3. 1806).

Nach einigen Monaten beginnt er sich in seiner Einsamkeit zu erholen, die Einsamkeit aber ist durchwirkt von der Erinnerung an die Tote, die ihm gegenwärtig bleibt.

Dann werden die Briefe wieder spärlicher; Goethe begibt sich nach Karlsbad, im Herbst rücken die französischen Truppen nach der Schlacht von Jena auf Berlin. In der allgemeinen Verwirrung, Plünderung und Einquartierung wie unter dem anschließenden Besatzungsregiment bleibt der Kontakt jedoch aufrechterhalten. Schließlich schreibt Goethe, als beginne er seine Papiere zu verwalten: «Lassen Sie mich bald von sich hören. Von mir weiß ich nichts zu sagen, als daß ich die ruhigen Intervalle, die uns gegenwärtig gegönnt sind, so gut als möglich benutze, um der Vergessenheit und Vergänglichkeit zu entziehen, was ich gedacht und allenfalls geleistet habe» (27. 3. 1807).

Als Goethe einmal freundschaftlich abwehrend zu verstehen gibt, daß an dem höchst günstigen Urteil Zelters über eine seiner fragmentarischen Arbeiten die Zuneigung beteiligt sei, beeilt sich Zelter, geschickt zu versichern, daß er seine Neigung nicht verhehlen wolle, die, aus der früheren Lektüre der Werke entstanden, seither nur noch zugenommen habe in eben dem Maße, in dem auch seine Einsicht tiefer geworden sei (17. 5. 1807).

Ein andermal, nach klugen Bemerkungen über die *Wahlverwandtschaften*, kritischen Überlegungen zu dem Versuch, die eigene Jugendgeschichte zu erzählen, klingt es wieder beinahe demütig, wenn er sagt: «Ihre Erinnerung ist mir wie die neue Sonne des neuen Tages. Ich schwelge in dem Gefühl Ihrer Liebe und kann nicht satt werden. Davon lebe ich und werde fett davon» (30. 12. 1809–26. 1. 1810).

Zelter ist überaus eifrig, die neuesten Veröffentlichungen Goethes, die er stets bewundert, sofort, möglichst als erster in Berlin kennenzulernen, er will nicht abwarten, bis die Buchhändler von der Messe zurückkehren, und bittet dann wiederholt um ein Exemplar von Goethes Hand. Dem Drängen und Eifer setzt Goethe zuweilen eine vorsichtig abwartende Haltung entgegen, und nach allen Mitteilungen von Tätigkeit, Plänen und Komposition heißt es dann mit hoheitsvoller Ruhe: «Für Ihr tätiges Antworten danke ich zum allerschönsten.» So beginnt der Brief vom 17. 4. 1810, in welchem ein Treffen in Bad Teplitz vereinbart wird. Mit Formelhaftigkeit schützt sich Goethe vor allem, was ihn zu bedrängen droht. Das sieht dann leicht nach kühler Abweisung aus, doch wenig später läßt er wieder durchblicken, wieviel ihm daran gelegen ist, Zelter wiederzusehen und zu sprechen. Er nimmt stets Anteil an seinem Ergehen, aber seine Anteilnahme ist meist ein wenig förmlich und verhalten.

Einmal beendet Goethe einen kurzen Brief, als wollte er ihn, unwillig geworden, rasch abschließen (was freilich nicht an Zelter liegen muß). Den Worten merkt man an, daß sie ein Abbrechen-Wollen nur verhüllen: «Leben Sie recht wohl! Nächstens mehr, mein Kunst- und Leidensbruder! Das Rechte will die ganze Welt, aber mit Pfuschen soll es erreicht werden» (14. 3. 1811). Er verabschiedet den Freund sozusagen mit einem Aphorismus.

Es wäre ungerecht und töricht zu denken, daß derartige Briefe über Jahre hinweg in stets gleichbleibender Stimmung könnten geschrieben werden, wie ein Brief ja auch in einer anderen Stimmung gelesen werden mag, als er geschrieben worden, was bei Beziehungen, die auf den Briefwechsel angewiesen sind, oft ein besonderes Problem darstellt. Bei Gelegenheit zeigt sich Goethe dann wieder besorgt, fähig und bereit, sich dem nicht selten überlasteten Zelter wirklich zuzuwenden. Dann heißt es etwa: «Sehr oft und herzlich habe ich mich, teurer Freund, diese Wochen her nach Ihnen gesehnt...» Er hat sich von einem Bekannten Zelters von der Singakademie wie von der Liedertafel in Berlin berichten lassen, hat sich Zeltersche Lieder angehört, so daß er nun empfindet, «wie sehr ich verliere, daß ich von Ihnen entfernt lebe und daß zwischen uns sich Klüfte befinden, die, je länger es dauert, sich noch immer zu erweitern scheinen. Wenn ich mich nicht besonders aufs Verzweifeln verstünde, so würden mich diese Betrachtungen sehr unglücklich machen» (2. 9. 1812).

Dann tritt jenes fürchterliche, Zelter tief im Innersten verstörende Ereignis ein, der gänzlich unerwartete Freitod des ältesten Sohnes, der ihm, wie er gesteht, inzwischen unentbehrlich geworden war – und wohl nicht nur als Stütze in seinem Unternehmen. Zelter spricht sogar von bitterem Neid, den er beim Anblick des unentstellten Toten empfunden habe: «– nein, es ist hart, grausam! Hätte er gewußt wie ich ihn liebe, er könnte nicht selig sein!» Beinahe flehend wendet er sich an Goethe: «Sagen Sie mir ein heilendes Wort. Ich muß mich aufrichten, doch bin ich nicht mehr was ich vor Jahren war.» Er macht sich auch Vorwürfe, überlegt, ob er das Unheil nicht vielleicht hätte verhindern können (14.–17. 11. 1812).

Goethe erwidert in einem für Zelter neuen Ton und mit einer unerwarteten, bei Goethe überaus seltenen Vertraulichkeit; am 3. Dezember 1812 schreibt er an Zelter: «Dein Brief, mein geliebter Freund, der mir das große Unheil meldet, welches Deinem Hause widerfahren, hat mich sehr gedrückt, ja gebeugt, denn er traf mich in sehr ernsten Betrachtungen über das Leben, und ich habe mich nur an Dir selbst wieder aufgerichtet. Du hast Dich auf dem schwarzen Probirsteine des Todes als ein ächtes geläutertes Gold aufgestrichen. Wie herrlich ist ein Charakter, wenn er so von Geist und Seele durchdrungen ist, und wie schön muß ein Talent sein das auf einem solchen Grunde ruht!»

Er erinnert an den *Werther* als ein Zeugnis dafür, daß ähnliches auch in seinem Inneren einst getobt; mit großer Mühe nur sei er den «Wellen des Todes» damals entkommen. «Ich getraue mir einen neuen *Werther* zu schreiben, über den dem Volke die Haare noch mehr zu Berge stehen sollten als über den ersten.» Nach weiteren Bemerkungen zu den Krankheitserscheinungen der Epoche gerät ihm das gewohnte Sie wieder in die Feder, doch Goethe hat es bemerkt und schließt mit den Worten: «Und nun das herzlichste Lebewohl! Wie sehr wünsche ich mich statt dieses Blatts in Deine Nähe.» Anteilnahme, Zuspruch und sachliche, an den Gegenständen orientierte Ablenkungen kennzeichnen dieses ungewöhnliche Schreiben.

Zelter nimmt das Du nicht sofort an: «Einer der angenehmsten Eindrücke meiner frühen Jünglingsjahre trat frisch und jugendlich vor meine Erinnerung als ich gestern Ihren lieben, herzlich treuen Brief erhielt und die ersten Worte las.» Das Leid, das ihn von der Welt absonderte, hat sein, Goethes, Vertrauen verdoppelt, so daß er ihn das Herz des Bruders sehen ließ, und «so habe ich gewonnen indem ich verlor und den Verlust kaum zu verwinden glaubte; so regt sich das Leben gewaltsam menschlich in mir wieder auf und, ich will's gern gestehen: ich habe mich wieder gefreut» (10.–13. 12. 1812). Natürlich ist es vor allem die vertrauliche Anrede, die solche verhaltene Freude noch im Schmerz ermöglicht; Goethe ist ihm nähergetreten, aber noch wagt Zelter das Du nicht aufzunehmen, bis Goethe es dann in seinem nächsten Schreiben wiederholt.

Nun wird Zelter ganz überschwenglich jugendlich, fast wie ein eben Verliebter: «Mein süßer Freund und Meister! mein Geliebter, mein Bruder! Wie soll ich den nennen dessen Namen immer auf meiner Zunge liegt; dessen Bild sich auf alles abspiegelt was ich liebe und verehre» (24. 12. 1812).

IV

Es findet sich ein seltsames Ineinander von Ehrfurcht und Vertraulichkeit in den Briefen Zelters, während die Goethes von Zuneigung und beruhigtem Abstand geprägt sind, von dem man spürt, daß es zugleich ein Abstand vom Dasein ist. Er hoffe, ihm zu Michaelis den dritten Band seines autobiographischen Unternehmens zukommen zu lassen, bemerkt er 1813, «woran Du wie ich wünsche erkennen wirst, daß ich auch viel an Dich gedacht und in Hoffnung eines freundlichen Erwiderns manches Wort an Dich gerichtet habe. Laß mich auch, wenn es möglich ist, bald wieder etwas von Dir vernehmen» (27. 7. 1813).

In den Kriegswirren, die nur nebenbei und wie von fernher gerade noch erwähnt werden, ist es Goethe wichtig, den Überblick zu behalten, «anstatt daß wir uns sonst in der traurigen

Lage befinden vom Augenblick hingerissen, durch Zeitungen verwirrt, und durch Geklatsch gar zerstört zu werden, um so mehr als jetzt nicht allein von dem künftigen Schicksal Europas, sondern von dem der ganzen Welt die Rede sein kann» (27. 4. 1814).

Bei anderer Gelegenheit läßt er sich von ähnlicher Höhe herab vernehmen: «Indessen habe ich für Dein reiches Blatt zu danken, wodurch Du mich zum Mitgenossen Deiner Rheinreise gemacht hast. Was mir seit jener Zeit begegnet, werde ich nächstens zusammenfassen und Dir zusenden. Mir sind unendliche Schätze des Anschauens und der Belehrung geworden, vom Granit bis zu den Arbeiten des Phidias und von da rückwärts bis auf unsre Zeiten» (31. 10. 1814).

Zelters jüngster Sohn erliegt als Soldat einer Fieberkrankheit, dem Typhus vermutlich, und der Vater teilt dies dem Freund in wenigen Worten mit. Goethe erwidert ohne Feierlichkeit, mit einer gewissen Selbstverständlichkeit den herben Verlust erwähnend: «Dir war freilich abermals eine harte Aufgabe zugedacht; leider bleibt das immer die alte Leyer, daß lange leben soviel heißt als viele überleben, und zuletzt weiß man denn doch nicht was es hat heißen sollen» (26. 3. 1816). Über alle Fährnisse hinweg habe ihm allein das Talent geholfen, und Zelter beeilt sich, dem zuzustimmen: «Deine schöne Bemerkung stimmt auch ganz mit meinen Erfahrungen überein. Noch immer hat mir in Fällen tiefer Trauer und unerträglicher Beschwerden mein geringes Talent treue Dienste geleistet und ist wohl gar zu Productionen erweckt worden, die außer aller Analogie mit dem augenblicklichen Zustande sind» (4. 4. 1816).

Auch im engsten persönlichen Bereich erfahrene Verluste zeigt Goethe seinem Freund mit einem Lakonismus an, der ein Zeichen großer, in Anstrengung gewonnener Beherrschung ist: «Wenn ich Dir derber, geprüfter Erdensohn, vermelde daß meine liebe, kleine Frau uns in diesen Tagen verlassen, so weißt Du was es heißen will» (8. 6. 1816). Diese Mitteilung findet sich am Ende eines längeren Briefes wie ein Nachtrag, den man hinzufügt, wenn man meint, noch etwas Wichtiges vergessen zu haben. Doch Goethe weiß, zu wem er spricht, auch im Schmerz der herbsten Verluste gibt es eine Übereinstimmung.

Dementsprechend erwidert Zelter: «Wenn es möglich wäre Dir noch näher zu kommen, noch mehr anzugehören, so wäre es dies was ich mir aus Deinem Trauerfalle zueignete; aber ich bin längst so ganz Dein und keines Andern, daß mich alles was ich tue und nicht tue zur Andacht an Dich erhebt und vergeistet, daß ich mich nicht verwundern würde wenn Dir Ahnungen dieser Art zukämen» (16. 6. 1816).

In einer solchen Symbiose, von der Zelter hier auf eine fast selbstverständliche Weise spricht, vollzieht sich diese späte Freundschaft, niedergelegt in der uns allein noch zugänglichen Form des Briefwechsels zweier alternder Menschen von unterschiedlicher, auch nach Wirkung und Bedeutung durchaus verschiedenartiger Begabung. Da entwickelt sich dann an langen Winterabenden das schriftliche Gespräch über Bedeutendes wie Unbedeutendes, über andere Menschen, über Bücher, Theater, Oper, Musik, entstehende Arbeiten, Gemäldeausstellungen, aber auch über böse Erfahrungen, wie die unverständige Welt sie stets wieder neu herbeiführt. Es scheint keine Störungen zu geben, kein falsches oder falsch verstandenes Wort, und Enttäuschung nur, wenn Goethe, von Zelter erwartet, doch nicht nach Berlin kommt. Lediglich eintretende Pausen werden als leichte Beunruhigung empfunden, wobei natürlich immer die Sorge um das Wohlbefinden des anderen mitspielt. Dann beschwert sich Zelter, wiewohl ohne Vorwurf, zu dem er nicht fähig ist: «Daß Du krank bist, soll ich nicht wissen; ob die Gefahr vorüber ist, werde ich doch wohl von Dir erfahren. Wenn Du gehst, nimm mich mit; nimm den treuen Bruder mit» (21. 6. 1818).

Immer wieder reagiert Zelter verängstigt, wenn er von einer Erkrankung des Freundes erfährt, während dieser wie ungerührt, jedenfalls sachlich, davon berichtet und in beruhigendem Ton. Mehr als Krankheit wird Alter selbst wiederholt zum Gegenstand der Reflexion. Goethe schreibt weniger, zudem meist kürzere Briefe als Zelter, der, weil er längst weiß, mit wieviel Vergnügen dergleichen in Weimar gelesen wird, ausführlich und in Gestalt eines Tagebuchs von seinen wiederholten Reisen berichtet, so aus Wien oder von der Ostseeküste aus Greifswald und Stralsund oder auch aus Nordwestdeutschland und Holland, wobei er sich als aufmerksamer Beobachter und witziger, jedenfalls amüsanter Schilderer fremder Zustände wie eigener Erlebnisse erweist.

Aus Wien berichtet er von den Erfolgen Rossinis, erzählt von Mozarts *Titus*, von Salieri, von Grillparzer, auch von Beethoven, den er bewundert, sowie von der österreichischen Zensur, der zuliebe auch Lessings *Nathan* einige Veränderungen über sich ergehen lassen muß. In diesem Klima empfindet er sogar den eben erschienenen *West-Östlichen Divan* als Provokation der verbreiteten Bigotterie. Diese Reisenotizen verfaßt Zelter sozusagen auf Verlangen Goethes, der nur noch regelmäßig die böhmischen Bäder besucht, sonst aber zum Einsiedler geworden ist und dergestalt seine Weltneugier besser befriedigen kann: «Ich habe die Zeit her fast mit Niemand gesprochen, besonders wenn sprechen allenfalls heißt, wechselseitig reden wie man denkt. Mein ganzes Dasein, seit fünf Monaten, steht auf dem Papier» (20. 9. 1820). Dann kündigt er ein neues Heft von *Kunst und Alterthum* sowie einen Band von *Wilhelm Meisters Wanderjahren* an und erläutert: «Dieses ist denn doch das höchst Reizende eines sonst bedenklichen Autorlebens, daß man seinen Freunden schweigt und indessen eine große Conversation mit ihnen nach allen Weltgegenden hin bereitet» (18. 2. 1821).

So ist es auch kein Wunder, daß der alte Goethe im entfernten Weimar zuweilen gar unheimlich wird. Zelter spricht es fast unverhohlen in geschickter Verkleidung aus: «Gar gern sehe ich auch Dich wie Du gleich einer Spinne Deine Fäden nach allen Seiten anhängst und beobachtend in der Mitte schwebst, ja mir so, wie der Fliege, zuweilen furchtbar vorkommst» (24. 2. 1821). Zelter findet hier ein ungeheuerliches Bild, doch wird darin weder die Lust des Opfers noch der Ton der Anklage erkennbar: Zelter weiß wohl, daß das Genie seine furchtbaren Seiten hat.

Goethe weiß das selber und reagiert auf diese Wendung nicht.

Aber es kommt vor, daß er sich gegen ihm nicht zusagende Vertonungen mit sanftem Nachdruck wehrt und dabei ein wenig Ironie einfließen läßt. Es bleibt ihm ein Faktum von Bedeutung, «wenn ferne Freunde das was von mir in Druck ausgeht als an sie gerichtet ansehn; denn ich sehe die Zeit ganz nahe, wo ich mich direct schriftlich nicht mehr werde vernehmen lassen» (24. 7. 1823). So wird Zelter zu einem Repräsentanten der Mit- und Nachwelt.

Gelegentlich reagiert er auch, ohne einen Vorwurf laut werden zu lassen, mit einer gewissen Enttäuschung: «Da Du mir schreibst daß Du wohl lange nicht wieder schreiben möchtest, so darf ich schreiben damit der Weg nicht mit Grase bewachse» (17.–30. 8. 1823). Er nimmt das Schweigen des Freundes hin, weil er die Ursachen kennt und achtet. Um so stärker empfindet er dann wohl Zelters Besuch in Weimar, nach dem er ihn wissen läßt: «Freud' und Leid haben wir in diesen zwanzig Jahren einzeln und zusammen genugsam erlebt und erfahren, und so war mir denn auch Deine liebe Gegenwart in meinem peinlichen Zustand abermals höchst erquickend; ich fühlte es und weiß es, und es freut mich daß die anderen es anerkennen, die niemals recht begreifen was ein Mensch dem andern sein kann und ist» (9. 1. 1824).

Einige Zeit später erwähnt Goethe, daß er an eine neue Ausgabe seiner Werke denke und an den Annalen seines Lebens arbeite, der großen Chronik seines tätigen Daseins. «Nun finde ich», fährt er fort, «daß unser Verhältnis von 1800 an sich durch alles durchschlingt und so möcht' ich es denn auch zu ewigem Zeugnis erscheinen lassen, und zwar in reiner Steigerung, deren Wahrheit sich nur durch das vollkommenste Detail bezeichnen läßt. So eben studire ich Deine Briefe, welche sauber geheftet vorliegen, und nun äußere ich den Wunsch, daß Du mir die meinigen, von fünf zu fünf Jahren, auf kurze Zeit mögest zukommen lassen» (21. 5. 1825). Freilich, fügt er hinzu, blieben diese Briefe Zelters Besitz und sollten ohne seine Erlaubnis nicht abgeschrieben werden.

Zelter reagiert spontan zustimmend, aber ohne falsche Genugtuung, auf diese Weise ein Teil von Goethes literarischer

Existenz geworden zu sein: «Deine Briefe sind mein Eigentum indem ich sie mir, Gott weiß wie, verdient habe. Aber ich habe sie, wie man auf dieser Welt etwas haben kann; so nenne ich sie mein und wenn sie das sind, sind sie auch Dein, weil ich nichts habe, was nicht Dir gehört» (28. 5. 1825).

Wenig später kommentiert er sogar diese Briefe mit einer gewissen Nüchternheit, in die sich nun doch Momente der Genugtuung zu mengen scheinen: «Könnte man die häuslichen Specialen dazwischen schieben, das gäbe einen Roman, den ich schreiben möchte, wenn ich sie wüßte; auch den Kerl der sich die Nase zuhält, hätte ich nicht vergessen wollen» (Ende Oktober 1825). Diese Vertraulichkeit, die an die Stelle der früheren ehrfurchtsvollen Bewunderung getreten ist, gibt Zelter Worte von großer Bescheidenheit ein, die gar nichts Devotes haben, sondern als aufrichtig und schlicht erscheinen: «Ich verstehe mich selber erst in Dir, wenn mir so manche andern wie Maler vorkommen die mit Farbe zudecken was sie offenbaren wollen» (4.–6. 12. 1825).

Deutlicher noch, als sei ihm eine Art von Angleichung widerfahren, die ihm sonderbar genug vorkommen konnte, heißt es bei anderer Gelegenheit: «Nimm's nicht übel: Was Du schreibst und geschrieben hast, ist mir stets als ob ich's geschrieben hätte und ich brauche mich nicht zu schämen es zum zweiten, dritten, zum zehnten Male wieder zu lesen» (12. 5. 1826).

Was zuweilen als Prätention erscheinen könnte, ist aufrichtige, unbefangene Freude, denn Zelter erinnert bei Gelegenheit durchaus an seine Schwächen und Unsicherheiten, meint weder in der Logik der Argumentation noch in der Behandlung der Sprache hinreichend sicher zu sein, da er doch im Grunde ein Autodidakt ist. «Daher mein großer Respekt vor einem Buche», räumt er ein, «und ist eine Sache abgedruckt so habe ich auch ein Urteil, indem ich mir die Dinge nach meiner Art zurecht werfe oder übersetze» (25. 5. 1826).

Dem aber will Goethe nicht zustimmen; im Zusammenhang mit längeren Ausführungen zur griechischen Tragödie dankt er für einen aufschlußreichen Brief des aufmerksamen Freundes und gesteht, «daß es eine Freude sei mit Dir zu verkehren. Du nimmst Dir, nach alter Weise, einen prägnanten Punct heraus und entfaltest ihn zum besten Verständnis und Nutzanwendung, und mich freut nun erst mein gefundenes Weizenkorn, da Du dasselbe zu einer reichen Ernte gefördert hast. Die *Vollendung* des Kunstwerks *in sich selbst* ist die ewige unerläßliche Forderung! *Aristoteles*, der das Vollkommenste vor sich hatte, soll an den Effect gedacht haben! welch ein Jammer» (23.–29. 3. 1827).

Zelter hat wenig Ursache, sich neben Goethe als ein Bettler vorzukommen, auch wenn er immer wieder erstaunen und bewundern muß: «Du bist im Mutterleibe der Natur so hübsch zu Hause und ich höre Dich ja gern reden von Urkräften, die von Geschlechtern der Menschen ungesehn durch das Universum wirken, daß ich ein Gleiches ahnde» (16. 10. 1827). Aber, heißt es dann nach einigen Worten des Dankes, er wolle nicht zu bettelhaft gegen andere vor ihm dastehen: «Nenne es stolz – dieser Stolz wäre meine Lust. Von Jugend an habe ich mich hingezogen, hingezwungen gefühlt zu denen die mehr, die das Beste wissen, und mutig, ja lustig mich bekämpft und ertragen, was mir an ihnen mißfiel – ich wußte wohl was ich wollte, wenn ich auch nicht weiß was ich erfuhr. Du warst der Einzige der mich trug und trägt, ich könnte von mir selber lassen nur nicht von Dir» (16. 10. 1827).

Zelters Bescheidenheit befindet sich im Gleichgewicht mit seinem Selbstbewußtsein, und eben das weiß Goethe wohl zu schätzen. Er weiß auch, daß er verstanden wird, selbst wenn er zuweilen sibyllinisch sich vernehmen oder Verse und Betrachtungen gleich herrscherlichen Verlautbarungen an wenige Auserwählte ergehen läßt. Auch das gehört zu seinem Wirken.

V

Die Freunde wissen sich älter werden. Zelter muß abermals den Tod eines Sohnes nach Weimar melden, Goethe hat, noch bevor sein Sohn August in Rom sein Leben beschließt, den Tod seines herzoglichen Freundes zu verwinden. Er zieht sich auf ein Schlößchen in Dornburg zurück, arbeitet, beobachtet Pflanzen und meteorologische Erscheinungen, von denen er nach Berlin berichtet, als wolle er nur den Faden nicht abreißen lassen. Gleichsam begütigend heißt es einmal: «Nimm die Art wie ich mich ausdrücke freundlich auf, denn so vernimmst Du wie ich mit mir selber spreche» (27. 8. 1828).

Aus der Zelterschen Hausgemeinschaft laufen die Briefe nach dem stillen Weimar, aus der Goetheschen Hofhaltung am Frauenplan in die lebhafte, an Abwechslungen reiche Hauptstadt an der Spree. Zelter wartet auf Worte und Winke, denen er dann aufmerksam und fleißig nachgeht, Goethe seinerseits ist neugierig auf alle Nachrichten über Theater, Oper, Sänger, Schauspieler, Bücher, Männer der Wissenschaft und die Begebenheiten des Alltags. «Sei Du vielmals gedankt, mein Guter, daß Du mir durch Dein Schreiben Gelegenheit gibst, in leidlicher Stunde etwas Freundliches zu erwidern» (2. 1. 1829).

Die «leidliche Stunde» ist keine Selbstverständlichkeit. Besucher sprechen vor und unterbrechen die Tätigkeit, die auf den Abschluß so vieler Arbeiten, darunter des zweiten Teils des *Faust* gerichtet ist; Goethe weiß längst, daß seine Tage gezählt sind: «Überhaupt muß ich nun versuchen Tag für Tag, Stunde für Stunde zu sehn was zu leisten ist, um das Gegründete rein aufzurichten und praktisch zu befestigen» (ebda).

Wiederum ist die Antwort Zelters mehr als nur ein gefälliges Echo: «Daß Du Dir Deinen Zustand machst wie Du ihn haben mußt um in weite Ferne zu wirken und zu dienen, kleidet Dich eben so vollkommen, weil kaum einer unter Tausenden die Versuchung überwindet sich selber zu verlassen und in den Strom zu verschwimmen» (7. 1. 1829).

Goethe meint, er wisse sich zuweilen nicht recht verständlich

Der alte Goethe diktiert seinem Schreiber John, Ölgemälde von Schmeller, 1829–31. Keine andere Korrespondenz nimmt in den letzten beiden Jahrzehnten Goethes einen solchen Umfang und eine solche Intensität an wie die mit dem Berliner Freund Zelter: Wer diesen Briefwechsel nicht kennt, kennt den alten Goethe nicht.

auszudrücken; ihm sei deutlich, was andere möglicherweise abstrus nennen könnten: «Wie ich mich immer besser zu verstehn glaube, schein' ich andern undeutlich zu werden.» Zelter nimmt er aus: «Du bist ja aber auch ein so wunderlicher Kauz daß Dir von der Art nichts unerklärlich sein kann» (26. 1. 1829). Vielleicht verhüllt die schmeichelhafte Wendung mehr, als sie sagt: daß Goethe bewußt war, wieviel größer der Anteil Zelters an ihrer fortlaufenden Korrespondenz ist, wieviel verhaltener der Ton seiner und wieviel inniger, zuweilen schon das Schwärmerische streifend, der Ton der Zelterschen Briefe. Das geniert ihn vielleicht nicht einmal, doch mag er sich veranlaßt sehen, darauf einzugehen. Auch ermuntert er Zelter zu eifrigem Schreiben – damit der Jahrgang auch recht voll werde! Dem kommt Zelter unverzüglich nach.

So schreibt denn der Berliner Freund unverdrossen weiter, wobei er immer häufiger ausführlich und verständnisvoll von der Lektüre der Goetheschen Schriften berichtet: *Aus meinem Leben*, *Wilhelm Meisters Wanderjahre*, einiges aus dem *Faust II*; er tut dies nicht als Kritiker, als Literat, sondern als aufmerksamer Leser.

Es gibt wohl auch einmal – das Gegenteil wäre zu verwundern! – Verstimmungen bei einem Zusammensein, nachdem man sich sehr lange nicht gesehen hat; jedenfalls läßt sich so eine Bemerkung Goethes verstehen, die er nicht lange nach einem Besuch Zelters einem Brief an diesen anvertraut: «Die Gegenwart hat wirklich etwas Absurdes, man meint das wär' es nun, man sehe, man fühle sich, darauf ruht man; was aber aus solchen Augenblicken zu gewinnen sei, darüber kommt man nicht zu Besinnung» (19. 10. 1829). Goethe gesteht, verdrossen gewesen zu sein. «Zu Dutzenden lagen und standen die liebenswürdigsten Bedeutenheiten umher, alles mitteilbar! Und was war nun mitgeteilt? Kaum irgend etwas das wert gewesen wäre.»

Zelter kann nicht umhin, dem Freunde treuherzig zuzustimmen, die «bittere Betrachtung über Gegenwart und Beieinandersein muß wohl ihre Richtigkeit haben, da ein ähnliches Gefühl auch mich begleitet wenn ich von Dir gehe» (22. 10. 1829).

So kann es nicht überraschen, daß er Goethes Erfolge und Wirkungen mit Genugtuung registriert, als wären es die eigenen, daß er Unverständnis gegenüber Goethe mit Mißmut begegnet, als wäre er verletzt – er ist es auch. Bei Gelegenheit bezeichnet er August v. Goethe sogar als «unsern Sohn», ganz als gehörte er zur Familie. Doch eben so ist ihm zumute, Goethe ist sein Alter ego, wiewohl ein höheres. Das Geständnis bleibt darum nicht aus: «Stolz sag' ich: Wir, indem ich den Schmerz habe wenn Dich eine Nadel sticht» (13.–18. 11. 1830).

Dann trifft jener beispiellose Brief Goethes vom 21. November 1830 ein: «Nemo ante obitum beatus», das der Schwergetroffene als Sentenz so verdeutscht: «Prüfungen erwarte bis zuletzt.» Ihm, Zelter, habe es daran wohl nicht gefehlt, fährt Goethe fort, «mir auch nicht, und es scheint als wenn das Schicksal die Überzeugung habe, man sei nicht aus Nerven, Venen, Arterien und andern daher abgeleiteten Organen, sondern aus Draht zusammengeflochten». Goethe hat die Nachricht vom Tode Augusts erhalten, der in Rom beigesetzt wurde. Hoffnungen sind zerstört, Erwartungen leer geworden über Nacht. «Hier nun allein kann der große Begriff der Pflicht uns aufrecht erhalten. Ich habe keine Sorge als mich physisch im Gleichgewicht zu bewegen; alles Andere gibt sich von selbst. Der Körper muß, der Geist will, und wer seinem Wollen die notwendigste Bahn vorgeschrieben sieht, der braucht sich nicht viel zu besinnen.»

Man spürt, wie Goethe sich bemüht, Haltung zu bewahren, nicht um der Haltung willen, weil sie vornehm wirken möchte, sondern um sich zu bewahren, weil ihm noch einiges zu erledigen aufgetragen ist. Zelter spürt natürlich auch dies in diesen ungeheuren Sätzen. «Wenn ich Dich, mein Allerliebster», so entgegnet er, «erwartet habe wie ich Dich finde, so hat Dein rüstiges Wort vom 21. d. auch mir wieder aufgeholfen und ich lebe nach und nach wieder auf, dazu ich mich keineswegs leiblich wohlbefunden habe» (25. 11. 1830). Nun, Goethe um so weniger; nach Tagen, in denen ihm mühsam die Fassung zu bewahren gelungen war, erleidet er einen Lungenriß mit folgendem schwerem Blutsturz, so daß befürchtet wurde, er werde seinem Sohne nachsterben.

Zelter spricht dem bald wieder Genesenden zu, wie wohl niemand sonst dies tun dürfte: «Nun dächte ich fingen wir von Neuem an uns des holden hellen Lichts um so erquicklicher zu freuen, da ich Dir Schritt vor Schritt zum Hades nachgetreten war ohne mich umzusehen» (2. 12. 1830).

Wenig später schon wird die Korrespondenz im vertrauten Tone wieder aufgenommen und fortgeführt, vermehrt allein um ein Thema: die Nachlaßfragen, zumal im Hinblick auf die Sammlungen und auf die zu erwartenden Einkünfte aus der schon weitgehend zum Druck vorbereiteten Korrespondenz. Auch hierauf reagiert Zelter mit der ihm eigenen Mischung aus Bescheidenheit und Selbstgefühl: «Wenn unsre Sammlung einst vor der Welt erscheinen soll, so habe ich die Ehre den Namen meines würdigsten Vaters, meinen Nachkommen bewahrt, neben den Deinigen gestellt zu wissen. Das ist mehr als ich, der nur nehmen und nichts schaffen können, zu verdienen wüßte» (9. 12. 1830).

Schon wenig später kommt Zelter noch einmal auf die geplante Veröffentlichung der Korrespondenz zurück und macht sich bewußt, was die Nachlebenden dabei wohl denken möchten, denn er hat gerade wieder – und vielleicht nicht zufällig – den Briefwechsel Lessings mit Nicolai gelesen, wobei er sich darüber ertappen mußte, daß er immer versucht gewesen, nur die Briefe Lessings zu lesen – «und so dürfte es auch mir ergehen». Dann aber fügt er hinzu, was das Pendel wieder in die Gegenrichtung ausschlagen läßt: «Wenigstens haben meine Briefe das Verdienst die Deinigen veranlaßt zu haben, was mir kein schlechter Trost ist» (17.–18. 12. 1830). Er hat wohl das Recht, es auszusprechen, Goethe bestätigt es bald darauf mit der Bemerkung: «Es ist doch in uns beiden eine ruhig-stetige, ernstleidenschaftliche Tätigkeit, immer in gleicher Richtung. Nach außen wird wenig gefragt, jeder geht seinen Gang und läßt das Übrige werden» (4. 1. 1831). Nach dem unerwarteten frühen Tod des Historikers Niebuhr heißt es mit einem Anflug von Zärtlichkeit: «Der treffliche *Niebuhr* hat sich, auch mir, zur höchst unrechten Zeit beurlaubt. Meine Wehklagen deshalb wirst Du im nächsten Briefe vernehmen. Halte doch ja noch ein Bischen aus! Inständige Bitte» (12. 1. 1831).

Man gewinnt dabei freilich den Eindruck, daß Goethe viele seiner Briefe, auch diese an Zelter, wie die Konzepte zeigen, im Hinblick auf die geplante Publikation nicht immer so spontan diktiert hat, wie man vermuten würde. Äußerungen Goethes zu Niebuhrs Tod sind also für das nächste Schreiben vorgesehen. Und die geplante Veröffentlichung berührt er noch einmal, wenn er berichtet, daß die Schwiegertochter ihm abends aus dem inzwischen sauber abgeschriebenen und gehefteten Briefwechsel vorliest, «wo der anmutigste Gegensatz von einem Lebe- Lust- und Reisemanne und immerfort welttätigen Künstler, gegen einen mehr oder weniger stationären, nachdenklichen, die Gegenwart aufopfernden, der Zukunft sich widmenden Freund sich gar artig hervortut» (29. 1. 1831). Daß auch Zelter sich der durch das Publikationsprojekt veränderten epistolorischen Situation bewußt ist, darauf deutet eine kaum merkliche Anspielung: Er wäre wohl gern dabei, wenn Ottilie v. Goethe abends diese Briefe vorliest, «sollte sie auch dann und wann den schönen Mund verziehn; doch ich will nun über mich wachen» (4.–9. 2. 1831).

Auszüge erscheinen in der von Ottilie v. Goethe redigierten Zeitschrift *Chaos*, an der sich Goethe hilfreich beteiligt. Zelter überläßt es dem Freund, die Auswahl zu treffen: «Deine Tochter aber, eine Dame von Stand und Geschmack, könnte Dir zur Redaktion vorlegen was sie genehmigt und das schiene mir das Beste. Was ich Dir schreibe ist fast unmittelbar aus der täglichen Erfahrung; soll ich denken daß es gedruckt werde, so bin ich eben so verlegen als ob ich mit meinem Ministerium und andern Behörden verkehre; worüber ich manchmal in Verzweiflung bin, umwinden zu müssen was den derbsten Ernst erforderte» (29. 10.–7. 11. 1831).

Dennoch scheint sich Zelter trotz wiederholt empfundener Unsicherheit nur wenig stören zu lassen, ist ihm doch wichtiger als ein späteres Publikum das, was der Freund in Weimar von seinen Äußerungen hält, zu denen er schließlich immer wieder ermuntert wird. Denn Goethes Briefe sind nicht nur Verlautbarungen, sie enthalten Hinweis, Zuspruch und Aufforderung, ihn mit dem täglich anfallenden Weltstoff aus der preußischen Hauptstadt zu versorgen. Diese Aufforderung erfolgt gelegentlich auch in indirekter Weise: Von einem mehrtägigen Ausflug nach Ilmenau zurück, berichtet Goethe von mineralogischen Entdeckungen in jener Gegend des Thüringer Waldes, vom uralten Granit und den sich anschließenden Erdzeitaltern, wobei stets neue Probleme zutage treten, «welche die meisten Weltschöpfer mit der größten Bequemlichkeit aus der Erde aufsteigen lassen» (4. 9. 1831).

Nicht um einen fast unüberbrückbaren Abstand zu markieren, sondern um den Gegensatz bewußtzumachen und ihn vereinbar erscheinen zu lassen, fährt Goethe sodann fort: «Wenn ich mich von da zu Dir versetze, wünscht' ich nichts mehr als Dich den großen Contrast zwischen Deinen äußern Zuständen und diesen empfinden zu sehn.» Natürlich schrumpfen die lebhaften Erscheinungen, komischen Vorkommnisse und zuweilen spannungsvollen Begebenheiten in einer solchen Gegenüberstellung erheblich, aber Goethe, der aufgehört hat, Zeitungen zu lesen, will die unterhaltsamen, lebhaften Schilderungen Zelters nicht entbehren.

Der weiß das wohl, und ohne böse zu sein, empfindet er doch ein wenig Verdruß, daß Goethe so wenig Sympathie für Preußen und seine Hauptstadt spüren läßt: «Ich bin abermalen zum Lobredner meiner Hauptstadt geworden», gesteht Zelter einmal und fügt ein wenig spitz hinzu: «Da Du aber einmal selber von einem Berliner rühmlich redest, so sollen es Deine Thüringer und Frankfurter nun auch bei mir besser haben» (16. 11. 1831).

Goethe scheint in der Tat die Berliner Stimmungsbilder eher interessiert zur Kenntnis zu nehmen, als daß er willens wäre, sich näher auf sie einzulassen. Dennoch kann ihn eine Schilderung wie die vom 29. Oktober 1831, als Berlin von der Epidemie heimgesucht wurde, kaum unberührt gelassen haben: «Die Cholera schleicht wie ein Drache durch die Straßen, den ein Priester Apolls daher gebetet hätte, und braucht zur Nahrung einen Tag um den andern mehr und weniger. – Auch daran gewöhnt man sich, – wird besprochen auf Kanzeln, Kathedern und bei Bier und Tabak. Jeder will davon was verstehn, jeder sieht aus sich hinaus. Alles will selig werden und kein Hund will sterben.»

Kaum mehr als zwei Wochen später erliegt auch Hegel der Krankheit. Zu ihm unterhielt Zelter ein freundschaftliches Verhältnis, das durch die gemeinsame Verehrung für Goethe zweifellos genährt und gefestigt wurde.

Goethes Tod am 22. März des folgenden Jahres trifft Zelter gleichsam an der Wurzel seines Daseins. Am 31. März wendet er sich an den Kanzler v. Müller in Weimar, um für die freundschaftliche Teilnahme zu danken, vermag sich aber nicht mit förmlichen Worten zu bescheiden: «Was kann ich von mir sagen? zu Ihnen? zu allen dort? und überall? – Wie Er dahinging vor mir, so rück' ich Ihm nun täglich näher und werd' Ihn einholen, den holden Frieden zu verewigen, der so viel' Jahre nach einander den Raum von sechsunddreißig Meilen zwischen uns erheitert und belebt hat.» Dann aber heißt es: «Ich bin wie eine Witwe, die ihren Mann verliert, ihren Herrn und Versorger! Und doch darf ich nicht trauern, ich muß erstaunen über den Reichtum, den er mir zugebracht hat. Solchen Schatz hab' ich zu bewahren und mir die Zinsen zu Capital zu machen. Verzeihen Sie, edler Freund! ich soll ja nicht klagen, und doch wollen die alten Augen nicht gehorchen und Stich halten. Ihn aber habe ich auch einmal weinen sehn, das muß mich rechtfertigen.»

Keine acht Wochen später, am 15. Mai 1832, stirbt Carl Friedrich Zelter, dessen Dasein mit dem Tod Goethes offenbar Halt und Inhalt verloren hatte. Er starb dem bewunderten Freunde nach, als hätte er nichts mehr zu erfüllen in dieser Welt.

VI

Zelter ist sicher, wo er sich auskennt, besitzt ein entschiedenes Urteil, Kenntnis wie Geschmack, er ist bescheiden, wo er meint, nicht recht mithalten zu können, dafür dann aber ein um so dankbarerer Empfänger der Goetheschen Freundesbriefe. Niemals prätentiös, gelegentlich zu vorsichtigem Einwand geneigt, hat er, wenn er meint, es verantworten zu können, auch ein günstiges Urteil bereit wie etwa über Beethoven, einmal sogar über Kotzebue. Er gesteht es frei, wenn er etwas nicht zu fassen vermag, und läßt sich dann nicht ungern belehren. So braucht er dem Freund in Weimar nicht nach dem Munde zu reden, da er des grundsätzlichen Einverständnisses sicher sein darf. Auf kaum merkliche Weise wirkt er zuweilen auch besänftigend, tut so, als hätte er etwas nicht vernommen, und liefert wie aus Versehen dann ein Gegenbeispiel.

Ungeduldig drängt Zelter höchstens einmal auf Zusendung

einer neuen Veröffentlichung Goethes, unbedingt möchte er einer der ersten sein, die sie gelesen haben. Gern berichtet er nach Weimar auch über die Wirkungen des großen Freundes in der gebildeten Welt, überhaupt beim lesenden Publikum. Wenn er, freilich nur zögernd, einmal einen Einwand wagt, so ist er meist rasch, allzurasch vielleicht, geneigt zuzustimmen und zu bewundern. Zelters Geschmack ist eher traditionell, gar konventionell zu nennen, die romantische Moderne sagt ihm allein in der Form zu, die sie beim jungen Felix Mendelssohn gewinnt. So behagt er denn auch dem allen romantischen Verheißungen und Verwirrungen bis zur Hartnäckigkeit abholden Patriarchen in Weimar.

Goethe reagiert fast immer gelassen und gemessen auf die Briefe Zelters, er läßt sich erzählen aus der lebendigen großen Stadt, von Zelters vielen Tätigkeiten, läßt sich unterrichten über musikalische Fragen und revanchiert sich mit ausführlichen Darlegungen über Literatur und bildende Kunst. Zuweilen gibt er zu verstehen, daß er die Briefe des Freundes mit Vergnügen liest, selbst aber nicht in der Lage ist, ähnlich ausführlich und eingehend zu schreiben: Sein Tagwerk besteht eben darin, die Lebensarbeit energisch zu Ende zu führen.

Ist Zelter dann vielleicht doch nur ein so sympathischer wie bequemer Informant, ein Katalysator für Goethes weit ausgreifende, oft schon auf die Zukunft gerichtete, Gedanken? Den Rhythmus des Briefgespräches jedenfalls scheint Goethe in seiner unendlichen Überlegenheit zu bestimmen. Er freut sich, Zelter in Weimar oder auch in Teplitz zu begegnen, aber nicht ein einziges Mal fährt er, allen Einladungen zum Trotz, ihn zu besuchen nach Berlin. Das darf der Sohn als Abgesandter für ihn erledigen.

Goethe hat die wichtigsten und die bedeutendsten Briefe dieser jahrzehntelang ohne Mühe wie ohne Spannungen aufrechterhaltenen Korrespondenz geschrieben. Dennoch liefert Zelter nicht etwa nur ein schwaches Echo dazu, und sicherlich wären diese großen Briefe Goethes ohne ihn niemals geschrieben worden. Wer den Briefwechsel zwischen Goethe und Zelter nicht kennt, der kennt den alten Goethe nicht, wer den Briefwechsel Zelters mit Goethe kennt, der kennt auch Zelter.

Falsche Freunde

Metternich & Gentz

von Günter Barudio

Der Herrscher selbst ist der erste Anmaßliche, der die übrigen alle auszuschließen scheint. Ihm stehen alle zu Dienst, er ist der Gebieter seiner selbst, niemand gebietet ihm ... Auffallend ist es jedoch, daß er eben dadurch genötigt ist, sich einen Mitregenten *zu erwählen, der ihm in diesem unbegrenzten Felde beistehe ...* Goethe

Eine gewisse Konnexion

Clemens von Metternich und Friedrich von Gentz waren sich im Dienste des Hauses Habsburg zwischen 1809 und 1832 nicht immer einig. Aber sie kamen schnell zu einem Konsens, sobald von der «Erbärmlichkeit des Zeitalters» gesprochen und gespottet wurde.

Sie meinten damit die Forderungen der Revolution von 1789 wie des politischen Liberalismus: Abschaffung diktatorischer Dynastien (Absolutismus) und Garantie einer Menschenrechtsverfassung mit Gewaltenteilung. Für diesen angeblichen Irrweg der von «Demagogen» verhetzten Völker machten beide vor allem die «Zerrüttung in den Begriffen» verantwortlich.

Doch weder dem «Retter» noch dem «Ritter Europas», wie Metternich und Gentz nach dem Niederringen Napoleons genannt wurden, wäre es jemals in den Sinn gekommen, die Ursache des Verfalls auch im eigenen Machtverhalten und Wortgebrauch zu suchen.

Der sprachbegabte Metternich stellte sich nie dem Bemühen, historisch begründeten Inhaltsverschiebungen in wichtigen Begriffen nachzuspüren, um sich im gegebenen Fall selbst zu korrigieren. Statt dessen konnte er sich bei aller «moralischen Ruhe» gelegentlich in Rage schreiben und losdonnern: «Ich sehe mich als stärker als die meisten meiner Zeitgenossen an, weil in *meiner* Natur ein unüberwindlicher Haß gegen Worte und bloße Phrasen liegt und ich demnach stets zu Taten getrieben werde.»

Dieses Bekenntnis aus dem Jahre 1825 war nicht gerade eine freundliche Geste seinem Mitarbeiter Gentz gegenüber, den er 1803 in Dresden zum erstenmal getroffen hatte. In dieser Zeit stand der politisierende Publizist noch weitgehend außerhalb des habsburgischen Machtapparates und pflegte seinen wachsenden Ruf als «Verteidiger des Alten» und «Gegner der Neuerungen». Die damit verbundenen Positionen gab er trotz eines gewissen Opportunismus gegenüber Napoleon nicht auf. Vielmehr verstärkte er sie noch, nachdem er unter Metternich auch als Zensor oder Schriftenüberwacher darauf bedacht sein mußte, «verkehrten Begriffen falscher und eingebildeter Weltweisheit» den behördlichen Kampf anzusagen – zur «Erhaltung und Sicherheit der Monarchie».

Die Reduktion aller praktischen Politik auf meist geheime, oft selbstherrliche Handlungen vermittelt in hohem Maße das Wesen des Absolutismus als Gegenwelt zum Parlamentarismus. Dessen Vertreter achten als gewählte Treuhänder des Volkes auf das kontrollierende und klärende Wort, ehe sie den Regierungen die Kompetenz zugestehen, ans Werk zu gehen. Aus der Spannung von Wort und Werk ergibt sich auch die besondere Beziehung, die Metternich und Gentz aneinander gebunden hat. Schließlich oblag es dem Außenminister des seit 1804 existierenden «Kaisertums Österreich», von 1809 an «große Taten» gegen Napoleon zu vollbringen, während Gentz als Sprachrohr der Geheimen Staatskanzlei fungieren durfte.

Diese Relation wurde auch beibehalten, als Metternich 1814 zum Präsidenten des Wiener Kongresses avancierte, während Gentz der einflußreiche Sekretär dieser Versammlung von Dynasten blieb, denen lediglich die Gesandten des parlamentarischen England und des revolutionären Schweden (seit 1809) eine politische Alternative entgegensetzen konnten. Es braucht deshalb auch nicht zu verwundern, daß Metternich seine langjährige und erfolgreiche Zusammenarbeit mit Gentz auf bemerkenswerte Weise gekennzeichnet hat: Er sprach von «Geschäfts- und Freundschaftsverhältnissen».

Diese Formel benutzte der Haus-, Hof- und Staatskanzler, wie sich Metternich nach dem Kongreß zu Verona 1822 titulieren durfte, in einem Kondolenzschreiben vom 10. Juni 1832. In gestelztem Bürokratenstil teilte er den Schwestern des «Hofrathes von Gentz» mit, daß ihr Bruder am Tage zuvor in Wien verstorben sei. Dabei versäumte er nicht, die «ausgezeichneten Dienste» hervorzuheben, die der gebürtige Breslauer und ehemalige Berliner Kriegsrat seinem zweiten Vaterland «Österreich... und Europa in den wichtigsten und entscheidensten Epochen geleistet hat» – besonders «durch sein eminentes Talent als Schriftsteller und Publizist».

Auf nähere Angaben über die mit Orden, Rangerhöhungen und Geldgeschenken entlohnten Verdienste des Verstorbenen verzichtete der Staatskanzler. Auch zu den erwähnten «Geschäfts- und Freundschaftsverbindungen» mit dem von Erb-Kaiser Franz I. nobilitierten Gentz gab es keine Einzelheiten. Metternich gestand in seinem Schreiben nach Berlin nur zu, dem Hofrat und Ritter «ein Denkmal setzen (zu) lassen, um auch noch nach seinem Tode zu beweisen, wie werth er mir im Leben gewesen ist».

Diese Beurteilung des «teutschen Burke» wurde von Metternich mit einer entscheidenden Einschränkung ein paar Tage später bestätigt. Den recht schmeichelhaften und irreführenden Titel hatte Gentz erhalten, weil er die Kritik des Engländers Edmund Burke an den Grundsätzen der Revolution von 1789 weitgehend teilte und dessen Schrift «Reflections on the Revolution in France» ins Deutsche übersetzt hatte. Daran dachte Metternich wohl, als er in einem Brief an den Grafen und Botschafter Prokesch-Osten den Tod des gichtgeplagten und hochverschuldeten Sekretärs bedauerte: «Ein seltener Umfang des ausgezeichnetsten Talents, wahrer Genius, ist mit dem Verewigten zu Grabe gegangen. Die Stelle, welche er einnahm, kann nicht ausgefüllt werden, und obgleich mir Gentz seit ein paar Jahren nur mehr Fantasiedienste leistete, so geht er mir in den wichtigsten Beziehungen ab.»

Prokesch-Osten, der zu Gentz' Wiener Freundeskreis gehörte, wird bei dem Wort «Fantasiedienst» aufgemerkt haben. Denn es deutete nicht nur an, daß der sonst so Hochgelobte an Einfluß verloren haben mußte. Vielmehr zeigt sich in dieser bewußt gewählten Formulierung auch, wie überzogen die Auffassung des gräflichen Freundes war, der Friedrich von Gentz nach seinem Dienstwechsel von Berlin nach Wien im Jahre 1802 «als Staatsmann überhaupt» agieren sah.

Was immer auch Gentz mit seiner Zeitschrift «Historisches Journal», verschiedenen Huldigungsschreiben, Manifesten, Denkschriften und sonstigen Artikeln zur Politik als «Zeitgeschichte» veröffentlicht hat und wie stark er auf die «öffentliche Meinung» bis in höchste Ränge des Kaiser-Hauses einzuwirken wußte: eine solche Einschätzung war mißverständlich, denn im Machtapparat des Hauses Habsburg hat es Friedrich von Gentz nur zum Hofrat gebracht.

Trotz des großen Einflusses und der Fürsprache Metternichs blieb es Gentz versagt, ins wirkliche Machtzentrum des dynastischen Hausstaates vorzudringen. Er wurde weder Staatsrat, noch erhielt er einen Posten im Kabinett, und eine Aufnahme in den Haus-Orden «Das Goldene Vlies» fand auch nicht statt. Selbst wenn es ihm gelungen wäre, sich in diesem inneren Machtkreis zu etablieren, hätte er kaum eine Möglichkeit gefunden, politisch selbständig zu handeln: Schließlich lag die höchste Kompetenz der Entscheidung in allen wichtigen Haus-, Hof- und Staatssachen beim Erb-Kaiser Franz I. allein.

Man muß hier berücksichtigen, daß der Begriff «Staat» in der Dynasten-Gesellschaft um 1800 vor allem den *Status* in der Rangordnung der «Souveräne» betraf und weniger die Gesamtheit eines Gemeinwesens. Der Kampf um die Anerkennung des Titels «Erb-Kaiser», den sich Napoleon 1804 mit seiner absolutistischen Eigenkrönung zugelegt hatte, belegt zur Genüge, was eine «veritable Staatssache» war. Die zeitbedingte Abwertung eines «Wahl-Kaisers» im Heiligen Reich veranlaßte denn auch Franz II., sich nach dem Vorbild des «Russischen Hofes» den Rang eines selbsternannten «Erb-Kaisers» zu geben und sich vom gleichen Jahr an Franz I. zu schreiben – gegen den wortreichen Widerstand von Gentz, der in Napoleon zunächst nur einen «Usurpator» sah und nicht einen gleichrangigen Souverän.

Natürlich konnte sich Gentz in dieser fundamentalen Frage des dynastischen Ranges nicht durchsetzen. Denn er stand lediglich in einer «gewissen Konnexion» zum Erz-Haus und Kaiser-Hof, wie ab 1809 zu Metternich. Das bedeutete, daß er trotz wichtiger Beziehungen besonders zum englischen Kabinett ohne bindende Vorgaben im Kern einer Staatssache oder Politikaffäre nicht in der Öffentlichkeit agieren durfte.

Gewiß, Gentz war bis 1809 keine Kreatur des neun Jahre jüngeren Metternich. Dafür besaß er einen selbsterworbenen Ruf als engagierter Publizist im Dienst der dynastischen Konterrevolution und eines «Gleichgewichtes» in Europa, das von ihm auf den Status quo der etablierten Mächte bezogen wurde. Aber die oft liebedienerisch anmutende Lobhudelei gegenüber Metternich läßt daran denken, was der Freiherr vom Stein einmal über ihn gesagt haben soll. Obgleich sich beide zeitweise in Prag gut verstanden haben und sich um ein Zusammengehen Österreichs mit Preußen bemühten, meinte der gescheiterte Reformer, der stets geldhungrige Gentz habe ein «verfaultes Herz (und ein) vertrocknetes Gehirn».

Der «politische Schriftsteller», wie er sich selbst manchmal einschätzte, war an derlei Schmähungen gewöhnt und verwahrte sich gegen alle Verfechter der «politischen Goldmacherei», die von der «Freiheit» mehr erwarteten als von «Recht und Gerechtigkeit». Es fehlte ihm auch nicht an Talent, mit Hohn und Spott all jene Publizisten einzudecken, denen es nicht vergönnt war, so nahe an den Quellen der dynastischen Macht zu sitzen wie er. Das hinderte ihn aber keineswegs, bei Gelegenheit ins andere Extrem zu fallen und Hymnen auf den Brotherrn anzustimmen.

So will er mit gespielter Bescheidenheit in einem Brief an Metternichs 40. Geburtstag am 15. Mai 1813 nur «ein paar karge Worte» für seine Gefühle gefunden haben, um dessen «hohen Wert als Staatsmann» feiern zu können: «Sie allein unter Allen in Europa, die auf diesen Titel Anspruch machen, sind heute würdig, ihn zu führen; denn in Ihnen allein sind Einsicht, Besonnenheit und Charakter zur glücklichsten Vereinigung gediehen.»

Der Staatsmann gerät ihm hier zum verkörperten Tugendbold, ohne daß er auf dessen Funktionen und Abhängigkeiten vom absoluten Erb-Kaiser verweist. Deshalb stellt er sich auch in die Reihe der «Sie anbetenden Freunde» und versichert seinem Förderer und unermüdlichen Geldbeschaffer, daß «meine treue, zärtliche, stets gegenwärtige und rege, auf jedem Schritt Sie umschwebende Liebe nicht mehr höher steigen kann» – und «mehr als mein ganzes Herz vermag ich nicht zu geben».

Es gibt Hinweise genug, die auf kritische Distanz des hochadligen Karrieristen Metternich gegenüber solcher Unterwürfigkeit schließen lassen. Bei aller Eitelkeit und Gefallsucht konnte er genau unterscheiden, wo echte Bewunderung für eine Leistung in die Peinlichkeiten der Schmeichelei umschlug. Diese Scheidekunst mußte dauernd geübt werden, wollte man in den zahlreichen «Freundschaften» der Kabinettswelt, des Hoftreibens und der meist adligen Salons überleben. Denn viele dieser persönlichen Beziehungen bildeten häufig genug besondere *Seilschaften* im anhaltenden Kampf um standesgemäße Heiraten, Posten in der hohen Politik sowie um Einfluß bei der obersten Heeresführung.

Metternich, der in all diesen Kreisen zahlreiche Feinde besaß, die an seinem Sturz arbeiteten, durfte zeitweise heilfroh sein, in Gentz über alle Geschäfte der Macht hinaus eine loyale Stütze zu haben. Aber mehr als eine Nischenexistenz mit Zuträgerdiensten und ein wenig Öffentlichkeitsarbeit durfte er ihm nicht bieten. Jenseits allen Wohlwollens konnte Metternich denn auch recht giftig urteilen: «Gentz liebt Alles, was klein ist, und fürchtet alles, was es nicht ist».

Konnte daraus geschlossen werden, daß Gentz seinen mächti-

Friedrich von Gentz hatte eine Schwäche für jeden Luxus, einschließlich Spielschulden. Hohe Zuwendungen der britischen Regierung für seine Polemiken gegen Napoleon besserten zwar seine bescheidenen Einkünfte auf, aber ohne Metternichs freigebige Hand hätte Gentz seinen Lebenswandel nicht lange durchhalten können. Gemälde von Thomas Lawrence.

gen Gönner und Schutzherrn nur bedingt als «großen Menschen» einstufte? Die derben und erniedrigenden Spässe, die sich Metternich manchmal leistete, um den *Fürsprecher der Fürsten* spüren zu lassen, wie abhängig er vom Außenminister und Staatskanzler war, sprechen nicht für gute Menschenkenntnis, verantwortliche Behördenführung und Pflege einer nutzbringenden «wirksamen Konnexion».

Friedrich von Gentz, der an seine «ewig treue Freundin» Amalie von Helvig einmal schrieb, daß er «nie ein Heuchler gewesen» ist, ertrug die Metternichschen Mätzchen schon aus Gründen der materiellen Selbsterhaltung. Schließlich reichten die Einkünfte der Hofratsstelle bei weitem nicht aus, seine geradezu fürstliche Lebenshaltung und seine Spielschulden zu finanzieren. Hohe Zuwendungen der britischen Regierung für seine gegen Napoleon gerichtete Publizistik und der Verkauf von Manuskripten besserten zwar den Etat auf, nicht anders als Gelder aus dem Fürstentum Walachei, dessen Interessen er am Wiener Kaiserhof wahrnahm: Aber ohne Metternichs freigebige Hand hätte Gentz seinen Lebenswandel nicht lange durchhalten können.

Es spricht viel dafür, daß Gentz besonders nach dem *Staatsbankrott* von 1811 wegen seiner chronischen Finanznot auch dort dem «gnädigsten Fürsten» gehorchte, wo sich manches in seinem widerspruchsvollen Kopf und feurigen Gemüt sträubte. Denn er wehrte sich nicht selten dagegen, als «eines der rüstigsten Werkzeuge des Despotismus» zu gelten. Dieser Widerstand kam aus der Überzeugung, eigene Denkleistungen vollbringen zu können, sowie aus der Einsicht, daß sein «politischer Wirkungskreis» nahe dem Zentrum der absolutistischen Macht des Erb-Kaisers wesentlich kleiner war, als er in der Öffentlichkeit und bei publizistischen Gegnern eingeschätzt wurde.

Ein gutes Beispiel für die Spannungen, die der ehemalige Kant-Schüler und Revolutionsanhänger Gentz auszuhalten hatte, vermittelt ein Brief an seinen «Freund» Adam Müller in Berlin, der sich seiner revolutionskritischen Haltung wegen ebenfalls gern als «deutscher Burke» feiern ließ. Gentz, der als bürgerlicher Aufsteiger vom Erb-Kaiser Franz I. nobilitiert worden war und als «Freiheits-Feind und Despoten-Fröhner» gescholten wurde, kam in seinem Schreiben auf die oft mißverstandene *Legitimität* zu sprechen.

Sie stellte für Metternich aus persönlichen wie politischen Gründen einen gleichsam absoluten Wert dar, dem er seine gesamte Tätigkeit als Haus-, Hof- und Staatsmann des Habsburg-Absolutismus zugeordnet hatte. Noch Bismarck sollte bei diesem Fundamentalbegriff der Dynasten von einem «Zauberwort» sprechen, das alle patrimonial gesinnten Köpfe beherrschte. Besonders nach der Absetzung der Bourbonen-Dynastie 1792 in Frankreich wurde die Legitimität zum Inbegriff des «monarchischen Prinzips» als Machtgestaltung. Aus diesem Kennwort des «Erbwahns», wie Kant das absolutistische Besitzdenken seiner Zeit geißelte, entwickelte sich mit dem Aufstieg Napoleons zum «Erb-Kaiser» eine Kampfparole der Royalisten gegen alle Errungenschaften der Revolution, damit auch gegen Nation und Konstitution.

Genau und historisch betrachtet, war die Forderung nach Legitimität wesentlich älter. Als Ausdruck des patrimonialen und damit vertragsabweisenden Erbprinzips war es bereits im Jahre 1627 terroristisch und kriegerisch durchgesetzt worden. Das Haus Habsburg unter dem Wahl-Kaiser Ferdinand II. hatte es erreicht, dieses im Kern diktatorische Prinzip für das neue «Erbkönigreich Böhmen» zu festigen. Es war ihm dabei gelungen, die libertäre Verfassung Böhmens mit ihrer vertraglich angelegten Gewaltenteilung (Drittwirkung), den Garantien der ständischen Rechte und den Mitbestimmungskompetenzen des Landtages abzuschaffen. Statt dessen wurde mit der «verneuerten Landesordnung» das Erb- und Machtsystem des *absoluten Dominats* eingerichtet, das Land und Leute zu einem Hausgut der Habsburg-Dynastie erniedrigte. Mit dieser Machtstruktur begann in Böhmen und Mähren die «Zeit der Finsternis» (Temno) als politische Entmündigung der böhmischen Nation, als völkerrechtswidrige Beseitigung ihrer vertraglich-treuhänderischen Konstitution: Dieser Zustand dauerte trotz geringfügiger Korrekturen bis zur Revolution von 1918 und dem Sturz der Habsburger als «Kerkermeister».

Diese historische Bedingung und strukturelle Bindung muß

man sich vergegenwärtigen, um zu verstehen, warum der Erb-Kaiser Franz I. und sein wichtigster Machtgehilfe Metternich unmöglich «Freunde der Verfassung» und damit des «bösen Prinzips» der Demokratie werden konnten: Sie hätten all das aufgeben müssen, was sich seit Generationen in ihren Augen bewährt hatte – die «Erb-Souveränität und Absolutesse» (C. Rålamb, 1682).

Wurde dieses absolutistische Machtsystem, das Leopold II. vor seiner Kaiserwahl 1790 als «bankrottes Geschäft» getadelt hatte, noch an die Gottunmittelbarkeit (immediate deo) gebunden, dann rückte jedes Wort gegen die Legitimität der Dynastien als «maisons souveraines» (Leibniz) in die Nähe der Majestätsbeleidigung, ja des Hochverrats.

Ob Gentz, dessen ausgedehnter Briefwechsel vom Geheimdienst des Erb-Kaisers kontrolliert wurde, sich dieser Gefahr voll bewußt war, als er an Müller schrieb? «Das Prinzip der Legitimität, so heilig es auch sein mag», heißt es da, «ist in der Zeit geboren, darf also nicht absolut, sondern nur in der Zeit begriffen, und muß durch die Zeit, wie alles Menschliche, modifiziert werden. Für einen neuen Ausfluß oder einen geoffenbarten Willen der Gottheit hielt ich es nie. Die höhere Staatskunst kann und muß unter gewissen Umständen diesem Prinzip kapitulieren.»

Gentz brauchte nur die Verfassungen Englands heranzuziehen, um zu sehen, daß die Machtideologie der Habsburger oder Hohenzollern nicht der Weisheit letzter Schluß sein konnte. Denn auch die Könige Englands faßten sich «von Gottes Gnaden» auf und wußten dennoch jene konstitutionellen Bindungen zu ertragen, die vielen Souveränen auf dem Kontinent ein Greuel waren.

Tatsächlich haben die Absolutisten oder Royalisten das libertäre Gottesgnadentum grob mißbraucht, um die Stände und Völker von jeder politisch-rechtlichen Mitbestimmung oft brutal auszusperren. Denn dieser Begriff schloß die vertragliche Übernahme von Herrschaft und öffentlicher Amtsgewalt ein – aber auch das Fundamentalrecht des aktiven Widerstandes gegen einen «ungerechten König».

Das Beispiel zeigt, wie schmal der Grat war, auf dem Gentz manchmal wandelte, zumal neben dem Geheimdienst des Erb-Kaisers auch der besondere Spitzeldienst Metternichs ein wachsames Auge auf ihn hatte.

Die Tätigkeit des *Schwarzen Kabinetts* als höchstes Machtinstrument der Habsburger, zu dem Gentz keinen Zutritt besaß, verdeutlicht am besten, daß der Absolutismus nicht dulden und pflegen kann, was zum Wesen wahrer Freundschaft gehört: Vertrauen auf Gegenseitigkeit oder die «fides publica». Metternichs Zuruf an den «lieben Gentz» im Jahre 1825 – «erhalten Sie mir Ihre Freundschaft» – war angesichts seines fast krankhaften Mißtrauens gegen diesen nichts als eine hochtönende Phrase, die sich des uralten Kulturbegriffes der «amicitia» bediente, um einen Mitarbeiter gefügig zu halten, der im Grunde nur ein bessergestellter Klient war.

Gentz, der von 1809 an und dann als Sekretär des Wiener Kongresses im Jahre 1814 für die Nähe zu den Mächtigen der europäischen Staatenwelt fast jeden persönlichen Preis zahlte, lernte die Fragwürdigkeiten der Metternichschen «Freundschaft» auch noch von einer anderen Seite kennen. Denn der nächste «Vertraute» des Erb-Kaisers Franz I. hatte nicht nur in der raffinierten «Betrugskunst» (Reinking, 1635) auf höchster Machtebene genügend Übung. Er war auch in seinen zahlreichen Frauen-Affären selten um ein verlogenes Wort verlegen: Schon gar nicht, wenn er mit der Formel «mon amie» locken und zu einem Abenteuer, Verhältnis oder «gewissen Konnexionen» verleiten konnte – zur damaligen Zeit mitunter «Liaison» genannt.

«Meine liebe Freundin»

Schenkt man Gentz Glauben, dann trat Metternich in Diplomaten- und Fürstenkreisen nicht nur als der «schöne Clemens» auf. Er war vielmehr stets in der Lage, nach außen den heiter Gelassenen zu spielen, auch sprühenden Geist zu entfalten und in

Französisch, Englisch sowie Russisch Gespräche zu Verhandlungen zu führen, in denen sein Charme sowenig störte wie der Hang zum zynisch gesetzten Bonmot.

Metternich stammte aus Koblenz. Er hatte in Straßburg studiert, ohne dabei ein literarisch-philosophisches Interesse zu entwickeln. Zu Brüssel und in London erhielt er den gesellschaftlichen Schliff eines Kavaliers, der einem Grafen des Heiligen Reiches bis zu dessen Ende 1806 zustand. Die Flucht der katholischen Familie vor den Revolutionstruppen aus Paris ins habsburgische Wien bestätigte aber nicht nur die bisherige Erziehung. Sie weckte von 1794 an auch einen Zug in seinem Wesen, der weit stärker war als die zweifelhafte Kunst adligen Müßiggangs und zermürbender Statussucht. Metternich, dessen Lieblingstier die Spinne war, übte sich an der Seite seines ungeschickten Vaters und «Fürsten von Ochsenhausen» auf Friedenskongressen früh im Fädenspinnen. Außerdem lernte er anhand der massiven Enteignungen auf dem linken Rheinufer schnell einen Grundsatz aus der Schatztruhe Machiavellis kennen, um ihn nie mehr zu verdrängen: «Es gibt Menschen, die eher den Tod ihres Vaters vergessen als den Verlust ihres Besitzes.»

Im Gefolge des zeitweise deprimierenden Exils wandelte sich der junge Reichsgraf, der einige Sympathien für den Umbruch von 1789 gehabt haben soll, zu einem geschworenen Feind der Revolution. Nicht umsonst war Koblenz neben Turin das wichtigste Zentrum des von den Revolutionären enteigneten Adels, der darauf wartete, nach Frankreich zurückkehren zu können. Diese gefühlsmäßige und besitzfixierte Auflehnung gegen das «revolutionäre Prinzip» genügte Metternich aber nicht: Trotz anfänglicher Weigerung, in Wien etwas Besonderes werden zu wollen, entwickelte er sich bald zu einem «calculateur par excellence» (Gentz).

Zu dieser Qualität gehörte auch die frühe Heirat mit Eleonore von Kaunitz, deren Großvater unter Maria Theresia und Joseph II. den Posten eines «Staatskanzlers» bekleidet hatte. Bis zur Wahrnehmung dieser Hausehre war es für ihn zwar ein weiter Weg, aber die Stationen zu diesem Ziel sprachen früh für sich selbst. Nach Botschafterposten in Dresden und Paris gehörte die Übernahme des Außenministeriums 1809 ebenso dazu wie die Statuserhöhungen zum Herzog und Erb-Fürsten oder die Leitung des Wiener Kongresses 1814/15: Er machte sich um den Haus-Staat der Habsburger als dynastisches Erbgut mehr als verdient.

In der Erfüllung all dieser und anderer Funktionen fand Metternich stets genügend Zeit, seine speziellen «Freundschaften» zu pflegen und neue zu knüpfen, sofern sie ihm nützlich erschienen. Gebote der katholischen Kirche hinsichtlich der «Heiligkeit der Ehe» behinderten ihn nicht, gehörte doch der fortgesetzte Ehebruch zum Alltag eines aristokratischen Aufsteigers, den moralische Ermahnungen ziemlich kalt ließen.

Sein geradezu blasphemisches Verhalten bei der Zwangsverheiratung der Kaisertochter Marie-Louise mit Napoleon verdeutlicht eine innere Verkommenheit, der Achtung vor Menschenrechten oder Rechtstraditionen unbekannt waren, wenn diese dem faktischen Machtbegehren im Wege standen. In ihrer Not, wie eine rechtlose Ware behandelt worden zu sein, schrieb die gedemütigte «Kaiserin der Franzosen» in ihr Tagebuch, daß der «Graf Metternich der ekelhafteste Geck ist, den es je auf Erden gegeben hat».

Über Vertrags- und Vertrauensbrüche von seiner Seite machte sich Metternich kein sonderlich schlechtes Gewissen. In seinem Besitz- und Erwerbsdrang ähnlich patrimonial gestimmt wie Erb-Kaiser Franz I. selbst, erwartete er von der Gegenseite unbedingte Ergebenheit, gar die kritiklose Auslieferung an seine Machtlaunen und plötzlichen Bedürfnisse. Das von ihm gelegentlich bemühte «Vertrauen» als Grundlage einer «Freundschaft» basierte nicht auf einer gleichberechtigten Gegenseitigkeit, sondern bezog sich in der Hauptsache auf die genaue Erfüllung seines berechnenden Willens.

Friedrich von Gentz hat sich diesen Wünschen weitgehend angepaßt und zur rechten Zeit seine «Liebeserklärungen» an Metternich gehen lassen, um sich dessen Wohlwollen und Informationslust sichern zu können. Er kannte das ausgetüftelte Spiel seines wenig beliebten Brotherrn, mit gezielten Worten das vorzubereiten, was er zur Feier seiner Eitelkeit genüßlich in Szene setzen wollte: Dazu gehörte auch die schier unstillbare Sucht, mittels ausgewählter Mätressen seine Fäden der Politik zu spinnen.

Bei der jungen Generalswitwe Katharina Bagration und ihren Beziehungen zum Zarenhof in St. Petersburg war ihm die Ausnutzung der falschen «Freundschaft» zeitweise gut gelungen. Viel schwerer fiel es ihm jedoch, die lebenslustige Herzogin von Kurland für seine persönlichen und politischen Wünsche zu gewinnen. Denn Wilhelmine von Sagan, die mehrfach unglücklich verliebt und verheiratet war, auch als eine der schönsten Frauen ihrer Zeit galt, glich Metternich in einem wesentlichen Punkt – sie faßte sich selbst als eine triebhafte Spielernatur auf.

Treffen zwei Menschen dieser Anlage aufeinander, dann kann sich das Wesen einer echten Freundschaft als Ausdruck gleichwertiger Gegenseitigkeit nicht erfüllen. Denn jeder von beiden wird mit seinen Mitteln und Möglichkeiten versuchen, den anderen auf irgendeine Weise zu dominieren oder zu kujonieren; ja, beide werden so lange keine Ruhe geben, bis die vorhandene Herrschlust (libido dominandi) befriedigt ist.

Belege für dieses Streben einer Egomanie mit schizoiden Zügen lassen sich im langen Leben Metternichs (1773–1859) zur Genüge finden. Der Graf, Herzog und Fürst verhielt sich in dieser Hinsicht kaum anders als Friedrich II. von Hohenzollern-Preußen, in dessen Diensten Gentz einst gestanden hatte. Dessen berühmter und häufig falsch zitierter Satz vom «ersten Diener *meines* Staates» bezog sich weniger auf ein selbstloses Dienen als auf die selbstherrliche Verfügung über einen Staat als dynastisches Haus- und Erbgut.

Es war dieser absolute Eigentumsanspruch Metternichs, der Wilhelmine von Sagan immer wieder zögern ließ, seine Mätresse zu werden. Sie fühlte sich nach allen zerbrochenen Ehen und ermattenden Bettgeschichten zwar von seinen «Werbungen» geschmeichelt, aber auch in der «Seele krank, und gegen derlei Übel gibt es kein Heilmittel».

Wilhelmine war zu erfahren, um das Süßholzgeraspel des ewig geschäftigen Grafen wirklich ernst zu nehmen, zumal sie

Der schöne Clemens, der bei aller Eitelkeit und Gefallsucht genau unterscheiden konnte, wo echte Bewunderung in die Peinlichkeiten der Schmeichelei umschlug, galt als einer der begnadetsten Machtpolitiker seiner Epoche. Da er noch mehr Feinde besaß als Bewunderer, war ihm ein loyaler Gehilfe wie Friedrich von Gentz eine notwendige wie willkommene Stütze, auch in Liebesangelegenheiten. Stahlstich nach Lieder.

wußte, daß Metternich die «Freundschaft» zu ihrer Rivalin Bagration nur unterbrochen, aber nicht abgebrochen hatte. Sie verstand es zeitweise sehr geschickt, seine krankhaft anmutende Eifersucht und das weinerliche Seelengejammer zum eigenen Vorteil auszuspielen, ja ihn mit hinhaltenden Briefchen gehörig zu nerven. Darin konnte es dann mit aufreizender Lässigkeit heißen: «Adieu, teurer Clemens, den ich voll Dankbarkeit und Stolz als meinen Freund betrachte. Adieu.»

Genau dieser Titel aber war ihm zuwenig, wollte er doch ihr Liebhaber sein und sie wie ein höriges Lustobjekt behandeln. Es ärgerte ihn auch maßlos, daß die Herzogin das förmliche «Vous» in den meist französisch abgefaßten Mitteilungen über lange Zeit hin nicht in das vertrauliche «toi» verwandeln mochte. Erst nach einigen Bemühungen, Krisen und ersten Begegnungen im Bett lockerte sie die Zügel und gestand ihm die sprachliche Intimität zu. Sie war sogar bereit, die seltsame «Freundschaft» mit dem älteren Machtverehrer allmählich als «Liebe» zu empfinden.

In dieser Lebensphase trotzte sie sogar den Warnungen des Zaren Alexander I., der sich seit 1801 als Schutzherr Kurlands betrachtete und alle Versuche abwehrte, Wilhelmine von Sagan als Mätresse angedient zu bekommen. Er meinte, den einflußreichen «Rechner» vom Ballhausplatz als Sitz der Geheimen Staatskanzlei politisch wie persönlich durchschaut zu haben, und gab der mehrfach betrogenen Katharina Bagration einen nicht gerade angenehmen Bescheid über seinen Intimfeind: «Metternich liebte weder Sie, noch liebt er die Sagan. Er ist ein eiskalter Mensch, glauben Sie mir, er liebt niemanden!»

Das harsche Urteil des sonst unsicheren und sentimentalen Zaren mag dort zutreffen, wo Metternich offensichtlich unfähig war, Freundschaft und Liebe als gleichberechtigtes Geben und Nehmen aufzufassen. Es stimmte aber mit Sicherheit nicht für Metternichs hochgespielte *Eigenliebe* oder «amour propre», die kaum eine Grenze kannte. Zu Beginn des Wiener Kongresses 1814 wurde seine Selbstgefälligkeit von Wilhelmine endlich so bedient, wie er es sich im geheimen gewünscht hatte. «Ja, mon ami», bestätigte sie dem jetzt so Angebeteten, «meine Devise sei Hingabe und völliges Vertrauen in den besten aller Männer – und ich weiß jetzt schon, daß ich auf diesem Wege Glück und Seelenfrieden finden werde...»

Erlag Metternich wie sein unglücklich agierender Gehilfe Gentz zuweilen dem Eros der Macht und verachtete dabei die rechtlichen und ethischen Folgen seiner Politik im Namen des

Erb-Kaisers, so fühlte er jetzt eine Macht des Eros, die ihn an «herrliche Zeiten» denken ließ. Dabei hatte ihm die verzweifelte Herzogin gar keinen Liebesbrief geschrieben, sondern ihm in ihrer materiellen und seelischen Not nur die vorübergehende Hingabe zugestanden: Metternich durfte für ein halbes Jahr der alleinige Beischläfer sein und ohne Rivalen eine sexuelle Verfügung genießen, die er für sich selbst «Liebe» nannte.

Wie brüchig diese Beziehung in Wirklichkeit war, deutete Gentz mehrfach in seinen Aufzeichnungen an. Er sollte es sogar erleben, daß die «Freundin» seines «Freundes» eine Art Privatkrieg gegen ihn führte, demnach seine barsche «Feindin» wurde. Entnervt von allen Herzenssachen Metternichs, bei denen er Zuträger, Überwacher und Liebesnestbeschaffer war, schrieb er ins Tagebuch: «Durch die Ankunft der Herzogin von Sagan wurde dieser Aufenthalt sehr stürmisch ... und ich mußte die Ehre, Vertrauter und Vermittler in diesen Verhältnissen zu sein, oft teuer bezahlen.»

Jenseits aller blumigen Bekundungen zu wahrer Freundschaft und reiner Liebe scheint Metternich zu dieser Frau in einem neurotischen Verhältnis gestanden zu haben. Die meist quälende Bindung hielt ihn manchmal so stark besetzt, daß selbst dem abgebrühten Gentz bestimmte Zweifel auch an der Politikfähigkeit Metternichs kamen. Dazu vermerkte er in der Schlußphase des großen Kongresses, auf dem gepraßt, getanzt und gelogen wurde: «Er hört mich, wie gewöhnlich, kaum an. Die ganze Curländische Huren-Gesippschaft war da, mithin für andere Menschen kein Sinn. Metternich hat diese Weiber 8 Tage in alle politischen Geheimnisse eingeweiht; was sie wissen, ist unglaublich.»

Mag Gentz hier auch übertrieben haben, so steht doch fest, daß Metternich gern mit der Herzogin «politisierte». Die Verlockung, sie mit Nachrichten aus der hohen Politik zu versorgen, hing auch damit zusammen, daß eine ihrer Schwestern ins Haus Talleyrand zwangsverheiratet worden war und ihm private Fäden nach Paris wie St. Petersburg von Nutzen sein konnten.

In seiner patrimonialen Obsession, der Nabel der Welt zu sein und ganz Europa den Frieden gebracht zu haben, enthüllte der Kongreßpräsident ein erschreckendes Maß an Absolutismus. Metternich wollte zwar nicht unter diese Machtdiener gezählt werden. Doch sein ganzes Wesen entsprach genau deren Anspruch auf Allmacht, welche die Außenwelt und deren Widerstände heftig bekämpfte: «Ich bin alles und nichts. Ich forsche in der Geschichte meines Lebens nach einer Lehre, einem Leitsatz – ich finde keinen. Im Menschenherzen? Wäre dort zu finden, was meiner Liebe gleicht? Bedürfnisse? Ich habe keine mehr. Zukunft? Ich kenne keine. Erinnerungen? Sie sind alle entsetzlich...»

Zieht man das Theatralische und den Hang zum Dramatisieren ab, dann offenbart sich hier ein anhaltendes Kreisen in sich selbst. Es ist, als käme er dabei von einem Leerraum in den anderen. Was wunder, daß Metternich zu Worten und Begriffen nur ein affektiertes Verhältnis haben kann, erscheint ihm doch außer der «heiligen Legitimität» und der damit verbundenen «Heiligen Allianz», dem Bündnis der Dynasten zur Unterdrückung der Freiheit, alles zerredet.

Angesichts dieser Einstellung mußte Metternich auch das große Wort von der Freundschaft zu einer Floskel verkommen, die jeden überkommenen Inhalt der Beliebigkeit preisgibt. Er greift zu der Redensart, daß «kleine Geschenke die Freundschaft erhalten», und legt einem Briefchen an die hofierte Herzogin ein wenig englisches Zitronensalz bei – zur Linderung ihrer Migräne kurz vor Weihnachten. Im gleichen Brief drängt er sie zu dem Schwur, «daß ich dein einziger Freund bin... und sage mir, daß Du *mein* bist!»

Gewiß, Metternich hat Wilhelmine von Sagan auch wertvolle Geschenke zukommen lassen. Aber stets war eine Gabe so angelegt, daß sie sich als Frau zu unterwerfen hatte. Es kam ihm letztlich wohl vor allem darauf an, die schöne, ständig von jüngeren Galants umworbene Dame dem eigenen Kosmos einzufügen. Geradezu manisch mutet es an, wenn er sogar die Art, ein Schmuckstück zu tragen, vorschreiben will: «Wenn Dich irgendeine Ursache, irgendeine Schonung hindern sollte, *mein* Angebinde nicht nur zu tragen, sondern stets zu tragen, so gib es mir gleich zurück. Wenn Du es nicht trägst und es bei Dir ist, so sage ich mir, daß Du nicht einmal auf *meine* Wünsche für Dich einen Wert legst...»

Im Grunde war Metternich im privaten Bereich – und das Beispiel Wilhelmine verdeutlicht dies um so mehr, als es sich bei ihr um eine von ihm scheinbar angebetete Frau handelt – zu echter Freundschaft nicht fähig. Fast jedes Wort, das er dafür verwendet hat, geriet ihm zu einer Suada aus Wichtigtuerei und Kitsch in Form von Superlativen, die ihm kaum jemand glaubte. Nicht auf Gegenseitigkeit beruht dieses Verhältnis, sondern auf seiner Besessenheit: «Nicht Worte – aber reinen Willen brauche ich, und den misse ich so häufig bei Dir.»

Wilhelmine von Sagan fühlte sich von diesen und ähnlichen Vorwürfen Metternichs schlicht überfordert. Aus ihren Briefen und Billetts ist untrüglich herauszuspüren, daß sie dem leidenschaftlichen «Eroberer» nicht recht traute. Mit einem feinen Gespür für Nuancen witterte sie, daß sie seiner Eitelkeit lediglich als Schmuckstück dienen sollte.

Wie verräterisch seine Sprache in diesem spannungsreichen Verhältnis wirkte, geht aus vielen Stellen der fast täglich abgeschickten Briefe und Billetts hervor. Darin beruft er sich mit «nobler» Geste auf das «Vertrauen» als «das erste Anrecht, das Freundschaft geltend machen kann», und vergißt dabei, daß sein fortwährendes Mißtrauen und die oft ungeschickten Kontrollen durch Gentz diese Frau fast um den Verstand gebracht haben.

Selbstherrlich und ohne einen Anflug von Einsicht in eigene Fehler verhält er sich auch am Ende dieser Liaison. Erst nach zermürbenden «Gesprächen» mit Gentz ist er bereit, von sich aus einen Dienst anzubieten. Er sieht sich dabei in der Rolle desjenigen, der eine Unmündige durch alle Stürme der Zeiten zum Seelenheil führen muß, weil sie es aus eigener Kraft nicht schaffen kann, über sich selbst zu verfügen: «Ich werde Dir *mein* ganzes weiteres Leben beweisen, daß ich der beste Freund bin, den Du auf Erden hast. Immer bereit, Dir *meine* Hand zu reichen, diese Hand, die Du so sehr nötig hast, um zu verhindern, daß Du Dich verlierst, Du, die weiter in die Irre ging als je ein menschliches Wesen.»

Der Versuch Metternichs, als verschmähter Liebhaber großzügig zu sein, verfing nicht sonderlich und konnte auch das nicht herstellen, was von allen freiheitsliebenden Publizisten und Politikern auf jeder privaten wie öffentlichen Ebene gefordert wurde – Vertrauen in die Gegenseitigkeit von Geben und Nehmen, damit der Mensch dem Menschen ein Freund bleibt.

Freundschaft der Fürsten

In seiner berühmten Studie zur *Idee der Staatsräson* berührte Friedrich Meinecke nicht ein einziges Mal den Einfluß der «Freunde des Königs», ein Phänomen, das seit der Antike in manchen Monarchien beobachtet werden kann – außerhalb der öffentlichen Institutionen. Auch die Möglichkeiten bestimmter Haus-Orden – das Goldene Vlies der Habsburger oder der Schwarze Adlerorden der Hohenzollern –, im Dienste von Dynastien tätig zu werden, um das libertäre Ständewesen wie das liberale Parteiensystem abgedrängt zu halten, ließ er außer acht. Daher wundert es kaum, daß ihm die «Freundschaft der Fürsten» (amicitia principum) nicht zum Problem und Thema werden konnte, obgleich für ihn «die Dynastie das Erste und Bodenständige in der Entwicklung zum modernen Staat war».

Nach Meineckes Auffassung gehörte zur Sicherung des dynastischen Erbes in erster Linie der «gesunde Kern der Metternichschen Politik» nach dem Wiener Kongreß von 1815. Sie war in der Hauptsache darauf gerichtet, die Erb- und Hausinteressen der «legitimen» Dynastien zu wahren und dabei das zu festigen, was Bismarck 1887 ganz im Geiste Metternichs bekräftigte: «Die auswärtige Politik eines großen Reiches kann nicht in den Dienst einer parlamentarischen Mehrheit gestellt werden, ohne in falsche Wege gedrängt zu werden.»

Dieser oft terroristisch betriebene Prozeß der Abschottung und der Arkanpolitik galt den Verfechtern des Absolutismus als Inbegriff der Staatskunst, weil die politischen Stände (Adel, Klerus, Städte-Bürger, Bauern) als «nicht staatsfähig» abgewertet wurden. Mitspracherechte ihrer Parlamente in Gestalt von Land- und Reichstagen bei der Gesetzgebung, Besteuerung oder im Bereich der Ratifikation international gültiger Verträge empfanden Dynasten und Royalisten als eine Anmaßung, die kriminalisiert wurde. Tatsächlich bedeuteten die Institutionen des politischen Ständewesens eine fundamentale Rechtskontrolle aller Macht- und Hausgeschäfte, zu denen besonders die Erbfolgekriege zwischen 1648 und 1779 gehörten – demnach der Kampf um die «Legitimität», ohne Land und Leute fragen zu müssen.

Die politische Kultur der vertraglichen Libertät als Zusammenwirken von Obrigkeit und ständischen Untertanen, wie sie Friedrich von Gentz in England so bewunderte, erforderte aber mehr als nur *parva sapientia*. Darauf bezogen sich Metternich und Gentz, wenn sie sich in ihrem eigenen Machtverhalten zu rechtfertigen suchten. Mit dem Hinweis auf die «geringe Weisheit», die zum erfolgreichen Herrschen nötig sei, zitierten sie ein geflügeltes Wort. Es wurde dem schwedischen Reichskanzler Axel Oxenstierna (1583–1654) zugeschrieben und galt in Dynastenkreisen als Maxime der Verachtung all dessen, was die libertäre Verfassung des Ständewesens an Kenntnissen und Klugheit erforderte – in völliger Verkennung der Friedenskunst, die der englische Gesandte Whitelocke 1653 an Oxenstierna so gerühmt hat, dem Mitgestalter des Teutschen Friedens von 1648.

Von diesem einzigartigen Friedenswerk und seiner Organisation des «gerechten Gleichgewichts» *(justum aequilibrium)* zwischen Kaiser, Kurfürsten und Kurien-Reichstag haben Gentz und Metternich kaum Kenntnis genommen. Denn es stellte die libertäre Gegenwelt dessen dar, was ihnen nach dem Sturz Napoleons als patrimonial ausgerichtete Neuordnung Europas vorschwebte – gegen die Forderungen des politischen Liberalismus und des «demokratischen Prinzips».

Ganz auf den Personalismus der dynastischen Diktaturen bezogen und von der glänzenden Zukunft seines «angebeteten Freundes» überzeugt, schwenkte Gentz 1813 das Weihrauchfaß und kam dabei auf die erwähnte Maxime zu sprechen: «Im Sonnenschein der Gesundheit und Stärke eines Staates mit ausgebreiteten Mitteln oder unbeschränkter Macht auf dem Weltschauplatz eine Rolle zu spielen, ist für den, der einmal begriffen hat, ‹mit welcher geringer Portion Weisheit die Welt regiert wird›, so schwer nicht; aber von allen Seiten beengt... und tausendfältigen Hindernissen umringt, ein von Wind und Wetter zwanzig Jahre lang geschlagnes Schiff durch Klippen und Untiefen wieder aufs hohe Meer zu ziehen – diese Kunst ist nur wenigen gegeben.»

Einen sicheren Quellenbeleg für das Axel Oxenstierna angedichtete Wort gibt es nicht. Tatsächlich widersprechen sein ganzes Leben und 42 Jahre erfolgreiche Kanzlerschaft einer durchgehenden «Regierung des Rechts» der Unterstellung, das Regieren sei eine Sache von geschickten Dummköpfen.

Metternich selbst ärgerte sich über ähnliche Vorwürfe angesichts der Streitereien in der Haus-Koalition (Habsburg, Romanov, Hohenzollern) gegen Napoleon, die noch vom parlamentarischen England und Schweden gestützt wurde. Hoch gereizt schilderte er seinem Vorgänger Stadion die vertrackte Situation im militärischen Hauptquartier der Verbündeten, wo die «Freundschaft der Fürsten» nur als Statusgerangel, Interessenkungeln und Markt der Eitelkeiten vorgeführt wurde: «Ich kann nicht mehr, und der Kaiser ist bereits krank. Sie sind alle verrückt und gehören ins Narrenhaus. Wir werden immer hingestellt, als wollten wir die Monarchie verkaufen, als hätten wir keinen größeren Wunsch, als geschlagen und aufgezehrt zu werden, als ob Österreich die fremde Sklaverei verehrte, kurz, als ob wir Dummköpfe wären. Ich glaube daher, daß wir allein nicht verrückt sind.»

Zum rechten Verständnis dieser Lage und dann auch des Verlaufes der Verhandlungen auf dem Wiener Kongreß ein Jahr nach diesem Wirrwarr sollte nicht vergessen werden, daß sich die versammelten Fürsten und Diplomaten vor keinem Reichsrat

Der Wiener Kongreß 1815, zeitgenössischer Stich: Metternich ist der sechste von links, vor dem Stuhl stehend; Gentz in der hinteren Reihe, der dritte von rechts, vor ihm sitzend Talleyrand. Das geflügelte Wort, das man noch heute mit diesem europäischen Großereignis verbindet, wird meist nur in seiner ersten Hälfte zitiert: «Der Kongreß tanzt, kommt aber nicht voran.»

oder Reichstag zu rechtfertigen oder rückzuversichern hatten: Ihr Status blieb allein auf das «persönliche Regiment» gestellt und damit auf ihre absolute Entscheidung.

Was immer auch Minister und Geheime Räte, Sekretäre und Geheimdienstler an Informationen beischleppen und an Intrigen einfädeln mochten, die Fürsten sprachen nur für sich selbst und die Erbinteressen ihrer «souveränen Häuser». Sie redeten sich untereinander als «mon ami» an und sagten damit nur, daß sie sich im Eigeninteresse aller als Verbündete betrachteten. Diese verdrehte «Freundschaft» beruhte in der Regel nicht auf einer geistigen Verbundenheit oder wurde gar im Sinne einer Seelenverwandtschaft gepflegt: Sie hatte nur das Ziel, das heilige Prinzip der Legitimität wiederzubeleben.

Als Frankreichs Außenminister Talleyrand auf dem Wiener Kongreß an diese Aufgabe erinnerte, hatte sich die «Freundschaft» unter den Fürsten so stark zugunsten der patrimonialen Erb-Könige und Erb-Kaiser verschoben, daß die im Status geringeren Erb-Herren fürchteten, selbst unter die Fuchtel eines ranghöheren Erb-Souveräns zu geraten. Hardenberg, der Vertreter Hohenzollern-Preußens, drückte sich unmißverständlich genug aus, als er lospolterte: «Wir können unmöglich die Angelegenheiten ganz Europas von den Fürsten von Leyen und Liechtenstein regeln lassen.»

Hatten die «neuen Staatsmänner» (C. Rålamb, 1682) des Absolutismus seit 1648 weder Lug noch Trug gescheut, das politische Ständewesen vollkommen von der «hohen Politik» auszuschalten, so ließen sie es jetzt nicht einmal zu, die Fürsten der unteren Erbränge gleichberechtigt an den Friedensverhandlungen zu beteiligen. Das war also die später vielgerühmte «Staatskunst»: Im geheimen einen gnadenlosen Schacher über Land und Leute zu treiben, statt wie beim Friedenskongreß zu Münster und Osnabrück die rechtliche Öffentlichkeit mit den politischen Ständen zu suchen.

Ein berüchtigtes Vorbild für diese Art der Arkanpolitik und Geheimdiplomatie, in deren Gängen Metternich und Gentz unentwegt die Fäden zogen, kannte die Dynastenwelt aus dem Verhalten Ludwigs XV. Statt sich der Souveränität des vertraglichen Rechts und seiner Institutionen zu unterwerfen, um gegebenenfalls Schaden von Land und Leuten zu wenden, richtete der Bourbone das «Secret du Roi» ein. Mit diesem Geheimgremium unterlief er die offizielle Außen- und Sicherheitspolitik und brachte die Krone Frankreichs auch als Garant des Teutschen Friedens allmählich um jede Glaubwürdigkeit. Am Ende dieses destruktiven Verhaltens standen 1772 die erste Teilung Polens und der Staatsstreich Gustavs III. in Schweden, der von Versailles mit Unsummen finanziert werden mußte – zum Schaden des öffentlichen Kredits und der Monarchie in ihrem Anspruch, Inbegriff der «Gerechtigkeit» zu sein.

Tatsächlich ist das Ancien régime am fortgesetzten Mißbrauch seiner selbst gescheitert. Metternich und auch Gentz waren die näheren Zusammenhänge dieses Umbruchs zwar nicht geläufig, aber sie spürten mehrfach, wie die Geschichte auf die

Tagespolitik einwirkte und Stellungnahmen forderte. Besonders hinsichtlich der leidigen Polen-Frage entstand manche Bedrängnis, rief doch die angestrebte patrimoniale Lösung sofort die liberale Opposition auf den Plan – als Fundamentalkritik an einer «Freundschaft der Fürsten», die das offenkundige Unrecht der weiteren Teilungen Polens in den Jahren 1793 und 1795 mit dem Wiener Kongreß erneut festschreiben wollten.

Gentz hatte in einer frühen Analyse zum Wesen des Gleichgewichts der europäischen Mächte nicht mit Worten der Kritik gespart und «die Erfinder des bösen Projektes» der Teilung Polens der Korruption geziehen. Aber gleichzeitig fand er unzählige Argumente dafür, die Abschaffung einer souveränen und libertär gestalteten Krone zu rechtfertigen. Gentz berief sich auf die normative Kraft des Faktischen – so beschrieb später der Wiener Professor Georg Jellinek den Kern aller «Realpolitik» – und arbeitete damit Metternich auf vorzügliche Weise in die Hände: «Das Schicksal von Polen ist längst nicht bloß faktisch, sondern auch rechtlich entschieden. Durch eine Menge von Friedensschlüssen und Verträgen zwischen den teilenden Mächten und allen übrigen Europäischen Staaten geschlossen, sind ihre alten und neuen Besitzungen anerkannt, versichert und garantiert... die Wiederherstellung Polens ist also rechtlich und faktisch unmöglich.»

Diese Position von 1806 war maßgeschneidert und wegweisend für ein ganzes Jahrhundert dynastischer Polen-Politik bis zur Revolution von 1918. Denn sie ging nicht von dem revolutionären Prinzip aus, daß eine Nation das im Naturrecht verfaßte Volk ist, sondern daß Land und Leute wie Handelsware verfügbar sind, falls sie sich nicht militärisch wehren können. Nicht umsonst spielte Talleyrand auf dem Wiener Kongreß die «polnische» Karte und schrieb den Dynasten samt ihren willfährigen Ministern ins Stammbuch: «Europa muß für alle Zeit von dem Glauben Abschied nehmen, daß Rechte allein von Eroberung abhängen...»

Es sollte ihm gelingen, zumindest einen Teil der alten Krone Polen, die bis zur Mai-Verfassung von 1791 ein Wahlkönigtum besaß, so zu bewahren wie das Großfürstentum Finnland, das

1809 von Schweden an Zar Alexander I. abgetreten werden mußte. Kongreß-Polen konnte demnach weiterexistieren, während die übrigen getrennten Gebiete bei den Habsburgern und Hohenzollern blieben – die «Freundschaft» der Dynasten hatte sich territorial und materiell ausgezahlt.

Gentz konnte 1806 noch nicht die Ergebnisse von 1815 mit der «Heiligen Allianz» und dem «Deutschen Bund» voraussehen. Aber er war erfahren genug, sich auszumalen, was patrimonial gesinnte Dynasten im Verbund mit ländergieriger «Freundschaft und Nachbarschaft» anrichten und militärisch erzwingen konnten, sobald die revolutionären oder parlamentarischen Gegengewichte fehlten. Eine «gewaltige Zerrüttung in Europa» würde die Folge sein: «Das Stillschweigen Frankreichs und Englands, das Stillschweigen des gesamten Europa, als eine so bedenkliche Tat entworfen und ausgeführt ward, ist fast ebenso erstaunenswürdig als sie selbst.»

In der ihm eigenen Art, politische Zustände dialektisch aufzubereiten, machte Gentz für diesen schweren Bruch des Völkerrechts die «Erschlaffung des Geistes» verantwortlich und schob einen wesentlichen Teil der Schuld auf den «Verfall des lebendigen Sinns für das gemeinschaftliche Interesse der Staaten». Er hätte auch von einer absoluten «Kälte» sprechen können, mit der die libertäre Staatlichkeit Polens (Vertragstrias von König, Senat und Reichstag) von Absolutisten und Autokraten zerstört wurde – ohne Rücksicht auf rechtliche, menschliche und sprachliche oder mentale Identitäten. Darauf sollten sich in Zukunft die zahlreichen Polen-Freunde berufen, die Teil jener Verfassungsbewegung waren, an der das Metternichsche Teilungssystem nach 1815 gemessen wurde.

Marschall Blücher, der sich selbst wie ein Grobian aufführen konnte, beschimpfte Metternich einmal als «Millionenhund» und «Schuft, welcher gehenkt zu werden verdient». Er hatte seine Gründe für dieses gewiß nicht ehrenwerte Urteil. Aber Erb-Kaiser Franz I. hielt an dem «österreichischen Malefizkerl» fest, weil er in diesem den besten Garanten für den eigenen Besitzstand sah. Die Frage nach der «Eiseskälte» und dem fast kriminell gehandhabten Zynismus der Macht drängt sich seither immer wieder auf, konnte er doch buchstäblich über Leichen gehen und «Freundschaften» wie ein Geschäft handhaben.

Eine mögliche Antwort scheint Wilhelmine von Sagan geben zu können. Sie kannte Metternich besser als Gentz und jeder andere am Wiener Hof. Vor allem die schizoide Trennung von Herz und Hirn beunruhigte sie mehr, als er sich vorstellen wollte, zeigte er doch darin eine Gespaltenheit, deren Spannungen sie mitunter kaum ertragen mochte. Denn er «spielte» mit diesen «Teilen», ohne ein stimmiges Ganzes als Ausdruck von Gegenseitigkeit herstellen zu wollen. In ihrer Analyse zum Ende der Beziehung mit Metternich schrieb ihm Wilhelmine: «In einer Ehe genügt sicherlich Freundschaft von Pflichtgefühl unterstützt. In einer Liaison aber muß man etwas finden, was das Bewußtsein einer Verpflichtung verdrängt. Ich tat alles in meiner Macht stehende. Es gelang mir, Dir gerecht zu werden. Ich sah in Dir den ersten der Männer und zweifellos den, der mich am meisten liebte. Doch über eine herzliche Freundschaft hinaus blieb in mir alles still.»

Karlsbader Feindbild

Die künstlich erzwungene Friedhofsstille nach dem Wiener Kongreß währte nicht lange. Denn die Verfassungsbewegung im Frankreich der Bourbonen-Restauration war ebenso rührig wie jene aus dem Befreiungskrieg gegen Napoleon. Von ihr schloß Görres auf eine «Teutsche Revolution». Davon erhoffte er sich, daß sie für alle Deutschen endlich eine Konstitution brächte, die nach Verträgen geordnet war und die Nation in die «ihr geraubten Rechte» (Campe) einsetzte.

Görres war sich in seinen liberalen Forderungen als Herausgeber des *Rheinischen Merkur* voll bewußt, daß die Niederringung Napoleons durch die verbündeten Mächte des Wiener Kongresses nur die Vertreibung des Teufels durch Belzebub sein konnte. Denn die Rückkehr der Bourbonen-Dynastie nach Frankreich hatte mit dem Pariser Frieden von 1815 zwar dem Land eine leidlich konstitutionelle Ordnung beschert, aber dafür besonders in den Nachfolgestaaten des Heiligen Reiches die dynastischen Diktaturen gefestigt. Deshalb klagte er auch, daß die in Paris verhandelnden Höfe nicht nur Elsaß-Lothringen bei Frankreich belassen, sondern auch aus Egoismus abgesprochen hätten, «Deutschland ohne eine Verfassung» beherrschen zu wollen – einer inneren «Anarchie» ausgesetzt.

Gentz, der neben dem Geld nur die Macht liebte («J'aime le pouvoir»), bis er die Tänzerin Fanny Elßler traf, haßte all diese «Humanitätsschwätzer», wehrte sich vehement gegen die Sicht dieses «politischen Schriftstellers» und zerpflückte in höhnischer Manier die «eingebildeten Rechte des deutschen Volkes»: Golo Mann ist ihm später gefolgt, als er Begriffe wie «Volk», «Nation», «Freiheit» und auch die «Revolution» auf den Wert von «Abstraktionen» reduzierte.

Was in Wien und Paris über die Köpfe von Land und Leuten festgeschrieben worden war, entsprach einer Scheinordnung und hatte die Verhältnisse nur auf der dynastischen Ebene geregelt – als Metternich-System der politischen Entmündigung. Dazu gehörte die behördliche Gleichschaltung, das Spitzelwesen auf allen Ebenen, die gezielte Desinformation und eine Politik der Konspiration, wofür sich die einzelnen Haus-Orden vorzüglich eigneten. Gentz, die korrumpierte Spielernatur, paßte in diese «Ordnung» eines geschlossenen Machtkreises, der jeden Versuch der Liberalisierung kriminalisierte und die Vergötzung der Dynastie als Verdienst um «Vater Staat» belohnte.

Metternich, dem aus der Geheimen Kabinettskasse des Erb-Kaisers 13 Millionen Gulden gezahlt wurden, ohne daß eine Quittung ausgestellt zu werden brauchte, lebte gut davon. Gentz, der ewige Schuldenmacher und Bankrotteur, verstand es ebenfalls, seine «Meriten» versilbern zu lassen, ohne sich sonderlich Gedanken zu machen, ob im «Völkerkerker» des Hauses Habsburg überhaupt eine politische Kultur der Freiheit möglich sein könnte. Im Vollgefühl der materiellen und militärischen

Der Maulkorb als Symbol der Restauration: zeitgenössische Karikatur. Die liberalen Kräfte in Europa, die mit der Französischen Revolution erste Morgenluft gewittert hatten, wurden mit den Karlsbader Beschlüssen 1819 jäh zurückgeworfen.

Absicherung des Wiener Fürstenkartells, sieht er zwar «gefährliche Krankheiten» kommen und meint damit die Idee der Freiheit: «Aber keins der Übel, womit der ‹Rheinische Merkur› in seinen erschütternden Weissagungen uns bedroht, werde eintreffen.»

Als dann im Gefolge des Wartburg-Festes von 1817 mit seinen «romantischen» Vorstellungen von Teutscher Freiheit der Student Karl Ludwig Sand den Theaterautor, Freiheits-Verächter und Zaren-Agenten Kotzebue ermordete, war auch Gentzens Aufregung groß. In einem Brief an Metternich vom 1. April 1819 kann er nicht genügend Worte aufbieten, um die «Abscheulichkeit» dieser Tat zu verurteilen. Gleichzeitig findet er zu «praktischen Reflexionen» gegen den «Haß der revolutionären Rotte», wie die deutschen Volksschriftsteller und liberalen Professoren an den Universitäten tituliert werden. Dabei scheint es ihn fast zu freuen, daß der Jenenser Student in Mannheim zugestochen hat: Denn «ich hoffe, daß wir durch diese entsetzliche Begebenheit ... den Debatten über Preßfreiheit in Deutschland auf eine Reihe von Jahren entgehen werden ... Ich sollte kaum glauben, daß irgendein Bundesstaat unverschämt genug wäre, jetzt noch die Einführung der Preßfreiheit denjenigen Regierungen zuzumuten, welche sie bisher nicht geduldet haben.»

Metternich stimmte Gentz durchweg zu, verlagerte aber in der weiteren Diskussion über geeignete Maßnahmen zur Abwehr der «Revolutionäre» und «Jakobiner» das Gewicht auf die genaue Zensur der Zeitungen und akademischen Druckschriften. Daß «die Revolution auf den Universitäten erzeugt werden dürfte», habe er zwar «nie gefürchtet». Daß sich an den hohen Lehranstalten aber «eine ganze Generation von Revolutionärs bilden müsse», erkennt er als Gefahr. Hier vertraut er auf die allmähliche «Ermüdung der Studenten» und hofft, daß die «Verblödung der Professoren» die Revolutionslust mehr hemmen wird als harte Regierungsmaßnahmen. Dennoch denkt er von Rom aus darüber nach, ganz im Sinne von Gentz bestimmte Maßregeln anzuwenden, die «einzig durch freundschaftliches Einverständnis zwischen Preußen, Sachsen, Hannover, Bayern und Baden in aller Stille beschlossen werden könnten».

Allerdings wußte Metternich, wie uneinig und schwach die einzelnen Fürstenhöfe waren, so daß mit Raffinesse vorgegangen werden mußte, um die Revolutionsgefahr auf Dauer zu bannen. Er fühlte sich in seiner Haltung vom Erb-Kaiser bestens verstanden, der die Karlsbader Beschlüsse gegen den Revolutions- und Konstitutionsgeist absegnete. Ein geschworener Feind jeder Form von Ungehorsam und Opposition, verdonnerte der Erb-Kaiser eine Delegation von Professoren auf das patrimoniale oder dynastische Prinzip und behandelte sie wie ein Stück Eigentum: «Es sind jetzt neue Ideen im Schwunge, die ich nicht billigen werde. Enthalten Sie sich von diesen und halten Sie sich an das Positive; denn ich brauche keine Gelehrte, sondern gute rechtschaffene Bürger. Die Jugend zu solchen zu bilden, liegt ihnen ob. Wer mir dient, muß lehren, was ich befehle; wer dies nicht tun kann oder mir mit neuen Ideen kommt, der kann gehen, oder ich werde ihn entfernen.»

Damit sprach er Metternich aus dem Herzen, der für sich klar erkannt haben wollte, wie die geistige Bewegung an Schulen, Universitäten und im Zeitungswesen gesteuert werden konnte, zumal sie die staatliche «Einheit Deutschlands» predigte und den Nationalismus auf eine Konstitution der Menschenrechte bezog: durch scharfe Kontrollen des Schrifttums und die brutale Ausnützung materieller Abhängigkeit von Lehrern und Journalisten.

Gentz bewies Metternich, wie ein Publizist bestochen werden konnte, sobald ihn die Nähe der Macht lockte, die Einbildung kitzelte und Geld sein Denken dämpfte – nach dem Motto «Wessen Brot ich eß, dessen Lied ich sing». Diese Machtmelodie wurde durch die Feindbilder erheblich verstärkt, die mit den Karlsbader Beschlüssen den Liberalismus mundtot machen sollten. Denn das Verdikt vom Staatsfeind als Kämpfer gegen das dynastische Prinzip und für eine Verfassung bedeutete in der Regel den bürgerlichen Ruin oder das Ausweichen in die Emigration.

Bedenkt man die Spätfolgen dieser so destruktiven Politik Metternichs, dann wird verständlich, was Begriffe wie «Reichsfeinde» (Bismarck) und «Volksfeinde» (Hitler) anrichten mußten, sobald Kritiker entmündigt und enteignet waren. Darauf hatte der Staatskanzler seine politische Kraft gerichtet, bis ihm die Revolution von 1848 den Sturz bereitete und ihn für einige Zeit nach Brüssel und London ins Exil trieb.

Nachdenklich haben ihn diese Vorgänge nicht gestimmt, und schon gar nicht wurde er dadurch geläutert. Im Gegensatz zu Gentz, der auf seine alten Tage sich besinnen und daran erinnern konnte, daß er einmal in der Revolution von 1789 ein Hoffnungszeichen gesehen hatte, der Menschheit «Recht und Gerechtigkeit» zu verschaffen. Am Ende hat er diese Forderungen gegen die «Freiheit» ausgespielt und daraus ein Feindbild gemacht. Niemand wird bestreiten wollen, daß diese Energien in hohem Maße geschichtswirksam geworden sind und noch in

Einzelpositionen des Versailler Friedenswerkes von 1919 auftauchen.

Wer dem freiheitlichen Menschen als «mündigem Bürger» ein Freund ist, der kann in Metternich und Gentz nur zwei «falsche Freunde» des Ordnungsdenkens sehen. Am Ende ihrer Zusammenarbeit waren sie sich oft spinnefeind und unterhielten ihre «Freundschaft» wie ein Geschäft, das sich leerleierte – in Worten und Werken.

Dazu gehörte auch ihr wiederholtes Bekenntnis, «Deutscher» zu sein. Aufgrund der Machttraditionen des Absolutismus machten sie sich aber keine Mühe, die «herrliche Reichsstruktur» der Teutschen Nation vor 1806 als etwas Positives zu sehen. Dezentrale Ordnung mit kommunaler Selbstverwaltung und Föderativwesen auf allen Ebenen des öffentlichen Lebens erschien ihnen nicht als Ausdruck von Patriotismus, sondern als permanenter Angriff auf die dynastischen Diktaturen. Ihr «nationales» Bekenntnis war nicht auf Deutschland als Hort der Rechtlichkeit bezogen, sondern auf die Sicherung von Machtstrukturen gerichtet, die wenigen Familien ein «gutes Leben» bescherten.

In Metternich und seinem «Mitregenten» Gentz erkennt man auch die Kräfte, die jenen «deutschen Patriotismus» förderten, von dem Bismarck eine Generation nach ihnen meinte, daß er sich auf die Anhänglichkeit an einen Fürsten konzentriert: «Die Deutschen würden fester geschmiedeten Nationen zur Beute fallen, wenn ihnen das Bindemittel verloren ginge, welches in dem gemeinsamen Standesgefühl der Fürsten liegt.»

So dachten auch der Staatskanzler Fürst von Metternich und sein Gehilfe Gentz.

Der Freundschaft einen Tempel

Friedrich Nietzsche und Erwin Rohde

von Werner Ross

Niemand hätte diesem Jungen vorwerfen können, er sei nicht zielbewußt. Er strebte nicht nur nach der Versetzung, sondern auch nach einem vorerst unbestimmten Höheren. Beim Schulausflug verschwanden die Kameraden im Burgkeller, wo es zu trinken gab, war es auch nur Himbeerlimonade, er stieg auf den Turm und übte – so dichtete er für seine Schublade – «mein Herrscheramt». Herrschen kann man ganz allein, auch schon mit vierzehn. Aber man braucht Helfer, Ratgeber, Freunde. Das sollen nicht die sein, mit denen man sich neckt und balgt. Sie müssen ausgesucht sein, fähig, ernst, so wie es das Vorhaben will.

So kommt 1860 in Naumburg der Freundschaftsbund «Germania» zustande, Nietzsche ist fünfzehn. Drei sind sie im ganzen: Fritz Nietzsche, der Gründer, Wilhelm Pinder, Gustav Krug. Wozu dient der Bund? Nun, um jenes Deutschland, das nicht nur den Namen hergibt, sondern auch das Ziel anzeigt, zu reformieren. «Der kleine Pastor» (so hat er schon als Kind geheißen) fühlt sich als Reformator, ein neuer Luther wäre an der Zeit. Die Zusammenkünfte heißen Synoden, es müssen Vorträge und Kompositionen eingereicht werden, Strafgelder sind fällig, wenn es nicht geschieht. Nietzsche ist der erste Präsident, trägt vor, spielt vor, und als es nicht so klappt, wie es soll, spricht er düster von «Verdumpfung und Versumpfung».

Dann mit siebzehn und mit den Ideen, die er nun faßt, steht er allein. Seine Reformation – die er in dem Aufsatz *Fatum und Geschichte* für sich selber niederschreibt – wird viel weiter gehen als die Luthers; wird an den Grundfesten des Christentums rütteln. Das darf man auch in Schulpforta nicht, wo die Lehrer zwar nicht fromm, aber humanistisch aufgeklärt sind. Ein zu kecker Mitschüler, dem er sich freundschaftlich nahe fühlte, hat die Schule wegen unchristlicher Reden verlassen müssen. Er sieht sich selbst dramatisch: «Ich habe alles zu leugnen versucht: o, niederreißen ist leicht, aber aufbauen!» Nun, es zeigt sich, daß er sein Leben an beides setzt: an die Zerstörung des Christentums und an einen neuen Glauben.

Aber das kann er nicht, solange er allein auf weiter Flur ist, Freundschaft und Bundesgenossenschaft wachsen wieder zusammen. Er sucht im Laufe seines Lebens nur gelegentlich nach einer Frau, nach einem geliebten Wesen, oder auch nach einer Haushälterin fürs Praktische; aber er späht immer und unentwegt aus nach Mitstreitern, Anhängern, Kameraden, und er findet, weil er so unablässig sucht, weil er so emsig bemüht ist, die Gefundenen zu halten, einen Freundeskreis, den er am liebsten zur Gemeinde umtaufen möchte.

Freunde, Schüler, Jünger, auch solche, zu denen er aufblicken kann, wie zu Wagner: eine Männerwirtschaft überwiegend und im ganzen. Schon Wagner hat, zu der Zeit, als Nietzsche sich von ihm in scharfer Kehrtwendung trennte, den häßlichen Verdacht ausgesprochen, daß da auch Sexuelles im Spiel sein könnte, und gebrauchte vertraulich, um Nietzsches Leiden zu erklären, das Wort «Päderastie». Ein fleißiger und hartnäckiger Philosoph mit Reportertalenten, Joachim Köhler, ist der Sache nachgegangen, hat Indizien für homoerotische Neigungen gesammelt, will den Leser auf seine Seite ziehen. Aber er hat nicht gut genug geforscht. Die Wollust – Nietzsche gebraucht das Wort Sexualität noch nicht – gehört zur Paarung von Mann und Weib, aber wenn eine Frau über diese Rollenverteilung hinausragt, wenn sie Freund und Jünger sein will, wenn sie nicht nur aufnimmt, sondern anregt, dann ist sie der Glücksfall, das Ausnahmephänomen – so hat Nietzsche Cosima Wagner und Lou Salomé gesehen und verehrt.

Das Wort, in dem sich für ihn alles Heilige und alle Hoffnung zusammenfaßte, war Freundschaft, philía, wie im Griechischen nicht an ein Geschlecht gebunden, aber von der Sache her, von den Geschäften her, die er betrieb, Männersache, Kampf der Gleichgestimmten. Innerhalb dieses Kreises konnte eine bestimmte Beziehung besonders herzlich werden, und wenn man Nietzsches lange Freundesliste durchschaut, lassen sich solche Unterscheidungen treffen und diejenigen unter seinen Freunden hervorheben, die eine solche Herzlichkeit vor allen anderen ausgezeichnet hat. Aufgereiht erscheinen da der vierschrötige Schulfreund Deussen, der edelnational gesinnte von Gersdorff, der redlich-kritische Overbeck, der Paralleldenker Rée, der leicht begeisterte von Stein und als letzter und dienstbeflissenster Gefolgsmann Köselitz, der Helfer-Diener, den Nietzsche mit genauer Überlegung als «Peter Gast» in seine Schar aufnahm. In dieser Schar ist Erwin Rohde der Auserwählte, der Jünger, den Nietzsche liebte.

Dieser Essay ist ihm vor allem gewidmet, aber er vergißt nicht die Schar der eben Genannten und nicht die besondere Rolle, die Freundschaft als sakrale, ja liturgische Gemeinschaft in Nietzsches Religionsstifter-Denken spielte.

Erwin Rohde wurde am 8. Oktober 1845, ein Jahr nach Nietzsche, in Hamburg als Sohn eines Arztes geboren, studierte Philologie in Bonn, wie Nietzsche, und liebte wie er die Musik. Ohne voneinander zu wissen, nahmen beide an dem großen Kölner Musikfest teil. Beide folgten ihrem Lehrer Ritschl von Bonn nach Leipzig und nahmen langsam Kenntnis voneinander, vor allem nachdem Rohde in den Philologischen Verein eingetreten war, in dem Nietzsche so dominierte wie einst im Kleinverein «Germania». In einem Brief an einen anderen Freund befand Nietzsche im Juli 1866, daß Rohde «ein sehr gescheiter, aber trotziger und eigensinniger Kopf» sei.

Dann schmolz Rohdes Eigensinn im Umgang mit Nietzsche, den er als seelenverwandt erkannte. Sie nahmen gemeinsam Reitunterricht und übten sich gemeinsam im Pistolenschießen. Sie gingen zusammen ins Theater und Konzert, sie trugen beide die damals neumodischen Schnurrbärte und verehrten beide Schopenhauer. Mit der Reitpeitsche in den Hörsaal zu treten, fanden sie schick.

Bei der Liebe spielen die Reize und Spannungen aus der Verschiedenheit der Geschlechter ihre nicht zu unterschätzende Rolle. Bei der Freundschaft ist in der Regel Nähe, Nachbarschaft am Werk: des Alters, der Herkunft, des Ranges, der Gesinnung. Aus dem Dutzend oder den zwei Dutzend einer Gruppe, die gleiche Ziele verbindet, kristallisiert sich in der Wahl des Freundes die größere Übereinstimmung der Charaktere und Meinungen, der Neigungen und Absichten heraus. Freundschaft lebt im gemeinsamen Eifer und Austausch bei der Arbeit, im wärmenden Beieinanderhocken in der Freizeit, in vereinten Unternehmungen in den Ferien und womöglich in ellenlangen Briefen bei der Trennung.

So war es mit Nietzsche und Rohde, und die häufigen ellenlangen Briefe, die sie einander schrieben – im Druck sechs oder gar acht Seiten umfassend – bezeugen nicht nur die Lust am Nachrichtenaustausch und Ideengleichklang, sondern auch die Reflexion über die Freundschaft selbst. Zu ihr gehört die wortreiche Bestätigung, daß man mit dem anderen einen guten Griff getan, eine gute Wahl getroffen hat.

So erinnert sich Nietzsche in einem ersten uns erhaltenen Brief (vom 3. November 1867), während er selbst seinen Wehrdienst als Kanonier in Naumburg ableistet und Rohde in Kiel weiterstudiert: «Damals ein Leben in freister Selbstbestimmung, im epikureischen Genuß der Wissenschaft und der Künste, im Kreise von Mitstrebenden, in der Nähe eines liebenswerthen Lehrers und – was mir das Höchste bleibt, was ich von jenen Leipziger Tagen sagen kann – im steten Umgang mit einem Freunde, der nicht nur Studienkamerad ist oder etwa durch gemeinsame Erlebnisse mit mir verbunden ist, sondern dessen Lebensernst wirklich denselben Grad zeigt, wie mein eigner Sinn, dessen Werthschätzung der Dinge und der Menschen ungefähr denselben Gesetzen wie die meinige folgt, dessen ganzes Wesen schließlich auf mich eine kräftigende und stählende Wirkung hat.»

Was Nietzsche so zusammenfaßt, hat Rohde vorher in einem Brief aus dem heimatlichen Hamburg nach Naumburg schon anklingen lassen. Sein Brief ist das Gründungsdokument ihrer Freundschaft. Rohde geht davon aus, daß Nietzsche als der Ge-

Vorübergehend der Dritte im Bunde, dann wieder von Nietzsche in direkte Konkurrenz zu Rohde gedrängt: Carl von Gersdorff, links Rohde, rechts Nietzsche.

bildetere, als der Geselligere von beiden ihm, dem «querköpfigen und abstoßenden Kerl», mit seiner herzlichen Teilnahme einen besonderen Gefallen getan habe. Er dankt für die fröhlichen und erquickenden Tage, die sie in Leipzig miteinander verbracht haben, «und ich denke, *old boy*, daß auch Du mit Vergnügen an so manche Augenblicke innigster Harmonie in den Grundstimmungen des Denkens und des Seins zurückdenkst». Die «Gleichtemperierung» sei um so schätzenswerter, weil er im Kontrast mit anderen gelernt habe, daß man mit der Mehrheit in vielen, oft fundamentalen Punkten innerlich nicht harmoniert. Eine Kiste ist dem Brief beigefügt, und Nietzsche entnimmt ihr ein Bild Schopenhauers. Schopenhauer ist der geniale Mann, «dessen Lehren wir es doch vorzüglich verdanken, daß wir in allen Hauptsachen so ausnehmend harmonisch gestimmt waren»; er wird das Schiboleth der «kleinen Ketzergemeinde» sein, die sie darstellen und an die sich der eine oder andere Auserwählte anschließen mag.

Rohdes Brief enthält aber nicht nur Bestätigungen und Beschwörungen der jungen Freundschaft, sondern auch einen Rückblick auf das, was man den Freundschaftsfrühling nennen kann: «Das letzte halbe Jahr, wo wir eigentlich wie auf einer Art Isolirschemel mit einander fast allein verkehrten, war für mich das glücklichste und förderndste meiner bisherigen Universitätszeit, mit seinen Schützenhausnächten und den Reitübungen und den Theatergenüssen, und so vielen behaglichen Gesprächen über alle Dinge, die einen anständigen Menschen interessiren: und vor Allem denke ich mit Freude zurück an die Abende wenn Du mir im Finstern auf dem Clavir vorspieltest: ich fühlte den Abstand zwischen einer productiven Natur und mir ohnmächtig wollenden Halbhexe, aber die Seele schloß sich doch auf unter den Tönen und ging einen somewhat elastischeren Schritt.»

Bei diesem Freundschaftsbund liegt auf der Hand, daß Rohde der zum Freund Aufblickende ist, der sich selbst geringer Einschätzende, bei aller nicht unsnobistischen Überlegenheit über die Geistesplebejer rundum. Ganz gegen unsere Vorstellung ist Nietzsche der geselligere und gefälligere, der moderne und mondäne Ratgeber und Bahnbrecher, der dem Griesgram den Weg aus seiner Einsamkeit weist.

Im Sinne dieser Ermunterung zu einer flotteren Existenz ist das Projekt zu sehen, das nun beide lange Zeit verbinden wird: der Pariser Plan. Irgendwo in der Ferne liegt die Professur an einer deutschen Universität, mühselig über die Habilitierung und das Schmachten als Privatdozent zu erreichen. Aber vorher soll es noch einmal so herrlich-fröhlich-freundschaftlich zugehen wie in der ersten Leipziger Zeit – nur daß der Schauplatz nicht mehr das biedermännische Leipzig sein soll, sondern das hinreißend mondäne Paris.

Nietzsches langer Brief vom Februar 1868 schließt mit dem Satz: «Und im nächsten Jahr gehe ich nach Paris. Beinahe bin ich überzeugt, daß Du auf denselben Gedanken kommen wirst», und zur Begründung heißt es: «Bekanntlich muß ja ein Biedermann lustig, guter Dinge sein, wenn anders Sankt Offenbach Recht hat.» Sankt Offenbach macht Sankt Schopenhauer überraschend Konkurrenz. Der Biedermann, den Nietzsche zitiert, ist der Lebemann Menelaus aus der *Schönen Helena*, der großgewordene kleine Pastor hat nicht übel Lust, über die Stränge des «comme il faut» zu schlagen.

Aber Freund Rohde, im Freundschaftsbündnis der Ernstere, Schwerblütigere, schreibt zu Nietzsches Pariser Reiseplan: «noch schöner wär's freilich, wenn es gleich eine italienische (Reise) würde!» Anfang April antwortet Nietzsche: kein Wort über Italien, der Pariser Vorschlag wird statt dessen ausgebaut. Man müßte auch daran denken, in Paris etwas zu verdienen, sein Vermögensrestchen reiche nicht aus, dort zu leben, «besonders nach Pariser Fuß». Auf diesen guten Vorsatz folgt eine Art Manifest: «Jedenfalls wird dort großartig gearbeitet, die Bibliothek zerwühlt, eine Revolution mitgemacht, der Tod des Kaisers erlebt und Französisch gelernt.» Eine bizarre Liste: «großartig» gearbeitet, das heißt «nicht nach deutscher Federfuchserart». Das Ende des Empire, die Revolution, das sind die Umwälzungen, die Bewegung in die Geschichte, auch in die deutsche, bringen. Und Französisch? Da liegt vielleicht die wahnwitzige Hoffnung Nietzsches verborgen, er könne eines Tages von Paris aus die Feder führen wie einst Heinrich Heine.

Rohde stimmt zu, stimmt ein, malt aus, nicht ohne Humor: Sie werden im achten Stock wohnen, Stunden geben im Tanzen, im Griechischen und im Biertrinken, «und im übrigen *leben* wir, saugen mit allen Organen, was Gutes und Wissenswertes in den Museen, Bibliotheken, und namentlich im Leben sich darbietet, ein, entdecken ungezählte Anecdota, trinken Tag und Nacht Absinth und machen uns deutschen Winkelpedanten so unähnlich wie möglich». Rohde tut sich sichtlich schwer, dem lustigen Biedermann Nietzsche nachzusteigen. Absinth ist bei ihm das einzige Stichwort aus der Pariser Lasterszene, aber immerhin spielt er «leben» gegen die deutsche Arbeitswut aus.

Nietzsche in seiner Antwort unterstreicht: «Soyons de notre siècle, wie die Franzosen sagen.» Es ist eine Frage der Modernität, ob man der alten deutschen Gelehrsamkeit anhängt oder der leichteren Schreib- und Lebensart der westlichen Nachbarn. Zum Schluß wagt er wirklich ein Bekenntnis: «Denn ich habe jetzt keinen sehnlicheren Wunsch als die schönen Bilder eines Pariser Zusammenlebens in die Wirklichkeit übersetzt zu sehen.» Und noch einmal (Brief vom 6. August 1868): Irgendwann werden sie beide Professoren sein und ihre «Irrlehren» verbreiten, «aber nichts darf uns abhalten, erst noch ein Jahr in Paris zusammen zu verleben... Vorher aber lernen wir noch die göttliche Kraft des Cancan und üben uns, ‹gelbes Gift› zu trinken, um später würdig an der Spitze der Civilisation zu marschieren.» Da hebt sich noch ein Zipfelchen von Nietzsches Pariser Träumen. Der Cancan, der wilde, ausgelassene Tanz, die Balletteusen, die hochgeworfenen Beine, das fasziniert ihn seit dem Abend mit der *Schönen Helena*; und es bleibt eine lebenslange Sehnsucht, die erst am Ende gestillt wird, als er in Turin wieder eine französische Ballett-Truppe sieht.

Leider kennen wir nicht Rohdes Antwort auf Nietzsches Lustanwandlungen, denn wenig später kam Rohde selbst nach Naumburg, genoß wieder endlose philosophische Gespräche und reiste mit Nietzsches Exemplar von Langes *Geschichte des Materialismus* weiter; erst Anfang November taucht das Paris-Projekt in einem Brief nach Leipzig wieder auf, wo Nietzsche sich als kommender Doktor, Privatdozent und Literat höchst gemütlich eingerichtet hat. Hoffentlich, so seufzt Rohde, fällt der Pariser Plan nicht diesem epikureischen Leipziger Leben zum Opfer, denn, «ganz aufrichtig zu sein, nicht der philologische, nicht einmal der rein ethische Gewinn ist mir an jenem Pariser Aufenthalt die Hauptsache, sondern die Aussicht, mit Dir, mein alter Freund, zusammen noch einmal eine Zeit in gemeinsamem Streben zu verleben, gewiß das letzte Mal für eine lange Zeit». Wir dürfen ihm aufs Wort glauben, er ist in dieser Freundschaft der Einsame, Eigenbrödlerische, der Misanthrop,

Nietzsche der Lebenslustige, Geistesflinke, Gesellige, der ihn seinen Grillen entreißt.

Auch Nietzsche strickt weiter am Plan, aber auf eine Weise, die Rohde möglicherweise durchaus nicht behagen wird. Schon am 8. August 1868 geht der Lockbrief nach Berlin, in dem er einem anderen Freund, dem national gesinnten Juristen Carl von Gersdorff, vorschlägt, mit ihm und einigen anderen guten Freunden wie Rohde, Kleinpaul, Romundt in Paris, an jener «Hochschule des Daseins», zu studieren, um «in Paris das Deutschtum und Schopenhauer (zu) repräsentieren». Er selbst gehe nach Paris «ebensowohl aus Humanitätsrücksichten wie aus ganz speziellen philologischen».

Da kreuzen sich, anscheinend harmlos, zwei Motivketten, zwei Zielsetzungen, die nichts gemeinsam haben als den Nenner Paris. Das eine ist die epikureische, auf Rohde zugeschnittene Variante: Paris als «Hochschule des Daseins», durch die die Freunde «mit ernstem Auge und lächelnder Lippe» schreiten, «philosophische Flaneurs», die man überall zusammen zu sehen sich gewöhnen werde, in Museen und Bibliotheken, in Notre-Dame und in dem Tanz- und Gartenlokal Closeries des Lilas. Die zwei würden unzertrennlich sein wie die Dioskuren oder Orest und Pylades – das konnte man damals noch, sich auf so untadelige Vorbilder stützen, ohne Verdacht zu erwekken.

Viel seltsamer war die Zweieinigkeit dieses «Lust-Nietzsche» mit dem Prediger Nietzsche, der sich in einem zweiten Brief, nachdem Gersdorff abgewinkt hatte, noch deutlicher zu Wort meldete: Er, Nietzsche, gebe die Hoffnung nicht auf, daß er mit Gersdorff in Paris längere Zeit zusammenleben werde; «jedenfalls kommt ein ganzer Club von Schopenhauerfreunden dort zusammen, und ich denke, wir werden eine Art von literarischer Mission zu erfüllen haben». Da steht schwarz auf weiß das Wort «Mission», nur durch «literarisch» gedämpft. Was ist eine literarische Mission? Hat sie mit der Werbung für Schopenhauer zu tun? Und wie stimmt diese deutsche Mission zusammen mit der Neigung fürs Pariser Feuilleton und für Ragout statt Rinderbraten, die er der mütterlichen Freundin Sophie Ritschl, der Frau seines Lehrers, einen Monat vorher bekundet hat?

Fühlt er sich als Deutscher und Fremder im Schopenhauerclub sicherer als mit Rohde allein? Oder braucht er den Kreis der Freunde, um Mutter und Schwester gegenüber das Unternehmen als einwandfrei zu deklarieren? Jedenfalls verfaßt er um die gleiche Zeit einen weiteren Werbebrief an den Freund Herman Mushacke, und es ist bemerkenswert, wie nahe die Wendungen seiner Freundschaftsrhetorik denen des Briefwechsels mit Rohde kommen: Wenn Mushacke nach aller Abgespanntheit Neigung fühle, «im traulichen Gespräch mit einem Freund auszuruhn, mit lächelnder Zuversicht Zukunftspläne auszumalen, Hoffnungsfäden zu spinnen und alte vergangene Tage und Freuden wiederzukäuen», dann möge er ihn doch aufsuchen, in Naumburg, Leipzig oder Paris, wohin ihn Rohde und vielleicht auch Kleinpaul und Romundt begleiteten. Er möge sich vergegenwärtigen, welchen Effekt eine ganze Kolonie deutscher Gelehrter in Paris machen werde.

Rohde hört von diesen neuen Plänen nichts. Sein eigentlicher Zweck, Freundschaft als Einheit zu *leben*, wäre mit dem Club ja zum Erliegen gekommen. Aber was nun geschieht, verändert ohnehin einschneidend die Situation. Eine Pechsträhne trifft den Melancholiker Rohde, während ein märchenhaftes Glück dem ohnehin verwöhnten Nietzsche in den Schoß fällt.

Dem armen Rohde war das Schlimmste passiert, was einem aufstrebenden jungen Gelehrten zustoßen kann; sein Thema war von einem anderen schneller behandelt und abgeschlossen worden, hatte die Zustimmung des Professors gefunden, würde demnächst gedruckt werden, während er selber auf seinem Manuskript sitzenblieb. Nietzsche tröstete als guter Freund, bot sogar an, Rohdes Schrift mit eigenen zusammen zu veröffentlichen, und Rohde schrieb feierlich zurück: «Nichts gibt mir mehr Halt in diesen Tagen als der Gedanke an Deine Freundschaft: sei überzeugt, daß ich Deine Treue und Liebe in ihrem ganzen Werth im Tiefsten empfinde.»

Der Fallschirm von Nietzsches Glück entfaltete sich langsam. Am Ende stellte sich heraus, daß es das überwältigendste Geschenk war, das einem jungen Akademiker zuteil werden konnte: eine Professur, ein Lehrstuhl, ohne daß der Glückliche schon promoviert und sich habilitiert, also die selbstverständlichen Vorbedingungen erfüllt hätte. Wie unendlich lang war oft die Zeit, die der Privatdozent, als Privatmann und auf eigene Faust, ohne alle Bezüge warten mußte, ehe die frohe Botschaft kam. Kurz und gut: es war das große Los – aber es meldete sich auf Umwegen an.

Überraschend wurde der vielversprechende junge Mann eingeladen, Richard Wagner kennenzulernen, der sich streng inkognito in Leipzig aufhielt. In bester Stimmung hat Nietzsche selbst die Geschichte dieses Zusammentreffens Rohde erzählt: «Gieb mir zu», schrieb er ihm, «daß die Einleitung dieser Bekanntschaft, bei der großen Unnahbarkeit des Sonderlings, etwas an das Mährchen streifte.» Immerhin waren ein paar Nietzsche vertraute Personen in das Märchen verwickelt: Frau Ritschl, die Protektorin des jungen Mannes, und ihre beste Freundin, die mit dem Orientalisten Brockhaus verheiratet und, welch ein Zufall, Wagners Schwester war.

Der junge Mann, musikalisch versiert, hatte Frau Ritschl aus den *Meistersingern* vorgespielt, und so hatte man ihn zu dem Kränzchen gebeten, vor dem Wagner sich als Genie und sächsischer Späßemacher produzierte. Daß er ernsthaft auch nach einem jungen Mann fahndete, der etwas von der griechischen Tragödie verstand und der ihm helfen konnte, sein eigenes Musikdrama hellenisch aufzuputzen, hätte Nietzsche nie zu vermuten gewagt. Er nahm die Sache, wie sie ihm erzählt wurde. Wir aber dürfen unseren Scharfsinn weiter treiben: Die Professur in Basel rückte Nietzsche auf Sonntagsbesuchsnähe an Wagners Wohnsitz in Tribschen bei Luzern heran.

Zunächst ist Nietzsche bemüht, den Briefwechsel mit Rohde im warmen Ton herzlichster Freundschaft fortzuführen. Daß er in der Hochstimmung seiner Erfolge dabei ein paar Purzelbäume schlägt, gesteht man ihm gern zu. Am Bußtag, dem 20. November, schreibt er noch einen bekräftigenden Brief, der unter dem Motto steht: Was gehen uns die anderen an? Vorbilder sind allein Wagner und Schopenhauer, die den Glauben an sich unter dem Hallo der ganzen «gebildeten» Welt aufrechterhalten. Und wenn *sie beide* auch keine Götter, sondern nur Käuze seien: auch solche hätten ihr Lebensrecht, «als fröhliches Schauspiel für die Himmlischen».

So tritt noch einmal die Freundschaft aufs Tapet: Wie schade, daß sie beide jetzt, wo sich ihre Weltanschauung im Umgang mit Staaten und Studien, mit Menschen und Weltgeschichten zu bewähren habe, durch soviel Meilen getrennt seien. Nichts wäre doch erquicklicher, als wenn sie wie damals in Leipzig am Mittagstisch bei einem symbolischen Nachmittagskaffee «von der Mitte des Lebenstages rückwärts und vorwärts schauen könnten».

Nun wäre wieder der rechte Augenblick für den Pariser Plan gekommen. In der Tat, aber bei genauem Hinschauen läßt sich eine neue Variante erkennen: «Nun, es wird dazu auch in Paris noch nicht zu spät sein: wo die große *anagnórisis* unserer Komödie stattfindet und zwar auf der schönsten Scene der Welt, zwischen den buntesten Coulissen und einer Unzahl glänzender Statisten. Ach, wie schön ist diese Luftspiegelung!»

Die Anagnórisis ist die Happy-End-Szene der griechischen Komödie, in der sich die Liebenden nach schrecklich langer Trennung und vielen Leiden wiederfinden. Paris, so muß man dieses Neue verstehen, ist keine Station der Lebenskarriere mehr, mit gemischten Zwecken, sondern ein buntes *Theater*stück, das hart gegen die kommune Wirklichkeit, gegen die schändlich gemeine Empirie, gegen das Soll und Haben der Kommerzwelt gehalten wird, wunderschön – aber eben nur geträumt.

Der Ernst des Lebens ist bedrohlich nähergerückt, und da Nietzsche dem fernen Freund nicht auf die Schulter klopfen kann, bringt er mit einem Faustzitat den Brief als «festlich hohen Gruß» dem Freunde dar. Danach trinkt er, da nun einmal getrunken werden muß, das Tintenfaß aus, und der Chor der Asketen singt, wiederum faustisch:

> Selig der Liebende,
> der die betrübende,
> Heilsam und übende
> Prüfung bestanden.

Das Burleske überwiegt und überdeckt die Melancholie. Paris, so kann man es nur deuten, war der schönste Traum unserer Freundschaft, und nun macht die Wirklichkeit damit kurzen Prozeß. Was bleibt von den enthusiastischen Freundschaftsversicherungen, wenn das Leben, der Beruf einfach ihren Strich durch alle Pläne machen?

Trotzdem: die Geschichte zeigt, daß diese Freundschaft resistent, ihre Aura unzerstörbar ist. In die tote Zeit zwischen der Wagner-Euphorie und dem Angebot der Baseler Professur um die Jahreswende 1868/69 fallen zwei der schönsten Texte beider Freunde, exemplarisch für alle, die darüber sinnieren, was, burschikos gesprochen, an Freundschaft «dran» sei.

Rohde schreibt kurz vor Weihnachten. Sein Brief, so versichert er, möge ein Unterpfand sein für die unveränderte Liebe, mit der er Nietzsches gedenke. Er fährt fort: «Dir verdanke ich die besten Stunden meines Lebens; ich wollte, Du könntest in meinem Herzen lesen, wie innig dankbar ich bin für alles, was Du ihm geschenkt; der Du mir das selige Land reinster Freundschaft erschlossen hast, in das ich, mit liebedurstigem Herzen früher wie ein armes Kind in reiche Gärten geblickt hatte. Der ich von jeher einsam war, ich fühle mich jetzt vereint mit der Besten Einem, und Du kannst schwerlich verstehen, wie das mein inneres Leben verändert hat; bei meinem tiefen Bewußtsein meiner Härten und Schwächen erquickt mich Liebe und Milde wie etwas Unverdientes unsäglich. Ich wünschte nur, wir wären zusammen, ich werde für den Umgang mit philologischen und unphilologischen Maulwürfen immer ungeeigneter und sehne mich täglich nach Dir, lieber Freund, und jenem tiefsten Einklang, der unsern Verkehr so beglückend machte.»

Rohde ist kein Philosoph, sondern ein schwerblütiger Mensch, der mit den Worten ringt. Er sucht nach einem passenden Vergleich und läßt sich auf die Musik ein, denn Nietzsches Schwenk zu Wagner wird nun das große neue Thema ihrer Freundschaftseinigkeit sein. Die meisten Menschen, so Rohde, nach heutigen Begriffen eher irrend, fänden in frivolen Rossini-Melodien ihr Genügen; nun gebe es aber Menschen, fährt er fort, «die nicht in flachem Singsang, sondern in ringenden Harmonien leben». Die Leute wunderten sich über das sonderbare Wogen, «wenn aber zwei solche Harmonieströme zusammenfließen, dann gibt es tieferen Wohllaut».

Das Bild ist nicht sehr glücklich, und erst recht mißlingt ihm der darauf folgende Vergleich seiner Person mit einem unbenutzten Klavier. Noch ist Rohde der poetischen Suada verfallen, dem deutschen Edelton, wenn er etwa im gleichen Brief schreibt: «Darum begrüße ich mit Jauchzen den neu erkannten Göttersohn, der hienieden R. Wagner heißt. So reines und ganzes Streben, von der Kleinlichkeit jener elenden Feinde und Freunde gleich frei, ist wie ein leuchtender Stern am finstern Himmel.»

So schrieb Rohde, so schrieb man damals, und auch Nietzsche hatte sich noch nicht völlig davon frei gemacht, wenn er Wagner überschwenglich huldigte. Aber in höherem Maß traf für seinen Stil nun zu, was er in einem früheren Brief an Rohde (vom 9. November) angedeutet hatte: Seine Gattung sei die des Menippos, *génos spudogéloion*, das im ernsten Ton Vorgetragene, das heiter gemeint sei.

Nicht ohne solche Anklänge ist auch der Freundschaftshymnus, mit dem Nietzsche am 10. Januar 1869 Rohdes ehrlich-ungeschickten Preis der Freundschaft beantwortet. Der Text enthält auch eine Lektion: So ungefähr würde ein Loblied aussehen, wenn es ein gewiefter Rhetor, ein Autor, der in Paris mithalten wolle, verfaßte. Nach der Mitteilung, daß sein Brief die Weihnachtsfreude vollgemacht habe, las Rohde: «Wer sich als Einsiedler zu fühlen gewohnt hat, wer mit kalten Blicken durch alle die gesellschaftlichen und kameradschaftlichen Verbindungen hindurchsieht und die winzigen und zwirnfädigen Bändchen merkt, die Mensch an Menschen knüpfen, Bändchen so fest, daß ein Windhäuchchen sie zerbläst: wer dazu die Einsicht hat, daß nicht die Flamme des Genies ihn zum Einsiedler macht, jene Flamme, aus deren Lichtkreis alles flieht, weil es von ihr beleuchtet so todtentanzmäßig, so narrenhaft, spindeldürr und eitel erscheint: nein wer einsam ist vermöge einer Naturmarotte, vermöge einer seltsam gebrauten Mischung von Wünschen,

Talenten und Willensstrebungen, der weiß, welch ‹ein unbegreiflich hohes Wunder› ein *Freund* ist; und wenn er ein Götzendiener ist, so muß er vor allem ‹dem unbekannten Gotte, der den Freund schuf› einen Altar errichten.»

Der Schriftsteller Nietzsche brauchte nur einen Satz, um im Vergleich zur Freundschaft das Familienglück – «das Alltäglichste und Trivialste überschimmert von diesem sich behaglich dehnenden Gefühl» – madig zu machen, dann verdoppelte er die Dosis, um das Loblied auf die Freundschaft zum Gipfel zu führen: «Ja, Freundschaft ist eine ausgesuchte Gourmandise, nur für wenige da, für jene ermatteten Wanderer, denen der Lebensweg ein Weg durch die Wüste ist: sie tröstet wie ein freundlicher Dämon, wenn sie im Sande liegen, ihnen netzt er die verdorrten Lippen mit dem Götternektar der Freundschaft. Diese wenigen aber singen in den Klüften und Höhlen, wo sie ungestört vom Weltlärm ihren Göttern opfern, schöne Hymnen auf die Freundschaft, und der alte Oberpriester Schopenhauer schwenkt dazu den Weihrauchkessel seiner Philosophie.»

Ein höchst bemerkenswerter Text. Er zitiert nicht mehr das Traumbild vom Freundespaar, sondern ruft die Kultgemeinschaft der Freunde in Erinnerung, die jeder für sich dem unbekannten Gott dienen. Indem er den einsamen Wanderer in der Wüste auf die Bühne bringt, sieht der tröstende Dämon um ein Haar der unzuverlässigen Fee Morgana gleich, der Luftspiegelung, der rasch zerflatternden Illusion. Boshaft könnte man sagen: Von nun an müssen statt der Freunde Hymnen auf die Freundschaft genügen.

Der raffiniert eingefädelte Brief hat einen unerwartet dramatischen Schluß: Er sei eben in die Stadt gerufen worden, «jetzt zurückgekommen zittere ich an allen Gliedern und kann mich nicht einmal dadurch befreien, daß ich Dir mein Herz ausschütte». Da geht es nicht ohne den Teufel selbst ab, der von dannen geflucht wird – und nicht ohne den Freund, der beizustehen hat, ohne zu wissen wie. Erst der nächste Brief, nach einer dezenten Spannungspause, klärt Rohde auf. Ja, er hatte allen Grund, an allen Gliedern zu zittern: «Es ist ein großer Streich auf mein Haupt gefallen, und die gemeinsamen Pariser

Pläne flattern in alle Lüfte.» Der Mitteilung über die Baseler Berufung folgt, in den schmelzendsten Farben, jene Ausmalung der Pariser Gemeinsamkeit, aus der wir schon zitiert haben: «mit ernstem Auge und lächelnder Lippe mitten durch den Pariser Strom zu schreiten». Es war keineswegs Rhetorik oder billiger Trost für Rohde, wenn Nietzsche klagte, er habe es noch einmal recht wohl haben wollen, bevor er an die Berufskette gelegt werde. So ist in diesem Abschiedsbrief das schönste Doppelporträt ihrer Freundschaft gezeichnet, und man darf hinzufügen: zu schön, um vor der wirren Wirklichkeit zu bestehen.

Der Schluß dieses Briefes enthält noch zwei Besonderheiten, die vorausweisen: die Bitte um Verzeihung, mit beigefügtem, beinahe zynischem Refrain – «Es giebt halt keine Treue auf der Welt» –, und den ahnungsvollen Satz: «Das Leben ist mir recht schwül, ich spüre so etwas wie das Herannahen des Sommers». Es folgt die Ankündigung, daß er mit der Baseler Berufung nun auch in der Nähe Wagners sei und Ende des Monats in Dresden die *Meistersinger* hören werde. Darauf freue er sich mehr als auf alles andere, «ausgenommen unsre Pariser Reise». Wagner, so fühlt der vierundzwanzigjährige Professor dunkel in dieser Sommerschwüle mitten im Januar, wird sein neuer Freund sein, kein zu ihm aufblickender, sondern ein fordernder, dem er, der Eben-noch-Student, genugtun, vor dem er bestehen muß.

Das Panorama hat sich entscheidend verändert. Die Mission, die er in sich fühlt, erscheint mit einemmal trotz aller Professorenpflichten wieder nähergerückt – durch die Professur über den Professor hinaus! Da verschieben sich auch die alten Freundschaftsdimensionen, und wenn Nietzsche Rohde trotz allem die Treue hält, so erfährt sein Freund Deussen, der alte Kumpan, eine entschiedene Zurechtweisung, die, auf Visitenkarte übermittelt, so lautet: «Werther Freund, wenn nicht etwa zufällige Störungen des Kopfes Deinen letzten Brief verschuldet haben, so muß ich bitten, unsere Beziehungen hiermit als abgeschlossen zu betrachten. F. N.»

Rohde zieht Konsequenzen. Das Reisejahr mit Nietzsche war fest eingeplant, es darf nicht ins Wasser fallen. Zur Not tut es ein anderer Begleiter, dessen Nichtigkeit dadurch erwiesen ist, daß er in der Verkleinerungsform genannt wird: das Roscherchen, keine Konkurrenz, ein Notbehelf. Aber sicher ist es Rohdes ureigene Idee, daß das Reiseziel ausgetauscht wird. Es heißt nun Italien und ist das deutsche Bildungsland schlechthin, ohne alle politischen Unwägbarkeiten und erotischen Versuchungen, ohne einen Kaiser, der stürzen oder sterben wird, und ohne den Zauber der Operette. Die Freundschaft erhält dadurch keinen Stoß. Der Briefwechsel bleibt der zwangloseste, den Nietzsche führt, und der freundschaftlichste, den Rohde pflegt. Nur der alte Enthusiasmus drängt nicht mehr. An seine Stelle tritt erst der kollegiale Zusammenhalt eines gewordenen und eines werdenden Professors, dann aber bald auch die Waffenbrüderschaft, der dezidierte Kampf eben gegen die Professorenzunft.

Das hängt mit Wagner zusammen. Rohde, der sich gern, wenn auch im Bewußtsein musikalischer Unwürdigkeit, dem Meister anschließt, bekommt genug zu tun, denn Freund Nietzsche, ein bis dahin nur in Fachkreisen bekannter klassischer Philologe, wagt um die Jahreswende 1871 / 72 eine Schrift, die über alles Fachliche hinaus die breite Öffentlichkeit anspricht und begeistern will. In diesem Buch tut Nietzsche etwas gänzlich Unerhörtes: Er vermischt den wissenschaftlichen Stil mit dem hymnischen, die Untersuchung mit der Prophetie, die Methode mit der Vision. *Die Geburt der Tragödie aus dem Geiste der Musik* behandelt Frühgriechisches, läuft in innerer Folgerichtigkeit aber stracks auf den künftigen Erneuerer der griechischen Tragödie, auf Wagner, zu.

Zunächst erzeugt diese befremdliche Mischung ringsum betretenes oder verlegenes Schweigen. Dann springt Rohde in die Bresche, schreibt eine zwölf Druckseiten lange «Anzeige» für die *Norddeutsche Allgemeine Zeitung*, kann seinerseits nicht umhin, sich zu Schopenhauer und Wagner zu bekennen, und schreibt vom «Beginn einer neuen, aus den Tiefen künstlerischen Weltverständnisses aufsteigenden deutschen Cultur».

Aber schon fällt der Gegenschlag: Der junge Wilamowitz-Moellendorff, später eine der Säulen der klassischen Philologie, verfaßt eine eigene Broschüre, doppelt so lang wie Rohdes Anzeige, um Nietzsches Schrift als den Fehltritt zu entlarven, der

Der «Philologische Verein» in Leipzig, vorne links Nietzsche, vorne rechts Rohde. Die beiden Freunde waren im Wintersemester 1865/66 ihrem Lehrer Ritschl von Bonn nach Leipzig gefolgt.

sie nach Ansicht der strengen Wissenschaft ist. Der Titel *Zukunftsphilologie*, mit Ausrufezeichen, spielte auf Wagners Zukunftsmusik an und ließ erkennen, daß das deutsche Volk am besten vor beiden zu schützen sei. Unmißverständlich war der Schluß, in dem «Hr. N.» aufgefordert wurde, vom Katheder herabzusteigen, «auf welchem er Wissenschaft lehren soll».

So stand es da und machte in Universitätskreisen die Runde, mit dem Refrain, da sehe man, was herauskomme, wenn einer schon mit vierundzwanzig Professor werde. Aber zum Glück gab es Rohde, der inzwischen wenigstens Extraordinarius geworden war. Ein wirklicher Freund, machte er sich diesmal an eine gründliche philologische Widerlegung des Dr. Wilamowitz-Moellendorff, den er folgendermaßen charakterisierte: «Offenbar haben wir es hier mit einem Exemplar jenes seltsamen Genus von ‹Kritikern› zu tun, denen ein für ihren Verstand durchaus nicht berechnetes Buch in die Hände gefallen ist, und die nun, da sie von dessen Inhalt nicht das Mindeste begriffen haben, auch – bei der Dürftigkeit ihrer Anlagen – nie das Mindeste zu begreifen im Stande sein werden, eben aus diesem völligen Nichtverstehen den einzigen Grund entnehmen, um sich zum ‹Kritiker› jenes Buches aufzuwerfen.» Starker Tobak, und dem entsprach der drastische Titel *Afterphilologie*.

Rohde hätte nichts Besseres als diese Unterstellung finden können, Wilamowitz sei schlicht zu dumm, die *Geburt der Tragödie* zu verstehen, um den «Dummkopf» zu einer weiteren Schrift herauszufordern. Diese zweite Erwiderung fand für Rohdes heroisches Eintreten eine boshafte Erklärung: «An hrn. E. R. muß ich zunächst anerkennen, daß das sacrificium intellectus, das seine neue Religion von ihm forderte, ihm nicht leicht geworden ist. Man spürt deutlich, daß er unter dem Seelenzwang seufzt, alles an seinem Freunde wahr und schön, an mir falsch und schlecht zu finden.» Es war allzu offensichtlich, daß da nicht die Objektivität der Wissenschaft zur Sprache kam, sondern eine neue Weltanschauung, über die man sehr verschiedener Meinung sein konnte. Daß Rohde seine kritische Auseinandersetzung als «Sendschreiben» an den Meister deklarierte, unterstrich diese Parteilichkeit.

Mit aller Deutlichkeit zeigte sich, daß Wagner die Leidenschaften polarisierte. Nietzsche war gleich aufgefallen, daß unter den Wagnerianern viele Dummköpfe, wenn auch oft mit höherem Einkommen, waren und daß Wagner mit seiner Cosima besser zu ihm und seinen neuen Einsichten übergehen würde als umgekehrt er zu dem vagen germanischen Christentum, das Wagner mit seinen Schriften und Operntexten ansteuerte. Aber vorläufig hatte Wagner das Heft in der Hand. Er war der Mächtige, der Bayreuth aus dem Boden stampfen würde, und da würde sich der Platz für den Vordenker schon finden, der sogar bereit war, als reisender Redner für Wagners Ideen aufzutreten.

Nietzsche wiederum tat alles, um seinen Paladin Rohde zufriedenzustellen. Wenn es überhaupt Metaphern gab, die er noch nicht für Rohdes Freundschaft benutzt hatte, dann waren sie jetzt zu finden, sei es, daß sie zusammen gar nicht mehr zwei seien, sondern eine Monade, sei es, daß er die beiden Dioskuren, die Zeussöhne, mit ihren Rossen als Bild für sie beide vom Himmel holte. Auch hätte er Rohde gern eine fette Professur auf dem Silbertablett angeboten. Aber mit seinem Husarenstück hatte er die ganze deutsche Professorenschaft vergrault. Der Bann war über ihn gesprochen, und höchstens sein alter Lehrer Ritschl zeigte einen letzten Nachklang der früheren Sympathie. Es war schlimm, selbst die Studenten blieben im neuen Semester aus. Nicht ganz von der Hand zu weisen war darum die Idee, im Dienst Wagners auf die Professur zu verzichten und sie Rohde zuzuschieben, aber so kühn und opferbereit war Nietzsche am Ende doch nicht.

Rohde seinerseits hielt unbeirrt an den alten treuherzigen Freundschaftsformeln fest («daneben preise ich das Schicksal, mir einen so treuen und ächten Freund beschert zu haben wie Dich!, und so wollen wir einander treu verbunden bleiben», 27. 2. 1873). Mancher Mangel und manches Übermaß konnten ihm freilich nicht entgehen, und als Nietzsche ihn bat, den Text der *Geburt der Tragödie* für eine zweite Auflage durchzusehen, stellte Rohde eine Fehlerliste zusammen, die seine sichere Hand in Fragen des griechischen Altertums und der deutschen Grammatik bewies. Nietzsche seinerseits spottete, als Philologe könne er zwar Rohde nicht das Wasser reichen, aber dafür könne Rohde auch nicht komponieren.

Die ganze kommune Wirklichkeit verschwor sich, um die Idealität dieses Freundschaftsbundes abzuschleifen. Vor allem konnte niemand verborgen bleiben, daß Nietzsche für seine kommende Mission Freunde sammelte und pflegte, in direkter Konkurrenz zu Rohde vor allem Carl von Gersdorff. Am 5. April 1873 berichtet er diesem, daß er in zwei Tagen mit Rohde zusammentreffe, in Bayreuth. Etwas Unsagbares, aber Hoffnungsreichstes liege in der Luft. «Was werden wir dort zusammen denken, Dich immer natürlich mit einschließend!» Es folgt das Kompliment: «Überhaupt, mein Freund, es gibt so Vieles in Deinen Briefen, dessentwegen ich immer das Glück preise, einen solchen Freund zu haben; und ich genieße schon eine eigne Freude, die kräftig geschwungenen und freien Züge Deiner Handschrift zu sehen.» Das Lob hat einen besonderen Grund: Gersdorff hatte Nietzsches Vorträge über die Zukunft der deutschen Bildungsanstalten, ein dickes Konvolut, Wort für Wort abgeschrieben. Dies ist, so Nietzsche, «eine ganz eigne Geschichte nach eigner Melodie zu singen und nie zu vergessen».

«Nach eigner Melodie zu singen» ist, wie sich bald ergibt, wörtlich gemeint. Nietzsche komponiert wieder, und das Ganze wird heißen «Hymnus an die Freundschaft». Davon ist zuerst in einem Brief an Rohde zu lesen, der am 5. Mai auf das Bayreuther Treffen folgt. Abschließend heißt es da in dem scherzhaften Ton, dessen sich die beiden Freunde befleißigen: «Nun, so wollen wir denn unser Dasein weiterschleppen und den Vers meines Freundschaftshymnus singen, welcher anfängt: ‹Freunde, Freunde! haltet fest zusammen!› Weiter habe ich das Gedicht noch nicht: doch der Hymnus selbst ist fertig.» Es folgt das metrische Schema und daneben an den Rand geschrieben: «Preisausschreiben an alle meine Freunde, darauf einen Vers zu dichten oder zwei!» Darf man sich Rohde diese Zeilen mit bitterem Lächeln lesend vorstellen? «Alle meine Freunde...», davon gibt es offenbar so viele, daß man sich schon einen Wettbewerb mit Preisrichter ausdenken kann. Neue Freunde melden sich: Nietzsche teilt Rohde mit, daß für den ganzen Sommer ein Freund des Freundes Romundt eingetroffen ist, «ein sehr nachdenkender und begabter Mensch, Schopenhauerianer, namens Rée». Auch er, wissen wir Nachgeborenen, hätte zum Busenfreund aufsteigen können, wenn da nicht eine Frau zwischen den beiden gestanden hätte: Lou Salomé.

Zu all diesen Distanzierungen paßt das Fazit des Bayreuther Treffens: «Übrigens haben wir uns, wie mir vorkommt, gar nicht recht gesprochen, doch haben wir zusammen viel gelernt und erfahren – und diese Gemeinsamkeit ist doch wichtiger.» Klardeutsch: Entscheidend ist nicht Freundschaft, sondern Gefolgschaft. Daß sie miteinander sprachen und die Welt dabei vergaßen, war einmal der Beginn und die Wonne ihrer Freundschaft gewesen! Nun mußte Rohde mit einem Freund vorliebnehmen, der in den kommenden Stürmen gern eine ganze Armee von Freunden hinter sich gehabt hätte.

Sieht man die Komposition selbst an, so gibt es mancherlei Gründe, sich zu wundern. Sie ist in einer Fassung als dreistimmiger Kanon erhalten (wer sind die drei, die den Kanon hätten singen sollen?), ferner in einer Fassung für zwei Hände und in einer vierhändigen. Zu der letzteren schreibt Nietzsche an Gersdorff: «für vier Hände und ebensoviel Freundesherzen». Wer sind die drei Freunde, die Nietzsche meint? Gersdorff, der Adressat, gehört auf jeden Fall dazu.

Noch sonderbarer ist der Aufbau des Ganzen in der zweihändigen Fassung, die Nietzsche nach unendlichen Bemühungen 1874 fertiggestellt hat. Was verblüfft, ist die liturgische Feierlichkeit der Szenerie. Das Vorspiel hat den Titel «Festzug der Freunde zum Tempel der Freundschaft». Dann folgt die erste Strophe des Hymnus; das Zwischenspiel vor der zweiten Strophe gibt die Stimmung mit «wie in glücklich-trauriger Erinnerung» an. Das zweite Zwischenspiel hat zwei solche stimmungsvollen Angaben: «Wie eine Wahrsagung über die Zukunft» und «Blick in die Ferne». Danach wird die dritte Strophe gesungen, und mit einem Forte-fortissimo-Schluß hört die immerhin elfseitige Komposition auf, die nach Nietzsches Angaben genau fünfzehn Minuten dauert.

Exakt aufklärbar ist bei diesem wenig beachteten Nietzsche-Werk so gut wie nichts. Immerhin bemerkenswert ist, daß es zu einer Zeit entstand, wo das Verhältnis zu Wagner erste Erschütterungen zeigte. Nietzsche schrieb dem «Verehrtesten Meister» den demütigsten Brief seiner an jähem Auf und Ab wahrhaftig reichen Laufbahn: «Genug, ich bitte Sie, nehmen Sie mich nur als Schüler, womöglich mit der Feder in der Hand und dem Hefte vor sich, dazu als Schüler mit einem sehr langsamen und gar nicht versatilen Ingenium.» Er werde täglich melancholischer, wenn er bemerke, wie unfähig er sei, dem Meister zu helfen, so daß er nicht einmal etwas zu seiner Erheiterung beitragen könne. Der Meister beruhigte ihn alsbald, aber die Geschichte des Hymnus weist darauf hin, daß da wirklich eine neue Religion jenseits von Wagner zu stiften war.

Es lag in der Natur dieser Entwicklung, daß nun Rohde anfing, an seinem Freund irre zu werden, wobei er in ähnlicher Demutsgebärde wie Nietzsche vor Wagner durchaus auch eigene Fehler einschloß. Sein Brief vom 20. November 1873 zeigt Zweifel, Trübung, Hoffnung auf Wiederherstellung der alten, für Rohde lebenswichtigen Beziehung. Er ist das erschütternde Dokument einer Lebenskrise, die ihn auf ihre Weise grausamer trifft, als Nietzsche sein Schwanken in bezug auf Wagner. Rohde bittet, «das, was Du mir vorzuwerfen hast, mit der allervollständigsten Offenheit zu schreiben; ich wenigstens ertrage es nicht, mit dem Gedanken herumzugehen, daß mein Freund, gegen den ich die rückhaltlosesten Gefühle der Liebe und Teilnahme stets gehegt habe, irgend etwas – ich weiß nicht einmal was – in stillschweigendem Zorne mir nachtrage. – Es wird mir schwer, diese Worte zu schreiben; nicht ein Gefühl der Kränkung geben sie mir ein, nur die Besorgnis, einen Freundschaftsbund getrübt zu sehen, ohne den ich mein Leben gar nicht denken mag.»

Es war blinder Alarm, Nietzsches Brief, der Zufall wollte es, kam am nächsten Tag an. Auch ein Trostbrief, der Rohdes Hirngespinst für null und nichtig erklärte, traf wenig später ein: «Ach herrjeses! Gar nichts richtig, auch nicht die Spur! Gesinnung unerschütterlich, in Ewigkeit, Amen.» Als Sondertröstchen führte Nietzsche an: «Freundschaftshymnus zu Ende componiert und immer in mir fortklingend.» Er unterschrieb: «unschuldig wie ein junges Kalb».

Er war so ‹unschuldig›, daß er den Hymnus an die Freundschaft erst seinen alten «Germania»-Freunden Krug und Pinder schickte, dann 1875 eine weitere Kopie Overbeck widmete, dem Treufreund schlechthin, mit dem er am liebsten vierhändig musizierte. Wenn man die Freundschaft nur recht hoch plazierte, sozusagen theologisch, waren ja alle ihre Schuldner und ihre Gläubiger.

Dann, unversehens, trat Lou Salomé in sein Leben und brachte ihrerseits etwas von ihr Gedichtetes, Hymnusartiges mit, das ihm ausnehmend gefiel – ein «Gebet an das Leben». Wie sonderbar, daß dieser Text mit der Freundschaft zwischen Freunden anfing, um daraus die höhere Freundschaft mit dem Leben abzuleiten: «Gewiß, so liebt ein Freund den Freund, wie ich dich liebe, rätselvolles Leben!» Das Leben umschloß Jauchzen und Tränen, Glück und Harm, und so schloß das Poem großartig, «wenn du mich vernichten mußt, entreiße ich schmerzvoll mich deinen Armen gleich wie ein Freund der Freundesbrust».

Niemand, auch Lou nicht, bekam zu wissen, daß die von Nietzsche komponierte Musik dieses «Gebets an das Leben» vorher ein Hymnus auf die Freundschaft gewesen war. Niemand dachte daran, daß in dieser Entschlossenheit, dem Leben zu dienen, was es auch bringe, für Lebensfreundschaften eigentlich kein Platz mehr war. Jedenfalls erfüllte das «Gebet an das Leben» besser als der Freundschaftshymnus das liturgische Bedürfnis des Religionsstifters, der den Zarathustra im Busen trug. Er hoffte, daß man es einst «zu meinem Gedächtnis» singen werde: Der Anklang an das Evangelienwort «Tuet dies zu meinem Gedächtnis» ist unüberhörbar.

Die Zeiten haben sich geändert, das Scheitern des so vorbildlich angetretenen Philologen mündet in den Eklat des Schriftstellers, der nicht mehr gefallen, sondern provozieren will und mit genauer Werbekalkulation seine Schriften als «unzeitgemäß» bezeichnet.

Indessen wartet Rohde endlos auf seine Professur, arbeitet endlos an seiner Geschichte des griechischen Romans, verstrickt sich in eine Liebesgeschichte, die zunächst nur Tränen verheißt. Schlimmer, Nietzsches Schriften, je kühner, je zynischer sie werden, rufen sein Mißfallen hervor. Er kritisiert, offen wie ein Freund zu sein hat, der dem Freund nichts vorenthält. Aber Nietzsche ist kein Gelehrter mehr, dem das Hin-und-her-Streiten Spaß macht, sondern auf dem Weg in die antipäpstliche Unfehlbarkeit. Dieser neue Dogmatiker plant nichts weniger als ein «Consilium Rhaeticum», ein Treffen aller Freunde in der Schweiz, und es ist nicht zu verkennen, wie nahe das Wort dem anderen, «concilium», steht (das erste Vaticanum war gerade ein paar Jahre her).

Und nun Rohde. Am 24. März 1874 schreibt er Nietzsche einen sechs Druckseiten langen Brief über dessen sprunghaften Schreibstil, lauter treffende Feststellungen eines korrekten Schreibers gegenüber einem genialen, der sich den Teufel um Stilregeln kümmert. Eines Tages wird er ausgerechnet Rohde versichern, die deutsche Sprache nach Luther und Goethe habe mit ihm, Nietzsche, den dritten Schritt zu ihrer Vollkommenheit getan, sie sei nun nicht mehr so vulgär wie bei Luther und nicht mehr so undulatorisch, wie es Goethe leider nun einmal war. Man kann Rohdes jähen Angriff auf Nietzsches Schreibweise, wenn man will, psychologisch deuten, als kompensatorischen Akt des Schlechtweggekommenen. Liest man aber Rohdes Bekenntnisse etwa in dem Brief vom 10. Mai 1874, so überfällt auch den späteren Leser jenseits aller Ursachensuche das Elend einer seit jeher tief melancholischen Existenz.

Rohde läßt noch einmal sein ganzes Leiden los: «Du bist mutig und hoffnungsvoll thätig, und vom Geiste der Musik, der in Dir lebt, emporgetragen. Ich krieche im Staube, und lebe in einer wirklich depravierenden Muthlosigkeit alle die Tage und alle die elenden Zustände hindurch, durch die uns das Leben schleppt. Davon ist nicht gut zu reden; und darum, lieber Freund, laß Dich bitten, und gieb mir öfter Zeichen Deines Angedenkens, Deiner Gemeinschaft mit mir, ohne die ich gar nicht leben und athmen möchte. Alle andern Pläne, Wünsche, Hoffnungen reißt mir eine abscheuliche Muthlosigkeit weg, die mich zuweilen in der Nacht bei plötzlichem Erwachen so alpartig überfällt, daß ich mir wie in einer Wüste, ohne Freunde, ohne Trost, ungeliebt von allen Menschen elend herum zu irren scheine, in einer Unsicherheit der Existenz, die alles ernstliche Anpacken irgendeiner Hoffnung, eines Planes des Lebens wie eine Albernheit erscheinen läßt.»

Man tut gut daran, diesem depressiven Rohde zu glauben. Seine Verzweiflung ist massiv, das einzige Heilmittel immer mehr Bemutterung durch den Freund. Bei Nietzsche, dem objektiv mehr Geplagten, Umgetriebenen, im Denken Dynamischeren der beiden, ist auch dem Jammer immer eine Portion

Rhetorik, Herausforderung, *bravade* beigemischt, und die meisten seiner kühnen Ausflüge in alle Zonen der Weltgeschichte enden als genialische Denkoperationen mit dem Vergnügen am paradoxen Resultat.

Es ging nicht mehr gut, es konnte nicht mehr gutgehen. Was Rohdes Charakter ausmachte, sein Wesen bestimmte, war eine unerschütterliche Werteordnung; er war «Idealist», wie man damals sagte, wie Nietzsches Freundin Malvida, die ihre Erinnerungen unter dem Titel *Memoiren einer Idealistin* an die Öffentlichkeit gebracht hatte.

Nietzsches neuer Feldzug, viel radikaler als sein Unternehmen zum Lob des Dionysos in der *Geburt der Tragödie*, zerstörte gerade diese Werteordnung unter dem bösartigen Titel *Menschliches, Allzumenschliches*: Aphorismenketten nach Montaignes Vorbild und dazu eine neue befremdliche Ethik. Es war kein Zufall, daß sich sofort ein neues Freundespaar bildete, Overbeck und Rohde, beide wohlmeinende, kritische Wissenschaftler, in gemeinsamer Besorgnis um den Dritten, Nietzsche. Overbeck teilte Rohde sein Befremden mit; der antwortete: «Auch für mich war natürlich Nietzsches neuestes Buch mit dem verunglückten Titel durch die letzten Wochen hindurch und fortwährend der Gegenstand des Erstaunens und zum größten Teil des schmerzlichen Erstaunens. Ich fühle ganz und gar mit Ihnen und brauche daher kaum ein Wort zu dem, was Sie selbst von Ihren Eindrücken schreiben, hinzuzufügen.»

Rohde schrieb auch an Nietzsche selbst und scheute nicht einen sehr harten Vergleich für die Wirkung des neuen Buches: «Meine Überraschung über dieses neueste Nietzscheanum war, wie Du denken kannst, die allergrößte: so muß es sein, wenn man direkt aus dem caldarium in ein eiskaltes frigidarium gejagt wird.» Ja, so beschwor Rohde die alten Zeiten: Sein Herz sei dem Freund tausendmal in alter Liebe und Bewunderung durch die tiefen Gänge seiner Betrachtungen gefolgt, damit unterstreichend, daß er ein Denkvertrauter des alten Busenfreundes sei. Und dann fragt er: «Kann man denn so seine Seele ausziehen und eine andere dafür annehmen? Statt Nietzsche nun plötzlich Rée werden?» Der neue Freund war schuld; daß er Jude war, bekräftigte Rohdes Vorurteil, Nietzsche sei durch Réesche Grübelei angefressen.

Am Ende kommen die beiden Freunde doch noch einmal zusammen, nach vielen Jahren, in Leipzig, wo Rohde Ordinarius geworden ist und erleben darf, daß Nietzsche in seiner Vorlesung sitzt. Man braucht den Äußerungen beider kein Wort hinzuzufügen. Nietzsche in einem Briefentwurf an Rohde, Mitte August 1886, schreibt: «Es hat mir von Herzen wehgetan, Dich dieses Frühjahr in solcher Tribulation zu finden, daß eigentlich zwischen uns kein gescheutes Wort gesprochen werden konnte, noch weniger ein ungescheutes lustiges, festliches; denn ich hatte mich auf unser Wiedersehn wie auf ein Fest gefreut.» Er schickte ihm sein neuestes Werk, nicht damit er es lese, sondern nur, um es nicht nicht zu schicken; «ich weiß, alter Freund, Du verstehst die Nuance dieser doppelten Negation».

Und Rohde schreibt an Overbeck: «Eine unbeschreibliche Atmosphäre der Fremdheit, etwas mir damals völlig Unheimliches, umgab ihn. Es war etwas in ihm, was ich sonst nicht kannte, und vieles nicht mehr, was ihn sonst auszeichnete. Als käme er aus einem Land, wo sonst niemand wohnt.»

Man könnte traurig werden, wenn man an das Ende dieser Beziehung denkt, wie es sich hier aus beider Sicht darstellt. Mit der rasenden Gesprächslust zweier Liebender, die einander entdecken, hatte es in Leipzig angefangen. Schon beim Wagnerbesuch 1876 hatten sie sich nicht mehr viel zu sagen, und nun, 1886, ist Nietzsche für Rohde der Fremde schlechthin, das Wesen von einem anderen Stern.

Rohde hat richtig gesehen. Die neuen Gedankengänge Nietzsches, sowohl die das 20. Jahrhundert mitbestimmenden wie die vergessenen Kreuz- und Quergedanken, wurden erst hie und da von einem bedeutenden Kopf, Taine oder Strindberg oder Brandes, aufgegriffen, in ihrer neuen Qualität erkannt. Daß er größenwahnsinnig wird, ist die natürlichste Art seines Abganges, unter Blitz und Donner sozusagen. Und in diesem Augenblick höchsten Machtgenusses, als Gott Dionysos, teilt er jedem der Freunde seinen Platz zu.

Zur Vorgeschichte des Billetts an Rohde muß man wissen, daß der letzte Ärger zwischen beiden das Urteil über den französischen Gelehrten Hippolyte Taine betraf, den Nietzsche sehr verehrte, während Rohde, zu wenig frankreichkundig, Taine für unbedeutend hielt. Nietzsche also, wahnsinnig nach allgemeinem Urteil und auf eine neue Weise scharfsinnig und feinfühlig, schreibt seinem «Brummbär Erwin»: «Auf die Gefahr hin, dich nochmals durch meine Blindheit gegen Monsieur Taine... zu entrüsten, wage ich es, dich unter die Götter zu versetzen und die allerliebste Göttin [Rohdes Frau] neben dich... Dionysos.»

Rohde bekam den Zettel, und obwohl als Philologe mit den alten Göttern vertraut, freute er sich keineswegs, daß er auf den Olymp versetzt war. Er antwortete Overbeck auf dessen Mitteilung vom Ausbruch des Wahnsinns: «Ich habe lang Ihren Brief nicht zu öffnen gewagt, weil ich mich vor der Bestätigung einer gräßlichen Vermutung ängstigte, die mich schließlich doch wie mit einem elektrischen Schlage traf... Ich konnte mich lange nicht erholen. Nein, ich habe es im Grunde nicht geglaubt, daß so etwas bevorstehen konnte; nur der letzte Zettel, den ich – am 7. Januar – aus Turin von Nietzsche bekam, gab mir eine Mahnung: er enthielt einen solchen Unsinn, daß ich doch kaum noch an einen Witz dabei denken konnte und die unheimlichste Empfindung hatte... Wie ich es jetzt bedaure, in den letzten Zeiten ihm nicht mehr geschrieben zu haben! Er hatte mich durch eine ganz wunderliche Äußerung abgeschreckt, und ich wußte in der Tat nicht, was ich ihm Erfreuliches über seine mir aufs tiefste antipathischen letzten Schriften sagen sollte (abgesehen vom Formalen, dessen er immer noch Meister war). So schwieg ich lieber, glaubte das sei im Grunde auch ihm die erträglichste Art des Dissenses. Ich (glaubte) ihm nichts mehr sein und sagen zu können: und doch, eine Äußerung rein persönlicher Sympathie, wie möchte sie ihm vielleicht wohlgetan haben! An das gegenwärtige Unglück mag ich gar nicht denken... Es bricht ein Stück des eigenen Lebens und Bodens, auf dem man selbst steht, neben einem ein mit einem solchen Schicksal – gräßlich; und all die verschluckten Wünsche und Träume und Gedanken, die schließlich dem Armen wie eine Welle über den Kopf geschlagen sind, kann man sich nicht einmal vorstellen.»

Hier, in seinem letzten Satz, irrte Rohde gründlich. Wer die letzten Monate Nietzsches kennt, weiß, daß sie voll sind vom Wohlbehagen göttlicher Machtvollkommenheit.

Rohde lebte weiter wie ein deutscher Professor, und er wandte genau das Rezept an, das Nietzsche vorgeschwebt hatte: große Philologie anstelle der verhaßten Kleinkrämerei. Das Werk hatte den wohlklingenden Titel *Psyche – Seelencult und Unsterblichkeitsglaube der Griechen*, war also ungefähr in der Gegend angesiedelt, wo Nietzsche statt mit umfangreichen Vorstudien mit ein paar aus der Luft gefangenen Ideen sein griechisches Wagner-Tempelchen gebaut hatte. Dionysos begegnet dem Leser in diesem Werk auf Schritt und Tritt, als Herr der Seelen oder als Stier, in Eleusis und in Rom. Dionysos als Nietzsche oder Nietzsche als Dionysos kommt nicht vor. *Psyche* erschien in zwei Bänden 1893, von der Fachwelt einhellig begrüßt, für heutige Leser eines jener Meisterwerke der Bildungsgelehrsamkeit des 19. Jahrhunderts, in denen schon der Stil Gelassenheit und freies Atmen schenkt.

Von 1892 an kann Nietzsche nicht mehr selbständig essen, er muß gewaschen und angezogen werden. 1894 erkennt er Deussen, 1895 Overbeck nicht mehr.

1897 stirbt Rohde an Herzversagen, während Nietzsche in der Villa Silberblick unter dem Kommando seiner Schwester vegetiert. Drei Jahre dauert es noch, bis auch er erlöst wird.

«Der verborgene Helfer»

Hugo von Hofmannsthal und Harry Graf Kessler

von Wolfgang Leppmann

I

An einem jener Abende», schrieb Kessler 1928 im Rückblick auf die letzten Jahre vor dem Weltkrieg, «wo die feinsten Köpfe des geistigen Paris sich im Restaurant Larue... zwischen Mitternacht und drei Uhr zum Souper mit dem Russischen Ballett trafen, an einem Abend, an dem auch Hofmannsthal und Max Reinhardt zugegen waren, sprach Diaghilew mit einer Pascha-Geste den Wunsch aus, er möchte ein biblisches Ballett haben, aber nicht im biblischen Kostüm, sondern in einem venezianischen, etwa so wie es Paolo Veronese gemalt hat. Er wandte sich an Jean Cocteau, der neben mir saß, und dann auch an Hofmannsthal und mich, ob wir ihm nicht so etwas machen und vielleicht durch Richard Strauss komponieren lassen könnten.» – Name-dropping, zumal da später auch Nijinsky, Proust («ganz in dicke Halstücher eingemummt») und der Aga Khan hinzukommen? Keineswegs. Das Treffen der «feinsten Köpfe», darunter Hofmannsthal und Kessler selber, bezeichnet vielmehr die Geburtsstunde des Balletts *Josephs Legende*, zu dem die beiden das Szenarium liefern und Strauss die Musik.

Noch auf dem Nachhauseweg skizziert Kessler in jener Juninacht 1912 die dem Alten Testament entliehene Handlung: Der hebräische Hirtenjunge Joseph widersteht den Verführungskünsten der Frau des Ägypters Potiphar und wird ins Gefängnis geworfen, während sich (auf der Bühne, nicht in der Bibel) die laszive und stolze Schöne mit ihren Perlensträngen erwürgt. Im

Tuileriengarten auf und ab gehend, besprechen Hofmannsthal und Kessler bereits am folgenden Morgen Einzelheiten wie Funktion und Erscheinungsbild der Tänzerin Sulamith, des Scheichs, der Leibwachen und Sklavinnen des Potiphar und anderer Nebenpersonen. Einmal in Schwung geraten, erfindet Hofmannsthal eine Art *Angelus ex machina* hinzu, einen ganz in Gold gewappneten Erzengel, der Joseph vor der Folter bewahrt und aus dem Gefängnis führt.

Die kuriose Auflage, das Stück solle in einer alttestamentarischen und zugleich an die Renaissance gemahnenden Welt spielen, erklärt sich aus einem Zufall. Diaghilew verfügt über einen Fundus von bereits vorhandenen Kostümen und Requisiten, weil man für ein um das Jahr 1530 spielendes, aber nie zur Bühnenreife gediehenes Ballett schon Kleider und Dekorationen im Stil von Veroneses gigantischer «Hochzeit zu Kana» gefertigt hat. Zum Ärger des Impresario liegen diese Materialien jetzt ungenutzt herum; daher sein Wunsch, sie in dem neuen Werk zu verwenden. Hofmannsthal und Kessler kommen ihm entgegen, indem sie die prunkvollen Dekorationen übernehmen und Joseph kurzerhand in die orientalischen, die Ägypter hingegen in venezianische Kostüme stecken. Damit riskieren sie allerdings, daß der Tanz als solcher, durch Fokine und Nijinsky eben erst vom gröbsten Historismus entschlackt, von der Ausstattung an die Wand gedrückt wird. Um dem entgegenzuwirken bzw. um das Publikum auf das fehlende Gleichgewicht zwischen Tanz, Musik und Dekoration vorzubereiten, setzt Kessler das Wort «Legende» in den Titel statt des präzisen, in erster Linie Tanz oder Tänze verheißenden «Ballett».

Die Beteiligung von Richard Strauss ist um so leichter gewonnen, als Hofmannsthal schon 1900 bei seinem ersten Pariser Aufenthalt mit ihm die Möglichkeit einer Zusammenarbeit erörtert hatte. Damals war nichts daraus geworden. Doch läßt die Ausführung auch diesmal auf sich warten, weil der Komponist, wie er selber sagt, sich für die Gestalt des keuschen Joseph anfangs nicht recht erwärmen kann. Auch die Einstudierung verzögert sich wiederholt wegen Mißverständnissen und Umbesetzungen gerade in den Starrollen. Die für Potiphars Weib vorgesehene, damals im Zenit ihres Ruhmes stehende Ida Rubinstein will sich nicht festlegen. Nijinsky, von Anfang an als Joseph ins Auge gefaßt, wird von Diaghilew entlassen, als er sich ohne dessen Erlaubnis verheiratet.

Am 14. Mai 1914 aber ist es soweit. In der Pariser Oper geht der Vorhang auf über *La Légende de Joseph*, mit Léonide Massine (damals noch Mjasin) und Maria Kusnetzowa in den Hauptrollen, «Texte du Comte Harry de Kessler et M. Hugo Hoffmannsthal [so auf dem Besetzungszettel], Musique de Richard Strauss, Choréographie de Michel Fokine, Décor de José-Maria Sert, Costumes de Léon Bakst». Große Namen auch heute noch, der Publikumserfolg ist vorprogrammiert. Die Kritik hingegen stößt sich an der Diskrepanz zwischen der opulenten Dekoration und einer Handlung, deren Kargheit noch dadurch unterstrichen wird, daß Potiphars Weib stumm agiert, anstatt zu tanzen.

Vor allem aber ist die Uraufführung ein gesellschaftliches Ereignis ersten Ranges: «Kessler hat acht Herzoginnen in seiner Loge und ist fabelhaft ‹wichtig›», berichtet Hofmannsthal seiner Frau Gerty in Wien, nicht ohne spitz hinzuzufügen: «Ich gar nicht». Als wenige Wochen danach die englische Premiere fällig wird, mit Tamara Karsawina in der weiblichen Hauptrolle, strömt auch in London die große Welt ins Drury Lane Theatre. Zur dritten Vorstellung, am 29. Juni, haben sich sogar einige «Royals» angesagt, die wegen der gerade angeordneten «kleinen» Hoftrauer – am Vortag war der Erzherzog-Thronfolger Franz Ferdinand im fernen Sarajevo ermordet worden – dann aber doch nicht erscheinen. Im Rückblick erweist es sich, daß die Pariser und Londoner Premieren von *Josephs Legende* im Frühsommer 1914 in der Tat ein letztes mondänes Stelldichein der Belle Époque darstellten.

Kessler ahnt den Zeitenwechsel schon Ende August 1914, als er, jetzt Rittmeister bei den 3. Garde-Ulanen in der Nähe von Namur, unvermutet eine Dame wiedersieht, die er einen Monat zuvor in London zu Tisch geführt hatte. Millicent Herzogin von Sutherland, in der Gesellschaft wegen ihrer glanzvollen Freitags-Soireen berühmt, ist mitsamt einem von ihr geleiteten britischen Feldlazarett gerade in deutsche Gefangenschaft geraten.

Als zu guter Letzt die deutsche Uraufführung stattfindet, am 4. Februar 1921 in der Staatsoper Berlin, ist das Europa der Vorkriegszeit mit seinen «feinsten Köpfen», aber auch mit seinem Hautgout untergegangen bzw. in alle Welt verstreut. Zwar steht Strauss wiederum am Dirigentenpult, und mit Tilla Durieux eine Schauspielerin von Rang auf der Bühne. Statt der Herzoginnen aber sitzen im Publikum so verschiedene Männer wie der General von Seeckt, Albert Einstein und der penetrant kleinbürgerliche Reichskanzler Konstantin Fehrenbach. Hofmannsthal ist vorsichtshalber in Rodaun geblieben. Er hatte Strauss schon 1915 gebeten, eine etwaige deutsche Aufführung zumindest für die Dauer des Krieges nach Möglichkeit zu unterbinden. Das Ballett als Kunstform, meinte er, sei den Deutschen ohnehin «fremd und unlieb», und gerade dieses von Russen für Paris bestellte Werk müsse unter den Umständen als anstößig empfunden werden. Inzwischen ist der Krieg längst beendet. Kessler, von Haus aus Kosmopolit, erscheint zur Berliner Premiere und wird mehrmals hervorgerufen, als Autor und vielleicht auch als Relikt einer Zeit, die damals schon vielfach als «gut» und «alt» eingestuft wird. Sein eigentliches Interesse gilt jetzt allerdings der Politik, besonders der Verbreitung seiner Ideen zu einem (nicht dem von Wilson entworfenen) Völkerbund, in deren Dienst er viele Vortragsreisen unternimmt.

Seither gehört *Josephs Legende* zu den Balletten, die nicht zum klassischen oder modernen Repertoire zählen und doch immer wieder mal aufgeführt werden wie 1922 in Wien, 1928 von Strauss dirigiert an der Mailänder Scala, 1931 von George Balanchine inszeniert in Kopenhagen, 1980 mit John Neumeiers Choreographie in München. Für Léonide Massine, einen der großen Tänzer und Choreographen des Jahrhunderts, bedeutet die von ihm kreierte Rolle des Joseph den künstlerischen Durchbruch. Im Leben von Richard Strauss bleibt die Ballettmusik Opus 63 eine Episode. Für Hugo von Hofmannsthal und Harry Graf Kessler signalisiert die Zusammenarbeit an *Josephs Legende* hingegen den äußeren Höhepunkt einer Freundschaft, die, wie so vieles im Jahre 1914, in Wirklichkeit innerlich längst ausgehöhlt ist.

II

Begonnen hatte sie 1898, als die beiden, durch den gemeinsamen Freund Eberhard v. Bodenhausen aufeinander eingestimmt, sich bei der Uraufführung des Einakters *Die Frau im Fenster* (damals noch *Madonna Dianora*) im Deutschen Theater Berlin kennenlernen. Hofmannsthal war aus Wien gekommen, um bei dieser ersten Premiere eines eigenen Stücks dabeizusein. Kessler freute sich auf die Begegnung um so mehr, als er schon 1895 im gerade gegründeten *Pan* seine Bewunderung für die Gedichte von «Loris» bekundet hatte.

Er zeigt diesem jetzt die Reichshauptstadt und führt ihn bei Bekannten ein wie bei Cornelia Richter, die als Tochter von Giacomo Meyerbeer und Frau eines Porträtmalers einen der führenden Salons von Berlin leitet. In seinem Tagebuch registriert Kessler seinen ersten Eindruck von dem «kleinen, lustigen Wiener, mit hoher, detonierender Stimme sprechend, aber durchaus sympathisch und natürlich (? eher *affektiert* natürlich) in seiner Art und Weise. Berlin mißfällt ihm sehr; er findet es so ‹hart›; man vermutet in den Häusern überall Menschen mit viel Geld und wenig Geist.» Hofmannsthals Ausführungen über seine Vaterstadt Wien beeindrucken Kessler nachhaltig. Denn Österreich ist schon um die Jahrhundertwende kein lebensfähiges Staatsgebilde mehr: ein Herrscherhaus, das zum Volk und erst recht zu den nichtdeutschen Volksgruppen keinerlei Verbindung mehr hat, ein ebenfalls hermetisch abgeschlossener Adel und darunter die in feindliche Lager gespaltene Mittelschicht und Arbeiterschaft – das alles skizziert der Besucher in Aperçus von einer «genialischen Anschaulichkeit». So gehört die Gegenüberstellung deutscher und österreichischer Verhältnisse bzw. Gesichtspunkte von Anfang an zu den Konstanten in der Beziehung der beiden Männer.

Schon bei diesem ersten Zusammentreffen «frühstückt» (so nennt man in den besseren Kreisen damals das Mittagessen) Hofmannsthal bei Kessler in der Köthener Straße unweit des Anhalter Bahnhofs. Der belgische Jugendstil-Architekt und

Im Mittelpunkt der literarischen Welt als Anreger, Förderer, Freund – und doch ein Einzelgänger; der Spätgeborene, der in seinen Dichtungen den Untergang der k. u. k. Monarchie vorwegnahm – und der doch durch ihr tatsächliches Ende 1918 zutiefst verunsichert wurde: Hugo von Hofmannsthal, um 1920.

Kunstgewerbler Henry van de Velde, der diese Wohnung kurz zuvor eingerichtet hatte, schreibt in seiner Autobiographie vom «Traum» vieler Berliner und Berlin-Besucher, «bei Kessler eingeladen zu werden». Es ist bezeichnend für die Intensität der sich anbahnenden Freundschaft, daß diese Auszeichnung Hofmannsthal von Anfang an zuteil wird.

Hofmannsthal (1874–1929) und Kessler (1868–1937) gehören zur gleichen Generation. Es ist notabene die letzte, die sich, ohne ins Abseits zu geraten, noch ohne nennenswerte naturwissenschaftliche, geschweige denn technische Kenntnisse ein tragfähiges Weltbild schaffen kann. Wie zum Ausgleich haben die beiden hingegen eine humanistisch-ästhetische Bildung genossen, die heute kaum noch nachzuvollziehen wäre. Sie sind in der politischen sowie der Kunst-, Musik- und Literaturgeschichte zu Hause, bibelfest und im klassischen Altertum bewandert und als «gewachsene» – nicht auf einem bürokratischen Reißbrett entworfene – Europäer selbstverständlich mit den wichtigsten modernen Sprachen und Literaturen so vertraut wie mit dem übrigen, weitgefächerten Kulturleben ihrer Zeit. Ihr gemeinsames Hobby, das Reiten, weist sowohl auf ihre Ausbildung als Kavallerieoffiziere hin, als auch auf die Gesellschaftsschicht, der sie zugehören. Sie sind von Adel, aber von neuem, in manchen Augen überdies mit einem Webfehler behaftetem Adel: Hofmannsthals Großvater ist Halbjude, Kesslers Mutter aus angloirischer Familie, also Ausländerin (bei ihm kommt das unzutreffende, sich aber zähe behauptende Gerücht hinzu, er sei ein Sohn Kaiser Wilhelms I.). So besitzen die beiden, auch dies ein nicht zu unterschätzender Vorteil in den Jahren vor 1914, von Haus aus das Entree zur Gesellschaft, ohne sich in die militärischen oder sonstigen Traditionen einer jahrhundertealten Ahnenreihe fügen zu müssen. Als Bankierssöhne kennen sie keine Geldsorgen, bis Krieg und Inflation ihre materielle Lebensbasis gefährden oder zumindest reduzieren. Der junge Hofmannsthal ist wohlhabend, der junge Kessler reich.

Derartige Parallelen und Entsprechungen sind kein zwingender Grund, miteinander Freundschaft zu schließen; doch stellen sie einen gemeinsamen Boden dar, auf dem diese sich entwikkeln kann. Der in Frankreich, England und Deutschland aufgewachsene Kessler verfügt über einen großen Bekanntenkreis und kann dem sechs Jahre Jüngeren nicht nur in Berlin manche Türen öffnen; darüber hinaus ist er auch großzügig im Anerkennen der Bereicherung, die er durch dessen Werke erfährt. Nach der Lektüre von *Der Tor und der Tod* schreibt er, kein Backfisch, sondern ein gestandener Mann von über dreißig, das kleine Drama habe ihn zu «etwas Höherem und Reineren» emporgeführt, das ihn den ganzen Abend lang wie auf Flügeln dahinzog. Der *Chandos*-Brief, erfahren wir wenig später, habe ihm die Augen für die «Regenbogenpracht» geöffnet, die ein relativ einfaches Erlebnis in der Seele eines Dichters auslösen könne. Hofmannsthal seinerseits erklärt kategorisch: «Das Gefühl, eins zu sein mit meiner Epoche, dieses Gefühl überhaupt kennengelernt zu haben, danke ich Ihnen» (damals hieß es noch «Lieber Herr v. Hofmannsthal!» und «Mein lieber Graf!», später korrespondiert man von «Lieber» zu «Lieber» mit dem dazugehörenden Du).

So gehen die Komplimente hin und her, es ist ein veritabler Liebesfrühling, der sich vor unseren Augen entfaltet. In seiner brieflichen Ausformung erreicht er einen Höhepunkt im September 1907, als sich Hofmannsthal für die Bekanntschaft mit neuen Menschen und Büchern bedankt, die er bei Besuchen bei Kessler in Berlin und in Weimar gemacht hat: «Ich hätte nie gedacht, daß man einem Menschen so viel und so vielerlei schuldig werden kann, wie ich Dir und daß man es, wenn es einem vor die Seele tritt, nicht als belastend empfindet, sondern als beflügelnd.» Die gegenseitigen Respektsbezeugungen sind die Begleitmusik zu einer Zusammenarbeit, die sich auf mehreren Gebieten anzubahnen scheint.

Die Verluste, die Berlin durch Wilhelms II. Ablehnung der von ihm als «Rinnsteinkunst» verpönten Moderne erleidet, werden zum Teil durch mäzenatische Kunstpflege in kleineren Städten wettgemacht. In Hagen ruft Karl Ernst Osthaus das Folkwangmuseum, in Darmstadt Großherzog Ernst Ludwig die dortige Künstlerkolonie ins Leben. Nachdem van de Velde die Leitung der Weimarer Kunstgewerbeschule übernommen hat, läßt sich Kessler zum Direktor des Großherzoglichen Museums für Kunst und Kunstgewerbe ernennen. Da ihm eine eigentliche Lebensaufgabe fehlt, nimmt er sich vor, die verschlafene Goethestadt zum Mittelpunkt eines neuen deutschen Kunstschaffens zu machen. Neben André Gide, der am Hof aus seinen Werken liest, lädt er auch Hofmannsthal ein. Der hält einen Festvortrag über «Shakespeares Könige und große Herren», wohnt bei Kessler in der Cranachstraße, lernt Alfred und Helene von Nostitz kennen, befreundet sich mit van de Velde und wird dem jungen Großherzog Wilhelm Ernst von Sachsen-Weimar-Eisenach vorgestellt.

Kesslers Versuch, Hofmannsthal zum Umzug von der Donau an die Ilm und zur Übernahme des einst von Goethe geleiteten Weimarer Hoftheaters zu bewegen, scheitert freilich genauso wie der gemeinsame Plan, im benachbarten Berka ein neuartiges Internat zu gründen. Der in Hofmannsthals Fassung überlieferte Entwurf beruht nicht so sehr auf dessen eigenen Erfahrungen am Akademischen Gymnasium in Wien als auf dem Kontrast zwischen englischer und deutscher Erziehung, wie Kessler ihn erfahren hatte. In seinen Lebenserinnerungen vergleicht dieser die St. George's School in Ascot mit dem altehrwürdigen Johanneum in Hamburg, an dem er später das Abitur machte: «Bei uns gab es kein allgemeingültiges Vorbild wie den englischen Gentleman», lautet das Fazit der Gegenüberstellung, «sondern jeder mußte, so gut er konnte, in sich die Elemente des neudeutschen Menschen zusammenschmieden.»

Für den «neudeutschen», nach der Reichsgründung emporgekommenen und von Berlin geprägten Menschentyp hat der Österreicher, «altkluger Weisheit voll und frühen Zweifels», womöglich noch weniger übrig als Kessler. Obwohl das englische Modell den beiden eher zusagt als das deutsche, soll die geplante Anstalt nicht den in der angelsächsischen Erziehungspraxis so wichtigen Sport, sondern die ästhetische Bildung der Jungen in den Mittelpunkt stellen und in ihnen die Liebe zur Kunst und Natur entwickeln. Um sich der Gunst des als launisch bekannten Landesfürsten zu versichern, haben die Hobby-Pädagogen für ihre Schöpfung sogar schon einen Namen parat:

«Wilhelm-Ernst-Schule». Der Plan zerschlägt sich, als ihn der zum Direktor vorgesehene Bodenhausen als realitätsfremd ablehnt.

Auch ein anderes Weimarer Projekt, bei dessen Verwirklichung Hofmannsthals Hilfe eingefordert wird, ist zum Scheitern verurteilt. Kessler, der den umnachteten Nietzsche gekannt und ihm die Totenmaske hatte abnehmen lassen, will dem in Weimar verstorbenen Vordenker seiner Generation ein Denkmal setzen. Als Hauptgebäude ist ein Stadion für athletische Wettkämpfe vorgesehen: eine abenteuerliche Idee zur Verewigung eines deutschen Philosophen! Im Bestreben, Hofmannsthal von der Plausibilität zu überzeugen, bedient Kessler sich einer gewagten Analogie: «Wie es passend war», erklärt er, «daß man in der Nähe christlicher Kirchen Hospitäler baute, so ist es passend, daß im Anschluß an eine Gedenkstätte für Nietzsche ein der Jugend und der Kraft geweihter Platz entsteht. Er hat [als erster unter den Philosophen der Neuzeit] diesen Teil des Lebens wieder durchgeistigt, wie Christus das Leiden.» Kessler bittet den Freund, sich zu Hause durch Fühlungnahme mit wohlhabenden und einflußreichen Förderern für den Bau dieses Denkmals einzusetzen. Hofmannsthal antwortet, daß sich kaum jemand in Österreich für Nietzsche interessiere (nicht verwunderlich in Anbetracht der Wiener Selbstgenügsamkeit in den Jahren 1890–1914) und daß seine Landsleute mit den kargen zur Verfügung stehenden Mitteln kaum ihr eigenes Kulturerbe pflegen könnten. Er ist taktvoll genug, zu verschweigen, was er dem Nietzsche-Bewunderer Rudolf Pannwitz gegenüber eingesteht, nämlich daß ihm die Predigerattitüde des Zarathustra und manches andere an dem Philosophen mißfällt.

Kessler betrachtet das Phänomen Nietzsche mit anderen Augen, schärfer und origineller: «Der Deutsche mag sich... nicht bezwingen», schreibt er an Hofmannsthal, «daher redet er so viel vom kategorischen Imperativ und hat die militärische Disziplin erfunden. Die Zuchtlosigkeit steckt ihm im Blut und kommt überall wieder zum Vorschein, im Leben ebenso wie in der Kunst und Poesie... Daher besteht für ihn, aber auch nur für ihn, ein Gegensatz zwischen Apollinisch und Dionysisch.

Nietzsche hat aus dem tiefsten der *deutschen* Seele gesprochen, als er diesen Gegensatz aufgestellt hat. Ob die Griechen ihn verstanden hätten, ist mir zweifelhaft.» So überrascht es nicht, daß auch dieser Plan im Sande verläuft, obwohl Künstler wie Aristide Maillol, Max Klinger und Henry van de Velde sich zur Mitarbeit bereit erklärten, Elisabeth Förster-Nietzsche ihren Segen erteilte und Walther Rathenau seine finanzielle Unterstützung in Aussicht stellte.

Man sieht, der praktischen Zusammenarbeit sind enge Grenzen gesetzt. Sie lag ursprünglich auch gar nicht in Hofmannsthals, ja vielleicht nicht einmal in Kesslers Absicht, obwohl er den Anstoß gab. Die gemeinsamen Projekte sind zum Scheitern verurteilt, weil sie einen fundamentalen Unterschied zwischen den Männern außer acht lassen. Hofmannsthal rührt an den wunden Punkt und damit an das Problematische ihrer ganzen Freundschaft in einem Dankesbrief an Kessler, der ihm einen seiner im *Pan* erschienenen Essays geschickt hatte. Durch diese Lektüre fühle er sich so angeregt, schreibt der Empfänger, als wenn der Text von einem «starken und unvergleichlichen Künstler» stammte. Gerade dies ist Kessler aber nicht, denn im Gegensatz zu Hofmannsthal ist er kein *kreativer*, sondern ein *rezeptiver* Geist. Kein Lyriker oder Dramatiker, sondern etwas anderes, unter den Deutschen (die sich gern das «Volk der Dichter und Denker» nennen ließen) weitaus Selteneres: ein hochgebildeter Mann von Welt, der sein ganzes Vermögen und seine ganze Energie für die Förderung von Kunst und Literatur einsetzt. Ein Mäzen von hohen Graden, aber kein Künstler.

Wir wissen nicht, wie schwer Kessler, der niemandem einen Einblick in sein Inneres gestattet, darunter leidet, «nur» ein Anreger und Förderer von anderen zu sein und kein schöpferischer Mensch. Er ist viel zu feinfühlig und kennt seine eigenen Gaben und Beschränkungen viel zu genau, um sich jemals dieser Einsicht zu verschließen. Sie läßt ihn sowohl von der Freude sprechen, die es ihm bereitet, in Hofmannsthals Fall an der «Selbstverwirklichung eines großen Künstlers» mithelfen zu können, als auch auf dem Recht zur Kritik bestehen, selbst auf die Gefahr hin, das Verhältnis dadurch vorübergehend zu trüben. Hofmannsthal seinerseits weiß, was er an dem anderen hat: «Zuerst [wurde ich] grün vor Wut, stieß den Suppenteller weg, lief durch die Landschaft», gibt er nach Empfang eines Briefes zu, in dem Kessler etwas an einem Manuskript beanstandet hatte; nachdem er sich beruhigt hat, fährt er fort: «Dann habe ich den Text hergenommen Zeile für Zeile.» Kessler behält sich dieses Einspruchsrecht ausdrücklich vor, in der Überzeugung, der so früh berühmt gewordene Dichter bekäme andernfalls nicht das für seine weitere Entwicklung notwendige Maß an Kritik zu hören.

Reflexionen dieser Art mögen das Bewußtsein der eigenen Unproduktivität mildern; auslöschen können sie es nicht. Das können nur Erfolge, die den «rezeptiven» Partner in einer solchen Freundschaft seinerseits über die Masse der Zeitgenossen hinausheben. Das ist bei Bodenhausen der Fall, einem Kunstfreund, der sich als Mitglied des Aufsichtsrats der Krupp-Werke in der deutschen Wirtschaft eine so wichtige Stellung schafft, daß er nach Bethmann Hollwegs Rücktritt für den Posten des Reichskanzlers im Gespräch ist. (Mit dem frühen Tod dieses welterfahrenen und zukunftsorientierten Industriellen verliert Deutschland im Frühjahr 1918 einen Mann, der dem besiegten und verfemten Land den Übergang zur republikanischen Staatsform hätte erleichtern können.) Mit einer derartigen Leistung kann Kessler vor den Freunden und vor sich selber nicht aufwarten. Die anvisierte diplomatische Laufbahn kommt nicht zustande, trotz günstigster Auspizien inklusive der Familienfreundschaft mit den Kanzlern Bismarck und Hohenlohe.

Ein Sturz vom Pferd, der einen mehrwöchigen Klinikaufenthalt nach sich zieht, gibt ihm 1906 Gelegenheit zu einer Bestandsaufnahme. In einem ausführlichen Schreiben legt er die Gründe für sein Verbleiben in Weimar dar, selbst nachdem ihn der Großherzog, übrigens in recht lümmelhafter Form, zum Rücktritt von seinem Posten als Museumsdirektor gezwungen hatte. Jetzt ist es ihm darum zu tun, den weitgehend von ihm selber angeregten Aufschwung des dortigen Kunstlebens zu pflegen und zu intensivieren, nicht zuletzt in der Absicht, auch den «kreativen» Freunden van de Velde und Hofmannsthal den

Weg zu bahnen. «Aber das kann nicht mein einziges Ziel im Leben sein», erklärt er des weiteren: «Ich möchte auch, wenn auch nur in meiner eigenen bescheidenen Weise, selber irgendetwas produzieren. Ich habe das viel zu sehr vernachlässigt und möchte und will das jetzt nachholen... Ich brauche für meine geistige Gesundheit ein Werk unter meinen Füßen.»

Wer «irgendetwas produzieren» möchte, weiß nicht recht, was er will. Aus dieser Gemütslage heraus entstehen Gelegenheits- und Fleißarbeiten, aber keine Kunstwerke. Von einigen klugen Essays abgesehen, beschränkt sich Kesslers literarisches Frühwerk auf die Reisebeschreibung *Notizen über Mexiko*. Erst Jahrzehnte später folgen die Rathenau-Biographie und die noch zu Lebzeiten unter dem Titel *Gesichter und Zeiten* veröffentlichten Teile der geplanten Autobiographie. Kesslers Hauptwerk ist im Wortsinn auch sein Lebenswerk: die von 1880 bis 1937 reichenden und bis jetzt nur auszugsweise erschienenen Tagebücher – Aufzeichnungen von einer historiographischen Detailtreue und stilistischen Aussagekraft, wie sie die deutsche Literatur in diesem Genre kaum ein zweites Mal aufzuweisen hat.

Was er bei seiner Bestandsaufnahme im Sinn hat, ist ein Buch über moderne Kunst, von dem nur Ansätze vorhanden sind. Ob er diesen Plan jemals auszuführen gedachte, steht dahin. Er hat auf jeden Fall einen Notausgang eingebaut, wenn er darauf hinweist, daß dieses Buch längere Aufenthalte in Italien, Frankreich und England erfordern und somit immer wieder Gelegenheit zum Reisen bieten würde – eine Tätigkeit, die aus Kesslers Leben sowenig wegzudenken ist wie das Dichten aus Hofmannsthals. In einem seltenen Anflug von Selbstironie beginnt er einen Bericht an diesen mit: «Gestern bei meiner Rückkehr von einer längeren Reise (bitte lachen Sie nicht, ich geniere mich schon selber sonst, meinen Brief wieder so anfangen zu müssen), also gestern bei meiner Rückkehr von London fand ich...»

Damit weist Kessler auf die wachsende Divergenz zwischen seinem Leben und dem des Freundes hin. Hofmannsthal heiratet im Alter von siebenundzwanzig und bezieht mit seiner Frau das zur Zeit der Maria Theresia erbaute «Fuchsschlössel» in Rodaun bei Wien, in dem er bis zu seinem Lebensende wohnen wird.

Den Sommer verbringt er gern in einem einfachen Bauernhaus in Alt-Aussee in der Steiermark. Gelegentliche Reisen führen ihn nach Deutschland, England, Frankreich und vor allem in seine Lieblingsstadt Venedig, die in seinem Werk, vom frühen *Tod des Tizian* bis zum postumen *Andreas*-Fragment, eine so wichtige Stellung einnimmt. Einmal fährt er nach Griechenland, mit Kessler und Maillol, im Krieg auch nach Polen und Belgien und Skandinavien, danach sogar einmal nach Nordafrika. Rodaun aber bleibt der Mittelpunkt seines Lebens, hier ist er zu Hause, hier empfängt er Besuche von den Freunden Leopold v. Andrian, Rudolf Kassner, Josef Redlich und Rudolf Borchardt und von «Kollegen» wie Stefan George (von dem er sich einst hatte freikämpfen müssen), Gerhart Hauptmann, Rainer Maria Rilke und einmal sogar von Thomas Mann. Hier wachsen seine drei Kinder auf, hier entstehen zwischen Jahrhundertwende und Weltkrieg viele der Werke, die seinen Ruhm und Nachruhm begründen, vom sogenannten *Chandos*-Brief über *Elektra*, *Cristinas Heimreise*, *Der Rosenkavalier* und *Ariadne auf Naxos* bis hin zum *Jedermann*.

Ganz anders der Gesellschaftsmensch Kessler. Muttergeschädigt und unverheiratet (seine homophilen Neigungen werden von der Mitwelt kaum wahrgenommen), ohne festen Beruf, aber mit den verschiedensten Interessen, ist er sein Leben lang unterwegs. Am liebsten, sagt er einmal, verbrächte er jedes Jahr vier Monate in London, vier in seinem Weimarer Haus und vier in Paris, wo die verwitwete Mutter und Wilma, die mit dem Marquis de Brion verheiratete Schwester, ihren Wohnsitz haben. Doch hält er es, immer auf der Flucht vor sich selbst, kaum jemals so lange an einem Ort aus. Er reist um die Welt und fährt mehrmals nach Amerika, wo ein Teil des Familienvermögens angelegt ist.

In den Jahren, in denen Hofmannsthal, Bodenhausen, van de Velde, Nostitz und andere Generationsgenossen heiraten und einen Hausstand gründen, schafft Kessler sich eine höchst ungewöhnliche Existenz als Mäzen und als Vermittler zwischen Künstlern und ihrem Publikum. Er geht bei den wichtigsten Kunsthändlern aus und ein, bei Ambroise Vollard in Paris, Paul

Cassirer in Berlin, William Rothenstein in London. Sie wiederum verweisen ihn an junge, noch wenig bekannte Maler, Graphiker und Bildhauer, die er in ihren Ateliers aufsucht. Dabei läßt er sich von seinem untrüglichen Auge für Qualität leiten und kauft, was ihm gefällt, übrigens ohne jemals um den Preis zu feilschen – wie der von ihm geförderte George Grosz noch für die zwanziger Jahre bezeugt. Zur Zeit, von der wir sprechen, haben es ihm die «Nabis» wie Bonnard und Vuillard angetan sowie die Pointillisten Signac und Seurat. Dessen *Les Poseuses* ziert bald eine Wand der Berliner Wohnung, die Kessler neben dem (ebenfalls von van de Velde eingerichteten) Haus in Weimar beibehält.

Er setzt sich für die Kunstzeitschrift *Pan* ein, der freilich nur ein kurzes Leben beschieden ist, und läßt sich zusammen mit Liebermann zum Vizepräsidenten des Deutschen Künstlerbundes wählen. Und er schreibt. Nicht Dichtungen wie Hofmannsthal, wohl aber kurze, bisweilen glänzend formulierte Essays über den Neoimpressionismus, über Rodins Zeichnungen (deren Ausstellung in Weimar zum Eklat mit dem Großherzog geführt hatte) und van de Veldes Tafelsilber, über Gauguin und Whistler und weitere, in Deutschland noch wenig bekannte Künstler und ihre Werke. So motiviert ihn der Wunsch, selber «irgend etwas zu produzieren», zu den verschiedensten Aktivitäten. Er ist freilich kaum zu befriedigen bei Kesslers ganz aufs Gesellschaftliche abgestimmter Lebensführung, die ihn vor lauter Bällen, Diners, Empfängen und Vernissagen – die alle penibel im Tagebuch festgehalten werden – nur ausnahmsweise mal einen Abend zu Hause verbringen läßt. «Mein Leben gebiert die Unruhe», schreibt er 1907 an den Freund, «es scheint mein Schicksal, daß ich es nie für mich und die mir am nächsten stehen einrichten kann.»

Andrerseits setzt ihn gerade seine zum Wesenszug gewordene Rastlosigkeit in den Stand, Hofmannsthal sozusagen im Vorübergehen manche Gefälligkeit zu erweisen. Bei Besprechungen mit Verlegern, Übersetzern und Theaterleuten in ganz Europa bringt er das Gespräch auf die neuesten Werke des seßhaften und ein wenig kontaktscheuen Dichters. Allein die Ver-

Mäzen, Vermittler zwischen Künstlern und Publikum, Weltmann – und nicht zuletzt einer der scharfsinnigsten Beobachter seiner Epoche: Harry Graf Kessler. Er litt wohl darunter, nicht selber «irgend etwas zu produzieren», und stürzte sich nur um so leidenschaftlicher in immer neue Aktivitäten.

handlungen mit Eleonora Duse über die Pariser *Elektra*-Aufführung führen zu einem längeren, oft unersprießlichen Briefwechsel und enden in einem Fiasko. Da Otto Brahm trotz früherer Hofmannsthal-Einstudierungen mit einem Stück wie *Ödipus und die Sphinx* wenig anzufangen weiß, versucht Kessler, mit Max Reinhardts Einverständnis eine Verbindung zwischen dem Autor und dem englischen Bühnenbildner Edward Gordon Craig herzustellen. Dessen Credo hat nichts mit dem Brahmschen Naturalismus oder gar dem historistischen Drama mit erhobenem Zeigefinger gemein. Dem Engländer ist es weniger um szenisches Detail zu tun, als um die wirkungsvolle Wiedergabe der Leidenschaften, die der Autor in seine Gestalten hineingelegt hat. Statt milieugetreuer Kulissen entwirft er ein architektonisches, vorzugsweise mit Lichteffekten arbeitendes Bühnenbild, in das er die Schauspieler sozusagen hineinversetzt, anstatt es um sie herum aufzubauen.

Hofmannsthal ist anfangs begeistert von der Aussicht, seine Stücke von Craig, diesem «Dichter unter Dichtern», ausstatten zu lassen. Doch verderben bald die vielen Köche, sprich: die vielen kapriziösen und temperamentvollen Künstler, den von Kessler angerührten Brei. Reinhardt hält Craigs finanzielle Forderungen für die Bühnengestaltung von *König Ödipus* (Hofmannsthals Übersetzung der Sophokleischen Tragödie) für überzogen. Hofmannsthal, der dem Engländer mißtraut, obwohl er ihn noch gar nicht kennt, schließt sich dieser Meinung an. Die Duse, oder vielmehr ihr Manager, sagt die Mitarbeit an der französischen *Elektra* mal zu, mal ab. Kessler, der Craigs Forderungen keineswegs exorbitant findet, hat das Nachsehen und muß die Schulden begleichen, die die anderen bereits gemacht haben.

Obwohl solche Spannungen die Freundschaft zunehmend belasten, sehen sich die beiden öfter in Berlin, Weimar, Rodaun oder auch bei gemeinsamen Freunden wie den Nostitzens in Dresden oder bei Ottonie Gräfin Degenfeld auf Schloß Neubeuern am Inn. Intensiver als bei solchen Treffen, die meist in Gesellschaft stattfinden und wenig Gelegenheit zur Aussprache bieten, verkehren sie miteinander brieflich. Da lassen sie sich über die Klassiker aus – Kessler kann Schiller nicht ausstehen, läßt sich von Hofmannsthal aber an Grillparzer heranführen – und erst recht über die Zeitgenossen. Über viele sind sie sich einig, wie über Wassermanns «gediegene Mittelmäßigkeit», Gerhart Hauptmanns Mangel an Selbstkritik, Alfred Walter Heymels schwierige Selbstfindung und Rudolf Alexander Schröders Meriten als Lyriker und Übersetzer. An anderen scheiden sich die Geister wie an Walther Rathenau, mit dem sein künftiger Biograph Kessler gut, obschon distanziert auskommt, während Hofmannsthal Rathenaus gerade erschienene *Reflexionen* mit einem Rundumschlag demoliert: «Welche Mischung von Pedanterie, Prätension, Snobism (bei der vollkommensten Abwesenheit von ‹Welt›) und abgestandener und wieder aufgekochter ‹Deutschheit› aus jüdischem Geist reproduziert!»

Der Dramatiker Hofmannsthal schöpft bekanntlich selten aus dem vollen. Anders als beispielsweise Hauptmann, der seine Stücke aus dem Leben nimmt und erst in reifen Jahren auf die Griechen zurückgreift, macht er von Anfang an Anleihen bei diesen wie bei Molière, Calderón und anderen. So ist ihm der Freund zeitweise unentbehrlich als Ideenlieferant und Anreger: «Lese jetzt, aufmerksam gemacht durch Harry Kessler», heißt es 1907 in einer Notiz über die Keimzelle der Komödie *Silvia im ‹Stern›*, «das Leben der Julie de l'Espinasse und ihre Briefe.» Vieles von dem, was Kessler auf seinen Reisen erlebt und erfährt, leitet er nach Rodaun weiter: Eindrücke von Premierenabenden und Museumsbesuchen, Theaterklatsch, Lesefrüchte, Lustspielideen, Begegnungen mit verschiedenen Künstlern sollen dem Freund über die toten Stunden hinweghelfen, die ihn, wie alle schöpferischen Menschen, manchmal verzweifeln lassen.

In einer solchen Laune bittet sich Hofmannsthal einmal aus, er möchte nicht über den Fortschritt an diesem oder jenem Werk befragt werden. Die bloße Frage, beantwortet oder nicht, setze ihn unter Druck; auch sei das Schreiben als solches schwer genug, ohne daß man einem anderen Rechenschaft darüber abzulegen hätte. Aber Kessler läßt sich in seiner Kontrollfunktion durch solche Einwürfe nicht beirren. Er bekommt in diesen Jahren fast alle in Arbeit befindlichen Werke im Manuskript zu lesen und schickt sie mit Anmerkungen zurück. Der Dichter quittiert Zustimmung wie Kritik meist mit einem Wort des Dankes, gelegentlich auch mal mit leicht gequältem Humor: «Das schlampige Deutsch des Zitats», erwidert er auf einen Einwand, «hätte ich gewiß nicht stehen lassen, hier sind aber Herr Lehrer zu streng.»

Ein anschauliches Bild von Kesslers unerschöpflicher und ansteckender Begeisterungsfähigkeit vermittelt sein Bericht über einen Besuch im Théâtre du Châtelet, wo Diaghilews Russisches Ballett im Mai 1909 seine epochemachende erste Pariser Saison feiert. Der verwöhnte Premierenbesucher ist hingerissen: «Das ist wirklich eine neue Kunst», meldet er atemlos nach Rodaun, «die da geboren wird, das *mußt* Du sehen, denn vorstellen kann man sich eine solche Vollkommenheit nicht... Nijinsky mit der Pawlowa tanzend [in *Les Sylphides*], das war absolut die Verkörperung von ‹Amor und Psyche›, ohne jeden Einwand.» Charakteristischerweise erwägt er sofort die Möglichkeit, Teile dieser Theaterkunst, etwa Baksts Bühnendekorationen, für Hofmannsthal-Inszenierungen zu übernehmen. Da er weiß, daß sich der Freund ebenfalls mit dem Plan eines Balletts über Amor und Psyche trägt (es wird 1910 fertiggestellt und der Tänzerin Grete Wiesenthal gewidmet), schlägt er ihm vor, mit dem Orientexpreß auf einen Tag nach Paris zu kommen und sich die Russen selber anzuschauen.

Neben den Wunsch, Hofmannsthal die neue Kunst sehen zu lassen, tritt dabei Kesslers Absicht, ihn mit einer anderen Art von Theaterpublikum bekannt zu machen. Denn die Deutschen, so klagt der Dichter mehr als einmal, besäßen ein verkrampftes Verhältnis zur Kunst und brächten, wie es in einem späten Brief an Strauss heißt, «immer Kunst und Bildung, d. h. Gelehrsamkeit [durcheinander], zwei Dinge, die ganz und gar nichts miteinander zu tun haben». Wohl auch aus diesem Grund sucht Kessler ihm die Reise durch einen Hinweis auf das elegante und doch auch kunstverständige Pariser Publikum schmackhaft zu machen: «Nur Frauen in Diademen und blasierte Lebemänner», lockt er im Illustriertenstil, «schreiend, tobend, so daß fünf Minuten lang die Musik nicht weiterspielen konnte.»

Doch Hofmannsthal, dem Kessler gleich bei der ersten Bekanntschaft ein gerüttelt Maß an gesellschaftlichem Ehrgeiz bescheinigt, bleibt standhaft. Nicht einmal die Aussicht auf ein Gespräch mit Robert de Montesquieu oder der Comtesse de Greffulhe kann ihn von seinem *work in progress* abhalten, zu dem Kessler im weiteren Verlauf einen ganz beträchtlichen Beitrag leistet. Es ist ein Lustspiel mit Musik, eine Opera buffa, die den Arbeitstitel «Spielkomödie» trägt. Als *Der Rosenkavalier* wird sie bald einen ähnlichen Triumphzug durch die Welt antreten wie das Russische Ballett.

III

Bei ihrer Entstehung geht es so peripatetisch zu wie später bei *Josephs Legende*. Auf gemeinsamen Spaziergängen, diesmal in Weimar, wo Hofmannsthal sich gerade aufhält, entwickelt jeder seine Ideen, so daß man hinterher kaum noch sagen kann, was von wem vorgeschlagen wurde. Im Februar 1909 berichtet Kessler seiner Schwester Wilma, es fehle nur noch der Text. Er wird von Hofmannsthal verfaßt und nach Garmisch geschickt, wo Strauss ihn vertont. Der Schluß des ersten Aktes, erklärt der Musiker schon im April, sei reizend und ließe sich komponieren «wie Öl und Butterschmalz».

Als Beispiel für Kesslers Einflußnahme nicht nur auf den Entwurf, sondern auch auf die Ausführung der Oper kann seine Bemerkung gelten, der Ochs auf Lerchenau sei in der frühen Fassung zu lyrisch geraten und reflektiere zuviel in seiner ersten großen Arie. Hofmannsthal setzt die Akzente nun etwas anders und betont statt dessen das Pantomimische an der Gestalt des ungehobelten Freiers, sozusagen auf Zehenspitzen an Strauss vorbei, der die Arie schon vertont hat und nicht den Verdacht schöpfen darf, man pfusche ihm ins Handwerk. Mit demselben diplomatischen Geschick läßt der Dichter auch mal eine Beanstandung ins Leere laufen, etwa Kesslers Einwand dagegen, daß Sophie beim Schlafengehen den Almanach de Gotha ins Bett mitnimmt. Dieses Motiv, so Kessler, wirke grotesk und gehe weit über das der jungen Frau zugestandene Maß an Snobismus hinaus. Hofmannsthal verspricht, er werde es abschwächen, «wenn Du willst». Nachdenklich gestimmt durch diese Klausel, holt Kessler den Rat von Wilma ein und schreibt aus Paris: «Meine Schwester, der ich die Sache vorlegte, und die für solche sozial-weiblichen Nuancen ein recht feines Gefühl hat, gibt *Dir* ohne weiteres Recht.»

So ist es dabei geblieben, die kleine Sophie gesteht Octavian, sie lese vor dem Einschlafen im «Buch, wo die Stammbäumer drin sind, mon cousin, dem Ehrenspiegel Österreichs», und suche sich dort ihre künftige Verwandtschaft zusammen. – Die Marquise de Brion bleibt nicht die einzige, die bei derartigen Fragen um ihre Meinung befragt wird. Hofmannsthal konsultiert bei Gelegenheit auch seine Frau Gerty und seine Freundin Elsa Bruckmann née Prinzessin Cantacuzène, die Frau des Münchner Verlegers Hugo Bruckmann.

Bemerkenswert bleibt bei alledem Kesslers Sachkenntnis in bezug auf szenische Erfordernisse sowie auf sprachlichen und musikalischen Rhythmus. Seine Vorschläge und Einwände, alles andere als laienhaft, tragen die Signatur eines Musikkenners, der selber über eine schöne, wenngleich nicht ausgebildete Singstimme verfügt, eine Partitur lesen und ein wenig Klavier spielen kann. Er ist auch bei der langen Suche nach einem passenden Titel dabei. Den vom Dichter ins Auge gefaßten, «Der Vetter vom Land», hält er für langweilig und schlägt statt dessen «Quin-Quin» vor, was Hofmannsthal und Strauss ablehnen wegen des Anklangs an zahllose französische Possen mit ähnlich klingenden Titeln, vom gerade modischen Cancan ganz zu schweigen. Auch «Mariandel», «Die galanten Abenteuer des Barons von Ochs», «Pourceaugnac» (nach der Molièreschen Vorlage), «Der Grobian in Liebesnot» und noch andere Titel sind im Gespräch, bis Textautor und Komponist sich auf «Der Rosenkavalier» einigen.

Trotzdem endet das nicht gerade intime, aber in den Bahnen eines harmonischen Gedankenaustausches verlaufende Zusammenwirken von Hofmannsthal und Kessler am *Rosenkavalier*, wie übrigens auch an der fast gleichzeitig entstehenden Komödie *Cristinas Heimreise*, in einem argen Mißverständnis. Bei weniger feinnervigen und kultivierten Herren wäre es mit Sicherheit in einen handfesten Streit ausgeartet. Aber auch Hofmannsthal und Kessler finden, bei aller Wahrung der Dehors, danach nicht wieder zum alten Vertrauensverhältnis zurück.

Der Streit entzündet sich an der Widmung, die Hofmannsthal dem soeben vollendeten Werk voranzustellen gedenkt: Sie soll Kesslers Initialen «H. K.» enthalten und dazu eine Danksagung an den «verborgenen Helfer». Sichtlich an sich haltend, schreibt dieser aus Paris, sie hätten eigentlich ausgemacht, seinen Anteil überhaupt nicht zu erwähnen; dies sei ihm auch jetzt noch recht. An der vorgeschlagenen Widmung mißfalle ihm aber das Wort «Helfer», das er durch ein passenderes ersetzt sehen möchte: «Beim ‹Rosenkavalier› stammt... die Konzeption selber und die Ausarbeitung des Pantomimischen, Grundlegenden, d. h. also die *Substanz* des Werkes zu einem Teil von mir, wie sie zum andern von Dir stammt. Wenn Du nachher über diesen Grundriß einen luftigen und reizenden poetischen Bau errichtet hast, so bin ich dadurch ebensowenig zum bloßen ‹Helfer› geworden, wie Du Strauss gegenüber dadurch, daß er wieder Deine Poesie mit Musik ausschmückt. Wir sind alle drei im ganz gewöhnlichen und üblichen Sinn *Mitarbeiter* und als solchen, nur solchen, kann ich mich, wenn überhaupt, in der Widmung bezeichnen lassen.»

In der Einsicht, daß er sich in eine schwierige Lage hineinmanövriert hat, ergreift Hofmannsthal die Flucht nach vorn und behauptet, dieser Kesslersche Brief habe nur die Handschrift gemein mit allen übrigen, die sie im Lauf einer zwölfjährigen Beziehung gewechselt hätten. Bereits zwei Tage später (so schnell funktionierte im Jahre 1910 die Post zwischen Paris und Bad Aussee) lenkt Kessler ein: Er beabsichtige keineswegs, über die genaue Tragweite des Wortes «Helfer» zu spekulieren, und werde sich auf jeden Fall freuen, das «Werkchen» (!) aus der

Hand des Dichters entgegenzunehmen. Hofmannsthal jedoch weist die zur Versöhnung gebotene Hand zurück und kommt zum Schluß, «daß zwischen uns, das heißt von Dir zu mir, Freundschaft niemals bestanden haben kann, sondern etwas anderes: menschliches Wohlwollen und Achtung für mein künstlerisches Talent, beide Gefühle, Deiner lebhaften und generösen Natur entsprechend, in einem starkem Maß, so daß Du selbst es vielleicht als Freundschaft ansehen konntest. Es hat aber die Probe nicht bestanden.»

Die Gemüter beruhigen sich in der Folgezeit, aber die frühere Unbefangenheit will sich nicht wieder einstellen. Hofmannsthal errät, daß seine Abneigung gegen Craig dessen Freund Kessler tief gekränkt hat, aber er kann sich nun einmal für den genialischen Bühnenbildner nicht erwärmen, während Kessler ihn überallhin empfiehlt und schließlich zur Mitarbeit an der Cranach-Presse heranzieht. Vielleicht ahnt der Dichter in der Stunde seines Triumphes auch etwas von den Gefühlen, die den «rezeptiven» Älteren, zu dem er bei erster Bekanntschaft so emporgeschaut hat, jetzt erfüllen müssen. Einmal erwägt er sogar, sich mit der Bitte um Vermittlung an Wilma zu wenden, sieht dann aber doch davon ab. Schließlich affektiert er, enttäuschend, aber menschlich, eine müde und etwas zynische Herablassung; Kessler täte ihm leid, schreibt er an Ottonie von Degenfeld: «Der ganze Mensch, so voller Gaben – und doch ohne das Entscheidende – wie entsetzlich traurig.»

Zwei Jahre später, kurz vor der Uraufführung des gemeinsam verfaßten *Josephs Legende*, lautet sein Fazit noch schärfer. Kessler sei, so berichtet er wiederum an Ottonie, «ein Narr und ein armer Narr, zuweilen ein unleidlicher Narr... Es war ganz und gar dumm von mir, was ich getan hab (ihn da hineinziehen, aus unpsychologischer Gutmütigkeit), aber jetzt ist es ein tour de force, das ich anständig und generös durchhalten will.» – Während Hofmannsthal in einem Privatbrief vorgibt, aus Generosität zu handeln, spricht ihm Kessler, ebenfalls privat, gerade diesen Charakterzug ab. Als er seiner Schwester meldet (auf Englisch wie der gesamte Briefwechsel mit Wilma), Hofmannsthal habe ihn zur Mitarbeit am Ballett aufgefordert, betrachtet er diese Geste als das größtmögliche Entgegenkommen, das er sich von ihm erwarten könne: «He has gone as far in trying to be just to me as his nature, which is not generous, will allow him.»

Was hier fehlt, ist das reinigende Gewitter, das die schwüle Luft hinwegfegen und einen Neuanfang ermöglichen würde. Eine Katharsis wie beispielsweise in Hofmannsthals Verhältnis zu Strauss, in dem der *Rosenkavalier* ebenfalls zur Meßlatte für die weitere Entwicklung wird. Unwillig, den veränderten Zeiten oder auch nur einer Erkrankung des Musikverlegers Rechnung zu tragen, hatte Hofmannsthal bei der 1928 uraufgeführten *Ägyptischen Helena* auf denselben Tantiemen wie bei dem aus der Vorkriegszeit stammenden *Rosenkavalier* bestanden. Als er mit dem Rechtsanwalt droht, falls ihm sein Anteil von 25 Prozent pro verkauftem Textbuch nicht sofort ausgezahlt werde – es handelte sich notabene um eine Garantie bzw. eine Vorauszahlung über mehrere Jahre –, greift der Komponist zur Feder, liest ihm die Leviten und schließt mit: «So, nun haben Sie meine aufrichtige Meinung über den Fall. Damit sei er aus der Welt geschafft.» Strauss ist allerdings aus härterem Holz geschnitzt als Hofmannsthal oder Kessler, die sich in diesem Stadium ihrer Freundschaft weder mündlich noch schriftlich zu einer «aufrichtigen Meinung» durchringen können. Sie leiden bereits mehr an ihrer Beziehung, als daß sie ihrer froh würden.

Der Bruch, der etwas von einem Ehekrach an sich hat, erklärt sich natürlich nicht nur aus ein paar unglücklich formulierten Worten zu Hofmannsthals geplanter Widmung des *Rosenkavaliers*. Vorausgegangen waren die schwelende Meinungsverschiedenheit über Craig und einige andere Widrigkeiten, vor allem auf der 1908 zu dritt mit Maillol unternommenen Griechenlandreise. Sie steht von Anfang an unter einem Unstern.

Hofmannsthal, der sich nur schwer zum Aufbruch hatte entscheiden können, stößt nach vielem Hin und Her erst hinzu, nachdem die beiden anderen bereits in Athen angekommen sind. Nach wenigen Tagen fährt er wieder ab, enttäuscht von der steinigen Landschaft, die so gar nicht seinem Bild von Arkadien entspricht, enttäuscht von den Mitreisenden (da Maillol kein Deutsch versteht, muß man sich auf Französisch verständi-

gen) und wohl auch von seiner eigenen Unfähigkeit, Griechenland etwas Positives abzugewinnen, wie es z. B. Gerhart Hauptmann kurz zuvor auf *seiner* Griechenlandreise gelungen war. Gewiß finden sich in Hofmannsthals später Prosa einige schöne Seiten über Athen und Delphi, über das Licht in der griechischen Landschaft, über den Einsiedler aus Lauffen an der Salzach, der halbverhungert nach Hause strebt; an Ort und Stelle

Die Gegenüberstellung deutscher und österreichischer Gesichtspunkte gehörte von Anfang an zu den Konstanten im Verhältnis zwischen Hofmannsthal und Kessler, deren Lebensläufe zahlreiche Parallelen und Entsprechungen aufweisen. Hofmannsthal (links) und Kessler am Schreibtisch, Mitte der zwanziger Jahre.

aber klagt der Dichter nur und kann es kaum erwarten, wieder in Rodaun zu sein.

In einer unschönen, nie restlos geklärten Episode überrascht ihn Kessler dabei, wie er seine – Kesslers – Reisetasche durchsucht und dabei sogar ein verschlossenes Konvolut öffnet. Hofmannsthal murmelt irgendeine Entschuldigung, Kessler betrachtet den Zwischenfall als eine Art Blackout und sieht darüber hinweg. Später erklärt er sich die Nervosität und Launenhaftigkeit des Reisekompagnons aus dessen Angst vor einem plötzlichen, unwiderruflichen Versiegen seiner künstlerischen Schöpferkraft. Überhaupt kommt ihnen die Unvereinbarkeit der Temperamente und Ansichten gerade auf dieser Reise zum Bewußtsein. Sie sind fast ständig unterwegs, nicht von Hotel zu Hotel, sondern eine mythenschwere, verlassene Landschaft auf Mauleseln durchquerend. Überdies befinden sie sich in der Gesellschaft eines Mannes, der durch seine bloße Anwesenheit die Disharmonie noch offensichtlicher macht: Der Bildhauer Maillol, in ihren Augen beneidenswert «naiv», vertraut nur seinen Augen und der erprobten Kraft seiner Hände.

Auch politische Meinungsverschiedenheiten trüben jetzt das Verhältnis. Der Österreicher begrüßt 1908 die Annexion von Bosnien und der Herzegowina als einen mutigen Schritt, der das ramponierte Ansehen der Donaumonarchie wiederherstellen soll. Der Deutsche, mit dem politischen Tagesgeschehen vertrauter und mit vielen leitenden Männern in Frankreich und England persönlich bekannt, sieht in dem diplomatischen Coup statt dessen eine Bedrohung des europäischen Gleichgewichts und somit des Friedens. Rußland, so meint er, kann sich einen derartigen Gesichtsverlust gegenüber Österreich-Ungarn kein zweites Mal leisten. Die Ereignisse, die zum Ausbruch des Weltkriegs führen, werden die Richtigkeit dieser Ansicht bestätigen.

Als *Der Rosenkavalier* am 26. Januar 1911 in der Königlichen Hofoper von Dresden seine Uraufführung erlebt, liegen die Schüsse von Sarajevo noch weit in der Zukunft. Schon am Morgen nach der Premiere kabelt Kessler nach Paris, um Wilma vom «succès éclatant» der neuen Oper zu unterrichten. (Da es sich bei diesem Datum um den 27. Januar, «Kaisers Geburtstag», handelt, sei hier erwähnt, daß sich Wilhelm II., wie Strauss berichtet, auf Anraten des Kronprinzen später einmal den *Rosenkavalier* ansah und kopfschüttelnd meinte: «Det is keene Musik für mich!»)

Vorausgegangen war diesem Abend ein kurzer Briefwechsel,

in dem die beiden Männer, der dünnhäutige Graf und der leicht marode Dichter, sich bemühten, zur Ungezwungenheit zurückzufinden. Als Bühnenautor verfügt Hofmannsthal über eine Anzahl Freikarten und fragt Kessler, wo er am liebsten säße; in seiner eigenen Loge sei kein Platz, dort säßen schon die Eltern. Der «verborgene Helfer» antwortet aus London, er möchte entweder mit guten alten Freunden sitzen wie den Richters, Nostitzens, van de Veldes oder Bodenhausens oder aber ganz allein. Obwohl Weltmann vom makellos gezogenen Scheitel bis zur Sohle und als solcher von Hofmannsthal mal beneidet, mal verachtet, ist Kessler keineswegs ein Leichtgewicht. Er weiß, daß ihm mit der Premiere ein großer Kunstgenuß bevorsteht, und bittet sich aus, auf keinen Fall «mit irgendwelchen ‹gens du monde›» sitzen zu müssen. Als abschreckende Beispiele führt er dabei Sophie v. Hindenburg, Helene v. Nostitz' Mutter, und überraschenderweise auch das Ehepaar Thurn u. Taxis an, obwohl die kultivierte Fürstin Marie, Rilkes mütterliche Freundin, auf Schloß Duino doch Konzerte und Lesungen veranstaltet.

Hofmannsthal geht auf den Plauderton ein und neckt ihn postwendend mit einer Liste von Premierengästen, vor deren Nachbarschaft ihn an diesem Opernabend der liebe Gott bewahren möge: Frau Strauss, Heymel, Rathenau, der Verleger Sami Fischer und einige andere gemeinsame Bekannte, die den von der Aufführung hinterlassenen Eindruck erbarmungslos zerreden würden. Als er hört, daß Wilma nicht kommen kann, bittet er den Freund, er möge doch Gerty – der sich Kessler, wie damals üblich, in seinen Briefen immer galant «zu Füßen legen» läßt – auf seinen freien Platz mitnehmen und ihr Gesellschaft leisten.

Mit dieser Geste ist die Verstimmung zumindest vordergründig aus der Welt geschafft. Da Hofmannsthal der Buchausgabe des *Rosenkavaliers* inzwischen die Worte «Ich widme diese Komödie dem Grafen Harry Kessler, dessen Mitarbeit sie so viel verdankt» vorangestellt hat, ist der Ehre oder zumindest der Eitelkeit Genüge getan. Der Weg ist frei für die Zusammenarbeit an *Josephs Legende*.

Im Innersten seiner Seele ist Kessler über die ihm angetane Kränkung, die heute vielleicht nicht einmal als solche aufgefaßt werden würde, allerdings nie hinweggekommen. Als er 1937 Thomas Mann in der Schweiz besucht, unterhalten sich die beiden Emigranten nicht über das Dritte Reich, sondern über Manns literarische Pläne sowie über den *Rosenkavalier* und Kesslers Anteil an seiner Entstehung.

IV

Nach 1914 entfernen sich die beiden Lebensbahnen, die so lange parallel verlaufen waren und während der Arbeit an *Josephs Legende* noch einmal übereinzustimmen schienen, immer weiter voneinander. Bei Kriegsausbruch rückt der Landsturmoffizier Hofmannsthal in Istrien ein, wird auf Fürsprache des Historikers und Politikers Josef Redlich aber bald ins Kriegsfürsorgeamt des Wiener Kriegsministeriums beordert. Im Frühjahr 1915 gänzlich vom Dienst freigestellt, widmet er sich der patriotischen, um nicht zu sagen: propagandistischen Öffentlichkeitsarbeit. In Aufsätzen wie *Die Bejahung Österreichs* und *Worte zum Gedächtnis des Prinzen Eugen* sucht er die Erinnerung an die Tugenden und Taten der Vorfahren, in *Unsere Militärverwaltung in Polen* das Vertrauen auf die Donaumonarchie zu stärken. Als Herausgeber der im Insel-Verlag erscheinenden «Österreichischen Bibliothek», an der sich auch Anton Wildgans, Stefan Zweig und andere bekannte Autoren beteiligen, ediert er den ersten, Grillparzers politischen Schriften vorbehaltenen Band. In Vorträgen beschwört er den «Geist der Karpathen» und spricht im neutralen Zürich, Oslo und Stockholm über «Österreich im Spiegel seiner Dichtung». Den Schwerpunkt seiner publizistischen Bemühungen bildet jedoch die Beziehung zum Bündnispartner, die ihn immer von neuem über die Gemeinsamkeiten zwischen dem Österreichischen und dem Deutschen nachdenken läßt. Waffenbrüderschaft hin, Waffenbrüderschaft her, für Hofmannsthal kommen diese Gemeinsamkeiten, wie auch manche Kontraste, in erster Linie im geistigen Leben zum Ausdruck.

«Kakanien», bewundert viel und viel gescholten, gehört freilich schon während seines Überlebenskampfes der Vergangenheit an. Um so schwieriger ist es für die Nachwelt, sich in Hofmannsthals politische Vorstellungen hineinzuversetzen – es sei denn, wir blickten über die Grenzen des deutschen Sprachraums hinaus und betrachteten das österreichisch-deutsche Verhältnis von damals als ungefähre Analogie zum englisch-amerikanischen von heute. Hier das erschöpfte, im gesellschaftlichen wie im kulturellen Leben auf ehrwürdigen Traditionen beruhende alte, dort das etwas ungestaltete, dem wirtschaftlichen Wachstum und technischen Fortschritt verpflichtete junge Land, das sich durch Sprache und zahllose andere Gemeinsamkeiten mit jenem verbunden fühlt.

Auch Kessler ist sich dieser Übereinstimmungen und Kontraste bewußt, obwohl er sie notgedrungen mit anderen Augen sieht. Auch er ist sofort im Krieg, zunächst im Westen, wo er das Eiserne Kreuz zu einer Zeit erhält, als es noch recht selten verliehen wurde. Mit seiner berittenen Nachschubkolonne wird er später an die Ostfront verlegt und bleibt dort, unter häufigen Einsätzen als Ordonnanz- bzw. Verbindungsoffizier zur österreichisch-ungarischen Armee, fast zwei Jahre. Währenddessen hält er Hofmannsthal, Bodenhausen, das Ehepaar Nostitz und andere Freunde durch Rundbriefe auf dem laufenden, in denen er unter anderm seine Gedanken über die Nachkriegsordnung in Osteuropa niederlegt. Als Lösung der jahrhundertealten polnischen Frage schwebt ihm zum Beispiel eine Personalunion mit Deutschland vor, ähnlich wie die von Kanada und Australien mit der britischen Krone, also mit eigenem Parlament. Ein katholischer deutscher Reichsfürst könnte König von Polen sein, unter ausdrücklichem Verzicht auf jegliche Germanisierung und mit Garantien für die Erhaltung sowohl der polnischen Sprache und Schule als auch der Rechte der jüdischen und anderer Minderheiten. Ein – fürs Kriegsjahr 1915 – erstaunlich progressiver und humaner Entwurf im Vergleich zum Frieden von Brest-Litowsk 1918, geschweige denn zur Realität von 1939 bis 1945.

Wie ein roter Faden zieht sich durch Kesslers Äußerungen aus den Kriegsjahren das Mißtrauen gegenüber dem Bundesgenossen. Im Gegensatz zu Hofmannsthals wiederholt aufgestelltem Postulat eines Österreich als geistiger Potenz beschränkt er sich auf das Zusammenwirken an der Front. Schon Ende 1914 glaubt er, das deutsche Heer habe von den Österreichern nichts Gutes zu erwarten, da sie ihre Stellungen in Südpolen aufgegeben und so die Deutschen, die schon vor Warschau standen, zum Rückzug gezwungen hätten. Seit er die k.u.k. Armee im Kampf kennengelernt hat, so gesteht er Hofmannsthal «in aller Freundschaft», sei ihm an ihr ein besorgniserregender Mangel nicht etwa an Mut und Ausdauer, wohl aber an *common sense* (so im Original) aufgefallen. Wie um dies zu unterstreichen, erwähnt er an anderer Stelle eine österreichische Einheit, die nach blutigem Kampf in die feindlichen Gräben eingedrungen, diese aber nicht sogleich gesichert, sondern erst einmal Kaffee gekocht habe, woraufhin die Russen sie im Gegenstoß wieder hinausbeförderten. Der Vorgang hat für Kessler eine paradigmatische Bedeutung, denn die «Zwockels», wie die Bundesgenossen bei der Truppe heißen, leiden in seinen Augen an zwei «fürchterlichen Übeln: der Vielfalt ihrer Nationalitäten und der Wiener Gemütlichkeit». In der Tat hatte es Hindenburg schon Ende 1914 für nötig erachtet, den ihm unterstellten Offizieren die größte Rücksichtnahme gegenüber den österreichischen Kameraden ans Herz zu legen (Eisenhower wird 1944 eine ähnliche Direktive an die in England stationierten amerikanischen Streitkräfte erlassen).

Der inzwischen ohnehin etwas abgekühlten Freundschaft tun solche Befunde keinen Abbruch. Im Gegenteil, als Kessler 1915 auf einer Dienstreise von der Karpatenfront nach Berlin in Rodaun haltmacht, schildert ihn Hofmannsthal als «unglaublich wohl aussehend... und nie so männlich schön wie jetzt; er ist mit der Uniform und dieser ganzen Lebenslage völlig zusammengewachsen [und] erzählte viel und gut». – Nicht, daß Kessler im Krieg je etwas anderes gesehen hätte als eine Katastrophe für die drei Länder, in denen er sich zu Hause fühlt, für Deutschland, England und Frankreich. Aber im militärischen Alltag weiß er sich tatsächlich einzurichten. Der Maler Heinrich Vogeler, als Kartenzeichner ebenfalls im Osten eingesetzt, erinnert sich in seinen Memoiren an die Postausgabe in einem gottverlassenen Nest hinter der Front, wo ein paketbeladener Kürassier dem Rittmeister Grafen Kessler eingemachte Früchte, Dosen mit englischer Schildkrötensuppe und ähnliche, von Freunden und Verwandten im Ausland geschickte Delikatessen aushändigt.

Auf Betreiben von Bodenhausen wird Kessler 1916 als eine Art inoffizieller Kulturattaché der deutschen Botschaft in Bern zugeteilt. Dort bemüht er sich durch einen von Moissi gegebenen Goethe-Bach-Abend im Kasino von Bern, eine Reinhardt-Inszenierung des *Sommernachtstraums* im Zürcher Schauspielhaus und weitere Veranstaltungen der (wie fast immer und überall sehr erfolgreichen) französischen Kulturpropaganda entgegenzuwirken. Daneben verkehrt er, unter stillschweigender Billigung der längst nicht mehr siegesgewissen Reichsregierung, mit in der Schweiz ansässigen Kriegsgegnern wie Annette Kolb und René Schickele, die ihrerseits über gute Verbindungen zu friedensbereiten Kreisen in Frankreich verfügen. Ende 1918 schließlich dient Kessler als erster deutscher Botschafter im wiedererstandenen Polen, nur ein paar Wochen lang, bevor die diplomatischen Beziehungen zwischen Berlin und Warschau vorübergehend wieder abgebrochen werden.

Wie Hofmannsthal mitten im Krieg an Dichtungen wie *Die Frau ohne Schatten*, der neubearbeiteten *Ariadne auf Naxos* und den Anfängen des *Andreas*-Romans arbeitet, so betätigt sich auch Kessler weiterhin als Entdecker und Förderer junger Talente. Auf Urlauben in Berlin lernt er Johannes R. Becher kennen, unterstützt Wieland Herzfeldes Verlagsprojekte und bewahrt George Grosz vor der drohenden Erschießung als Deserteur. Diese Hinwendung zur sich gerade formierenden politischen Linken trägt ihm später den Titel «der rote Graf» ein; sie mündet in sein Engagement im Vorstand von Organisationen wie der Liga für Menschenrechte und der Deutschen Friedensgesellschaft. Hin und her gerissen zwischen unerfülltem Tatendrang, intellektueller Neugierde und einer im Grunde genommen konservativen, um nicht zu sagen: elitären Geisteshaltung, versucht er so lange wie möglich, mit der Zeit zu gehen und dem Neuen, ob es sich um Remarques Bestseller *Im Westen nichts Neues* oder um Brechts *Dreigroschenoper* handelt, zumindest vorurteilslos zu begegnen. Seiner Tätigkeit als Kunstsammler setzt allerdings die Geldentwertung ein Ende; sie zwingt ihn sogar zum Verkauf von Meisterwerken wie van Goghs *Portrait du Docteur Gachet* und Maillols *La Méditerranée*. Bei seinem Tod, 1937 im französischen Exil, ist der einstige Millionenerbe ein armer Mann.

Während Kessler nach 1918 resolut in die Zukunft schaut, zieht sich Hofmannsthal mit der *Frau ohne Schatten*, der *Ägyptischen Helena*, dem *Turm* und schließlich *Arabella* in eine jeweils andere Vergangenheit zurück. Und so ist es wohl kein Zufall, daß sein einziges in der Gegenwart spielendes Werk aus der Spätzeit, nämlich das Lustspiel *Der Schwierige*, eine Hommage an den jetzt so entfernten Freund enthält. Nicht nur dieser selbst, sondern auch viele andere haben in der tragenden Figur – das Wort «Held» wäre hier fehl am Platze – des Kari Bühl ein gar nicht so entferntes Abbild von Harry Graf Kessler gesehen.

Das Ende wenn nicht der Freundschaft, so doch des gemeinsam beschrittenen Weges ist evident, als sie sich im Mai 1926 zum erstenmal nach dem Krieg wiedersehen. Sie treffen sich in Weimar, wo Hofmannsthal wiederum bei Kessler «frühstückt» wie bei jener ersten Begegnung 1898 in Berlin. Man spricht vom deutschen Roman, dem der Gast, trotz des kurz zuvor erschienenen *Zauberbergs,* wenig Zukunft einräumt; anders als in England und Frankreich gäbe es in den deutschsprachigen Ländern keine «Gesellschaft» mehr, aus deren Spannungen und Gegensätzen heraus er sich entfalten könnte. Als Kessler im Gegenzug sowjetische Erzähler wie Vsevolod Iwanov und Isaak Babel erwähnt, bleibt sein Gegenüber stumm: Hofmannsthal kennt sie nicht. Er hatte freilich schon vor dem Krieg mißbilligend festgestellt, daß sich Kessler viel auf seine Modernität zugute hält und mit einer «Allerweltsintimität» (so in einem Brief an Bodenhausen) jede neue Kunstrichtung an sich herankommen läßt.

Die letzte Begegnung, in Rodaun am Morgen des Tages, an

dem *Die ägyptische Helena* zum erstenmal in Wien über die Bühne geht, besiegelt die Entfremdung. Der damals schon rechtslastige Richard Strauss ist zugegen und redet so viel über Politik, daß Hofmannsthal sich später für ihn entschuldigt. Dem Stück selber kann Kessler wenig abgewinnen; er ist froh, mit den beiden schon gesprochen zu haben und sich nach der Vorstellung nicht die üblichen Premieren-Glückwünsche abringen zu müssen.

Bei der Nachricht von Hofmannsthals Tod kommt es Kessler vor, als sei ein Stück seines eigenen Lebens dahingegangen. Vielleicht geht ihm bei der Trauerfeier in der Pfarrkirche von Rodaun jener Gedanke durch den Kopf, der über seine eigenen Beziehungen weit hinausreicht und den er schon 1902, in einem frühen Brief an Hofmannsthal, andeutete: «Leider wächst in unserer Zeit die Entfernung zwischen den Menschen ebenso schnell und beängstigend, wie sie zwischen den Städten und Gegenden abnimmt... Man hat keine Zeit mehr, Freunde zu haben.»

Freunde im Widerspruch

Albert Einstein und Fritz Haber

von Fritz Stern

Ich freue mich über alles, was mein Können übersteigt und bin glücklich, wenn ich bewundern kann.
Fritz Haber an Richard Willstätter, um 1908

I Forscher – Deutsche – Juden in der Gesellschaft des Kaiserreichs

In seinem Glückwunschbrief zum 50. Geburtstag Albert Einsteins schrieb Fritz Haber im März 1929: «Von den großen Dingen, die ich in der Welt erlebt habe, greift der Inhalt Ihres Lebens und Wirkens am tiefsten. In einigen hundert Jahren wird der gemeine Mann unsere Zeit als die Periode des Weltkrieges kennen, aber der Gebildete wird das erste Viertel des Jahrhunderts mit Ihrem Namen verbinden... Dann wird von jedem von uns andern soviel übrig sein, als Verbindung zwischen uns in den großen Vorgängen der Zeit war und in Ihrer Biographie wird... nicht unerwähnt bleiben, daß Sie für mehr oder minder zugespitzte Bemerkungen über die Geschäfte der Akademie und mehr oder minder schlechten daran angeschlossenen Kaffee mich als Partner gehabt haben. So diene ich eigenem künftigen Ruhme und persönlichem Fortbestand in der Geschichte, indem ich Sie zu Ihrem fünfzigsten Geburtstag herzlich bitte auf sich zu halten, damit Sie gesund bleiben und ich weiter mit Ihnen zusammen spotten und Kaffee trinken und in der Stille darauf eitel sein kann zu dem Kreise zu zählen, der im engeren und menschlichen Sinne mit Ihnen lebt.»

Habers Brief war keine bloße «Festtagsrede». Er beschrieb Einsteins Platz in Berlin, in der Welt und in Habers Herz. Ein Jahrzehnt war vergangen, seit die Welt begonnen hatte, Einstein als den zweiten Newton, als das Genie zu feiern, das die menschliche Vorstellung vom Universum revolutioniert hatte. Die meisten Wissenschaftler begegneten ihm mit Ehrfurcht, ein großer Teil der Öffentlichkeit sah in ratloser Bewunderung zu ihm auf, eine Randgruppe verabscheute ihn. Haber, elf Jahre älter als Einstein und wie dieser Nobelpreisträger, war ein herausragender Chemiker und galt in der wissenschaftlichen Welt als ein großer unermüdlicher Organisator und Förderer der Wissenschaft. Er baute früh und äußerst erfolgreich Verbindungen zwischen Forschung und Industrie auf. Ein Haber-Schüler, Karl Friedrich Bonhoeffer, schrieb über ihn: «Ungebunden von akademischer Enge erlebte er an seiner eigenen Arbeit die innige gegenseitige Bedingtheit von Technik und reiner Wissenschaft. Er wurde dadurch zu einer wissenschaftlichen Persönlichkeit, deren geistiges Ringen stets dem Bestreben galt, die wissenschaftliche Entwicklung in Lebensnähe zu erhalten.»

Die beiden Männer trafen zum erstenmal 1911 auf der Versammlung Deutscher Naturforscher und Ärzte in Karlsruhe zusammen. Haber hatte den Hauptvortrag gehalten. Er stand kurz davor, Karlsruhe zu verlassen, wo er ein weltbekanntes Labor für physikalische Chemie an der Technischen Hochschule geleitet hatte und wo ihm die Herstellung von Ammoniak aus Stickstoff und Wasserstoff unter hohem Druck gelungen war, eine Methode, deren großtechnische Anwendung dann durch das Haber-Bosch-Verfahren ermöglicht wurde. Zu dieser Zeit war Einstein Professor für Theoretische Physik an der Deutschen Universität Prag. Seine Veröffentlichungen aus dem Jahre 1905 und seine frühen Arbeiten zur Quanten-Theorie und speziellen Relativitätstheorie hatten ihn der wissenschaftlichen Welt bereits als Genie erscheinen lassen. Haber kam 1911 als Direktor des Kaiser-Wilhelm-Instituts für physikalische Chemie und Elektrochemie nach Berlin, das von dem jüdischen Bankier

Leopold Koppel finanziert wurde. Einstein folgte drei Jahre später nach Berlin, von Planck und Nernst mit einem einzigartigen Angebot umworben: der Mitgliedschaft in der Preußischen Akademie der Wissenschaften, einer Professur an der Universität ohne Lehrverpflichtung und mit einem Gehalt von 12000 Mark, das Koppel zur Hälfte privat finanzierte. Haber und Einstein wurden bald Freunde, ja Haber entwickelte sich zu einem liebevollen und allzeit umsorgenden, zu einem väterlichen Freund, dessen Einstein anscheinend bedurfte.

Ein berühmtes Gruppenfoto, aufgenommen 1920 aus Anlaß des Weggangs von James Franck nach Göttingen, zeigt Franck, Lise Meitner und Otto Hahn sitzend, andere Wissenschaftler stehend, und herausgehoben, auf den beiden Sofalehnen thronend, Einstein und Haber in einer bemerkenswerten und einander ergänzenden Positur. Die beiden Männer befanden sich in der Tat in einer einzigartigen Position: Zu einer Zeit deutscher wissenschaftlicher Größe, vielleicht sogar wissenschaftlicher Vorherrschaft, verkörperte Einstein das Genie theoretischer Schöpferkraft und Haber das unmittelbarer und praktischer Leistung. Einstein war der einsame Meister, Haber der Impresario kollektiver Größe. Sie waren sich völlig bewußt, daß sie einer Gemeinschaft von Wissenschaftlern angehörten und ihre Arbeit in einem besonders unterstützenden Milieu gedieh.

Haber und Einstein rufen auch die äußere Seite der deutschen Überlegenheit in Erinnerung. Seit der erstmaligen Vergabe des Nobelpreises im Jahre 1901 bis zu Hitlers Machtergreifung vereinigten die Deutschen mit über 30 Prozent einen größeren Anteil der Preise auf sich als irgendeine andere Nation. Unter den Ausgezeichneten befanden sich annähernd 30 Prozent deutsche Juden, auf dem Gebiet der Medizin stellten diese 50 Prozent der Nobelpreisträger. Gefeiert und geehrt, zeigten Deutsche und Juden gleichermaßen eine gewisse Unbescheidenheit in genialer Leistung – beide Gruppen profitierten von einer Gesellschaft, die sich darauf verstand, Begabungen zu fördern. Habers Beziehungen zur BASF stehen für die enge und frühe Verbindung der deutschen Industrie und Wissen-

Gruppenbild mit Damen, aufgenommen beim Abschiedsfest des Kaiser-Wilhelm-Instituts für James Franck, 1920. Zwischen Einstein und Haber sitzend Ingrid und James Franck sowie Lise Meitner, ganz rechts Otto Hahn.

schaft, ein Verbund der Effizienz. Einsteins Berufung nach Berlin zeigt, daß mindestens in den Naturwissenschaften das jüdische Genie willkommen geheißen wurde. Bei der Stiftung von Geldern und im Forschungsprozeß selbst hatten Juden einen herausragenden Platz inne. Mit Recht hat Alfred North Whitehead hervorgehoben, daß «die größte Erfindung des neunzehnten Jahrhunderts die Erfindung der Methode der Erfindung ist» – und gerade bei dieser Erfindung, der Entdeckung von Talenten, haben die Deutschen zwischen 1880 und 1930 ein großes Geschick gezeigt. Fragen wir nach den Ursachen, dann erkennen wir bald die besondere Bedeutung außergewöhnlicher Freundschaften unter den Naturwissenschaftlern dieser beiden Generationen.

Haber und Einstein traten nicht nur als Wissenschaftler hervor. Sie waren auch bekannte Gestalten des öffentlichen Lebens, einflußreich im gesellschaftlich-kulturellen Leben im Deutschland des 20. Jahrhunderts: Haber im Dienste seines Landes und der Wissenschaft; Einstein im Einsatz für große politisch-humanitäre Belange. Aber sie waren auch sehr private Menschen mit ihren Träumen und Depressionen, ihren innersten Gedanken und Gefühlen, ihren Bedürfnissen und Überzeugungen, ihren Freuden und Vorlieben. In ihrer umfangreichen, weitgehend unveröffentlichten Korrespondenz, in großartigen Briefen, die Haber und Einstein sich schrieben oder die Haber an seinen besten Freund, Richard Willstätter, oder Einstein an Max von Laue schrieb, stieß ich auf viele Facetten ihres privaten und öffentlichen Lebens. Natürlich betrafen diese Briefe oftmals wissenschaftliche Fragen, aber sie berührten auch andere Themen. Aufgrund ihres Charakters und durch die Gewalt der Umstände wurden diese Männer in die Politik und öffentliche Auseinandersetzungen hineingezogen. Der Erste Weltkrieg, dann fast zwei Jahrzehnte später Hitler, zwang sie zu erkennen, was Napoleon viel früher in Erfurt gesagt hatte: Politik ist Schicksal. Ihre oftmals in elegantem Stil verfaßten Kommentare sind eine unschätzbare Quelle für die Geschichte ihrer Zeit und für die Biographie einiger ihrer bedeutendsten Gestalten. Vielleicht haben Historiker und Geisteswissenschaftler das Zeugnis ihrer «exakteren» Kollegen unterbewertet. Vielleicht beginnen Wissenschaftshistoriker die nichtwissenschaftlichen Dimensionen wissenschaftlicher Arbeit zu erhellen.

Diese Briefe bringen auch eine seltene und bewundernswerte Begabung für Freundschaft und Wärme zum Ausdruck. Haber, Einstein, Laue und Willstätter vertrauten einander, teilten sich gegenseitig ihre Entdeckungen, ihre Zweifel, ihre Wahrnehmungen und Ängste mit. Es gibt keine allgemein gültige Mischung von Einsamkeit und Freundschaft, die Kreativität fördert; ich glaube jedoch, daß diese Männer – und es war in erheblichem Ausmaß eine Männerwelt – sich gegenseitig in der Arbeit und durch Freundschaft aufrechterhielten. Als Individuen hatten sie manche Augenblicke tiefsten Selbstzweifels, selten, vermutlich nie, zweifelten sie jedoch an dem Wert des Gesamtunternehmens oder an dem Wert der eigenen Gruppe. Bis Hitler alles auseinanderschlug, gab es eine enge Wissenschaftler-Gemeinschaft, die auf ihren Erfolg stolz war und dankbar für den kollegialen Austausch.

Haber war der ältere väterliche Freund Einsteins, immer bereit, diesem bei materiellen Problemen und in der Beziehung zu seiner ersten Frau beizustehen. In vieler Hinsicht war Einstein ein Mann von Welt. In den zwanziger Jahren verkehrte er mit herausragenden Persönlichkeiten in Berlin, Deutschland und im Ausland; Staatsmänner, königliche Hoheiten, Künstler und Schriftsteller zählten zu seinen Freunden, und alle Welt war geschmeichelt, ihn bei sich zu sehen. Wie Erik Erikson jedoch bereits betont hat, bemühte sich Einstein, das Kind in sich zu bewahren. Dank Haber konnte er sich seine kindliche Naivität erhalten, während er ganz in der wirklichen Welt lebte. Habers Fähigkeit zu Freundschaften war außergewöhnlich. Er muß jedoch eine besondere Freude darin gefunden haben, seine Hand über den verletzlichen, melancholischen, hochbegabten Einstein zu halten. Offenbar teilten beide auch die gleiche großartige Begabung für ausgelassene Freude und eine ironische Betrachtung ihrer Welt. Lachen verband sie selbst, wenn Haber sich zu Pathos verstieg und Einstein zu verletzend-scharfem Witz griff. Kaum verwunderlich also, daß Schiller Habers, Heine Einsteins bevorzugter Dichter war.

Sie hatten viel gemeinsam: Beide hielten das Ethos des Wissenschaftlers hoch, selbst wenn ihre Ziele und beruflichen Wege auseinandergingen. Beide waren auf ihrem Gebiet Autodidakten. Beide hatten in ihrer Karriere früh entmutigende Fehlschläge erlebt. Sie hatten das Gefühl der Berufung und eine strenge Auffassung ihres Berufs. Sie würden mit dem frühen Nobelpreisträger Wilhelm Ostwald übereingestimmt haben, der nach Ludwig Boltzmanns selbstgesuchtem Tod 1906 die Bilanz eines wissenschaftlichen Lebens zog und von dem Schmerz und der Einsamkeit sprach, die ein echter Wissenschaftler ertragen müsse: «Das gehört zu den Gesetzen, denen fast alle Diener der strengen Göttin Wissenschaft unterworfen sind, daß ihr Leben in Trauer ausgeht, und dies umso mehr, je vollständiger sie es ihrem Dienste geweiht hatten.» Oder mit Sigmund Freud: «Die Wissenschaft ist eben die vollkommenste Lossagung vom Lustprinzip, die unserer psychischen Arbeit möglich ist.» Sie begriffen ihre Welt und ihre Arbeit teilweise durch die klassischphilosophische Ausbildung, die beide noch erhalten hatten. Nach ihrem Verständnis forderte Wissenschaft Opfer und verlangte Entsagung. Gleichwohl sahen sie in ihr auch die große transzendentale Erfahrung. Sie beugten sich in Ehrfurcht vor dem Geheimnisvollen und Unerklärlichen. Seine Rede zu Plancks 60. Geburtstag im April 1918 «Prinzipien der Forschung» eröffnete Einstein mit der Bemerkung: «Ein vielgestaltiger Bau ist er, der Tempel der Wissenschaft.» Sollten einst Gottes Engel die ausschließlich Ehrgeizigen und die ausschließlich praktisch Veranlagten aus diesem Tempel vertreiben, würden nurmehr dort verbleiben «etwas sonderbare, verschlossene, einsame Kerle... die einander trotz dieser Gemeinsamkeiten eigentlich weniger ähnlich sind als die aus der Schar Vertriebenen». Was aber führte die wirklichen Jünger zu dem Tempel? Einstein zitiert Schopenhauer. Einer der mächtigsten Beweggründe, der zu Kunst und Wissenschaft führe, sei «eine Flucht... aus dem Alltagsleben, mit seiner schmerzlichen Rauheit und trostlosen Öde, aus den Fesseln der ewig wechselnden eigenen Wünsche». Die Quelle «der unerschöpflichen Ausdauer und Geduld, mit der wir Planck den allgemeinsten Problemen unserer Wissenschaft sich hingeben sehen», erklärte er wie folgt: «Der Gefühlszustand, der zu solchen Leistungen befähigt, ist dem des Religiösen oder Verliebten ähnlich; das tägliche Streben entspringt keinem Vorsatz oder Programm, sondern einem unmittelbaren Bedürfnis.»

Beide Männer besaßen dieses Sendungsbewußtsein, diese Auffassung von Wissenschaft als Berufung zu einem besonderen Priestertum für einen Glauben, der gerade erst entstanden war. Haber und Einstein gehörten einer Generation an, die an den Grenzen des Wissens stand. Dieser «band of brothers» anzugehören war erhebend und fordernd. Noch gab es wenig Riesen, und diese verfügten souverän über ein breites Wissen. Sie alle waren in der alten humanistischen Kultur verwurzelt. Natürlich blieben auch Konflikte und Niederträchtigkeiten nicht aus. Haber hatte oft Schwierigkeiten in seinem Institut, die er mit großer aufgeschlossener Autorität löste. Beide Männer stießen auf Rivalität und kleingeistige Kollegen, vor allem aber

Sie hatten viel gemeinsam, selbst wenn ihre Ziele und beruflichen Wege auseinandergingen. Beide waren auf ihrem Gebiet Autodidakten, beide hatten in ihrer Karriere früh entmutigende Fehlschläge erlebt. Aber sie hatten das Gefühl der Berufung und hielten das Ethos des Wissenschaftlers hoch. Haber und Einstein 1915.

wurde ihnen bewußt, daß sie der «schmerzlichen Rauheit» des Alltagslebens, dem traditionsgeladenen Antisemitismus nicht entfliehen konnten.

Haber und Einstein wurden als Juden in eine Gesellschaft hineingeboren, in der Juden prosperierten, zugleich aber auch eine Vielzahl antijüdischer Gefühle aufkeimte. Ohne es zu wissen, erwartete sie das gleiche tragische Schicksal. In den Jahren vor Hitler gingen ihre Ansichten darüber, wie ihre Identität zu bestimmen, wie mit ihrem jüdischen Ursprung umzugehen sei, radikal auseinander. Die meisten säkularisierten Juden fanden in der deutschen Kultur – in der deutschen Philosophie, Literatur und Musik – ihre geistige Heimat. Zusammen mit vielen Protestanten teilten sie eine Kulturreligion, eine besondere Verehrung, ja Ehrfurcht vor der Bildung, die oftmals mit christlicher Ethik versetzt war. In ihren Überzeugungen hatten säkularisierte Juden mehr mit einem säkularisierten deutschen Bürger gemeinsam als mit orthodoxen oder praktizierenden Juden, deren Existenz sie oft peinlich berührte. Mit der letzten Gruppe teilten sie jedoch die Erinnerung und die wiederholte Konfrontation mit Vorurteilen und Behinderungen. Selbst säkularisierte Juden waren untereinander tief uneins im Hinblick auf die weiteren Aussichten einer Emanzipation, die zur Gleichheit führen sollte. Für eine wachsende Minderheit war die Anziehung der deutschen Kultur, der Wunsch nach voller Assimilierung so groß und das verbliebene Judentum so schwach, daß der Glaubenswechsel zum Protestantismus, oftmals zu einem weichen Protestantismus, zu einer Art Vernunftreligion, als naheliegender selbstverständlicher Schritt erschien. Mischehen, Konvertierung Erwachsener, Kindertaufen gewannen für städtische Juden in gewissem Ausmaß an Selbstverständlichkeit und nahmen leicht zu, wobei es freilich schwer ist, hierfür exakte Zahlen zu benennen. Die Tatsache, daß der Glaubenswechsel viele bürgerliche Vorteile mit sich brachte, spornte manche an, hielt andere jedoch auch zurück.

Haber und Einstein wählten in Übereinstimmung mit ihrer jeweiligen Herkunft, ihrem Charakter und ihrem Streben entgegengesetzte Wege. Ihre Überzeugungen und Handlungen spiegeln die Ungewißheiten wider, denen sich so mancher Jude ihrer Zeit gegenübersah. Der Weg, den Haber einschlug, entsprach vermutlich den Empfindungen und Einstellungen der meisten Juden eher als Einsteins Weg. Einsteins Entscheidungen waren ungewöhnlich und bestätigten seine Außenseiterposition («apartness»), die Abraham Pais für seinen wesentlichen Charakterzug hält.

Habers Vater war ein vermögender Farbstoff- und Farbenfabrikant in Breslau und daselbst ein geachteter Stadtrat, der seine öffentlichen Verpflichtungen sehr ernst nahm. Habers Mutter starb wenige Wochen nach seiner Geburt; sein Vater verheiratete sich erneut neun Jahre später. Über Habers Kindheit wissen wir wenig. Die Beziehung zu seinem Vater wurde zunehmend schwieriger, als dieser erwartete, daß sein Sohn in das väterliche Geschäft eintreten würde. Die jüdische Gemeinde in Breslau war vergleichsweise groß und angesehen. Die medizinische Fakultät, der eine große Zahl von Juden angehörte, war berühmt, in einigen Kreisen herrschte jüdisch-christliche Kollegialität und Freundschaft vor. Juden – zumal vermögende oder beruflich erfolgreiche – hatten allen Grund, zufrieden zu sein. Wie ihre christlichen Nachbarn neigten die schlesischen Juden dazu, preußische Superpatrioten zu sein, war doch Schlesien von Friedrich dem Großen erobert worden, dem verehrten «alten Fritz».

Der junge Fritz wurde drei Jahre vor Deutschlands Einigung geboren. Seine Kindheit fiel in eine Phase glühender Begeisterung für deutsche Waffen und für die deutsche Einheit. Ein frühes Foto zeigt ihn mit einem Spielzeuggewehr in der Hand. Jahre später absolvierte er seinen einjährigen Militärdienst. Zur Bestürzung seines Vaters konvertierte er als 24jähriger zum Protestantismus. Dies war nicht ungewöhnlich, aber auch nicht selbstverständlich. Richard Willstätter, sein bester Freund in späteren Jahren, empfand ganz anders.

Er war zwar vom Neuen Testament tief bewegt, aber «der Übertritt zum Christentum kam für mich nie in Betracht, da mit ihm bedeutende Vorteile verknüpft waren, während das Verharren im Judentum nur bürgerliche Nachteile mit sich brachte». Zugleich waren ihm jedoch selbstzufriedene, großtuerische Juden unsympathisch: «Unter meinem Judentum litt ich viel.» Nach Hitlers Machtergreifung schrieb er: «Eine wahre Gleichberechtigung der Juden ist in Deutschland nie erreicht worden.» Nichts deutet darauf hin, daß Haber und Willstätter oder Haber und Einstein sich über den Glaubenswechsel Habers unterhielten, noch stellte dieser in irgendeiner Weise seinen neuen Glauben zur Schau. Vermutlich war dies ein Thema, über das der Mantel des Schweigens gedeckt wurde.

Ein ehrgeiziger Vierundzwanzigjähriger, der auf eine akademische oder wissenschaftliche Karriere zusteuerte, muß gewußt haben, daß der Glaubenswechsel mit praktischen Vorteilen verbunden war. Möglicherweise wurde er von einem bekehrungseifrigen protestantischen Theologen ermutigt, dies ist zumindest die Vermutung seiner zweiten Frau in ihren äußerst unzuverlässigen Memoiren. Sein letzthin entscheidender Beweggrund – oder seine Rechtfertigung – war jedoch sein glühender, eindeutiger Patriotismus. Trotz dieses preußisch-deutschen Patriotismus war er ohne den abschreckenden Chauvinismus seiner Zeit. Seine häufigen Auslandsreisen (einschließlich einer Reise in die Vereinigten Staaten im Jahre 1902) und sein Glaube an die internationale Gemeinschaft der Wissenschaftler bewahrten ihn davor, der vorherrschenden Beschränktheit und Kirchturmspolitik anheimzufallen. In Friedenszeiten war er ein Internationalist, dessen Herz und Seele erkennbar deutsch waren.

Einsteins Hintergrund war in mancher Beziehung anders. Auch er entstammte einer säkularisierten jüdischen Familie, allerdings schwäbischer, ländlicher Herkunft. Auch sein Vater war ein Geschäftsmann, zuerst in Deutschland, später in Italien. Überall war er ein liebenswerter Versager. Betrübt über das Unglück seiner Eltern, schrieb Albert 1898 an seine Schwester: «Es wäre wirklich besser, wenn ich gar nicht lebte.» Vier Jahre zuvor war er in einem Münchener Gymnasium zurückgelassen worden, als seine Eltern nach Italien gingen. Von dem herrischen Ton an der Schule bedrückt und von der Feindseligkeit seiner Lehrer angetrieben, verließ er bald Deutschland, ging zu seinen Eltern und nahm schließlich seine Schulausbildung in der

Schweiz wieder auf, die er als die ihm am meisten zusagende Heimat empfand.

Einstein verließ Deutschland als freiwilliger Flüchtling und verzichtete gleichfalls auf seine Staatsbürgerschaft. Er verhielt sich so, um nicht in der deutschen Armee dienen zu müssen, und aus Abneigung gegen das deutsche Leben. Als er schließlich die Schweizer Staatsbürgerschaft erhielt, ereilte ihn dort die Wehrpflicht, er wurde allerdings aus Gesundheitsgründen nicht eingezogen. Seine erste politische Handlung bestand somit darin, sich den Forderungen des deutschen Staates zu entziehen, also in einer Verweigerung des Untertanengeistes.

Als junger Heranwachsender ging Einstein durch eine kurze intensive religiöse Phase. Daraus resultierte bei ihm eine starke Ablehnung jeglicher Autorität. Als kaum Zwanzigjähriger äußerte er, woran er den ganzen Rest seines Lebens festhielt: «Autoritätsdusel ist der größte Feind der Wahrheit.» Ein Züricher Lehrer bemerkte: «Du erlaubst niemandem, dir irgend etwas zu sagen.»

1911 erhielt Einstein einen Ruf an die Deutsche Universität in Prag. Seine Bezeichnung als «konfessionslos», die er ein Jahrzehnt zuvor in Zürich angenommen hatte, war nach dem dort gültigen Recht nicht möglich. An einen Schweizer Freund schrieb er, daß er den Amtseid in Prag ablegte, «wobei ich mich des eigens für diesen Zweck wieder angenommenen jüdischen ‹Glaubens› bediente». Er war kein gläubiger Jude, und es entsprach seiner ehrlichen Genauigkeit, daß er in Gesprächen über seine jüdischen Mitbürger nie den üblichen Begriff «Glaubensgenossen» benutzte, sondern die eher seltene, ja fremd klingende Bezeichnung «Stammesgenossen». In Prag, wo er nur wenige Menschen fand, mit denen er reden konnte, scheint er sich noch stärker seiner Identität als Jude bewußt geworden zu sein. Immer mehr nahm er den Leidensweg, insbesondere der Juden aus Osteuropa, wahr. Seine «Anfälligkeit für Mitleid», wie Gerald Holton dies nannte, ließ ihn eine Art besonderer Verbundenheit mit ihnen fühlen. Er verabscheute die Gleichgültigkeit der assimilierten Juden gegenüber dem Judentum, deren Unterwürfigkeit unter deutsche Regeln. Im Mai 1914 lehnte er eine Einladung der Kaiserlichen Akademie der Wissenschaften in St. Petersburg mit der Begründung ab: «Es widerstrebt mir, ohne Not in ein Land zu reisen, in welchem meine Stammesgenossen so brutal verfolgt wurden.»

Einstein war stolz ein Jude zu sein, ebenso wie Haber stolz war, ein Deutscher zu sein. Es ehrt beide Männer und insbesondere Einstein, daß die Bedrückung, die jeder über die Haltung des anderen empfunden haben muß, ihre Freundschaft nicht ernsthaft beeinträchtigte. Es blieb bei einem tiefen, meist unausgesprochenen Widerspruch in Fragen menschlicher Existenz und Identität.

Die Mehrheit der deutschen Juden lebte in einem gewissen Zwiespalt, und Haber selbst erfuhr die entgegengesetzten Strömungen. Er wußte, daß Juden diskriminiert wurden, da er es selbst erlebt hatte. 1908 schrieb er an einen Kollegen, er habe sich bemüht, ihm eine Stelle zu verschaffen, «die Sache ist aber an konfessionellen Gründen gescheitert». Aber er wußte auch, daß der Antisemitismus in mancher Hinsicht im Abklingen war. Im Kaiser selbst spiegelten sich die Widersprüche seiner Gesellschaft. Zu den liebenswerten paradoxen Eigenarten des jungen neurotischen Herrschers zählte, daß er gleichzeitig das Gottesgnadentum seiner Herrschaft herausstellte und eine durchaus moderne Vorliebe für Wissenschaft und Technik pflegte. Diese Neigung ließ ihn den Antisemitismus der Hofkreise übergehen und jüdische Mäzene und Talente fördern. Einige Juden standen ihm nahe, und er war großzügig, soweit es die Anerkennung von Mäzenatentum betraf: Die Kaiser-Wilhelm-Gesellschaft, die Haber nach Berlin gezogen hatte und das Akademiemitglied Einstein zum Direktor des Kaiser-Wilhelm-Instituts für Physik berief, war zu einem erheblichen Ausmaß durch jüdische Förderer finanziert, und die Stifter wurden mit kaiserlicher Gunst belohnt.

Als Einstein 1914 nach Berlin kam, fürchtete er – wie er es nannte – «verberlinert» zu werden. Er zog den weniger schnarrenden Ton im Süden oder in der Schweiz vor. Berlin bot jedoch großartige Zukunftsaussichten. Weltweit gab es keine kongenialere oder anregendere «scientific community» als in Berlin.

II Entgegengesetzte politische Wege in der Katastrophe des Weltkriegs

Wenige Monate später zerstörte der große Krieg das Idyll. Haber und Einstein bewegten sich sofort in entgegengesetzte Richtungen. Haber stellte seine unermüdliche, brillante Energie in den Dienst seines Landes; er glaubte an die Sache und glaubte – zumindest für eine sehr lange Zeit – an den Endsieg. Einstein stand mit seinem Schrecken vor dem Krieg nahezu allein. Von Anfang an betrachtete er den Krieg als eine Art Selbstmorddrama in der Geschichte Europas, als einen Ausbruch von Wahnsinn. Er ahnte die schrecklichen unmittelbaren und langfristigen dauerhaften Kosten, und er begriff, daß die Kultur Europas zerrissen würde. Durch den Schleier der patriotischen Begeisterung hindurch sah er die Wirklichkeit von Mord und Tod. Er glaubte, daß Deutschland an dem Kriegsausbruch und an der Verlängerung des Kriegs schuld war. Raffgier und Wahn hatten die Deutschen wie auch die anderen befallen. Er verzweifelte über seine Kollegen, die so bereitwillig in die Haßtiraden eingestimmt hatten. In der dritten Kriegswoche schrieb er an Paul Ehrenfest in Leiden:

«Unglaubliches hat nun Europa in seinem Wahn begonnen. In solcher Zeit sieht man, welch trauriger Viehgattung man angehört. Ich döse ruhig hin in meinen friedlichen Grübeleien und empfinde nur eine Mischung von Mitleid und Abscheu.»

In der Tat setzte Einstein seine «Grübeleien» in den ersten Kriegsjahren fort. Sie gipfelten 1915 in der allgemeinen Relativitätstheorie. Aber selbst in einer Zeit intensivster geistiger Anspannung sprach sich Einstein gegen den wütenden Wahnsinn aus. An Romain Rolland, Pazifist wie er selber, schrieb er im August 1917, daß der deutsche Sieg von 1870 das Land zu einer Art «Machtreligion» geführt habe, «die in Treitschke einen adäquaten, gar nicht übertriebenen Ausdruck gefunden hat. Diese Religion beherrscht fast alle Gebildeten, sie hat die Ideale der Goethe-Schiller-Zeit fast vollkommen verdrängt.» Vergeblich versuchte im Oktober 1914 der Berliner Medizinprofessor Georg Friedrich Nicolai zusammen mit Einstein und dem hochbetagten Astronomen und Mitbegründer der Deutschen Friedensgesellschaft (1892), Wilhelm Foerster, ein Gegenmanifest «Aufruf an die Europäer» zu lancieren. Dieses wandte sich an «gebildete Männer aller Staaten», ihren Einfluß dahin aufzubieten, «daß die Bedingungen des Friedens nicht die Quelle künftiger Kriege werden». Sie sollten vielmehr die Chance nutzen, «aus Europa eine organische Einheit zu schaffen». «Soll – wie einst Griechenland – auch Europa durch Bruderkrieg allmählich erschöpfen und zugrunde gehen? Denn der heute tobende Kampf wird kaum einen Sieger, sondern wahrscheinlich nur Besiegte zurücklassen.»

Es war der erste politische Aufruf, den Einstein unterschrieb. Der Aufruf wurde, da sich kein weiterer Kollege zur Unterschrift bereit fand, erst 1917 in Nicolais Anti-Kriegsbuch *Die Biologie des Krieges* in Zürich veröffentlicht und fand durch die Übersetzung des Werks in zahlreiche Sprachen, einschließlich des Russischen und Japanischen, den Weg in die internationale Öffentlichkeit.

Im November 1915 fragte der Berliner Goethe-Bund Einstein und andere nach ihren Ansichten über den Krieg. Einsteins Antwort nahm in Ton und Inhalt die liberal-pazifistische Einstellung seiner späteren Jahre vorweg. Er begann: «Die psychologische Wurzel des Krieges liegt nach meiner Ansicht in einer biologisch begründeten Eigenart des männlichen Geschöpfes.» Sich auf Tolstoi berufend, insistierte er, daß Patriotismus die Wurzel allen Übels sei. In Kriegszeiten sei er der Berechtigungsschein, der den aggressiven Instinkt freisetze und den Massenmord legitimiere. Im Krieg dominierten Leidenschaften, nicht Interessen. Bald werde jedoch – wie er annahm – eine Zeit kommen, wo eine übernationale Organisation europäische Kriege unmöglich machen werde. Wie aber könne «das ohnmächtige Einzelgeschöpf» diesem Ziel zuarbeiten? «Ich denke wirklich, daß die geistig reiferen Menschen Europas sich durch Vernachlässigung der allgemeinen politischen Fragen versündigt haben... Macht- und Habgier sollen wie in früheren Zeiten als verächtliche Laster behandelt werden, ebenso der Haß und die Streitsucht...» Das mit vielen Korrekturen und Ausschneidungen versehene Dokument

Während Haber von 1914 an seine ganze Arbeitskraft darauf wendete, die Knappheit der deutschen Ressourcen im Krieg durch neue technische Verfahren wettzumachen, entschied sich Einstein unter dem Eindruck des Gemetzels zu einem radikalen Pazifismus, der zu seinem späteren Weltruhm wohl nicht weniger beitrug als seine wissenschaftlichen Entdeckungen. Aufnahme 1920.

schließt mit der Bitte, jedes Individuum solle versuchen, diese aggressiven Neigungen in sich selbst zu verbannen. Einsteins Antwort endete mit einer spottenden Wahrheit, die ahnungsvoll so gewählt war, um den größtmöglichen nachhaltigen Schlag zu versetzen: «Doch wozu viele Worte, wenn ich alles in einem Satz sagen kann, und noch dazu in einem Satze, der mir als einem Juden wohl ansteht: Ehret Euren Meister Jesus Christus nicht nur mit Worten und Gesängen, sondern vor allem durch Eure (sic) Thaten.»

Haber wiederum gab seine eigene Arbeit auf und widmete sich völlig den unmittelbar anstehenden Aufgaben. Im Unterschied zum Militär war ihm klar, daß der deutsche Sieg davon abhing, die britische Blockade auszuhalten, und daß die deutsche Wissenschaft dazu beitragen müsse, für unverzichtbare Rohstoffe andere Ressourcen bereitzustellen. Er begriff als einer der ersten die neuen Aufgaben, die der Krieg stellte. Er war gleichsam die wissenschaftliche Ergänzung Rathenaus und dessen Freundes Wichard von Moellendorff, welche gemeinsam im Auftrag der Regierung die Rohstoffzuteilung lenkten. Haber glaubte, die Wissenschaft habe in Kriegszeiten vielerlei Aufgaben, unter anderem auch, die Kampfkraft der Armee zu verbessern. Die Militärs meinten dagegen, den Krieg mit den gleichen Mitteln wie 1870 führen zu können, und es bedurfte einiger Zeit, ja selbst eines Eintretens des Kaisers, bevor Haber angemessene Vollmachten und Anerkennung erhielt. Haber wurde im Krieg Deutschlands wichtigster Organisator der Wissenschaft. Auf persönliche Anordnung des Kaisers ernannte das widerstrebende Militär den Vizewachtmeister zum Hauptmann. Haber genoß den militärischen Rang, die Uniform und den mühelosen Zugang zu den höchsten Regierungs- und Armeestellen. Alle verfügbaren eigenen Energien in eine Sache, an die man glaubt, und im Schatten der Gefahr einzubringen ist eine berauschende Erfahrung. Haber erwies sich als glänzender Organisator, ja als Erbauer eines kriegswirtschaftlichen Imperiums, und er trieb rastlos seine Untergebenen ebenso an wie sich selber. Jetzt endlich konnte er weitgestreute «Führerfunktionen» ausüben, die ihm nach seiner Auffassung auf den Leib geschneidert waren.

Haber organisierte sein Institut für den Krieg: eine Art vorweggenommenes «Manhattan-Projekt». Anfangs infolge von Einberufungen seiner Mitglieder beraubt, begann das Institut nach wenigen Monaten zu wachsen. Von dem niedrigsten Stand mit fünf Mitgliedern schwoll die Belegschaft auf 1500 Personen an, darunter 150 «wissenschaftliche Mitarbeiter». Ohne die massive Entwicklung des Haber-Bosch-Verfahrens wäre die deutsche Kampfkraft bereits im Frühjahr 1915 zerstört gewesen, und die deutsche Bevölkerung wäre in Ermangelung von Dünger verhungert.

Habers damals bekannteste und zugleich umstrittenste Leistung war die Entwicklung von Giftgas. Wie Haber Krupp gegenüber ausführte, war es Ende 1914 offenkundig geworden, daß in diesem Krieg die Defensive stärker als die Offensive geworden war. Um das mörderische Patt des Stellungskampfes aufzubrechen, mußte eine neue Waffe gefunden werden. Haber experimentierte mit verschiedenen Gasen. Er überwachte die erste Giftgasanwendung und zog sich selbst Vergiftungen zu. Er setzte sich jeder Art von Gefahr aus. Währenddessen entwikkelte sein Freund Willstätter einen geeigneten Filter für Gasmasken, der die deutschen Soldaten vor alliierten Vergeltungsmaßnahmen und vor deutschem Gas schützen sollte, das aufgrund der vorherrschenden Westwinde zurückgetrieben wurde. Mit anfänglich großem Erfolg setzten die Deutschen am 22. April 1915 erstmals Gas gegen französische Truppen in Ypern ein. Weitere Erfolge schlossen sich an: «Die Panik, welche der erste Angriff vor Ypern beim Feinde ausgelöst hat, ist im Osten bei den Russen erst bei Wiederholung des Angriffs an derselben Stelle, dann aber regelmäßig beobachtet worden.» Die Armee setzte nie die volle Wucht der neuen Waffe ein – wie zumindest deren Befürworter glaubten.

Während und nach dem Krieg versuchte Haber, seine entscheidende Rolle bei der Entwicklung der Waffe zu rechtfertigen, die viele Menschen in Deutschland, vor allem aber im Ausland empörte. Er hoffte, daß der Einsatz von Gas den Krieg zu einem schnelleren Ende bringen würde. Er glaubte, Gas, das zu Lähmungen führte, gemeinhin jedoch nicht tötete, sei eine «humanere» Waffe als die sinnlosen Artillerie-Bombardements, welche zur Routine geworden waren. Er betonte, daß die Alliierten eigene Pläne besaßen, den Gaskrieg einzuführen, und daß die Deutschen ihnen lediglich zuvorgekommen seien.

Einige wenige Deutsche erkannten bereits nach der Schlacht an der Marne 1914, daß ein eindeutiger Sieg im Westen höchst unwahrscheinlich geworden war. Aber das Militär führte das deutsche Volk wissentlich irre. Als Ludendorff Ende September 1918 beschloß, daß die Armee ein sofortiges Kriegsende benötige, überraschte diese Entscheidung wie ein unvorstellbarer Schicksalsschlag selbst jene Deutschen, darunter vermutlich auch Haber, die der Regierung am nächsten standen. Die bewußte Irreführung während des Krieges versetzte das alte Militär, die rechte konservative Kaste, in die Lage, auch nach dem Krieg ihre Lügen aufrechtzuerhalten: nur ein Volk, das irregeführt worden war, bis zuletzt an den Sieg zu glauben, konnte überzeugt werden, daß die Armeen in der Tat siegreich gewesen wären, wäre nicht vom inneren Feind, von Pazifisten, Sozialisten und Juden, der Dolchstoß in den Rücken erfolgt. Wäre Einstein bereits im November 1918 zulänglich berühmt gewesen, hätte man ihn ohne Zweifel als ein Beispiel des Verrats herausgestellt. Auf diese Weise wurde der Krieg, der mit einer militärischen Niederlage endete, in der Heimat in schmerzvoller Zerrissenheit fortgesetzt. Ein in sich gespaltenes Volk sah sich einer überwiegend feindlichen Welt gegenüber. Die moralischen und physischen Folgen des Krieges erwiesen sich als noch zerstörerischer, als Einstein vorhergesehen hatte.

III Im gemeinsamen Kampf zur Verteidigung der Wissenschaft

Der Krieg trennte Haber und Einstein zeitweilig; sie hatten an entgegengesetzten extremen Polen gestanden. Beide Männer waren – wie die Nation überhaupt – durch den Krieg von Grund auf politisiert worden. Niederlage und Revolution bedeuteten für beide gefühlsmäßig unterschiedliche Dinge. Für Einstein bedeutete die Niederlage Befreiung, für Haber bedeutete sie Zerstörung. Beide Männer wußten jedoch, daß der plötzliche Zusammenbruch und das Ende der Monarchie den Bankrott des alten Regimes bedeuteten. Haber und Einstein – wie auch ihre nächsten Freunde, darunter Planck, Laue und Nernst – akzeptierten, freilich oft mit tiefen Zweifeln, die neue Lage und versuchten, mit der neuen Regierung zu arbeiten, um das zu retten, was sie retten konnten. Zweifellos brachte Einstein den neuen Regierenden am meisten Sympathien entgegen. Sie alle erkannten jedoch, daß die Regierung Ebert im Inland die Auflösungserscheinungen und den Radikalismus, im Ausland den Revanchismus bekämpfen mußte, daß sie einen Krieg liquidieren mußte, den die Alldeutschen unbekümmert in die Länge gezogen hatten. Vielleicht waren die Gewohnheiten und das Denken von Naturwissenschaftlern hilfreich: Fakten sind nicht veränderbar. Im Gegensatz hierzu war die überwiegende Mehrheit der deutschen Professorenschaft aller Fächer eine trotzige Gruppe, sie waren Würdenträger der alten Ordnung, die sich ihrer materiellen und geistigen Güter beraubt glaubten. Zwischen den beiden Gruppen, zwischen der kleinen Gruppe vernünftiger Männer und der großen Masse vorurteilsgeladener Unzufriedener, gab es wiederholte Konflikte, die schließlich Haber, Einstein und ihren Freundeskreis wieder enger zusammenbrachten.

1918 war Habers Welt zerstört, während die Einsteins unter günstigem Stern zu stehen schien. Haber war es bestimmt, im privaten Leben das durchzumachen, was seine Landsleute kollektiv erlitten. Auch er wurde «demobilisiert» und mußte seinen Weg zum zivilen Leben zurückfinden. Auch er litt unter den Erniedrigungen von Versailles. Als sein Name auf der Liste der auszuliefernden Kriegsverbrecher erschien, war seine eigene Sicherheit bedroht. Eine kurze Zeit lang suchte er Asyl in der Schweiz. In diesen schweren Tagen konnte selbst ein Brief des Kriegsministers Heinrich Scheüch, der Habers Rücktrittsgesuch von seinem Amt im Kriegsministerium bestätigte, keine große Erleichterung bedeuten: «Während der langen Dauer des Krieges haben Sie Ihr weites Wissen und Ihre Tatkraft ungemessen in den Dienst des Vaterlandes gestellt. Kraft Ihres hohen Ansehens bei Ihren Fachgenossen vermochten Sie die deutsche Chemie zu mobilisieren. Es ist Deutschland nicht beschieden, aus diesem Kriege siegreich hervorzugehen. Daß es nicht schon nach wenigen Monaten aus Mangel an Pulver, Sprengstoff und anderen chemischen Verbindungen des Stickstoffes der Übermacht seiner Feinde erlag, ist in erster Reihe Ihnen zu verdanken... Ihre glänzenden Erfolge... werden in der Geschichte stets fortleben und unvergessen bleiben.»

Fünfzehn Jahre später waren sie auf Anordnung vergessen.

Das Jahr 1919 bedeutete für Einstein einen einzigartigen Erfolg, der sein Leben veränderte. Unter der Leitung von A. S. Eddington hatte eine britische Forschergruppe im März 1919 in Principe eine Sonnenfinsternis beobachtet. Eine andere Gruppe begab sich nach Sobral in Brasilien. Im November verkündete der Präsident der Royal Society und Nobel-Preisträger J. J. Thomson, daß die Ergebnisse die Vorhersagen der allgemeinen Relativitätstheorie bestätigten. Thomson kennzeichnete Einsteins Arbeit emphatisch als «eine der größten – vielleicht *die* größte Errungenschaft in der Geschichte menschlichen Denkens». Fast über Nacht wurde Einstein der gefeierte Held: das wissenschaftliche Genie, unbefleckt vom Kriegschauvinismus, von zweifelhafter Nationalität, das die menschliche Vorstellung vom Universum revolutioniert und die grundlegenden Kategorien von Raum und Zeit neu bestimmt hatte, und dies auf so tiefgründige Weise, daß nur eine Handvoll Wissenschaftler die neue geheimnisumwobene Wahrheit erfassen konnte. Gelehrten der Entente – wenn auch nicht unter den Franzosen – fiel es leicht, ja provozierend leicht, Einstein zu feiern. Er war der einzige solchergestalt geehrte Deutsche. Aber öffentliches Ansehen allgemein und Beifall aus Entente-Ländern im besonderen waren freilich nicht nach dem Geschmack einiger deutscher Kollegen Einsteins.

Darüber hinaus verärgerte Einstein einige seiner Kollegen auf andere Art und Weise: er faßte seinen Ruhm als Verpflichtung auf zu öffentlicher Verantwortung. Im Krieg und in seiner wissenschaftlichen Arbeit hatte er erkannt, daß der Außenseiter, der «Einspänner», Wahrheiten intuitiv erahnen kann, die quer zum überkommenen Wissen liegen. Unter Naturwissenschaftlern war er in seiner Gegnerschaft gegen den Krieg im wesentlichen allein geblieben und hatte recht gehabt. Nach dem Krieg und gewissermaßen durch den Krieg gerechtfertigt verschrieb er sich mehreren Idealen: dem Pazifismus, dem Internationalismus, dem Zionismus und einem gemäßigten Sozialismus, Ideale, die ihn der deutsche Imperialismus gelehrt hatte. Sie waren die Reaktion auf den Chauvinismus und Nationalismus und wurden – mit Ausnahme des Zionismus – nach dem Krieg von fortschrittlich Gesinnten in vielen Ländern verfolgt, blieben jedoch den meisten deutschen Akademikern verhaßt. Einstein verlängerte gewissermaßen seine Antipathien aus den Kriegsjahren in die Friedenszeit, ohne daß er die tieferen Gründe dafür benannte. Viele Kollegen zweifelten, daß es einem Physiker anstehe, sich so frei und radikal zu politischen und moralischen Fragen zu äußern. Einigen schien die Relativitätstheorie selbst zweifelhaft. Rechtsstehende Kollegen und verschreckte Bürger verabscheuten Einstein. Dieser ließ sich nicht abschrecken. Er hielt Reden, schrieb Artikel und verwandte dabei einen eigenartigen, philosophisch-polemischen Stil, durchzogen von ironischem Bedauern über die Wahnvorstellungen und Schwäche der Menschen im allgemeinen und der Deutschen im besonderen. Er wußte, wie die deutsche Seele zu verletzen sei, und wurde oft genug provoziert, um sich dieser Fähigkeit zu bedienen.

In der Nachkriegswelt fügten Haber und Einstein ihrer wissenschaftlichen Arbeit öffentliche Verantwortung hinzu. Sie ernteten Beifall und Gegnerschaft. Einsteins Zusammenstöße mit reaktionären Antisemiten schreckten auch Haber auf; denn dieser fürchtete, daß diese Feindseligkeiten Einstein veranlassen könnten, eine Stellung andernorts anzunehmen. Die gegen ihn gerichteten Angriffe bestätigten Einstein nur in seinem Mißtrauen gegen die Deutschen und ihren – wie er es auch jetzt noch nannte – «angeborenen Untertanengeist». Haber teilte solche Verdächtigungen nicht. Auch er traf jedoch auf den dunklen Untergrund des deutschen Lebens durch die Verleumdungen, denen seine Freunde und zeitweilig ebenso er selbst ausgesetzt waren.

Die ersten Monate, nachdem Einstein zu Weltruhm aufgestiegen war, ließen die Zwiespältigkeit seiner öffentlichen Existenz in Deutschland hervortreten. Im Februar 1920 wurde seine Universitätsvorlesung unterbrochen. Der äußere Anlaß war, daß Studenten gegen die Anwesenheit von Nicht-Studenten protestierten, die Presse hob jedoch antisemitische Untertöne hervor. Im August wurde eine öffentliche Versammlung abgehalten, auf der gegen Einsteins Theorien protestiert wurde. Wiederum schenkte die Presse diesen Angriffen große Beachtung. Einstein erwiderte öffentlich und – zum Leidwesen seiner Freunde – polemisch. Er machte geltend, daß die Angriffe nicht der Wahrheitssuche, sondern politisch-rassischen Vorurteilen entsprangen: «Wäre ich Deutschnationaler, mit oder ohne Hakenkreuz statt Jude von freiheitlicher, internationaler Gesinnung, so...» Die Angriffe bestürzten Einsteins Kollegen, und von Laue, Nernst sowie Rubens gaben eine öffentliche Erklärung ab, daß niemand Einstein «in der Achtung fremden geistigen Eigentums, persönlicher Bescheidenheit und Abneigung gegen Reklame...» überträfe.

Im Dezember 1920 wurde Einstein als neues Mitglied der Friedensklasse des Ordens Pour le mérite vorgeschlagen, der höchsten deutschen Auszeichnung, deren Mitgliedschaft auf 30 Deutsche und 30 Ausländer beschränkt war. Sehr zum Ärgernis der Öffentlichkeit in den alliierten Staaten erhielt Haber 1920 den Chemie-Nobelpreis für das Jahr 1918. Beide Männer bewegten sich politisch und gesellschaftlich in den höchsten Kreisen der Weimarer Prominenz. Berlin war übersät von attraktiven blühenden Salons, wo Vertreter der Geld- und Machtelite, berühmte Künstler und Intellektuelle zusammentrafen. Die Begegnung unterschiedlicher Menschen, von Christen und Juden, das Aufeinanderprallen esoterischer, oft mit Leidenschaft vertretener entgegengesetzter politischer Meinungen, all dieses trug dazu bei, im republikanischen Berlin eine faszinierende, dichte, manchmal auch oberflächliche Atmosphäre zu erzeugen – freilich auf dem Hintergrund anhaltender, nur selten aussetzender öffentlicher Unruhen. Die Tagebücher Graf Kesslers dokumentieren diese schillernde brillante Atmosphäre. Daneben gab es verschiedene Gesellschaften, wie zum Beispiel die Mittwochsgesellschaft, in denen selbstrekrutierende Kreise aus den unterschiedlichsten Berufsfeldern zusammenkamen. Haber und Einstein trafen einander in den Versammlungen der Preußischen Akademie, welche Einstein mit erstaunlicher Regelmäßigkeit besuchte, und bei anderen beruflichen Anlässen. Des weiteren trafen sie sich bei halb-amtlichen oder geselligen Veranstaltungen und verbrachten manchmal ihre Ferien zusammen.

Glanz und Elend waren gleichwohl nur ein Teil der Geschichte. Beide Männer stießen auf die vorurteilsgeladene Gesellschaft, die Weimar umgab. Beide litten unter Sorgen und Heimsuchungen, die keinem von ihnen erspart blieben. Möglicherweise war ihr Leidensanteil außerordentlich groß. Möglicherweise verbarg Haber mit seiner bewundernswerten Offenherzigkeit, zeitweise sogar vor sich selber, eine große, selten zugegebene Traurigkeit. Vielleicht ließen gewöhnliche und unvermeidliche Verletzungen noch tiefere Entbehrungen wieder aufleben: den Verlust der Mutter in der Kindheit, den Verlust der ersten Ehefrau durch Selbstmord und der zweiten durch Scheidung. Am Ende seines Lebens gab Einstein sein Scheitern als Ehemann zu; auch als Vater fand er wenig Befriedigung. Zwar liebte er die Einsamkeit, und doch beklagte er sie manchmal und sehnte sich immer wieder sehr stark nach Freundschaft.

In den Jahren 1919/20 wurde Haber erneut der väterliche, praktische Freund, den Einstein brauchte und suchte. Einstein brauchte Haber als Vermittler in den Beziehungen zu seiner früheren Frau. Haber sagte Einstein, welche Beträge er an Mileva zu senden habe und wie er dies bewerkstelligen solle. Haber versuchte ihm auch etwas Mitgefühl für die Frau einzuschärfen, die für seine Kinder sorgte, von denen der jüngere Sohn, Eduard, genannt Tede, schizophren wurde und im Burghölzli Spital 1965 starb. Haber intervenierte auch jedesmal, wenn Einstein von einer fremden Universität einen Ruf erhielt.

Gerade weil er den Berliner Kreis hochschätzte, lehnte Einstein verlockende Angebote ab. Besso und später auch anderen gegenüber beschrieb er, «wie schöne Beziehungen sich zwischen meinen nächsten Kollegen und mir (besonders Planck) herausgebildet haben und wie mir hier alle entgegengekommen sind und stets entgegenkommen, wenn Du Dir ferner vergegenwärtigst, daß meine Arbeiten erst durch das Verständnis, das sie hier gefunden haben, zur Wirkung gelangt sind, dann wirst Du doch begreifen, daß ich mich nicht entschließen kann, dieser Stätte den Rücken zu kehren... Hier kommen mir alle nur bis zu einem gewissen Abstand nahe, so daß das Leben nahezu reibungslos dahinläuft; das habe ich im Leben gelernt.» Und 1928 schrieb er an von Laue: «Ich sehe bei jeder Gelegenheit, wie glücklich ich mich preisen darf, Dich und Planck zu Kollegen zu haben.»

Im Frühjahr 1921 erfuhr Haber, daß Einstein – allerdings nicht mehr nur für den geplanten privaten Zweck – beabsichtigte, in die Vereinigten Staaten von Amerika zu reisen. Nun wollte er zusammen mit Chaim Weizmann, einem herausragenden Chemiker und führenden Zionisten, Geld für die Gründung der Hebräischen Universität in Jerusalem einwerben. Haber bat Einstein inständig, nicht gerade jetzt zu gehen und auch kein alliiertes Schiff zu benutzen oder sich selbst mit den revanchistischen Feinden von gestern zu verbinden. «All Ihr Tun ist, solange ich Sie kenne, immer aus dem Adel der menschlichen Natur und der Güte des Herzens hervorgegangen.» Einstein sei jedoch nicht länger ein vereinzeltes Individuum; seine Taten hätten jetzt die Bedeutung, die früher den «Handlungen der Fürsten» zugekommen sei. Die Deutschen würden eine solche Reise als einen Akt des Verrats betrachten: «So viele Juden sind in den Krieg gegangen, umgekommen, elend geworden, ohne zu klagen, weil sie es für ihre Pflicht angesehen haben. Ihr Leben und Sterben hat den Antisemitismus nicht aus der Welt geschafft, aber ihn zur Gehässigkeit und Unwürdigkeit in den Augen derer erniedrigt, die die Würde und Größe unseres Landes ausmachen. Wollen Sie den Gewinn von soviel Blut und Leiden der deutschen Juden durch Ihr Verhalten wegwischen?... Sie opfern mit Sicherheit den schmalen Boden, auf dem die Existenz der akademischen Lehrer und Schüler jüdischen Glaubens an deutschen Hochschulen beruht.»

Einstein antwortete am gleichen Tag. Er führte aus, daß er gehen müsse, insbesondere «nachdem ich in letzter Zeit an unzähligen Beispielen gesehen habe, wie perfid und lieblos man hier mit prächtigen jungen Juden umgeht und ihnen die Bildungsmöglichkeiten abzuschneiden sucht». Keiner könne ihn beschuldigen, gegenüber seinen deutschen Freunden untreu zu sein, nachdem er Angebote aus aller Welt abgelehnt habe. «Dies tat ich übrigens nicht aus Anhänglichkeit an Deutschland, sondern an meine lieben deutschen Freunde, von denen Sie einer der ausgezeichnetsten und wohlwollendsten sind.» Ferner berichtete er, daß er zu einer Vorlesung nach Manchester eingeladen worden sei und daß englische Wissenschaftler, «großenteils Quäker und Pazifisten», weit nachsichtiger als ihre gemeinsamen deutschen Kollegen seien. «Lieber Haber» – so endet der Brief – «ein Bekannter hat mich neulich ‹wildes Tier› tituliert. Das wilde Tier hat Sie gern und wird Sie noch vor der Abreise aufsuchen...»

Haber und Einstein wußten auch, wie eng Antisemitismus und Haß auf die Republik miteinander verbunden waren. Seinerzeit stimmte Einstein zu, daß man den Feind nicht reizen solle, und er warnte Walther Rathenau angesichts des herrschenden Vorurteils, den Posten des Außenministers anzunehmen. Nach der Ermordung Rathenaus – aus diesem Anlaß äußerte Reichskanzler Wirth die prophetischen Worte: «Der Feind steht rechts» – schrieb Einstein für die *Neue Rundschau*: «Daß Haß, Verblendung und Undankbarkeit soweit gehen würden, hätte ich doch nicht gedacht. Denjenigen aber, welche die ethische Erziehung des deutschen Volkes in den letzten fünfzig Jahren geleitet haben, möchte ich zurufen: in ihren Früchten sollt ihr sie erkennen.»

Zur Zeit der Ermordung Rathenaus bestand aller Grund zu der Befürchtung, Einstein könnte das nächste Opfer nationalistischer Anschläge sein.

In den zwanziger Jahren war Einsteins pure Existenz ein Aktivposten für Deutschland, so zumindest sah es das Auswärtige Amt des Reiches. Seine Reisen nach Nord- und Südamerika, Asien und in Europa kamen einem Siegeszug gleich, der unvermeidlich auch den Deutschen zugute kam. Seit Anfang der zwanziger Jahre war Einstein in der «Internationalen Kommission für geistige Zusammenarbeit» des Genfer Völkerbundes tätig, wobei er wiederholt zurücktrat, wenn ihm die Kommission als zu einseitig profranzösisch oder den Standpunkt der Alliierten vertretend erschien. Am Ende bat er Haber, seinen Platz in der Kommission zu übernehmen. Beide Männer arbeiteten hart, um den Boykott zu beenden, den alliierte Wissenschaftler weiterhin gegenüber ihren deutschen Kollegen praktizierten. Einstein glaubte, der Boykott schade der Wissenschaft und sei demzufolge irrational; Haber hielt ihn darüber hinaus auch für das Vaterland und die junge Demokratie für schädlich und tat sein Bestes, um neue Beziehungen anzuknüpfen oder alte wiederherzustellen. Er war führend an der Errichtung der beiden Japanisch-Deutschen Kulturinstitute in Berlin und Tokio beteiligt.

Bei all seinen Bemühungen, den Boykott der Alliierten zu durchbrechen, arbeitete er eng mit dem Auswärtigen Amt, oftmals direkt mit Stresemann zusammen. Aber ebenso wie der bedeutende Außenminister selbst sah sich Haber gleichzeitig mit den revanchistischen Gefühlen der Ausländer konfrontiert, mit ihrem Mißtrauen gegenüber der deutschen Wissenschaft und mit dem vorurteilsgeladenen dumpfen Trotz der Deutschen selbst, die jeglichen Kompromiß mit den früheren Feinden ablehnten. Wenn Ausländer nichts mit Deutschen zu tun haben wollten, so galt dies umgekehrt – und noch stärker – auch für die Deutschen, die nichts mit den Ausländern zu tun haben wollten. Haber und Einstein hatten die wenig beneidenswerte Aufgabe, zwischen den verfeindeten Parteien zu vermitteln, deren Verhalten mehr von verletztem Stolz und Neid als von Vernunft und Interesse bestimmt war.

Habers Bemühungen zeigten allmählich Erfolg, als deutsche Wissenschaftler schrittweise aufs neue in die internationale Gemeinschaft aufgenommen wurden – ein Ergebnis oftmals erbitterter, in jedem Fall zeitaufwendiger Verhandlungen.

IV Vertreibung und Emigration

Haber und Einstein waren beide im Ausland, als schließlich die überraschende Ernennung Hitlers zum Reichskanzler erfolgte. Einstein befand sich in Pasadena, nachdem er sich gerade zu einer regelmäßigen halbjährigen Tätigkeit am Princeton Institute for Advanced Study ab Herbst 1933 verpflichtet hatte. Haber hielt sich auf Anraten seines Arztes in Cap Ferrat auf, um milderes Wetter in Berlin abzuwarten. Einstein muß Hitlers Ernennung zum Reichskanzler als Bestätigung seiner schlimmsten Befürchtungen empfunden haben. Haber dachte vermutlich, wie so viele zu dieser Zeit, daß Hitler nur ein kurzes Zwischenspiel bedeuten, daß er sich als Marionette seiner konservativen Verbündeten entpuppen würde und daß schließlich der betagte Hindenburg auf jeden Fall noch da war, um das Schlimmste zu verhüten. Politik wird immer durch das Prisma der Vergangenheit und gefiltert durch Charakter, Veranlagungen und Interessen wahrgenommen.

Einstein verlor keine Zeit, das neue Regime anzuprangern. Mitte März 1933 gelobte er, solange die Verhältnisse unverändert blieben, nicht nach Deutschland zurückzukehren. Auch rief er auf zu einer «moralischen Intervention» anderer Völker gegen die «Exzesse des Hitlerismus». Seine öffentlichen Verurteilungen lösten in Berlin Besorgnis aus. Noch waren die neuen Machthaber außergewöhnlich nervös über eine ungünstige Presse im Ausland. Einstein zeigte sich jedoch kompromißlos. Bei seiner Rückkehr nach Europa, in seinem zeitweiligen Zufluchtsort in Coq sur Mer in Belgien, als Gast seiner Freundin, der Königin Elisabeth, hielt er seine öffentlichen Verurteilungen des Regimes aufrecht. Seine Frau bat um Polizeischutz, da sie fürchtete, die Nazis würden ihn ermorden. Statt dessen gab am 30. März die Preußische Akademie Einsteins Austritt bekannt. In einer der nachfolgenden Akademiesitzungen, in denen der Fall verhandelt wurde, erhob als eines von ganz wenigen Mitgliedern, wenn nicht sogar als einziger, der konservative Preußenhistoriker Otto Hintze Einspruch gegen Einsteins erzwungenen Austritt. «Allgemeines Schweigen folgte seinen Worten. Erst während er in der Garderobe nachher den Mantel anzog, drückten einige ihm verstohlen die Hand.» Einsteins Bücher wurden verbrannt, sein Besitz in Caputh und sein Vermögen beschlagnahmt. Planck war hin und her gerissen. Er schrieb am 31. März von seiner Urlaubsreise nach Italien an den Vorsitzenden Sekretar der Akademie: «Denn wenn mich auch in politischer Beziehung eine abgrundtiefe Kluft von ihm trennt, so bin ich auf der anderen Seite vollkommen sicher, daß in der Geschichte der kommenden Jahrhunderte der Name Einstein als eines der glänzendsten Gestirne gefeiert werden wird, die je in unserer Akademie geleuchtet haben.» Planck und andere waren ebenso von Einsteins «Indiskretionen» wie auch von den politischen Folgen abgestoßen. Im Sommer 1933 schrieb Elsa Einstein: «Die Nazis übernahmen das Haus in Caputh und beschlagnahmten alles, was sie darin vorfanden. So begann der letzte Feldzug des Krieges zwischen Einstein und Deutschland.»

Für Fritz Haber bedeutete der Aufstieg der Nazis das Ende seines aktiven Lebens. Wochen nach Hitlers Ernennung zum Reichskanzler kehrte er nach Berlin zurück. Sein ganzes Leben drehte sich weiterhin um seine Arbeit an seinem Kaiser-Wilhelm-Institut. Die Briefe an seine Freunde und seine Familie verdeutlichen, daß er die bevorstehende Katastrophe vorausahnte. Er erfaßte sofort die Bedeutung der Notverordnungen von Ende Februar, als nach dem Reichstagsbrand alle verfassungsmäßigen Rechte aufgehoben wurden. Die SA begann ihre Schreckensherrschaft gegen politische Gegner. Das Regime ergriff die ersten Maßnahmen gegen jüdische Beamte, insbesondere gegen jüdische Richter. Haber befürchtete, daß die Professoren als nächste an die Reihe kommen würden, und schrieb Willstätter, daß er sich mit ihm besprechen wolle. Seine unmittelbare Neigung ginge dahin, so lange wie möglich auf seinem Platz auszuharren, um zumindest diejenigen abzuschirmen und zu schützen, für die er verantwortlich war. Tage nach dem Ermächtigungsgesetz, das die Regierung Hitler mit der Vollmacht ausstattete, Notstandsverordnungen zu erlassen, wurde das berüchtigte Gesetz zur «Wiederherstellung des Berufsbeamtentums» erlassen. Nichtarische Professoren sollten mit Ausnahme ehemaliger Frontsoldaten oder anderer besonderer Kategorien (diese Konzession erfolgte, um Hindenburg zu besänftigen) entfernt werden. Haber und Franck hätten zum Beispiel in ihrer Stellung verbleiben können, aber zugleich hätten sie ihre nicht unter die Ausnahmebestimmungen fallenden jüdischen Mitarbeiter entlassen müssen.

Haber litt Seelenqualen, wie seine Briefe aus dieser Zeit erkennen lassen. Er fühlte sich zerrissen: Sorgen über die eigene materielle Existenz und seine Verpflichtung anderen gegenüber standen im Widerstreit mit seinem Gefühl, daß es für ihn unvereinbar war, jüdische Kollegen zu entlassen und gleichwohl in seinem Amt auszuharren. Gegen Ende April gab er auf. Er bat den Minister um seine Pensionierung, die mit dem 1. Oktober 1933 beginnen sollte. In seinem Brief erwähnt er, daß er hätte bleiben können, «obwohl ich von jüdischen Großeltern und Eltern abstamme... Mein Entschluß, meine Verabschiedung zu erbitten, erfließt aus dem Gegensatze der Tradition hinsichtlich der Forschung, in der ich bisher gelebt habe, zu den veränderten Anschauungen, welche Sie, Herr Minister, und Ihr Ministerium als Träger der großen derzeitigen nationalen Bewegung vertreten... Sie werden von einem Manne, der im 65. Lebensjahre steht, keine Änderung der Denkweise erwarten, die ihn in den vergangenen 39 Jahren seines Hochschullebens geleitet hat, und Sie werden verstehen, daß ihm der Stolz, mit dem er seinem deutschen Heimatland sein Leben lang gedient hat, jetzt diese Bitte um Versetzung in den Ruhestand vorschreibt.»

Habers Amtsniederlegung haftet etwas Ergreifendes und Beispielhaftes an. Es mag falsch sein, das Unglück *eines* Mannes in einer Zeit des Unheils hervorzuheben. Aber Habers Schicksal läßt exemplarisch die psychische (und insofern in einem gewissen Ausmaß auch die physische) Zerstörung dessen erkennen, was das Leben der deutschen Juden bestimmt hatte. Vielleicht gehen wir nicht zu weit, wenn wir sagen, daß Habers Schicksal vieles vorwegnahm, was noch kommen sollte, auch wenn es im Augenblick noch unentschieden war. Selbst die Nazis improvisierten die meiste Zeit. Wenige Tage nach seiner Amtsniederlegung schrieb Haber an Willstädter: «Ich bin so bitter wie nie zuvor... Ich bin in einem Maße deutsch gewesen, das ich erst jetzt voll empfinde und ich fühle eine unerhörte Widerwärtigkeit darin, daß ich nicht mehr genug arbeiten kann, um mich eines neuen Amtes in einem anderen Lande zu getrauen... Aus dem ganzen Kreise der I. G. hat sich Niemand gefunden, der mich anläßlich meines Abschiedsgesuchs angesprochen, angeschrieben oder besucht hätte... Planck gibt sich jede Mühe, um mir Achtung und Zuneigung zu bekunden.»

Seit Mai 1933 korrespondierten Haber und Einstein ziemlich regelmäßig. Haber versuchte Einsteins – immer bereite – Hilfe für entlassene Wissenschaftler zu gewinnen. Zugleich versuchte er jedoch, Einstein zu überreden, seine öffentlichen Auseinandersetzungen mit Weizmann zu beenden, dem Haber inzwischen sehr nahe gekommen war. In Antwort auf einen Brief schrieb Einstein, noch voller Mitgefühl für das Schicksal seines Freundes, an Haber: «Ich kann mir Ihre inneren Konflikte denken. Es ist so ähnlich, wie wenn man eine Theorie aufgeben muß, an der man sein ganzes Leben lang gearbeitet hat. Bei mir ist es nicht so, weil ich nicht im geringsten je an sie geglaubt habe.» Wenige Monate später schrieb Haber erneut an Einstein. Er teilte ihm mit, daß er weiterhin an seinem Plan festhalte, die Hebräische Universität zu besuchen, daß dies aber durch den offenen Streit zwischen Einstein und Weizmann unmöglich gemacht werde. «Ich habe den Eindruck, daß eine öffentliche Fehde zwischen Ihnen und Weizmann das Unglück erneut, das die inneren Streitigkeiten in Jerusalem in den Tagen bedeutet haben, in denen Titus mit seinen Legionen Jerusalem belagerte.» Er bat Einstein, mit Weizmann zu sprechen, und schloß mit den Worten: «Ich war in meinem Leben nie so jüdisch wie jetzt!»

Einstein erwiderte umgehend und äußerst verletzend. Er griff Weizmann an und warnte Haber, mit der Hebräischen Universität zusammenzuarbeiten. «Ich freute mich sehr... daß Ihre frühere Liebe zur blonden Bestie ein bißchen abgekühlt ist... Hoffentlich gehen Sie nicht nach Deutschland zurück. Es ist doch kein Geschäft, für eine Intelligenzschicht zu arbeiten, die aus Männern besteht, die vor gemeinen Verbrechern auf dem Bauche liegen und sogar bis zu einem gewissen Grade mit diesen Verbrechern sympathisieren. Mich haben sie nicht enttäuschen können, denn ich hatte für sie niemals Achtung und Sympathie – abgesehen von einigen feinen Persönlichkeiten (Planck 60 % edel und Laue 100 %). Ich wünsche nichts sehnlicher für Sie, als eine wirklich menschliche Atmosphäre, in der Sie wieder froh werden können (Frankreich oder England). Am schönsten ist es (für mich) aber im Kontakt mit ein paar feinen Juden; so ein paar Jahrtausende zivilisierte Vergangenheit bedeuten eben doch etwas.»

Es ist eine ironische Wendung, daß sich Weizmann in den verbleibenden Monaten bis zu Habers Tod im Exil als weit fürsorglicher und verständnisvoller erwies als Einstein, der sich in Princeton niederließ, während Haber, entschlossen, Palästina zu besuchen, starb.

Haber, der Gelegenheitsdichter, würde die Worte geschätzt haben, die Einstein, der religiöser als Haber veranlagt war, 1954 in Princeton am Grab Rudolf Ladenburgs aussprach und die vermutlich unbewußt an das Leben erinnerten, das Einstein und Haber einst geteilt hatten: «Kurz ist dies Dasein, wie ein flüchtiger Besuch in einem fremden Hause. Kümmerlich erhellt ist der zurückzulegende Weg durch ein flackerndes Bewußtsein, als dessen Zentrum das beschränkende und trennende Ich erscheint. Die Beschränkung auf das Ich ist für Wesen unserer Art undenkbar für das nackte Dasein und auch für das Lebensgefühl. Das Ich führt uns zum Du und zum Wir – ein Schritt, der uns erst zu dem macht, was wir sind. Und doch ist die Brücke, die von dem Ich zum Du führt, subtil und unsicher wie das ganze Abenteuer des Lebens. Fügt sich eine Gruppe von Menschen zu einem Wir zusammen, zu einem harmonischen Ganzen, so ist das Höchste erreicht, was Menschen als Geschöpfe erreichen können.»

Der gemeinsame Engel

Walter Benjamin und Gershom Scholem

von Willi Jasper

Die oft erwähnte und beklagte Eigenart Walter Benjamins, seine Freunde voneinander fernzuhalten, war mehr als verschrobene Geheimniskrämerei eines verletzbaren Ästheten, Sammlers und Privatgelehrten. Es hatte etwas mit dem Grundsätzlichen seiner intellektuellen Existenz zu tun, mit seiner Art, Auseinanderstrebendes zu verknüpfen, ohne es eigentlich zu vereinigen. Dieser Existenzweise haftete zweifellos etwas Surreales an. Jürgen Habermas hat das einmal zur Konstruktion eines absurden Gruppenbildes in Benjamins Arbeitszimmer motiviert: «Scholem, Adorno und Brecht zum friedlichen Symposion am runden Tisch, unter dem Breton und Aragon hocken, während Wyneken an der Tür steht.» Dieses Bild ist nicht nur bewußt schief, sondern natürlich auch unvollständig. Von den prominenten Freunden wären in jedem Fall noch Ernst Bloch und Siegfried Kracauer zu ergänzen, von den weniger bekannten zumindest Christoph Friedrich Heinle, Ernst Schoen, Franz Hessel, der Barth-Schüler Fritz Lieb und Jean Ballard von den *Cahiers du Sud*.

Ein Gruppenbild mit Frauen könnte man leichter und realistischer arrangieren. So böte sich eine Photomontage an, die Benjamin gemeinsam mit Dora Sophie Pollak (seiner späteren Frau), Julia Cohn und Asja Lacis zeigt – entweder in Liegestühlen am Strand von Ibiza oder auf den Terrassenstufen vor der Villa Verde in San Remo posierend. Eine solche Photoimagination würde den in sich versunkenen Benjamin porträtieren, der mit gesenktem Blick am Geländer Halt sucht in kaum mehr als «peripherischer Berührung» mit den ihn begleitenden Frauen.

Ergiebiger für seine Lebensgeschichte indes ist das erste Gruppenbild. Bestimmend für Benjamins biographische Entwicklung war – neben der jugendlichen Abhängigkeit vom Schulreformer Gustav Wyneken und einer temporären Nähe zu den Surrealisten – vor allem die Konstellation Scholem, Adorno und Brecht. Eine fast lebenslange Freundschaft hat ihn allein mit Gershom (Gerhard) Scholem verbunden.

Bis zur Publikation des Briefwechsels und dem Erscheinen von Scholems Erinnerungsbuch *Die Geschichte einer Freundschaft* (1975) war das Benjamin-Bild in Deutschland weitgehend von der Interpretation Theodor W. Adornos und dem vermuteten Stellenwert Bertolt Brechts geprägt. Adorno begründete das «Unprivate, fast Apersonale» der Benjaminschen Existenz damit, daß Benjamin sich – erhaben über alle Daseinsbanalität – in erster Linie als «Instrument seiner Gedanken» verstanden habe. Er sei im Widerspruch zu seiner extremen Individuation empirisch kaum Person gewesen, sondern «Schauplatz der Bewegung des Gehalts, der durch ihn hindurch zur Sprache drängte». Ließ die originäre Adorno-Interpretation noch einen Benjaminschen Schutzraum für jüdische Mystik bestehen, erschien die Brecht-Rezeption als eine Art Realitätsprinzip, das Benjamin von der Esoterik des Stils und der Gedanken zu befreien schien. In Theoriezirkeln der 68er-Studentenbewegung zitierte man von dieser Warte aus Benjamin-Schriften wie *Das Kunstwerk im Zeitalter seiner technischen Reproduzierbarkeit* (1934/35) als marxistische Bibel.

Zwischen Adorno, Brecht und Aragon siedelte sich eine gelehrte Benjaminphilologie an, die dem arglos Neugierigen arrogant zu verstehen gab, daß das Terrain auf unbestimmte Zeit besetzt sei. Der Mensch Benjamin wurde lediglich im tragischen Extrem greifbar, in dem, was man über die elenden Umstände seines Pariser Exils erfuhr, und in jenem Moment tiefster Resignation, als er sich im September 1940 auf der Flucht vor Hitler an der französisch-spanischen Grenze das Leben nahm. Sein privates Umfeld und vor allem die Freundschaft mit dem Zionisten Scholem verschwanden im abstrakten Nebel der ideologischen und akademischen «Korrektheit».

Auch Scholems Person läßt sich im Rückblick nicht einfach deuten. Vielleicht rührt die Schwierigkeit der Deutungsversuche daher, daß der als Kabbalaforscher an der Hebräischen Universität Jerusalem berühmt Gewordene sich weigerte, eindeutige «Lehren» zu formulieren. Er habe «den Glauben an die direkten ‹Botschaften› verloren», erklärte Scholem 1947, und er könne «keinen entdecken unter den ‹Verkündern›, der irgendeinen Segen gebracht hätte». Außergewöhnlich waren nicht nur die Radikalität seiner Position und Konsequenz, mit der er sich als «deutscher Zionist» dem Studium der jüdischen Quellen und der hebräischen Sprache zuwandte, sondern auch Trauer und Verzweiflung über das infolge von Assimilation und Emanzipation «verloren» geglaubte Judentum. Und doch verband ihn die intensivste Freundschaft mit einem Mann, der sein historisches Schicksal, als Jude ausgegrenzt zu sein, annahm und gleichwohl für ein Leben als Deutscher und Europäer optierte.

Was war das für eine Freundschaft? Der Form nach von 1915 bis 1923 ein durch engen persönlichen Umgang geprägter Studenten- und Jugendbund und dann, nach der Übersiedlung Scholems nach Palästina, eine fast 17jährige durch intensive Korrespondenz bestimmte gegenseitige geistige Abhängigkeit. Der Erste Weltkrieg – die große Epochenzäsur – brach mit dem Fortschrittsoptimismus einer ganzen Generation. Für den intellektuellen Werdegang der beiden Freunde von entscheidender Bedeutung, wenn auch von Auseinandersetzungen geprägt, waren dann jene zwanzig Monate vom Mai 1918 bis August 1919, die sie zusammen in Bern verbrachten. Die Freundschaft entwickelte und festigte sich auf der Basis ihrer gemeinsamen Ablehnung des Rationalismus des 19. Jahrhunderts. Scholem, der damals bereits wußte, daß die Erforschung des Judentums sein Lebensziel werden würde, eröffnete Benjamin einen Zugang zur traditionellen jüdischen Mystik. Aber auch Benjamins philosophische Verwendung theologischer Begriffe wie Offenbarung oder Erlösung sowie seine geschichtstheoretische Interpretation biblischer Texte hinterließen im Denken Scholems unauslöschliche Spuren. Frühe Briefe und Tagebuchnotizen dokumentieren den philosophischen und theologischen Horizont

Der Mensch Benjamin wurde über viele Jahre lediglich im tragischen Extrem greifbar. Sein privates Umfeld, einschließlich der Freundschaft mit Gershom Scholem, verschwand im Nebel ideologischer und akademischer Korrektheit. Aufnahme 1917.

der Freundesgespräche in Berlin, München und der Schweiz: Auseinandersetzungen über Kant, Goethe, Nietzsche, Rilke, Hölderlin und die deutsche Romantik – Martin-Buber-Lektüre, Diskussion von Hermann Cohens *Religion der Vernunft* oder Franz Joseph Molitors *Philosophie der Geschichte* – und gemeinsames Interesse an Traumdeutungen und mythischen Ursprüngen des Bewußtseins.

Die Trennung der Freunde nach 1923 schien die Intensität des Informationsaustausches nicht zu beeinträchtigen. «War es die räumliche Distanz, welche die nun ansteigende Kurve unserer Freundschaft vor Störungen schützte?» – fragte sich Scholem und begründete sein Bedürfnis nach gleichzeitigem Reden und Schweigen, wie es nur durch das Medium Brief möglich ist: «Wäre nicht das innerste Wesen der Welt Schrift und Sprache, so gäbe es den Brief nicht. Im Briefe wird das individuelle Dasein Schrift: so darf man ihn definieren. Es könnte nicht zur Schrift sich wenden, wenn es nicht im Grunde schon Schrift wäre. Es gibt in der Tat keine andere Ordnung, die dies erfüllt. Auch das Tagebuch hat eine völlig andere Funktion. Der Brief ist Religion, das Tagebuch auch Historie, die freilich wesentliche Beziehungen haben. Der Brief a priori ist aber nie ein Tagebuch a priori. Es gibt den schönen und den guten Brief. Diese beiden Ströme gehen durch jeden empirischen Brief, wenn er ganz rein ist, in entgegengesetzter Richtung, und erzeugen so einen Indifferenzpunkt, den messianischen Moment: die Zeit des Briefes.» Und für Benjamin stand bereits 1917 fest: «Für vieles ist der Briefwechsel kraft seiner anderen Voraussetzungen, die immer in einem gewissen Grade das Leiden und Pathos des Schreibers zulassen und gewähren, die einzig mögliche Form der Äußerung.»

Im Briefwechsel der Jahre 1933 bis 1940 wird das sich anbahnende europäisch-jüdische Verhängnis von zwei ideologisch und geographisch weit auseinanderliegenden Polen nicht nur reflektiert, sondern mit allen persönlichen Konsequenzen auch erlebt: in Paris der umhergetriebene, vereinsamte und in einem nahezu aussichtslosen Existenzkampf sich verzehrende Benjamin, in Jerusalem der trotz akademischer Karriere ständiger Bedrohung ausgesetzte, jedoch religiös immunisierte Scholem. Der eine, der im Marxismus vorübergehend eine geistige Heimat zu finden glaubte, aber immer ein Metaphysiker blieb und diesen Widerspruch durch permanente Selbsttäuschung zu kaschieren suchte – der andere, der als wissenschaftlicher Kabbala-Experte dem Ausbruch messianischer Erwartungen hilflos gegenüberstand und sich dennoch der Sache des Judentums «bis in den Untergang und die Verzweifelung hinein» verpflichtet fühlte.

Das Ergreifende des Briefwechsels nach 1933 ist die Unerschütterlichkeit des intellektuellen Disputs, das immer wache Interesse an der geistigen Verfassung des anderen. Auch wenn die Welt in Trümmern liegt, man will in erster Linie erfahren, was der Freund denkt, sagt und publiziert. Die intellektuelle Identitätssuche erscheint wichtiger als gegenseitige Informationen über persönliche Tragödien. Der Rückzug in die Ideenwelt ist der einzig mögliche Schutz vor «hemmungsloser Verdüsterung und Lähmung» des Lebens. Der letzte Brief Benjamins, datiert vom 11. Januar 1940, klingt bereits wie ein Vermächtnis: «Jede Zeile, die wir heute können erscheinen lassen, ist – so ungewiß die Zukunft, der wir sie überantworten – ein Sieg, der den Mächten der Finsternis abgerungen.»

Von Berlin nach Jerusalem

Benjamin und Scholem erlebten ihre Kindheit in unterschiedlichen Berliner Milieus der Jahrhundertwende. «Unser sozialer Hintergrund», so Scholem, «war bei aller Gemeinsamkeit doch sehr verschieden. Er kam aus großbürgerlicher, zeitweise geradezu reicher Familie, ich aus dem im Aufstieg begriffenen jüdischen Kleinbürgertum, in dem es niemals reich, aber wohlanständig herging. Unsere Lebensläufe waren, uns selber vielleicht nur halb bewußt, fast dramatisch verschieden.» Im Hause Scholem überlagerte der schroffe Ton des Vaters die einfühlsame Stimme der Mutter, wie der veröffentlichte Briefwechsel Betty Scholem / Gershom Scholem dokumentiert. Das Interesse Gershoms für jüdische Mystik stieß beim deutschnational orientierten Druckereibesitzer Arthur Scholem auf die gleiche absolute Verständnislosigkeit, mit der er auf die kommunistische Parteinahme seines älteren Sohnes Werner reagiert hatte. Es waren die unüberbrückbaren «Konflikte um Sozialismus, Zionismus und die Stellung zum Ersten Weltkrieg», die zum Hausverweis und der Verweigerung des Unterhalts führten.

Die Atmosphäre in Benjamins großbürgerlichem Elternhaus dagegen war liberal und frei von repressiver Aufstiegsmentalität. In den dreißiger Jahren, als Benjamin in Paris sich mühte, die Stoffmassen zu seinem «Passagenwerk» zusammenzutragen, entstanden – gewissermaßen als subjektives Gegengewicht – seine melancholischen «Märchenphotographien» (Adorno) der *Berliner Kindheit*. Da tauchen romantische Bilder auf, von einer «hochherrschaftlich möblierten Zehnzimmerwohnung», von Loggien, Schmetterlingsjagden und vom Weihnachtsengel – gemischt mit Erinnerungen an die kindliche Ablehnung der religiösen Zeremonien, an das «Lustgefühl» der Schändung jüdischer Feiertage.

Im Spätherbst 1913 anläßlich einer Diskussion zwischen jüdischen Mitgliedern des «Anfang»-Kreises um Gustav Wyneken und Vertretern der «Freideutschen Studentenschaft» sah Scholem zum erstenmal Walter Benjamin. Er konnte sich später nicht mehr daran erinnern, was Benjamin als Hauptsprecher der Studentengruppe gesagt hatte, aber noch nach 50 Jahren hatte er die lebhafteste Erinnerung an dessen Erscheinung: «Diese prägte sich mir dadurch ein, daß er, ohne je auf die Hörer zu schauen, bei seiner freien Rede unverwandt auf einen entfernten Winkel in der Saalecke starrte, in den er mit größter Intensität, übrigens soweit ich mich erinnere druckreif, hineinredete.»

Knapp zwei Jahre später, im Frühjahr 1915, erweckte umgekehrt der Redner Gershom Scholem erstmals das Interesse des Zuhörers Walter Benjamin. Es ging um einen Vortrag des frühexpressionistischen Publizisten und Kritikers Kurt Hiller. Hiller

Gershom Scholem in seinem Berliner Elternhaus, um 1922.

referierte über den «Sinn der Geschichte». Der Student Scholem (Erstsemester) war zutiefst unzufrieden mit dem Vortrag und erhob Einspruch, den er in seinem Tagebuch schriftlich festgehalten hat: «Das schlimmste ist mir, daß Herr Dr. Hiller so schrecklich an der Oberfläche geblieben ist, daß bei ihm alles so einfach, so selbstverständlich erscheint, daß – was mich am eigentümlichsten berührt hat – Herr Dr. Hiller auch keine Probleme aufgezeigt hat, keine Polaritäten und Tragödien, daß bei ihm alles auf *einer* großen Straße vor sich geht: Die Klugen wandeln auf der einen Seite, die Idioten auf der anderen, wir vorwärts in den Himmel, sie rückwärts in die Hölle: Kurz, daß einem das alles so trivial, so abgeschmackt schon erscheint. Und dabei ist es doch ganz anders. Der Weg der Jugend ist erfüllt mit Abgründen...»
Bei einer zufälligen Begegnung in der Universitätsbibliothek, wenige Tage später, kam Benjamin auf Scholem zu, machte

«eine formvollendete Verbeugung» und fragte, ob er «jener Herr sei, der auf dem Hiller-Abend gesprochen hätte?» Er wolle mit ihm «über die Sachen», die er gesagt habe, «reden». Man tauschte die Adressen, und Benjamin sprach eine Einladung aus. In Scholems Tagebucheintrag vom 23. Juli 1915 heißt es: «Vorgestern, Mittwoch nachmittag, war ich bei obgesagtem Benjamin. Sehr anständiges Zimmer. Bücher in genügender Anzahl. Eindruck einer Philosophenklause. Gleich in medias res gegangen. Er beschäftigt sich viel mit dem ‹Wesen des historischen Prozesses› und hat geschichtsphilosophische Gedanken.» Der Beginn eines lebenslangen Diskurses ging, wie Scholem sich erinnerte, über «Blutreihe, Geist und ähnliches», über «Sozialismus – den er nach einigem Hin- und Herreden, wobei ich noch eine große Rede über Anarchismus hielt, anerkannte – und Zionismus», sie sprachen «über Buber und Lao-Tse».

Natürlich war der 23jährige Benjamin dem knapp 18jährigen Scholem zu Beginn ihrer Freundschaft an Literaturkenntnis überlegen. Sie trafen sich im Sommer 1915 fast jede Woche, und schon nach dem ersten Gegenbesuch des Älteren zog der Jüngere das Fazit: «Bedeutend nähergekommen». Scholems Tagebuchnotizen und auch die später aufgeschriebenen Erinnerungen veranschaulichen, wie er regelrecht in den Bann Benjamins geriet. Für den Jüngeren, der damals noch vom burschikos-provokanten Umgangston der Jugendbewegung geprägt war, wurde das ästhetisch-feinsinnige Gelehrtenmilieu des Älteren zu einer ganz neuen, schwärmerischen Lebenserfahrung. Rasch gewöhnte er sich bestimmte Manierismen der Redeweise des neuen Freundes an, so zum Beispiel die unterkühlte Verwendung des Wortes «außerordentlich» als höchste Bezeichnung der Anerkennung. Imponieren konnte Scholem seinerseits dem zu Beginn des Krieges noch relativ unpolitischen Benjamin vor allem durch seine euphorischen Berichte über illegale sozialistische Friedensveranstaltungen. Er versorgte ihn mit linksradikalem Propagandamaterial seines Bruders Werner, schenkte ihm die verbotene erste Ausgabe der *Internationale* von Rosa Luxemburg und Franz Mehring sowie Exemplare der anarchistisch orientierten *Lichtstrahlen*.

Ganz offensichtlich stand Gershom Scholem damals sozialistischen Ideen, wie sie sein Bruder Werner vertrat, näher als der spätere «Marxist» Benjamin. Am 2. Februar 1915 notierte er in sein Tagebuch: «Heute nachmittag mit Werner zusammen, er möchte, daß ich mich in der Partei organisiere. Diskussion über den historischen Materialismus gehabt, die mir ganz interessant war.» Und wenige Monate später unterzeichnete er zusammen mit seinem Bruder eine pazifistische Stellungnahme, die ihm einen Schulverweis einbrachte. Er hatte damals das Gefühl, zwischen den Stühlen zu sitzen: «Es geht mir merkwürdig. Bei den Sozialdemokraten greift man mich meines Zionismus wegen an und bei den Zionisten meiner sozialistischen Gesinnung wegen.» Als Zionist blieb er auch in Palästina dem politischen Engagement verpflichtet und beteiligte sich intensiv an Aktivitäten des «Brith Schalom». In seiner späteren Kontroverse mit Hans-Joachim Schoeps mußte er sich mit dem Vorwurf auseinandersetzen, daß die Zionisten messianische Kategorien für politische Aktionen «mißbrauchen». Und noch 1946 schrieb ihm Hannah Arendt: «Ich habe immer Ihre Stellung als Jude politisch zu verstehen geglaubt und vor Ihrem Entschluß, mit einer politischen Realität in Palästina Ernst zu machen, großen Respekt gehabt. Es ist mir ehrlich gesagt nie im Traum eingefallen, anzunehmen, daß Sie deshalb eine zionistische ‹Weltanschauung› hätten.»

Als 18jähriger hatte Scholem ein lyrisches Bekenntnis zum Programm Theodor Herzls abgelegt. In seinem Lobgedicht vom März 1915 machte er sich selbst Mut mit Versen wie: «Er ging voran mit zukunftsfrohen Schritten / Und wies den Schwankenden die unbetretenen Bahnen! / Uns, die wir bitter am Vergangnen litten, / Ließ er den neuen, besseren Frühling ahnen!» Auch wenn solche Gedichte jugendbewegt klangen, ließ Scholem sich nicht – wie er im Rückblick schreibt – für den «Blau-Weiß», eine zionistische Version des «Wandervogels», gewinnen. Er sei zwar gern mit Freunden durch die schöne Umgebung Berlins gestreift, doch nach rudelmäßigem Absingen der Lieder des Zupfgeigenhansels oder des jungjüdischen Liederbuches *(Traget gen Zion Fahne und Banner)* habe sein Sinn nicht gestanden. Eine – durch persönliche Bekanntschaft entstandene – vorübergehende Bindung an Martin Buber wurde bald abgelöst durch den Einfluß des russisch-hebräischen Essayisten und zionistischen Ideologen Ascher Ginsberg *(Achad Ha'am)*, dessen Schriften zu Beginn des Ersten Weltkrieges in Kreisen der jüdischen Jugend Berlins Furore machten.

Noch 1914, in Diskussionen mit dem Bruder Werner, berief Gershom Scholem sich auf die «Chassidim in Galizien, die den Sozialismus sans phrase lehrten», und zitierte in diesem Zusammenhang ein Gleichnis aus Bubers *Drei Reden*. Auch gegenüber Benjamin, der sich über das «frauenhafte Denken» Bubers mokierte, verteidigte er den «großen Zaddik» damals noch leidenschaftlich. Zwei Jahre später erkannte Scholem dann, daß er «im Centrum» gegen Buber sein müsse, da der «im letzten Sinne nicht jüdisch, sondern modern» sei. Allerdings hielt ihn seine Ablehnung von Botschaften «im gefälschten Elias-Mantel Bubers» nicht davon ab, sich nach 1933 mit Leidenschaft um die Übersiedlung Bubers nach Palästina zu bemühen.

In seiner Autobiographie berichtet Scholem, wie er im Jahre 1918 den Plan gefaßt habe, sein ursprüngliches Studienfach Mathematik aufzugeben und sich wissenschaftlich der jüdischen Mystik zuzuwenden. Zwei Jahre später teilte er seinen Eltern mit, daß er entschlossen sei, eine Dissertation auf dem Gebiet der Kabbala zu schreiben. An der Kabbala habe ihn von Anfang an fasziniert, daß sie nicht nur die Welt des Irrationalen spiegele, sondern auch die Entdeckung einer anderen Art von Rationalität ermögliche. Seine Dissertation war dem *Buch Bahir*, einem Schriftdenkmal aus der Frühzeit der Kabbala (12. Jahrhundert) gewidmet. Die Schwierigkeit, Außenstehenden zu erklären, was der hebräische Begriff «Kabbala» (deutsch: «Überlieferung») in der jüdischen Tradition bedeutet, war Scholem bewußt, und er hat sich immer um einfache Definitionen bemüht, so zuletzt 1976 in einem ARD-Interview: «Kabbala betrifft ein Wissen, das einerseits irgendwie als mystisches Wissen nicht mitgeteilt werden kann, zugleich aber auch ein Wissen darstellt, das selbst in dem, was an ihm mitteilbar ist, nicht ohne weiteres mitgeteilt werden soll, es sei denn unter Kautelen, wie sie eben die Einweihung in Geheimlehren voraussetzt. Die jüdische Mystik ist im wesentlichen Theosophie, Versenkung in die Geheimnisse der Gottheit und ihres Wirkens in ihrer Verbindung mit der Schöpfung und mit dem Rätsel des Daseins überhaupt. Und ein wichtiges Resultat der neueren Erforschung der Kabbala ist nun gerade, daß die älteste jüdische Mystik sich nicht etwa am Rande, sondern im genauesten Zentrum des sich ausbildenden rabbinischen, pharisäischen Judentums vollzogen hat.»

Der Entschluß Scholems, sich auf die Kabbala-Forschung zu konzentrieren, reifte in der gemeinsamen Schweizer Zeit, mit Walter und Dora Benjamin (Pollak), die im April 1917 geheiratet hatten. Im Frühjahr und Sommer 1918 waren sie fast täglich zusammen. Scholem sprach in feierlichem Ton von dieser Zeit als einer «prästabilisierten Harmonie, in der unser Leben einander zugeordnet ist, als der Grundtatsache». Doch das enge Zusammensein verlief nicht ohne Spannungen, die sich vor allem an pragmatischen Fragen der Lebensführung entzündeten. Scholem kritisierte an der Lebensweise von Walter und Dora Benjamin gewisse «amoralische» und «nihilistische» Tendenzen: «Moralische Kategorien erkannte er nur in der Lebenssphäre, die er um sich aufgebaut hatte, und in der geistigen Welt an. Sie warfen mir beide meine Naivität vor.» Dennoch war Benjamin für ihn «im Grunde ein durchaus unzynischer Mensch, was wohl mit seinem tiefverwurzelten messianischen Glauben zusammenhing».

Scholem hat sich mit verschiedenen Aspekten der jüdischen Mystik beschäftigt, der Messianismus erscheint in seinen Schriften relativ spät. Seine ersten größeren Veröffentlichungen über die sabbatianische Bewegung erfolgten zwischen 1944 und 1946 in Hebräisch – das bekannte Werk über Sabbatai Zwi erschien 1957, die zentrale Abhandlung über den Erlösungsgedanken in der Kabbala *Zum Verständnis des jüdischen Messianismus* erst 1958. Wir wissen, daß Scholems Beschäftigung mit dem Erlösungsgedanken zurückgeht auf die gemeinsamen Diskussionen mit Benjamin vor 1923 an der «Universität Muri», wie sie scherzhaft ihre gemeinsame Ideenschmiede bei Bern nannten. Für Scholem und Benjamin war die messianische Idee zutiefst mit der Erfahrung des Scheiterns verknüpft.

Bei Scholem erscheint der Messianismus als Produkt einer historischen Frustration, gewissermaßen als utopische Entschädigung für ein gegenwärtiges Unheil. So erklärt er auch die Entstehung und plötzliche Auflösung des Sabbatianismus im 17. Jahrhundert. Er will jüdische Geschichte nicht von außen darstellen, sondern von innen, will zeigen, daß gerade der Pseudomessias Sabbatai Zwi am Anfang der jüdischen Moderne stand, weil er die großen Hoffnungen des Judentums enttäuschte. «Anders als die Kritik der Aufklärung, die Ideen und Umstände beeinflußten, die von außen eindrangen», war für Scholem die sabbatianische Kritik am rabbinischen Judentum «ein inneres Phänomen».

Der Versuch, jüdische Geschichte mit jüdischen Augen zu sehen, brachte Scholem in eine Frontstellung sowohl gegen Assimilanten als auch gegen die Orthodoxie. Schon vor Hitler traute er nicht den Hoffnungen auf eine deutsch-jüdische Symbiose, die sich vom Toleranzbegriff der Aufklärung ableiteten. Ihren rationalistischen Prämissen setzte er den mystischen Optimismus des jüdischen Volkes entgegen – und der orthodoxen Geschichtsschreibung warf er vor, daß sie versucht habe, die Spuren des gescheiterten sabbatianischen Aufstandes zu verwischen. Nach seiner Logik wäre die jüdische Form des Messianismus ihrem Wesen nach eine Aporie. Der Messianismus könne sich nur durch Verwirklichung behaupten, doch sobald er sich verwirklicht habe, negiere er sich selbst. Als Scholem diese Erkenntnis formulierte, hatte er für sich eine Lösung gefunden. Für ihn war der Zionismus als politische Erlösung des Judentums das letzte Glied in einer Kette, das in der sabbatianischen Bewegung noch fehlte.

Ähnlich wie Benjamin in seinen geschichtsphilosophischen Reflexionen unterscheidet auch Scholem zwischen dem Erlösungsgedanken und dem Begriff des historischen Fortschritts. Auch er wußte, daß ohne Emanzipation, ohne die Politisierung

Gershom und Escha Scholem 1926 in Palästina.

des jüdischen Volkes keine zionistische Bewegung entstanden wäre. Seine Kritik an den «Assimilanten» und auch an Benjamin lautete: Aufklärung müsse zur Selbstbestimmung führen, nicht zu einem intellektuell unklaren Weltbürgertum, in dem man die eigenen Wurzeln verliere. Scholems Entschluß, 1923 nach Palästina zu gehen, war für ihn «eine moralische Entscheidung».

In Jerusalem gelang Scholem eine akademische Karriere, die seinem Freund Benjamin versagt bleiben sollte: Bereits im Oktober 1923 erhielt er eine Stellung als Leiter der hebräischen Abteilung der Nationalbibliothek, im Jahre 1925 wurde er Dozent am Judaistischen Institut der neugegründeten Hebräischen Universität und später auch Professor. In Jerusalem hatte Scholem das Glück, an einem neuen geistigen Zentrum tätig zu sein, an dem «das Jüdische neu erforscht und durchdacht» werden sollte. Die große symbolische Bedeutung der «Jewish studies» (die deutsche Übersetzung «Judaistik» ist tendenziös) in Jerusalem bestand in der Einrichtung mehrerer Lehrstühle für jüdische Geschichte. Yitzchaq Baer, Benzion Dinur, Simcha Assaf und Gershom Scholem forderten, die jüdische Geschichte müsse als kohärente Geschichte eines homogenen Organismus – «eines *Organismus* und nicht einer bloßen *Idee*» – verstanden werden. Aber die Entwicklung der historischen Konstellation trieb auch Enthusiasten wie Scholem in die Verzweiflung. Zum allgemeinen Trauma des Holocaust kam das Gefühl, daß der Zionismus im Stadium seiner politischen Verwirklichung die utopischen Hoffnungen verraten habe, unter denen er angetreten war. Nach 1940 fehlte ihm sein wichtigster Gesprächspartner. In seiner *Geschichte einer Freundschaft* erinnerte Scholem sich wehmütig an eine Erkenntnis, die er als Student in sein Tagebuch geschrieben hatte: «Ich kann mit den Zionisten nicht über Zionismus reden, ich muß zu dem Nichtzionisten Benjamin gehen.»

Flaneur auf abschüssiger Straße

Einer der wichtigsten deutschen Texte der Moderne scheint 1940 im Niemandsland zwischen Frankreich und Spanien abhanden gekommen zu sein. Nach Darstellung der Emigrantin Lisa Fittko hat Walter Benjamin während der Flucht über die Pyrenäen, die im spanischen Grenzort Port-Bou tragisch enden sollte, eine schwere Aktentasche bei sich getragen. «Darin ist mein neues Manuskript» habe er ihr erklärt. Es müsse gerettet werden, denn das Manuskript sei ihm wichtiger als die «eigene Person». In der Nachlaß- und Editionsdiskussion wurden Äußerungen von Gershom Scholem dahingehend ausgelegt, daß es sich bei dem «Manuskript» um eine unbekannte Endfassung des «Passagenwerkes» gehandelt habe. Doch es wurde nie aufgefunden.

Auch in dem jüngst veröffentlichten Protokoll des Dorfrichters von Port-Bou, das den Tod eines «ausländischen Reisenden» durch «Gehirnschlag» am 26. September 1940 in der Hotelpension «Fonda de Francia» beurkundet, findet sich kein Hinweis auf ein hinterlassenes Manuskript. Gefunden wurde zwar eine schwarze Reisetasche, doch sie enthielt lediglich eine Taschenuhr, eine Pfeife, sechs Photographien, ein Röntgenbild, einige Zeitungen, «algunas cartas» und Rechnungen – ausgestellt auf «Don Walter», «Sr. Walter» und «Walter, Dr., Benjamin». Die Vermutung, daß Walter Benjamin das Geheimnis einer unbekannten Endfassung seines legendären Hauptwerkes mit ins Grab genommen habe, verstärkt die mythische Überhöhung seines ungeklärten Todes. Die inzwischen umstrittene Selbstmordthese ist dabei freilich nicht das entscheidende Erklärungsmuster.

Alles spricht dafür, daß die «Passagenarbeit» unvollendet bleiben mußte. Die «saturnische Langsamkeit des Entstehens» entsprach dem fragmentarischen Charakter des Autorenlebens. Nichts gibt eine deutlichere Anschauung vom «Zersprungenen» in Benjamins Leben als der zersplitterte Torso, aus dem sein Hauptwerk hätte entstehen sollen. Obwohl das «Passagenwerk» von Benjamin nie geschrieben wurde, liegt es seit 1982 unter diesem Titel in einer Edition von mehr als 1000 Druckseiten vor. Basierend auf den vorher bereits als «Passagenmanuskript» bezeichneten «Aufzeichnungen und Materialien», handelt es sich dabei um nichts anderes als um die Masse des von Benjamin in der Zeit von 1927 bis 1940 auf einzelnen Blättern zusammengetragenen und thematisch zusammengefaßten gedanklichen Fundus des Spätwerks, aus dem auch einige der geschriebenen Texte gespeist wurden (Kunstwerk-Aufsatz, geschichtsphilosophische Thesen, Baudelaire-Arbeit).

Einmal auf den Markt gebracht, erwies sich Benjamins «unvollendetes Hauptwerk» zwar als riesiger Steinbruch von Zitaten, Exzerpten und Notizen, aber doch zugleich als ein unerhört spannendes, in vielfache Facetten aufgespaltenes Panoptikum zur Sozial- und Geistesgeschichte des 19. Jahrhunderts, gewürzt mit den brillanten Gedankensplittern «eines großen Philosophen der Moderne». Eine gewisse Berechtigung, Benjamins Gedankensplitter und Materialsammlung als «Werk» zu präsentieren, leitet der Herausgeber aus der Montagetheorie des Autors ab, der «die Kunst, ohne Anführungszeichen zu zitieren», nach eigener Aussage «zur höchsten Höhe entwickeln» wollte. Denn er habe «nichts zu sagen. Nur zu zeigen.»

Benjamin verstand sich als Sammler im Sinne des Archäologen, der die Spuren der Vergangenheit auf ihre Modellfähigkeit überprüft. Dreizehn Jahre lang hatte er Material gesammelt, um – immer wieder durch journalistische Brotarbeit unterbrochen und abgelenkt – sein Thema einzukreisen. Er wollte «Gebiete urbar machen, auf denen bisher nur der Wahnsinn wuchert. Vordringen mit der geschliffenen Axt der Vernunft ohne rechts noch links zu sehen, um nicht dem Grauen anheimzufallen, das aus der Tiefe des Urwalds lockt. Aller Boden mußte einmal von der Vernunft urbar gemacht, vom Gestrüpp des Wahns und des Mythos gereinigt werden.» Das wollte der Autor für die Zeit des 19. Jahrhunderts am Beispiel der Physiognomie und Geschichte von Paris «leisten».

Die «Tiefe des Urwalds», das war auf der Wahrnehmungsebene seiner Zeit zunächst das urbane Dickicht der europäischen Metropolen. «Wahn» und «Mythos» fand und beschrieb Benjamin in Berlin, Moskau und Paris. Magisch angezogen fühlte er sich vor allem von dem tätigen Vulkanismus der französischen Hauptstadt. Nach seiner Rückkehr von einem Moskaubesuch und einer kurzen Zwischenstation in Berlin schrieb er im Juli 1927 aus Paris an Hugo von Hofmannsthal: «Während ich mit meinen Bemühungen und Interessen in Deutschland unter den Menschen meiner Generation mich ganz isoliert fühle, gibt es in Frankreich einzelne Erscheinungen – als Schriftsteller Giraudoux und besonders Aragon – als Bewegung den Surréalismus, in denen ich am Werk sehe, was auch mich beschäftigt. Für jenes Notizenbuch, von dem ich Ihnen vor langer Zeit, sehr verfrüht, einige Proben sandte, habe ich in Paris die Form gefunden.»

Anregungen für die «Form» seiner Notizen erhielt er vor allem durch Aragons *Le Paysan de Paris*, jener surrealistischen Hymne auf die morbide Pracht der Passage de l'Opéra, ein Buch, das er mit starkem «Herzklopfen» gelesen hatte. 1927 begann Benjamin in Paris zusammen mit dem ihm befreundeten Rowohlt-Lektor Franz Hessel systematisch Materialien für einen Essay über die Pariser Passagen zu sammeln, der ursprünglich in der Kulturzeitschrift *Der Querschnitt* erscheinen sollte. Wie bei Aragon ging es um die Passage de l'Opéra, um eine Architekturform, die einen Warentempel symbolisierte und zugleich «Wohnung des Kollektivs» war. In der Beschreibung des Pariser Stadtbildes des 19. Jahrhunderts sollte die «Weltverfassung der Moderne» zum Ausdruck gebracht werden.

Hessel und Benjamin waren geistig verwandte Gelehrte mit dem gemeinsamen Erinnerungsort Berlin. Hessel als Pariskenner führte Benjamin in die Geheimnisse von Paris ein. Die «Ersten Notizen» Benjamins, mit winziger Schrift in ein kleines, schwarzes Lederheft eingetragen, dokumentieren die Perspektive des europäischen Flaneurs: «Man wird einen Spaziergang durch Paris mit dem Apéritif beginnen d. h. gegen 5 bis 6 Uhr. Ich möchte Sie nicht festlegen. Sie können Ihre Ausgangsstation an einem der großen Bahnhöfe nehmen: an der gare du nord wo es nach Berlin und der gare de l'est wo es nach Frankfurt, an der gare St. Lazare wo es nach London und an der gare de Lyon, wo es (unleserlich) nach PLM (Paris-Lyon-Marseille) hinausgeht. Wollen Sie meine Meinung wissen, so rate ich zur gare St. Lazare. Dort haben Sie nämlich halb Frankreich und halb Europa um sich: Namen wie Havre, Provence, Rome, Amsterdam, Constantinople ziehen sich durch die Straßen wie süße Füllung durch Torte.»

Doch schon bald zog Benjamin sich in die Einsamkeit der Bibliothèque Nationale zurück und reflektierte über den doppelten Resonanzboden von Zeit und Raum: «Den Flanierenden leitet die Straße in eine entschwundene Zeit. Ihm ist eine jede abschüssig. Sie führt hinab, wenn nicht zu den Müttern, so doch in eine Vergangenheit, die um so bannender sein kann als sie nicht die eigene, private ist. Dennoch bleibt sie immer Zeit einer Kindheit. Warum aber die eines gelebten Lebens? Im Asphalt, über den er hingeht, wecken seine Schritte eine erstaunliche Resonanz. Das Gaslicht, das auf die Fliesen herunterstrahlt, wirft ein zweideutiges Licht auf diesen doppelten Boden.»

Notizen und Materialsammlung sprengten rasch den Essayrahmen, zwangen Benjamin, die Gedanken zu «erweitern» und das Projekt «universal» anzulegen. Daß die Arbeit um die Jahreswende 1929/30 vorläufig abgebrochen wurde, lag nicht nur an methodischen Schwierigkeiten, wie oft behauptet, sondern hatte vor allem auch materielle Ursachen. Aus Geldmangel konnte Benjamin sich keine längeren Aufenthalte in Paris, dem Ort seiner Inspiration, mehr leisten. Für den Broterwerb notwendiger Tagesjournalismus raubte ihm Zeit und Nerven. «Ausgreifende Planungen sind gänzlich unmöglich», beklagte er sich im Oktober 1931 bei Scholem. «Jeder größere Essay ist Produkt einer Konzentration, die mit seinem Wert kaum mehr im Verhältnis zu stehen scheint und es gibt Tage und Wochen, wo ich nicht ein noch aus weiß.»

Im März 1933 richtete sich Benjamin wieder auf einen längeren Parisaufenthalt ein, diesmal nicht freiwillig. Nach vierwöchiger nationalsozialistischer Herrschaft verließ er Deutschland und Berlin für immer. Über die Umstände, die ihn ins Exil getrieben hatten, berichtete er am 20. März nach Jerusalem: «Einen Begriff von der Lage gibt weniger der individuelle Terror, als die kulturelle Gesamtsituation. Über den ersteren ist schwer, absolut Zuverlässiges in Erfahrung zu bringen. Unbezweifelt sind die zahlreichen Fälle, in denen Leute nachts aus ihren Betten geholt und mißhandelt oder ermordet werden... Was mich betrifft, so sind es nicht diese – seit langem mehr oder minder absehbaren – Verhältnisse gewesen, die in mir, und zwar erst vor einer Woche, in unbestimmten Formen, die Entschließung, Deutschland zu verlassen zur schleunigsten Entfaltung gebracht haben. Es war vielmehr die fast mathematische Gleichzeitigkeit, mit der von allen überhaupt in Frage kommenden Stellen Manuscripte zurückgereicht, schwebende, beziehungsweise abschlußreife Verhandlungen abgebrochen, Anfragen unbeantwortet gelassen wurden. Der Terror gegen jede Haltung oder Ausdrucksweise, die sich der offiziellen nicht restlos angleicht, hat ein kaum zu überbietendes Maß angenommen.»

In Paris, das Benjamin nach seiner Ankunft «trotz Krise und allem, was dazu gehört», als «herrlich» empfand, versuchte er sich im Arbeitssaal der Bibliothèque Nationale «einigermaßen wohnlich» einzurichten. 1934 kündigte er Horkheimer die Wiederaufnahme der «Passagen»-Arbeit an: «Nachdem im Laufe dieses Sommers die letzten Möglichkeiten journalistischer Arbeit für mich weggefallen sind – aus Deutschland bekommt man ja keine Überweisungen mehr – würde nichts mehr im Wege stehen, jenes große, auf jahrelangen Studien über Paris beruhende Buch in Angriff zu nehmen, von dessen Plan ich gelegentlich sprach. Ich habe mich im Sommer mit diesem Material weiter beschäftigt, und heute steht der klare Bau des Buches vor meinen Augen.»

Doch immer wieder hielten ihn durch Geldmangel erzwungene Reisen vom Lesesaal der Bibliothek und der Niederschrift seiner «Passagen» fern. So stand gleich am Beginn des Exils ein fast halbjähriger Aufenthalt auf der Insel Ibiza. Zwangsaufenthalte in der mietfreien Pension seiner früheren Frau Dora in San Remo und Abstecher nach Nizza folgten. Wiederholt besuchte er auf Einladung auch Bertolt Brecht in seinem Haus bei Svendborg in Dänemark. In der Zeit vom März 1933 bis Januar 1938 hat Benjamin nicht weniger als fünfzehnmal seinen Wohnsitz gewechselt. Erst 1938 konnte er in Paris, im 15. Arrondissement, ein eigenes Wohnstudio beziehen.

Ein dunkles und lange verdrängtes Kapitel in Benjamins Biographie ist seine tiefe Enttäuschung über die mangelhafte Unterstützung durch das «Institut für Sozialforschung», dessen Exilleitung damals in Händen von Max Horkheimer und Friedrich Pollock lag. Trotz seiner langjährigen Zusammenarbeit und zum Teil auch Freundschaft mit führenden Institutsrepräsentanten wie Adorno und Horkheimer mußte Benjamin, um eine monatliche Unterstützung von 500 bis 1000 Francs zu erhalten, eine demütigende Budgetliste aufstellen. In der sparsamen Aufzählung wurden Posten wie «Instandhaltung von Kleidung und Wäsche = 120 frs» unter «ordentlichen» Ausgaben geführt, «Kino, Ausstellungen, Theater, ärztliche Behandlung = 50 frs» unter «außerordentlichen». Im März 1937 beklagte sich Benjamin darüber, daß er nicht einmal das Geld habe, sich neue Brillengläser zu besorgen.

Während Horkheimer in den dreißiger Jahren bei seinen Parisbesuchen gern im noblen Hotel Lutétia logierte, wie Hans Mayer zu berichten weiß, sprach Benjamin dort nur als Bittsteller vor. Nach Verlegung des Hauptsitzes des Instituts von Genf nach New York wuchsen seine Sorgen, daß auch das Pariser Büro aufgelöst werden könnte. Immer wieder bat er Horkheimer, ihn nicht zu vergessen: «Bitte, lieber Herr Horkheimer, lassen Sie mich jede nähere Gestaltung Ihrer europäischen Projekte umgehend wissen, da ich meine eignen Dispositionen so sehr wie möglich Ihnen anpassen will» (19. 2. 1935). «Es ist mir nichts dringlicher als meine Arbeit so eng wie möglich mit der des Instituts zu verbinden» (8. 4. 1935).

Dem stand vor allem die Befürchtung Adornos entgegen, Benjamin sei anläßlich seiner Brechtbesuche in Dänemark unter dessen «kommunistischen» Einfluß geraten. Nicht geheuer war ihm vor allem eine Äußerung Benjamins, er wolle in einer «Lesegemeinschaft» mit Brecht den Existentialismus von Heidegger «zertrümmern». In der Tat weist Benjamins Vortrag «Der Autor als Produzent» aus dem Jahre 1934 einige Affinitäten zu Brechts marxistischen Vorstellungen von der Autor-Leser-Beziehung auf. In diesen Reflexionen über «aktuelle Fragen der Literaturpolitik» trat Benjamin dem Glauben an die Wunderkraft des Geistes im antifaschistischen Kampf mit der These entgegen, nicht aufgrund seiner Gesinnung, sondern nur aufgrund seiner Stellung im Produktionsprozeß sei der Intellektuelle zu politisch-sozialem Engagement berufen. Jede politische Tendenz, auch wenn sie sich revolutionär definiere, erhalte zwangsläufig einen gegenrevolutionären Charakter, sofern das literarische Werk nur Gesinnung ausdrücke und die Stellung der Intelligenz im «Produktionsapparat» ausklammere. Eine «literarische Tendenz» könne nur bewertet werden als «Fortschritt oder Rückschritt der literarischen Technik».

In der Diskussion über den im Herbst 1935 beendeten programmatischen Essay, *Das Kunstwerk im Zeitalter seiner technischen Reproduzierbarkeit*, der dreißig Jahre später bei der studentischen 68er-Generation zum Kultdokument avancieren sollte, zeigte sich indes deutlich, daß Benjamin seine theoretische Unabhängigkeit zu behaupten wußte. Seine Thesen waren sowohl für das Moskauer *Wort* als auch für die *Zeitschrift für Sozialforschung* zu radikal. Willi Bredel schrieb ihm nach Beratung mit Brecht, daß ein Abdruck «wegen des zu großen Umfangs» und der Komplexität des Themas abgelehnt werden müsse – und Adorno wollte, wie auch im Fall des *Illuminationen*-Manuskriptes, unter anderem die Begriffe «Faschismus» und «Kommunismus» durch Formulierungen wie «totalitäre Doktrin» und «konstruktive Kräfte der Menschheit» ersetzen.

Zwischen die Fronten der Kritik geriet Benjamin auch mit seiner Baudelaire-Arbeit. Als Adorno den ersten Entwurf las, lehnte er ihn spontan ab. Aus seinem Urlaubsort Hornberg im Schwarzwald, den er auch noch nach Hitlers Machtergreifung gelegentlich aufsuchte, teilte er Benjamin im Sommer 1935 seine Einwände schriftlich mit. Seine Hauptkritik galt dabei dem angeblich undialektischen Gebrauch von Kategorien wie «Warenfetischismus» und der Beschreibung objektiver Kristallisationen des historischen Prozesses in «dialektischen Bildern». Die von Benjamin vorgenommene Reduktion des dialektischen Bildes auf eine Art Jungsches Kollektivbewußtsein sei eine Verkennung der Bedeutung des Individuums. Auch Brecht äußerte scharfe Kritik an Benjamins Baudelaire-Skizze, allerdings aus entgegengesetzter Richtung. Er witterte zuviel Individualismus und mokierte sich namentlich darüber, daß Benjamin Blanquis anarchistische Tat als die «Schwester von Baudelaires Traum» dargestellt habe. «Baudelaire», so Brecht in seinen *Notizen*, sei «der Dolchstoß in den Rücken Blanquis.» Benjamins heroische Baudelaire-Skizze, sein Bild vom Versbau als Plan einer großen Stadt, auf dem Worte die Bedeutung von «Stellplätzen» der Revolution einnehmen, kommentierte Brecht lakonisch: «Baudelaire ist der Dichter des französischen Kleinbürgertums einer Epoche, wo schon feststand, daß die Bütteldienste, die es der Großbourgeoisie bei der blutigen Unterdrückung der Arbeiterklasse geleistet hatte, nicht belohnt werden würden.»

Mehr als mit kommunistischen Doktrinen sympathisierte

Benjamin mit den anarchistischen Utopien von Blanqui, Sorel und Fourier. Wenn man von einer Annäherung an die materialistische Geschichtsauffassung sprechen will, dann höchstens im Sinne einer deutsch-französischen Kombination der Denksysteme von Fourier und Marx. Benjamin stellte Baudelaire vor dem sozialökonomischen Hintergrund des zweiten Kaiserreichs dar. Die Entwertung der menschlichen Umwelt durch die Warenwirtschaft provozierte die anarchistischen Tendenzen der «freien Masse». In Benjamins Sozialismus-Idee überlebte hartnäckig ein eschatologisches Element, für dessen Messianismus die Entwicklungsgeschichte «zu lang und unerträglich qualvoll wurde».

An den ab 1934 im Exil wiederaufgenommenen «Passagen»-Arbeiten Benjamins erkennt man eine Neuorientierung seines bisherigen Konzepts. Die aus den Tagen eines «unmittelbar metaphysischen, ja theologischen Denkens stammende Gedanken- und Bildermasse» mußte eine «vollkommene Umwälzung» durchmachen, damit in ihr der Begriff «des Fetischcharakters der Ware» entfaltet werden konnte. Als er diese neue Zielsetzung 1935 formulierte, hatte er das umfangreiche aus Exzerpten und eigenen Reflexionen bestehende Material zu einem sechs Kapitel umfassenden Exposé mit dem Titel *Paris, die Hauptstadt des XIX. Jahrhunderts* verarbeitet, um es vom Institut für Sozialforschung in New York auf seine Förderungswürdigkeit hin prüfen zu lassen. Doch auch die Realisierung dieses Entwurfes blieb in den Anfängen stecken. 1937/38 konzentrierte sich Benjamin erneut auf seine Baudelaire-Skizzen. Der Aufsatz *Das Paris des Second Empire bei Baudelaire*, der zunächst als zentraler Teil der «Passagen»-Arbeit geplant war, wurde vorgezogen und entwickelte sich zu einer Art Miniaturmodell des Gesamtprojekts.

Das magische Zentrum der Benjaminschen Reflexionen blieb Paris, die Stadt des Kapitals, der mythischen Kräfte der Ware, der Träume und der Revolutionen: «Paris ist in der sozialen Ordnung ein Gegenbild von dem, was in der geographischen der Vesuv ist. Ein drohendes, gefährliches Massiv, ein immer tätiger Herd der Revolution. Wie aber die Abhänge des

Vesuv dank der sie deckenden Lavaschichten zu paradiesischen Fruchtgärten wurden, so blühen auf der Lava der Revolutionen die Kunst, das festliche Leben, die Mode wie nirgends sonst.» Benjamins Paris ist nicht nur die Hauptstadt des 19. Jahrhunderts, sondern zugleich die Kapitale der aktuellen Moderne. Für ihn war, wie er es selbst ausdrückte, die «dialektische Durchdringung und Vergegenwärtigung vergangner Zusammenhänge die Probe auf die Wahrheit des gegenwärtigen Handelns». Er zitiert die Pariser Revolutionäre von 1830, die am hellen Tag auf die Uhren schossen. Sie wollten ebensowenig wie er aus der Geschichte aussteigen, sondern im Gegenteil in die Arena der Geschichte eintreten. Die «Rettung» der Vergangenheit ist zugleich die Rettung der Gegenwart. Die Gegenwart retten, das hieß für Benjamin das Primat der Politik über die Geschichte anerkennen: «So an das Gewesene herangehen, das heißt nicht wie bisher es auf historische sondern auf politische Art, in politischen Kategorien behandeln.»

Von 1934 an wandten sich die «Passagen»-Skizzen immer deutlicher der Aktualität zu. Die Akten des 19. Jahrhunderts erwiesen sich als tauglich, dem Totalitarismus des 20. Jahrhunderts, insbesondere dem Faschismus, den Prozeß zu machen. Benjamins Definitionen historischer Grundbegriffe im «Passagen»-Werk lesen sich wie ein aktueller Zeitkommentar: «Die Katastrophe – die Gelegenheit verpaßt haben; der kritische Augenblick – der status quo droht erhalten zu bleiben; der Fortschritt – die erste revolutionäre Maßnahme.»

Benjamins Originalität wird meistens in der Art seiner Verknüpfung von Theologie und Politik gesehen. Und oft wird diese Verknüpfung zum Anlaß genommen, sein Denken ins Barocke zu überhöhen. Vielleicht ist seine Originalität gar nicht so groß, wie es scheint, denn gerade in der hochpolitischen Epoche der dreißiger Jahre wurde Benjamin nicht mit einem Defizit, sondern mit einem Überschuß an Religiosität konfrontiert. Faschismus, Kommunismus, Revolution und Volksfront – alle idealistischen Auffassungen von Kultur und Volk – erwiesen sich als ein von Religiosität geprägtes Phänomen. Auch Marxismus und jüdischer Messianismus haben sich nicht gegenseitig neutralisiert. Sie aktivierten oder reaktivierten sich wechselseitig und bekämpften gemeinsam die angeblich historische Notwendigkeit, die Katastrophe eingeschlossen.

In seinem 1934 in der *Zeitschrift für Sozialforschung* veröffentlichten Essay *Zum gegenwärtigen gesellschaftlichen Standort des französischen Schriftstellers* teilte Benjamin noch die Volksfronteuphorie Louis Aragons und begrüßte das Engagement der Schriftsteller: «Sie werden zu militanten Politikern.» Im Juli 1937 hatte sich die Euphorie in gnadenlose Kritik verwandelt, in Kritik am Fetischismus der «linken Majorität». Dazwischen lag ein leidvoller Prozeß der Erkenntnis von der «Volksfront als Katastrophe». Nach Benjamins «Passagen»-Definition besteht die Katastrophe darin, die Gelegenheit verpaßt zu haben. Demnach war die Volksfront dazu bestimmt, in jenen «Trümmerhaufen» der Geschichte zurückzukehren, von dem der Angelus Novus sich entfernte. Von diesem Standpunkt aus erscheint die Front Populaire wie die letzte Fehlgeburt der großen Revolution, die Paris seine Rolle als Hauptstadt des Jahrhunderts zu nehmen drohte. Die Volksfront konnte nicht die Gegenwart «retten», weil sie mitten im 20. Jahrhundert in einer antihistorischen Verteidigungsstellung des 19. Jahrhunderts verharrte. Deutschland als Hochburg der konservativen Revolution und der mythischen Kräfte setzte sich gegen den unkritischen «Progressismus» Frankreichs durch.

Der «Katastrophe» als Anhäufung versäumter Gelegenheiten entsprach im persönlichen Bereich das Zögern und schließlich der Verzicht Benjamins auf die ihm von Scholem und dem Kanzler der Hebräischen Universität gebotene Möglichkeit, für einen befristeten Zeitraum als Dozent für deutsche und jüdische Literatur nach Jerusalem zu gehen. Das Angebot war das Ergebnis eines Gesprächs von Scholem und dem Kanzler Judah Leon Magnes mit Benjamin in Paris 1927. Im Verlauf des mehrere Stunden dauernden Gesprächs, auf das Benjamin sich offenbar gut vorbereitet hatte, gelang es ihm, Magnes seinen Standort in

Bis zum Ende wußte Walter Benjamin seine intellektuelle Unabhängigkeit zu behaupten – um den Preis materieller Demütigungen und menschlicher Enttäuschungen. Foto von Germaine Krull, vor 1933.

großartiger Formulierung darzulegen. Er äußerte den Wunsch, sich durch das Medium des Hebräischen den großen Texten der jüdischen Literatur nicht als Philologe, sondern als Metaphysiker zu nähern. Seine Beschäftigung mit Autoren wie Hölderlin, Goethe und Baudelaire habe ihn zu philosophischen und theologischen Überlegungen geführt, deren Lösung er sich «vom Eintritt ins Hebräische» erwarte. Doch als es um die Konkretisierung des Projekts ging, zog Benjamin es vor, mit roter Krawatte und einem ausgebeulten Anzug an einer Solidaritätsdemonstration für Sacco und Vanzetti teilzunehmen.

Scholem sah die eigentliche Ursache für Benjamins Weigerung, eine Lehrtätigkeit in Jerusalem aufzunehmen, in seiner Beschäftigung mit dem «Passagen»-Werk: «Jedenfalls der Wunsch, diese Arbeit nach der Vision, die ihm vorschwebte, zu Ende zu bringen, hat ihn immer wieder gehindert. Ich habe manchmal von ihm ein Telegramm bekommen: ‹Ich komme am 1. Dezember dieses Jahres per Schiff nach Palästina.› Er ist nie erschienen. Ich habe es – ehrlich gesagt – auch kaum erwartet, weil ich wußte, wie seine Arbeit in merkwürdigen Windungen verläuft und daß ihn diese Dinge so festhalten, daß er kaum imstande ist, sich davon freizumachen, was auch wirklich bis zu seinem Lebensende nie eingetreten ist, so daß wir heute einen so außerordentlich umfangreichen Nachlaß über die Vorarbeiten dieses Buches besitzen, aber das Buch selber nicht da ist und – je mehr er selber fortschritt – das Buch gar nicht mehr da sein konnte, weil er nämlich seinen eigenen Text streichen wollte zugunsten von Zitaten.»

Die Katastrophe begann für Benjamin mit dem Jahr 1937. Symbolisch sah er sich durch die Choreographie der Weltausstellung in Paris bestätigt: Hitlerdeutschlands Pavillon grenzte fast unmittelbar an den der Sowjetunion. Doch Benjamins Gang über die abschüssigen Straßen von Paris war noch nicht beendet.

Bei Kriegsausbruch, im September 1939, mußte Benjamin sich zusammen mit den anderen in Paris lebenden deutschen und österreichischen Emigranten im «Stade de Colombes» einfinden. Hans Sahl traf ihn dort auf einer der Steinbänke, die den

Internierten zehn Tage und Nächte als Aufenthaltsort dienten. «Das aufgeschüttete Stroh war längst faulig geworden und mit paté de foie verschmiert, einer billigen Leberpastete, die als Brotaufstrich unsere einzige Nahrung bildete und, da es kaum Wasser zum Waschen gab, Gesicht und Hände verklebte und in alle Poren eindrang.» Nach zehn Tagen transportierte man die Internierten unter militärischer Bewachung in Autobussen zur Gare d'Austerlitz und von dort in plombierten Eisenbahnwaggons nach Nevers. Hans Sahl berichtet: «Gegen Abend trafen wir in Nevers ein und wurden in Eilmärschen in das etwa zwei Stunden entfernte Lager getrieben. Benjamin, dem das Laufen schwerfiel, hatte einen jungen Mann getroffen, der ihm den Koffer abnahm und ihm auch später, während der Lagerzeit, dienend und helfend zur Seite stand, der Jünger dem Meister, den er verehrte. Es war in der Beziehung des jungen zum alten Mann, in seiner Fürsorge für den körperlich Gebrechlichen und in praktischen Dingen Hilflosen ein fast biblischer Respekt für das Geistige in einer Zeit der Heimsuchungen und Gefährdungen. So etwa stellte man sich eine Prophetengestalt vor, die von einem Jüngling behutsam durch die Menge geführt wird.»

Hilflos waren auch Benjamins erste schriftliche Orientierungsversuche im Lager. Jean Ballard, dem Chefredakteur der *Cahiers du Sud*, teilte er am 23. Oktober 1939 aus Nevers mit: «Ich würde gerne der französischen Sache anders dienlich sein, als ich es hier tun kann.» Französische Freunde nahmen sich seiner an. Er erhielt Empfehlungsschreiben unter anderem von Paul Valéry, Jules Romains, Adrienne Monnier, Paul Desjardins und Jean Ballard. Letzterer schrieb ihm am 30. Oktober 1939: «Ich bin wahrhaftig betrübt, wenn ich denke, daß ein Freund Frankreichs und ein leidenschaftlicher Verfechter des französischen Geistes mit gleichgültig oder feindlich gesinnten Menschen verwechselt werden kann... Sie gehören zu denen, die maßgeblich gezeigt haben, daß der französische den europäischen Geist hervorbringen kann und muß, dessen tröstlicher Lichtblick er in dieser Stunde ist.»

Am 25. November 1939, früher als die meisten anderen Internierten, kehrte Benjamin nach Paris zurück. Er bezog wieder die alte Wohnung und versuchte seine Arbeit in der Bibliothèque Nationale fortzusetzen, doch seine Schritte auf der «Straße in eine entschwundene Zeit» weckten keine Resonanz mehr. Er brachte kaum noch etwas zu Papier. Mühsam formulierte er im Februar 1940 seine Thesen *Über den Begriff der Geschichte*. Die neunte These, die Interpretation eines Aquarells von Paul Klee, ist die Abrechnung mit jedem überkommenen Fortschrittsbegriff.

Gruß vom Angelus

«Es gibt ein Bild von Klee, das Angelus Novus heißt. Ein Engel ist darauf dargestellt, der aussieht, als wäre er im Begriff, sich von etwas zu entfernen, worauf er starrt. Seine Augen sind aufgerissen, sein Mund steht offen, und seine Flügel sind angespannt. Der Engel der Geschichte muß so aussehen. Er hat das Antlitz der Vergangenheit zugewendet. Wo eine Kette von Begebenheiten vor uns erscheint, da sieht er einzige Katastrophe, die unablässig Trümmer auf Trümmer häuft und sie ihm vor die Füße schleudert. Er möchte wohl verweilen, die Toten wecken und das Zerschlagene zusammenfügen. Aber ein Sturm weht vom Paradiese her, der sich in seinen Flügeln hat und so stark ist, daß der Engel sie nicht mehr schließen kann. Dieser Sturm treibt ihn unaufhaltsam in die Zukunft, der er den Rücken kehrt, während der Trümmerhaufen vor ihm in den Himmel wächst. Das, was wir den Fortschritt nennen, ist dieser Sturm.»

Benjamins allegorische Interpretation des *Angelus Novus* als Idee der «Jetzt-Zeit» offenbart seine große Nähe zu jüdischen Elementen der Geschichtsauffassung. Der Engel ist eine melancholische Figur, die in der Immanenz der Geschichte scheitert, weil diese nur durch einen Sprung überwunden werden kann, der die Vergangenheit nicht in einem «ewigen Bilde» rettet, sondern indem er herausführt aus ihrem Kontinuum in eine revolutionäre oder messianische Zeit. Scholem vermutet im Bild des Engels, der «das Zerschlagene zusammenfügen» will, eine Benjamin-Version des kabbalistischen Begriffs «Tikkun», das heißt der messianischen Wiederherstellung und Ausbesserung des zerschlagenen und korrumpierten ursprünglichen Seins der Dinge und der Geschichte.

Von 1919 bis an sein Lebensende durchzogen Bilder und Zeichnungen von Engeln – insgesamt über 50 – das Werk von Paul Klee. 1920 entstand neben dem *Angelus Novus* auch das Bild *Engel bringt das Gewünschte*, das Benjamin auf einer Berliner Ausstellung bewundert hatte. Als Benjamin Ende Mai 1921 von Heidelberg aus Scholem in München besuchte, kaufte er in der Galerie Goltz das *Angelus-Novus*-Aquarell. «Er brachte mir das Bild», erinnerte sich Scholem, «mit der Bitte, es aufzubewahren, bis er in Berlin wieder eine feste Behausung haben würde.» Bis Mitte November 1921 hing das Bild in den beiden Münchener Wohnungen Scholems, zuerst in der Türkenstraße 98 und dann in der Gabelsbergerstraße 51, die er mit seiner späteren ersten Frau Elsa Burchardt teilte. Ende November 1921 wanderte der *Angelus Novus* nach Berlin, in Benjamins neues Domizil in der Delbrückstraße 23. Hier hing er über dem Sofa im Arbeitszimmer bis zum erneuten Umzug in die Prinzregentenstraße 66. 1935 folgte der Engel Benjamin ins Pariser Exil. Scholem sah ihn dort bei seinem Besuch 1938 in der Rue Dombasle. Als Benjamin im Juni 1940 seine Flucht aus Paris vorbereitete, schnitt er das Bild aus dem Rahmen und stopfte es zusammen mit verschiedenen Papieren in einen der beiden Koffer, die Georges Bataille zeitweise in der Bibliothèque Nationale versteckt hielt. So überlebte der Engel den Krieg, gelangte zu Adorno nach Amerika und später nach Frankfurt am Main.

Fast zwanzig Jahre lang war das Bild ein Medium der Betrachtung zwischen Benjamin und Scholem. «Als er es erwarb», berichtet Scholem, «hatten wir Gespräche über jüdische Angelogie, besonders talmudische und kabbalistische, da ich damals gerade an einer Arbeit über die Lyrik der Kabbala schrieb, in der ich mich ausführlich über die Hymnen der Engel in den Vorstellungen der jüdischen Mystiker geäußert habe.» Am 15. Juli

1921, zum 29. Geburtstag Benjamins, verfaßte Scholem das Gedicht «Gruß vom Angelus», in dem es heißt: «Mein Flügel ist zum Schwung bereit / Ich kehrte gern zurück / denn blieb ich auch lebendige Zeit / Ich hätte wenig Glück / Mein Auge ist ganz schwarz und voll / mein Blick wird niemals leer / ich weiß, was ich verkünden soll / und weiß noch vieles mehr». Noch nach zehn Jahren zeigte Benjamin lebhaftes Interesse an dem Gedicht. Am 3. November 1931 bat er Scholem um eine Abschrift: «Lieber Gerhard, von intensiver Lust erfaßt, Dein Gedicht auf den ‹Angelus Novus› – der jetzt seit vielen Jahren zum erstenmal richtig hängt – zu lesen, muß ich bei Durchsicht meines Archivs feststellen, daß es mir unauffindbar ist. Ich hoffe bestimmt, daß Du ein Exemplar davon besitzest und es mir umgehend abschreibst.» Scholem entsprach dieser Bitte am 15. November auf der Rückseite einer Postkarte mit der ironischen Hinzufügung: «Ich bin ein unsymbolisch Ding / bedeute was ich bin / du drehst umsonst den Zauberring / Ich habe keinen Sinn».

Der Inhalt der Botschaft, die der Engel überbrachte, wandelte sich mit Benjamins Vorstellungen. In der Phase seiner Haschischexperimente zum Beispiel entdeckte er im Lächeln des Engels auch «satanische Züge». Und in beiden Fassungen seines *Agesilus Santander* wird der satanische Charakter des Engels durch den Hinweis auf seine Klauen und messerscharfen Schwingungen betont. Bekanntlich küssen in christlichen Überlieferungen die Hexen beim Sabbat die «kralligen Hände» des Satans.

Oft war der *Angelus Novus* im wörtlichen Sinn wohl nur ein neuer Engel. Im selben Jahr, in dem der Angelus in Benjamins Leben erschien, rückte auch eine neue Frau ins Zentrum seiner Gedanken und Gefühle: die Bildhauerin Julia Cohn. Im Sommer 1921, als das Bild noch bei Scholem in München hing, fanden dort Diskussionen mit Dora Benjamin statt, die sich darüber beklagte, daß die Geistigkeit ihres Mannes seinem Eros im Wege stünde. Von 1924 bis 1930 nahm Asja Lacis, «eine bolschewistische Lettin aus Riga, die Theater spielt und Regie führt», die «weibliche Gestalt» des Engels für Benjamin an. Die erotische Bindung an sie verband sich mit einem starken intellektuellen Einfluß, den sie auf ihn ausübte. Sein neuer Arbeitshorizont, die Annäherung an den dialektischen Materialismus, stand vor seiner Bekanntschaft mit Brecht weitgehend im Zeichen von Asja Lacis. Nach dem Abbruch dieser Beziehung geriet Benjamin in eine tiefe intellektuelle Krise. In dieser Situation, im Frühjahr 1931, erfolgte eine große und ernste schriftliche Auseinandersetzung zwischen Scholem und Benjamin, die beispielhaft ist für ihre gesamte Freundschaft.

Am 30. März schrieb Scholem aus Jericho: «Seitdem ich mehr oder weniger umfangreiche Proben jener Betrachtung von Angelegenheiten der Literatur im Geist des dialektischen Materialismus aus deiner Feder kenne, befestigt sich in mir auf eine klare und bestimmte Weise die Einsicht, daß du in dieser Produktion in einer selten intensiven Art Selbstbetrug begehst... So bestürzt es mich, mir sagen zu müssen, daß diese Selbsttäuschung nur möglich ist, weil du sie willst, und mehr: daß sie nur dauern kann, solange sie nicht auf die materialistische Probe gestellt wird. Die völlige Gewißheit, die ich behaupte, darüber zu haben, was deinem Schrifttum geschehen würde, wenn es sich beifallen ließe, *innerhalb* der kommunistischen Partei zu erscheinen, ist recht trübselig. Ich glaube fast, du willst diesen Schwebezustand, und müßtest doch jedes Mittel begrüßen, ihn zu beenden. Daß deine Dialektik nicht die des Materialisten ist, der du sie anzunähern strebst, würde sich in dem Moment eindeutig klar, explosiv, herausstellen, wo du als typischer Konterrevolutionär und Bourgeois, wie es nicht ausbleiben könnte, von deinen Mitdialektikern entlarvt werden würdest... Wenn ich mich darin irre, so werden die hohen Unkosten dieses Irrtums, wie ich fürchte, von dir getragen werden, was zwar paradox, aber der dann entstandenen Situation nur angepaßt wäre: du wärest zwar nicht das letzte, aber vielleicht das *unbegreiflichste* Opfer der Konfusion von Religion und Politik, deren Herausarbeitung in ihrer echten Beziehung von niemand deutlicher erwartet werden durfte als von dir. Aber, wie die alten spanischen Juden zu sagen pflegten: was die Zeit kann, kann auch der Verstand.»

Am 17. April antwortete Benjamin: «Du wirst am Klange

dieser Zeilen bemerken, daß deine naheliegenden Erwartungen, mit deinem Briefe eine polemische Äußerung von meiner Seite zu provozieren, nicht in Erfüllung gehen kann. Wie er denn überhaupt keine expansive oder affekthafte Reaktion bei mir zur Folge haben kann, aus dem Grunde, weil meine Situation viel zu prekär ist, um mir dergleichen leisten zu können. Es fällt mir doch im Traume nicht ein, Unfehlbarkeit, ja auch nur Richtigkeit in anderm Sinne, als dem des notwendig, des symptomatisch, des produktiv Falschen von ihr zu behaupten. (Mit solchen Sätzen ist wenig getan, aber ich muß versuchen, – da du im Großen von weit her so genau erkannt hast, was hier gespielt wird – dir nun auch vom Geringeren, den reflexiven Obertönen sozusagen, eine Vorstellung zu geben.) Insbesondere sollst du nicht meinen, daß ich das Schicksal meiner Sachen in der Partei, bzw. die Dauer einer möglichen Parteizugehörigkeit betreffend, die mindesten Illusionen habe. Aber kurzsichtig wäre es, diesen Umstand nicht für abänderungsfähig zu halten...

Ein anderes ebenso provisorisch zu Formulierendes: es gibt die Frage der Nachbarschaft. Wo liegt meine Produktionsanstalt? Sie liegt – auch darüber hege ich nicht die mindesten Illusionen – in Berlin W.W.W., wenn du willst. Die ausgebildetste Zivilisation und die ‹modernste› Kultur gehören nicht nur zu meinem privaten Komfort, sondern sie sind zum Teil gerade Mittel meiner Produktion... Wenn ich in Palästina wäre – sehr möglich, daß die Dinge dann ganz anders lägen. Deine Stellung in der Araberfrage beweist, daß es dort noch ganz andere Methoden eindeutiger Differenzierung von der Bourgeoisie gibt als hier. Hier gibt es sie nicht. Hier gibt es nicht einmal die. Denn mit einem gewissen Recht könntest du, was ich eindeutig nenne, den Höhepunkt der Zweideutigkeit nennen. Gut, ich erreiche ein Extrem. Ein Schiffbrüchiger, der auf einem Wrack treibt, indem er auf die Spitze des Mastbaums klettert, der schon zermürbt ist. Aber er hat die Chance, von dort zu seiner Rettung ein Signal zu geben.»

Benjamins Leben, das nur aus «Siegen im Kleinen» und «Niederlagen im Großen» bestand, verlief, wie Scholem es einmal ausdrückte, «im saturnischen Licht» des *Angelus Novus*. Doch zuletzt wurde es dunkel. Der Engel, der zwischen Vergangenheit und Zukunft stand, häufte in einem unheilvollen Ausbruch «Trümmer auf Trümmer» vor seine Füße. 1932 dachte Benjamin zum erstenmal ernsthaft an den Suizid. Im Juli faßte er in Nizza sein Testament ab. Sein wichtigster Besitz, das Bild von Paul Klee, war dem Freund Scholem als Erbstück zugedacht.

Scholem hat nach dem Tod Benjamins lange gezögert, sich öffentlich über ihn zu äußern. Erst 1964 konnte Adorno ihn dazu überreden, im Frankfurter Institut für Sozialforschung einen Vortrag über Walter Benjamin zu halten. In den nachfolgenden zwei Jahren bewies Scholem dann unermüdliche Schaffenskraft als Nachlaßverwalter, Herausgeber und Kommentator der Werke Benjamins. Er war allerdings redlich genug, angesichts der schwierigen Quellenlage auf eine wissenschaftliche Biographie zu verzichten. Statt dessen schrieb er ein unakademisches und schönes Erinnerungsbuch. Wer sich die Mühe macht, im Benjamin-Nachlaß zu stöbern, wird noch immer auf unbekannte Notizen Scholems zum Werk des Freundes stoßen. Besonders lesenswert sind seine Randglossen. So kommentierte Scholem beispielsweise jenen denkwürdigen Brief Benjamins an Carl Schmitt vom 9. Dezember 1930, in dem vom Einklang seines «kunstphilosophischen» Materialismus mit Schmitts «staatspolitischen Forschungsweisen» die Rede ist, mit einem verblüfften «Donnerwetter!»

Mißlungene Freundschaft

Martin Heidegger und Karl Jaspers

von Rüdiger Safranski

Bereits in den späten zwanziger Jahren und nach 1945 wurden Karl Jaspers und Martin Heidegger häufig in einem Atemzug genannt als die zwei Vordenker der Existenzphilosophie in Deutschland. Das Bild dieser gemeinschaftlich wirkenden Dioskuren der Philosophie hat sich dem öffentlichen Gedächtnis tief eingeprägt. Beide haben dagegen protestiert und die Unterschiede ihrer philosophischen Intentionen betont. Das öffentliche Bild der Gemeinsamkeit galt ihnen als Mißverständnis.

Aber in diesem Mißverständnis, wenn es denn eines gewesen sein sollte, waren sie in den zwanziger Jahren selbst befangen. Damals hatten sie eine Kampfgemeinschaft gegen die akademische Philosophie bilden wollen. Sie definierten ihre Beziehung als Freundschaft. Martin Heidegger schrieb am 17. April 1924 an Karl Jaspers: «Seit dem September 1923 lebe ich mit Ihnen aus der Voraussetzung, daß Sie mein Freund sind. Das ist der alles tragende Glaube in der Liebe.» Und Jaspers notierte später im Rückblick auf die zwanziger Jahre, daß ihm Heidegger in den Augenblicken des Zusammenseins «unvergeßlich nahe» gewesen sei.

Es war in den zwanziger Jahren eine Freundschaft mit überschießenden Erwartungen, die sich nicht erfüllten. Für Jaspers war Heidegger ein Philosoph, der wie kein anderer Fühlung mit Daseinsmächten hatte, die Jaspers selbst «das Umgreifende» nannte. Er erblickte in Heidegger einen Weggenossen. Er wollte mit ihm gemeinsam das Transzendieren wagen, auf der Suche nach einer neuen Metaphysik der Existenz. Die Erwartungen wurden enttäuscht, die Freundschaft zerbrach, als Martin Heidegger sich zeitweilig der nationalsozialistischen Revolution anschloß. Aber Jaspers kam von Heidegger nicht los. Noch bei seinem Tod lagen die Notizen zu Heidegger griffbereit auf dem Schreibtisch. Ihm wurde zunehmend deutlich, daß er, um sich selbst zu verstehen, seine Beziehung zu Heidegger begreifen und klären mußte. Deshalb füllte er Seite um Seite mit Aufzeichnungen.

Heidegger hat keine Aufzeichnungen zu Jaspers hinterlassen. In der Beziehung zwischen den beiden war er der Umworbene. Er hatte keine hohe Meinung von der Jasperschen Philosophie, aber er bewunderte dessen Redlichkeit, dessen natürliche Autorität und Großzügigkeit. Später wurde Jaspers für ihn zu einer Art Gewissensinstanz. Einzig ihm gegenüber gestand Heidegger die «Scham» über seine Verwicklung in den Nationalsozialismus ein.

Es war eine Freundschaft, die scheiterte, aber noch in diesem Scheitern starke Bindungskräfte bewahrte, die der Beziehung etwas Schicksalhaftes gaben.

Martin Heidegger und Karl Jaspers gehören annähernd derselben Generation an. Jaspers (Jahrgang 1883) war sechs Jahre älter als Heidegger (Jahrgang 1889). Jaspers ist Oldenburger, er stammt aus gutbürgerlichem, protestantisch-freidenkerischem Milieu. Martin Heideggers schwäbisch-alemannische Herkunft war bäuerlich-kleinbürgerlich und fromm katholisch.

Für beide bedeutete die Philosophie das Versprechen der Befreiung. Heidegger, der zunächst Theologie studierte, suchte mit Hilfe der Philosophie einen Weg aus der engen katholischen Glaubenswelt. Jaspers, der Medizin studiert hatte, wollte mit Hilfe der Philosophie die Grenzen des naturwissenschaftlichen Dogmatismus sprengen. Philosophie war für Jaspers eine Disziplin des Verstehens, die dort anzusetzen hat, wo das naturwissenschaftliche Erklären endet.

Jaspers und Heidegger suchten, auf verschwiegene und heikle Weise, nach dem Gott der Philosophen. Beide werden ihm später denselben Namen geben: «das Sein».

In den frühen zwanziger Jahren, als Heidegger auf dem Weg

zu einer Philosophie der Selbstdurchsichtigkeit des Lebens ist, tastend, suchend, sich abgrenzend, in dieser Zeit beginnt die Freundschaft mit Karl Jaspers, der ebenfalls auf der Suche nach einem neuen Anfang der Philosophie ist. Die heikle Freundschaft der beiden Anfänger fängt an.

Die beiden lernen sich kennen im Frühjahr 1920, bei einem geselligen Abend im Hause des Phänomenologen Edmund Husserl, Heideggers Lehrmeister der frühen Jahre. Nach anderthalb Jahren vorsichtigen Abtastens fühlen sich die beiden im Sommer 1922 schließlich verbunden im «Bewußtsein einer seltenen und eigenständigen Kampfgemeinschaft» (Heidegger an Jaspers, 27. 6. 1922).

Schon jene erste Begegnung stand im Zeichen einer gemeinsamen Frontstellung gegen akademische Rituale. Jaspers schildert diesen Abend bei Husserl in seiner *Philosophischen Autobiographie* so: «Im Frühjahr 1920 waren meine Frau und ich einige Tage in Freiburg... Es wurde Husserls Geburtstag gefeiert. Man saß in größerem Kreise am Kaffeetisch. Dabei wurde Heidegger von Frau Husserl das ‹phänomenologische Kind› genannt. Ich erzählte, eine Schülerin von mir, Afra Geiger, eine Persönlichkeit ersten Ranges, sei nach Freiburg gekommen, um bei Husserl zu studieren. Nach der Aufnahmeordnung seines Seminars habe er sie abgewiesen. So sei ihm und ihr durch den akademischen Schematismus eine gute Möglichkeit verlorengegangen, weil er es versäumt habe, den Menschen selbst zu sehen. Heidegger fiel lebhaft, mich bestätigend, ein. Es war wie eine Solidarität der beiden Jüngeren gegen die Autorität abstrakter Ordnungen... Die Atmosphäre dieses Nachmittags war nicht gut. Es schien mir etwas Kleinbürgerliches, etwas Enges fühlbar, das des freien Zuges von Mensch zu Mensch, des geistigen Funkens... entbehrte... Nur Heidegger schien mir anders. Ich besuchte ihn, saß allein mit ihm in seiner Klause, sah ihn beim Lutherstudium, sah die Intensität seiner Arbeit, hatte Sympathie für die eindringliche knappe Weise seines Sprechens.»

Karl Jaspers galt damals als Außenseiter in der philosophischen Zunft. Er kam von der medizinischen Psychiatrie, hatte sich dort 1913 einen Namen gemacht mit der *Allgemeinen Psycho-Pathologie*, einem Buch, das bald zu einem Standardwerk seines Faches werden sollte. Jaspers aber begann, sich vom medizinischen Fach zu lösen. Ihm wurde nicht zuletzt an den Grenzfällen des Kranken deutlich, daß Seelisches nicht zureichend verstanden werden kann im Rahmen einer naturwissenschaftlich orientierten Psychologie. Den entscheidenden Durchbruch zur Philosophie verdankte er Anstößen von Max Weber und Kierkegaard.

Ein Werk des Übergangs von der Psychologie zur Philosophie war Jaspers' 1919 erschienene *Psychologie der Weltanschauungen*, ein Buch, das weit über die Grenzen der Fachwissenschaft hinaus wirkte. Mit der Weberschen Methode der idealtypischen Konstruktion untersuchte Jaspers die «Einstellungen und Weltbilder», die aus den menschlichen Lebenserfahrungen, vor allem aus den Grundproblemen wie Freiheit, Schuld und Tod erwachsen und die den jeweiligen philosophischen Entwürfen ihr eigentümliches Profil geben. Beschreibend, also gewissermaßen «von außen», entwirft Jaspers eine Typologie solcher Weltbilder und Einstellungen. Es ging Jaspers dabei um die Frage, in welchen Formen sich das Selbstsein verwirklichen, wie es sich verfehlen und woran es scheitern kann. Es ist die Bewegung der Freiheit, der Jaspers hier nachspürt, der Angst vor der Freiheit, der daraus folgenden Bereitschaft, sich in die «Gehäuse» von angeblich sicheren Prinzipien und Erklärungen einzuschließen. Jaspers' Thema sind die «Grenzsituationen» (Tod, Leiden, Zufall, Schuld, Kampf), in denen sich der Wagnischarakter eines in freier Selbstverantwortung übernommenen Lebens zeigt. «Es war alles», schreibt Jaspers in seiner Autobiographie über dieses Buch, «wie in schnellem Griff erfaßt... Die Stimmung des Ganzen war umfassender als das, was zu sagen gelungen war.»

Mit diesem Werk war ein neuer Ton in die Philosophie gekommen. Die öffentliche Resonanz war so groß, daß Jaspers, obwohl nicht philosophisch promoviert, 1921 eine Philosophieprofessur in Heidelberg erhielt. Aber seine Stellung blieb zweideutig. Bei den Wissenschaftlern strenger Observanz galt

Das öffentliche Bild der Gemeinsamkeit als Mißverständnis:

er als Abtrünniger, als jemand, der sich aufs Ungenaue, eben auf Philosophie, eingelassen hat; und bei den Philosophen hielt man ihn für einen Psychologen mit starkem Hang zum Predigertum.

Jaspers focht das nicht an. Er fühlte sich auf dem «Weg ins Freie», und deshalb konnte er Heidegger allzugut verstehen, als

Karl Jaspers (linke Seite) und Martin Heidegger, um 1920.

der ihm, die eigene philosophische Arbeit charakterisierend, am 5. August 1921 schrieb: «Ob ich auch ins Freie finde, weiß ich nicht; wenn ich mich nur so weit bringe und halte, daß ich überhaupt *gehe.*»

Heidegger war zu dieser Zeit noch Privatdozent und Assistent von Husserl in Freiburg. Es gab noch keine Veröffentlichung, die seinen Namen bekannt gemacht hätte. Aber er war schon eine Berühmtheit, allein aufgrund der außerordentlichen Intensität seiner Vorlesungen und Seminare. Man empfand es als befreiend, wie Heidegger die endlosen Selbstbeobachtungen des Bewußtseins durch das Bewußtsein beendete und die philosophische Aufmerksamkeit auf das alltägliche In-der-Welt-Sein richtete. Heideggers Philosophieren forderte nachdrücklich den existentiellen Bezug, die Sorge um sich selbst wurde, wie auch bei Jaspers, zum Leitthema.

Heidegger spürte bei Jaspers den verwandten Antrieb. Deshalb arbeitete er an einer Rezension des Jasperschen Buches über die *Psychologie der Weltanschauung*. Im Juni 1921 schickt er sie Jaspers zu, eine umfangreiche Abhandlung, die ihres Umfangs wegen nicht wie geplant in den *Göttingischen Gelehrten Anzeigen* erscheinen konnte, sondern erst 1973 veröffentlicht wurde. Man muß diese Rezension kurz charakterisieren, weil sie das einzige Dokument einer schriftlichen Auseinandersetzung Heideggers mit dem Jasperschen Philosophieren ist.

Heidegger sagt zunächst viel Lobenswertes über das Buch, entwickelt dann aber, noch vorsichtig formuliert, seine Kritik: Jaspers sei nicht weit genug gegangen. Er habe «über» den Existenzvollzug geschrieben, aber er habe sein eigenes Nachdenken nicht «in» diesen Existenzvollzug gestellt. Er verschanze sich noch hinter einer wissenschaftlich-distanzierten Haltung. «Eine echte Selbstbesinnung», schreibt Heidegger am Ende seiner Rezension, «kann man sinnvoll nur freigeben, wenn sie da ist, und sie ist nur da in einem strengen Gewecktwerden, und echt geweckt werden kann sie nur so, daß der Andere in bestimmter Weise rücksichtslos in die Reflexion hineingetrieben wird... In die Reflexion hineintreiben, aufmerksam machen, kann man nur so, daß man den Weg selbst eine Strecke vorangeht.» Vorangehen könne man aber nur, wenn man die «Sache» der Philosophie für sich selbst ergreift. Die «Sache» der Philosophie aber sei «der Philosophierende selbst und (seine) notorische Erbärmlichkeit».

Jaspers mußte den Hinweis auf die «Erbärmlichkeit» nicht

persönlich auf sich beziehen, zu deutlich geht aus dem Zusammenhang hervor, daß eine Art anthropologische Erbärmlichkeit gemeint war, und deshalb hat sich Jaspers auch nicht über diese Rezension geärgert, aber sie hat ihn ratlos gemacht. Was meinte denn Heidegger mit der Forderung, man solle nicht «über» den Existenzvollzug, sondern «aus» ihm philosophieren? Entweder hatte Heidegger ihn mißverstanden und nicht erkannt, daß er doch schon auf dem Weg ist, den Heidegger anmahnt, auf dem Weg der Philosophie als «Selbstbekümmerung». Oder Heidegger stellte sich unter diesem Weg etwas ganz anderes vor; aber dann waren seine Andeutungen ungenügend. Jaspers jedenfalls sah nicht, wie Heidegger auf seinem Wege weiterkommen wollte. Trotzdem blieb das Gefühl einer Weggenossenschaft. Am 1. August 1921 schreibt Jaspers an Heidegger: «M. E. ist Ihre Besprechung von allen, die ich las, diejenige, die der Wurzel der Gedanken am tiefsten nachgräbt. Sie hat mich darum innerlich wirklich berührt. Jedoch vermisse ich noch... die positive Methode. Ich spürte bei der Lektüre immer die Potenz zum Vorwärtskommen, war dann aber enttäuscht und fand mich *so* weit auch schon gekommen.»

In seiner Antwort bezeichnet Heidegger seine Rezension als «eine lächerliche und kümmerliche Anfängersache»; keinesfalls bilde er sich ein, «weiter zu sein als Sie selbst, zumal ich mir in den Kopf gesetzt habe, einige Umwege zu machen» (5. 8. 1921). Es gibt eine leichte Verstimmung zwischen den beiden. Jaspers hätte sich doch mehr Lob gewünscht, und Heidegger hätte sich mehr Anerkennung gewünscht für seine eindringende Kritik, die er als einen Akt der Freundschaft versteht. Für ein Jahr ruht die Korrespondenz. Dann lädt Jaspers im Sommer 1922 Heidegger für ein paar Tage nach Heidelberg ein: «Es wäre doch schön, wenn wir einmal ein paar Tage in geeigneten Stunden philosophierten, und die ‹Kampfgemeinschaft› erproben und befestigen. Ich stelle mir vor, daß wir zusammen leben – jeder in einem Zimmer für sich, meine Frau ist verreist –, jeder tut, was er will, und daß wir – abgesehen von den Mahlzeiten – uns nach Neigung treffen und sprechen, besonders abends, oder wie es sonst kommt, ohne allen Zwang» (6. 9. 1922).

Heidegger nimmt die Einladung an. Und diese Tage im September werden beide nie mehr vergessen. Davon zehrten sie, denn bald wird ihre Freundschaft nur noch von dieser vergangenen Zukunft leben. Die philosophische Intensität, die freundschaftliche Gelassenheit, das plötzliche Gefühl des gemeinsamen Aufbruchs und Anfangs – für Jaspers war es, wie er rückblikkend schreibt, «überwältigend», auf eine unvergeßliche Weise sei ihm Heidegger «nah» gewesen. Und Heidegger schreibt nach diesen Gesprächen an Jaspers: «Die acht Tage bei Ihnen gehen ständig mit mir. Das Plötzliche, nach außen ganz Ereignislose dieser Tage... der unsentimentale, herbe Schritt, mit dem eine Freundschaft auf uns zukam, die wachsende Gewißheit von einer auf beiden ‹Seiten› je ihrer selbst sicheren Kampfgemeinschaft – all das ist für mich unheimlich in dem Sinn, wie die Welt und das Leben für den Philosophen unheimlich sind» (19. 11. 1922).

So beschwingend war die Freundschaft in dieser Anfangsphase, daß Jaspers vorschlägt, eine Zeitschrift zu gründen, in der nur sie beide schreiben, eine «Fackel» der Philosophie gewissermaßen. Man müßte endlich in der «philosophischen Öde der Zeit» die Stimme erheben gegen die Professorenphilosophie: «Wir werden nicht schimpfen, aber die Erörterung wird rücksichtslos sein» (24. 11. 1922). Doch dann fällt dem Professor Jaspers ein, daß Heidegger ja noch nicht auf einem Lehrstuhl sitzt, also wird man mit dem Zeitschriftenprojekt wohl noch warten müssen, bis Heidegger einen Ruf erhalten hat. Professorensorgen.

Noch etwas anderes spricht gegen das Zeitschriftenprojekt. Die beiden sind sich ihrer eigenen Positionen doch noch nicht so gewiß, wie sie es wohl sein müßten, wenn sie einen Feldzug eröffnen wollten. Jaspers: «Wir wissen beide selbst nicht, was wir wollen; d. h. wir sind beide getragen von einem Wissen, das noch nicht explizit besteht» (24. 11. 1922). Und Heidegger antwortet: es sei schon viel erreicht, wenn er selbst «sicherer in der rechten konkreten Unsicherheit» werde (14. 7. 1923).

Tatsächlich gelingen Heidegger zwischen dem Sommer 1922 und dem Sommer 1923 wichtige Schritte der Selbstklärung. Der Ansatz von *Sein und Zeit* wird sichtbar in dem Textkonvolut *Phänomenologische Interpretationen zu Aristoteles*, das Heidegger Ende 1922 als Bewerbungsunterlage nach Marburg schickt (und das erst 1989 wieder aufgetaucht ist), und in der Ontologie-Vorlesung von 1923, dem letzten Freiburger Semester vor dem Antritt der Marburger Professur.

1920 hatte sich Heidegger schon einmal Hoffnungen auf eine Professur in Marburg gemacht. Damals hatte es nur zu einem Achtungserfolg gereicht: Er war auf den dritten Platz der Berufungsliste gesetzt worden. Man war in Marburg der Meinung gewesen, daß der junge Privatdozent zwar «vielversprechend» sei, aber noch zu wenig veröffentlicht habe. Ähnlich war es ihm in Göttingen ergangen. Auch dort verspricht man ihm einiges und winkt dann ab. An Jaspers schreibt Heidegger, der mit seinem spärlichen Assistentengehalt eine mittlerweile vierköpfige Familie nicht ernähren kann (weshalb seine Frau Elfride in den Schuldienst eintritt): «Dieses Herumgezogenwerden, halbe Aussichten, Lobhudeleien und so fort bringt einen in einen scheußlichen Zustand, auch wenn man sich vornimmt, sich nicht damit zu beschäftigen» (19. 11. 1922).

Endlich hat Heidegger Erfolg. Am 18. Juni 1923 erhält er seine Berufung auf ein Extraordinariat «mit Stellung und Rechten eines Ordinarius», wie er am nächsten Tag stolz an Jaspers meldet. Jetzt könnten die beiden auf ihren Zeitschriftenplan zurückkommen, denn nun sitzt auch Heidegger fest im Sattel. Aber es ist nicht mehr davon die Rede, wenngleich die «Kampfgemeinschaft» immer wieder in höchst grimmigen Tönen beschworen wird. «Viel Götzendienerei», schreibt Heidegger an Jaspers, «muß ausgerottet werden – d. h. die verschiedenen Medizinmänner der heutigen Philosophie müssen ihr furchtbares und jämmerliches Handwerk aufgedeckt bekommen – bei Lebzeiten, damit sie nicht meinen, mit ihnen sei das Reich Gottes heute erschienen.»

Die kampfeslustigen Briefe an Jaspers zeigen, daß Heidegger inzwischen offenbar Gefallen an der Rolle des Herkules gefunden hat, der die Augiasställe der Philosophie ausmisten muß. Er schwelgt in Phantasien von «grundsätzlicher Umbildung der Philosophie und Umsturz». In dem Sommer 1923 entdeckt Heidegger, daß er Heidegger ist.

Bei der Ontologie-Vorlesung dieses Sommers, der letzten in Freiburg, ist er sich seiner Sache sehr sicher. Beschwingt erzählt er Jaspers: «Ich lasse der Welt ihre Bücher und literarisches Getue und hole mir die jungen Menschen – ‹holen›, d. h. scharf zu fassen – so daß sie die ganze Woche ‹im Druck› sind; mancher hält es nicht aus – die einfachste Art der Auslese – mancher braucht zwei, drei Semester, bis er versteht, warum ich ihm nichts, keine Faulheit, keine Oberflächlichkeit, keinen Schwindel und keine Phrasen – vor allem keine ‹phänomenologischen› durchlasse... Meine größte Freude ist, daß ich hier durch *Vormachen* Wandel schaffen kann und jetzt frei bin» (14. 7. 1923).

In diesem beschwingten Sommer 1923 kommt es aber auch zu einer weiteren Verstimmung. Jaspers schenkte Heidegger ein Exemplar seiner Schrift *Die Idee der Universität.* Wenig später wird ihm hinterbracht, Heidegger habe vor Studenten gesagt, das sei «das Belangloseste von allen Belanglosigkeiten heute». Jaspers spricht Heidegger bei seinem nächsten Besuch im September 1923 darauf an: Er verwehre ihm nicht eine solche Beurteilung, aber die Freundschaft verlange, daß man sie zuerst direkt mitteile. Heidegger erklärt, er habe nichts dergleichen gesagt. Jaspers darauf: «Dann ist die Sache für mich nicht existent und erledigt.» Doch das war sie nicht. Ein Stachel, ein Mißtrauen bleibt zurück. Später schreibt Jaspers in seiner Autobiographie: «Er schien ein Freund, der einen verriet, wenn man abwesend war, der aber in Augenblicken, die als solche folgenlos blieben, unvergeßlich nah war. Es konnte mir scheinen, als ob ein Dämon bei ihm eingeschlichen sei, so daß ich aus meiner Neigung für das in ihm Wesentliche von mir verlangte, über die Entgleisungen hinwegzusehen.»

Kurz vor dem Umzug nach Marburg erwirbt Heidegger in Todtnauberg ein kleines Grundstück, auf dem er eine sehr bescheidene Hütte errichten läßt. Todtnauberg ist von nun an das

Domizil seines Rückzugs von der Welt und zugleich die Sturmhöhe seines Philosophierens. Von hier aus führen alle Wege nach unten.

Im Herbst 1923 kommt Heidegger nach Marburg, im Frühjahr 1928 wird er die Stadt wieder verlassen, um in Freiburg die Husserl-Nachfolge anzutreten. An Jaspers schreibt er am Ende seiner Marburger Zeit: «Etwas, was für Marburg spricht, kann ich Ihnen nicht anführen. Ich habe mich keine Stunde wohlgefühlt» (13. 5. 1928).

Aus größerem zeitlichen Abstand aber bezeichnete Heidegger im privaten Gespräch diese Jahre als «erregendste, am meisten gesammelte und ereignisreiche» Periode seines Lebens, auch als die «glücklichste».

Die negative Beurteilung der Marburger Zeit im Brief an Jaspers hatte auch eine taktische Bedeutung. Jaspers erwog damals, Heidelberg zu verlassen, und wollte von Heidegger wissen, ob er ihm einen Wechsel nach Marburg empfehlen könne. Das aber konnte Heidegger nicht, da er wußte, daß es nicht allein die Situation an der Universität, sondern das Pendeln zwischen Marburg und Todtnauberg gewesen war, was diese Jahre für ihn so produktiv gemacht hatte. Außerdem war da noch die Liebesgeschichte mit der jungen Studentin Hannah Arendt, die der Marburger Zeit ihren Zauber gegeben hatte. Aber davon wird Jaspers erst nach dem Krieg etwas erfahren, und zwar nicht von seinem Freund, der die Studentin 1925 zu ihm nach Heidelberg schickte – um Komplikationen zu vermeiden –, sondern von Hannah Arendt selbst. Noch einmal ein Vertrauensbruch, so empfindet es jedenfalls Jaspers, der zu Hannah Arendt inzwischen eine väterlich-bewundernde Zuneigung gefaßt hat.

Die ganz große «Entgleisung» Heideggers – aus der Sicht von Karl Jaspers – ereignet sich dann im Jahr 1933.

Am 18. März 1933 besuchte Heidegger, nach einer längeren Unterbrechung, Jaspers in Heidelberg. Jaspers berichtet: «Trotz des in den Märzwahlen siegreichen Nationalsozialismus unterhielten wir uns wie früher. Er kaufte mir eine Platte mit Gregorianischer Kirchenmusik, die wir uns anhörten. Schneller als ursprünglich geplant reiste Heidegger ab. ‹Man muß sich einschalten› sagte er angesichts der schnellen Entwicklung der nationalsozialistischen Realität. Ich wunderte mich und fragte nicht.»

Jaspers glaubte, es gehe Heidegger einzig und allein um die Rettung der Universität, um ihre grundlegende Reform. Über deren Notwendigkeit hatten sich die beiden in ihrem Briefwechsel zuvor schon verständigt. Auch Jaspers sah im ersten Augenblick des Umbruchs eine Chance für Veränderungen an der Universität. Nur so läßt sich verstehen, daß Jaspers, als er von Heideggers Wahl zum Rektor der Freiburger Universität hörte und seine Rektoratsrede las, zunächst durchaus nicht abgestoßen war.

Er schreibt am 23. August 1933 an Heidegger: «Ich danke Ihnen für Ihre Rektoratsrede... Der große Zug Ihres Ansatzes im frühen Griechentum hat mich wieder wie eine neue und sogleich wie selbstverständliche Wahrheit berührt. Sie kommen darin mit Nietzsche überein, aber mit dem Unterschied, daß man hoffen darf, daß Sie einmal philosophisch interpretierend verwirklichen, was Sie sagen. Ihre Rede hat dadurch eine glaubwürdige Substanz. Ich spreche nicht von Stil und Dichtigkeit, die – soweit ich sehe – diese Rede zum bisher einzigen Dokument eines gegenwärtigen akademischen Willens macht, das bleiben wird. Mein Vertrauen zu Ihrem Philosophieren... wird nicht gestört durch Eigenschaften dieser Rede, die zeitgemäß sind, durch etwas darin, was mich ein wenig forciert anmutet und durch Sätze, die mir auch wohl einen hohlen Klang zu haben scheinen. Alles in allem bin ich nur froh, daß jemand so sprechen kann, daß er an die echten Grenzen und Ursprünge rührt.»

Zwei Monate vor diesem Brief vom August 1933 war Heidegger zum letztenmal bei Jaspers zu Besuch gewesen, im Anschluß an seinen Vortrag über *Die Universität im neuen Reich*. Heidegger war von der Heidelberger NS-Studentenschaft eingeladen worden, um die Front gegen die konservativen Professoren und insbesondere gegen den noch nicht gleichgeschalteten Rektor Willy Andreas zu stärken. Das war ihm offenbar gelungen. Ein Teilnehmer dieser Veranstaltung, der Historiker Gerd Tellenbach, notierte in seinen Erinnerungen: «Einen hörte ich, fanatisiert von der Hetzrede, zu einem anderen sagen: da müßte sich Andreas... eigentlich eine Kugel durch den Kopf schießen.» Tatsächlich war Heidegger sehr militant aufgetreten, er hatte die herkömmliche Universität für tot erklärt, mit starken Worten die «humanisierenden, christlichen Vorstellungen» verworfen und zur «Arbeit für den Staat» aufgerufen. Vom «Wagnis» des Wissenwollens war die Rede gewesen und davon, daß «nur ein hartes Geschlecht ohne den Gedanken an Eigenes» diesen Kampf würde bestehen können. Wer aber «den Kampf nicht besteht, bleibt liegen».

Die Professoren waren in Amtstracht zu dieser Rede erschienen, die in großer Aufmachung in der Presse angekündigt worden war. Heidegger aber trat bündisch-jugendbewegt auf, in Kniebundhosen und mit Schillerkragen. Jaspers in seinen Erinnerungen: «Ich saß vorne am Rande mit weit vorgestreckten Beinen, die Hände in den Taschen, und rührte mich nicht.» Beim privaten Gespräch hernach schien ihm Heidegger wie «vom Rausch ergriffen», es sei etwas Bedrohliches von ihm ausgegangen.

Und doch lobt Jaspers jetzt die Heideggersche Rektoratsrede. In seinen persönlichen Aufzeichnungen erklärt er später, daß er die Rede «zum Besten hin» habe ausdeuten wollen, um mit Heidegger im Gespräch bleiben zu können, in Wirklichkeit aber habe er Abscheu empfunden vor dem «unerträglich tiefen und fremden Niveau» seines Redens und Tuns.

Jaspers Zustimmung zur Rektoratsrede hatte nicht nur diesen von ihm im nachhinein hervorgehobenen taktischen Sinn. Es gab auch im Jahr 1933 immer noch wichtige Berührungspunkte zwischen den beiden, und zwar überraschenderweise auch auf dem Gebiet der nationalsozialistischen Universitätsreform. In seinem Brief vom 23. August 1933 nennt Jaspers die soeben vom badischen Kultusministerium erlassene neue Universitätsverfassung, deren Kernpunkt die Einführung des Führerprinzips und die Entmachtung der Kollegialorgane war, einen «außerordentlichen Schritt». Er finde die neue Verfassung «richtig». Die «große Zeit» der Universität sei schon lange zu Ende gewesen, und deshalb habe ein neuer Anfang gemacht werden müssen, schreibt Jaspers.

Jaspers hatte im Sommer 1933 selbst Thesen zur Universitätsreform ausgearbeitet. Sie sollten unter den Heidelberger Dozenten beraten werden. Er hatte auch Heidegger beim letzten Besuch davon berichtet in der Hoffnung, dieser werde die Regierungsstellen anregen, sich mit ihm, Jaspers, in Verbindung zu setzen. Für diesen Fall hatte Jaspers einen Begleitbrief entworfen, in dem er beteuert, daß die eigenen Reformideen nicht «im Widerstreit» zu den «bisher von Regierungsseite gehörten Prinzipien» stünden, sondern mit ihnen «in eins» gehen. Jaspers hatte schließlich darauf verzichtet, mit seinen Thesen hervorzutreten. Den Grund vermerkte er auf einem Blatt, das dem Thesenkonvolut beigefügt war: «Ungefragt kann ich nichts tun, da mir gesagt wird, daß ich als nicht zur Partei gehörig und als Gatte einer jüdischen Frau nur geduldet bin und kein Vertrauen haben kann.»

In seinen «Thesen», die Jaspers übrigens 1946 zur Grundlage seiner Universitätsreformschrift nehmen wird, zeichnet er ein Bild des Zerfalls der Universität. In der Diagnose stimmt er mit Heidegger überein. Als manifeste Schäden werden genannt: die Zerstückelung in Fachdisziplinen, die zunehmende Verschulung und die einseitige Berufsorientierung, die Überwucherung der Verwaltung, das Absinken des Gesamtniveaus der Lehre, der Mißbrauch der Lernfreiheit, bei der «das zur Freiheit gehörige Korrelat: die Ausschaltung der Versagenden nicht mehr zur Anwendung» komme. In der gegenwärtigen Situation, Sommer 1933, bestehe die vielleicht nie wiederkehrende Möglichkeit der Überwindung aller Hemmnisse und Verkrustungen «durch die entscheidende Anordnung eines die Universität schrankenlos beherrschenden Mannes, der auf den mächtigen Antrieb einer der Situation bewußten Jugend und die ungewöhnliche Bereitschaft der sonst Lauen und Gleichgültigen sich stützen kann». Wenn jetzt nicht entschieden gehandelt werde, werde die Universität dem «endgültigen Tod» entgegengehen.

Ähnlich wie Heidegger, allerdings zurückhaltender, begrüßte auch Jaspers einzelne Aspekte der nationalsozialistischen «Universitätsreform» wie etwa die Einführung des Führerprinzips; charakterlich, in der Frage des menschlichen Anstands freilich war Jaspers immun – nicht zuletzt wohl, weil er eine jüdische Frau hatte. Nachkriegsaufnahme.

Jaspers will auch das Führerprinzip, aber mit dem Vorbehalt, daß die verantwortlich Entscheidenden sich auch wirklich verantworten müssen und gegebenenfalls abgewählt werden können. Er wünscht dem neu installierten «aristokratischen Prinzip» vollen Erfolg, schreibt Jaspers in dem erwähnten Brief an Heidegger.

Auch Jaspers will sich auf seine Weise *einschalten*. Er macht sogar Zugeständnisse an Arbeitsdienst und Wehrsport. Sie gehören für ihn zur «Wirklichkeit des Übergreifenden», die mit den «Daseinsgründen und dem Gesamtvolk» verbindet. Ausdrücklich aber wendet sich Jaspers gegen das Primat der Politik. «Keine andere Instanz in der Welt» könne der Forschung und Lehre ihre Zielsetzung geben «als die hervorgebrachte Helligkeit des wahren Wissens selbst».

Etwas anderes hatte auch Heidegger bisher nicht verlauten lassen. In seiner Rektoratsrede leitet er den Geist der Wissenschaft nicht aus der Politik ab, sondern begründet umgekehrt den politischen Einsatz aus der Haltung des recht verstandenen philosophischen Fragens. Heidegger tritt bei seiner Rektoratsrede am 27. Mai 1933 auf wie ein metaphysischer Sturmtruppführer. Seine Begriffe des Seins, der Eigentlichkeit, der Verborgenheit und so weiter bleiben erhalten. Nur bekommen sie plötzlich einen politischen Sinn: als sei das deutsche Volk unter Adolf Hitler berufen, in die Nacht des sich verbergenden Seins vorzudringen und dort den Gefährdungen des Daseins heroisch standzuhalten. Ein witziger Kopf bemerkte zu dieser Rede, man habe hinterher nicht gewußt, ob man nun in die SA eintreten oder die Vorsokratiker studieren sollte.

Was die Stimmung und die innere Anteilnahme an der politischen Bewegung betrifft, so liegen, trotz aller Gemeinsamkeiten hinsichtlich der Universitätsreform, doch Welten zwischen Jaspers und Heidegger. Jaspers verteidigt die Aristokratie des Geistes, Heidegger will sie zerschlagen. Daß es so viele Philosophieprofessoren gebe, sei ein Unfug, es genügten zwei oder drei, sagte Heidegger im letzten Gespräch mit Jaspers.

Für Heidegger, der noch im April 1933 an Jaspers geschrieben hatte, es komme alles darauf an, in der «neuen Wirklichkeit» die «rechte Einsatzstelle» für die Philosophie zu finden und ihr «zum Wort» zu verhelfen, ist diese «neue Wirklichkeit» inzwischen die nationalsozialistische Revolution. Für Heidegger war die nationalsozialistische Machtergreifung weit mehr als Politik, es war ein neuer Akt der Seinsgeschichte, ein Epochenumbruch. Tatsächlich sieht Heidegger mit Hitler ein neues Zeitalter beginnen. Heidegger ist beeindruckt von den Kundgebungen des neuen Gemeinschaftsgefühls: Massenschwüre unter Lichterdomen, Freudenfeuer auf den Bergen, Führerreden im Rundfunk, Versammlungen festtäglich gekleideter Menschen auf öffentlichen Plätzen. Für ihn schien sich etwas wirklich Neues anzukündigen: eine Volksherrschaft ohne Parteien mit einem Führer, von dem er hoffte, daß er Deutschland wieder einig nach innen und selbstbewußt nach außen machen werde.

Die Sehnsucht nach unpolitischer Politik schien plötzlich ihre Erfüllung zu finden. Politik war ja für die meisten Mandarine an deutschen Universitäten und eben auch für Heidegger eine verächtliche Angelegenheit der Interessenwahrnehmung und -durchsetzung gewesen, eine Sache des Gezänks, des Egoismus und Unfriedens. Im politischen Milieu sah man nur Gruppen und Verbände, Drahtzieher und Verschwörer, Banden und Cliquen ihr Unwesen treiben. Heidegger hatte dieses Ressentiment gegen Politik zum Ausdruck gebracht, als er die ganze Sphäre in *Sein und Zeit* dem «Man» und dem «Gerede» zuschlug. Politik gehörte für ihn in die Welt der «Uneigentlichkeit». Mit der Revolution von 1933 aber war für ihn offenbar der geschichtliche Augenblick der «Eigentlichkeit» gekommen.

Es waren politische Vorgänge, auf die Heidegger reagierte, und sein Handeln vollzog sich auf der politischen Ebene – aber es war die philosophische Einbildungskraft, die ihn dabei steuerte. Und diese philosophische Einbildungskraft verwandelte die politische Szenerie in eine geschichtsphilosophische Bühne, auf der ein Stück aus dem Repertoire der Seinsgeschichte gespielt wurde. Die wirkliche Geschichte konnte man darin kaum wiedererkennen. Aber darauf kam es ja auch gar nicht an. Heidegger wollte sein eigenes geschichtsphilosophisches Stück zur Aufführung bringen und dafür Mitspieler rekrutieren. Er beruft sich zwar in allen seinen Reden dieser Monate auf die «Befehlskraft der neuen deutschen Wirklichkeit», aber – und daran läßt er keinen Zweifel – es ist seine Philosophie, welche die eigentliche Bedeutung der «Befehle» enthüllt. Die Philosophie rückt die Menschen so in den Machtbereich dieser Befehle, daß sie von innen her umgewandelt werden können. Deshalb organisiert er das Wissenschaftslager, wo man am Lagerfeuer über Heraklit spricht und die nationale Erhebung feiert; deshalb spricht er vor Arbeitslosen, die er zum Ärger seiner gutbürgerlichen Kollegen an die Universität holt; deshalb die zahllosen Aufrufe, Ansprachen, Appelle, die alle darauf abzielen, die tagespolitischen Ereignisse in diesem Sinne zu «vertiefen», so daß sie auf die imaginäre metaphysische Bühne passen. Heidegger hatte immer den Grundsatz verfochten, daß die

«Stimmung» unser In-der-Welt-Sein definiert, und deshalb nimmt er auch jetzt die revolutionäre Stimmung des Umbruchs, Aufbruchs und der neuen Gemeinschaft zum Ausgangspunkt. Staatliche Repression, das Randalieren des Pöbels, antisemitische Aktionen gelten ihm als Begleiterscheinungen, die man in Kauf nehmen muß nach der Devise: «Wo gehobelt wird, fallen Späne.»

Wir sehen also einen Heidegger, der in seinen Traum einer Seinsgeschichte eingesponnen ist, und seine Bewegungen auf der politischen Bühne sind die eines philosophischen Träumers. Daß er *politisch* geträumt und sich deshalb getäuscht hat, wird er später Jaspers gegenüber in einem Brief (8. 4. 1950) einräumen. Aber daß er sich politisch täuschte, weil er *philosophisch* träumte, wird er niemals zugeben können. Denn als ein Philosoph, der die geschichtliche Zeit ergründen wollte, mußte er – auch vor sich selbst – seine philosophische Deutungskompetenz für das politisch-geschichtliche Geschehen verteidigen.

Anders wäre es gewesen, wenn er sich in das politische Abenteuer gestürzt hätte, ohne daß ihm philosophisch dazu etwas eingefallen wäre; wenn er gehandelt hätte, ohne sich vom eigenen Philosophieren belehren oder lenken zu lassen. In diesem Falle hätte er *trotz* seiner Philosophie gehandelt, oder es wären ihm beim Handeln die philosophischen Sicherungen durchgebrannt. Aber alles dies war es nicht. Es war ihm etwas Philosophisches zu Hitler eingefallen, er hatte philosophische Motive ins Spiel gebracht und eine ganze imaginäre philosophische Bühne für das geschichtliche Geschehen aufgeschlagen. Die Philosophie müsse ihrer «Zeit mächtig werden», hatte er 1930 geschrieben. Um diesen Anspruch nicht aufgeben zu müssen, macht er seine politische Unerfahrenheit, nicht aber seine philosophische Deutung der Ereignisse verantwortlich dafür, daß er sich in der nationalsozialistischen Revolution «versehen» hatte. Später allerdings wird er auch dieses «Versehen» in eine philosophische Geschichte verwandeln, in der er sich selbst eine grandiose Rolle vorbehält: Es war das Sein selbst, das sich in ihm und durch ihn geirrt hatte. Er hat den Kreuzstab der «Irrnis des Seins» getragen.

Diese Unredlichkeit, dieser fatale Hang zur Großartigkeit, die über die eigene Verstrickung hinwegsieht, waren es, wovon Jaspers abgestoßen war und was ihn an Heidegger am 24. Juli 1952 schreiben ließ: «Wird nicht durch den Schein der Großartigkeit solcher Visionen versäumt, was zu tun möglich ist... Ist nicht eine Philosophie, die in solchen Sätzen... ahnt und dichtet, die die Vision eines Ungeheuren bewirkt, wiederum Vorbereitung des Sieges des Totalitären dadurch, daß sie von der Wirklichkeit sich trennt?»

Jaspers plädiert für die politische Vernunft und will zugleich das durch keine Politik verfälschte Wort der Philosophie bewahren. Mit Staunen und Entsetzen sieht er, wie Heidegger die Mächte, in deren Bann er steht, zu Daseinsmächten des metaphysischen Typs empordeutet. Aber er spürt auch, daß in Heideggers politischen Umtrieben immer noch ein philosophischer Furor wirkt. Und das fasziniert Jaspers, nach wie vor. Heideggers Besuch Ende Mai 1933 in Heidelberg sollte jedoch der letzte sein. Heidegger und Jaspers werden sich danach nie mehr sehen. Der Briefwechsel wird noch bis zum Sommer 1936 fortgesetzt und reißt dann für viele Jahre ab. Zur endgültigen Zerrüttung ihres Verhältnisses trug ein Vorkommnis bei, von dem Jaspers 1935 erfuhr.

Der Privatdozent Eduard Baumgarten, ein Neffe Max Webers und Schüler Heideggers, bewarb sich Ende 1933 um Aufnahme in die SA und in die NS-Dozentenschaft von Göttingen. In einem Gutachten warnte Heidegger die Göttinger vor diesem Mann, den er als einen Opportunisten charakterisierte. Der Revolutionär Heidegger kämpfte damals für die Reinheit der Bewegung. Heidegger schrieb in seinem Gutachten: «Dr. Baumgarten kommt verwandtschaftlich und seiner geistigen Herkunft nach aus dem liberal-demokratischen Heidelberger Intellektuellenkreis um M. Weber. Während seines hiesigen Aufenthaltes war er alles andere als Nationalsozialist... Nachdem Baumgarten bei mir gescheitert war, verkehrte er sehr lebhaft mit dem früher in Göttingen tätig gewesenen und nunmehr hier entlassenen Juden Fränkel.»

Über Marianne Weber erfuhr Jaspers 1935 von diesem Gutachten. Es war etwas, über das er, wie er sagte, nie hinwegkam, es gehörte zu den «einschneidensten Erfahrungen» seines Lebens. Der Hieb auf den «liberal-demokratischen Heidelberger Intellektuellenkreis um M. Weber» mußte auch ihn treffen. Als noch schlimmer aber empfand er, daß Heidegger, den er bisher nicht als Antisemiten kennengelernt hatte, bereit war, mit antisemitischen Insinuationen einen mißliebigen Wissenschaftler anzuschwärzen. Jaspers war entsetzt, aber er hatte inzwischen auch Angst vor Heidegger und wagte deshalb nicht, ihn in dieser Angelegenheit direkt anzusprechen. Erst nach 1945 wird Jaspers den Fall Baumgarten bekannt machen.

Der Briefwechsel bricht ab mit einem Schreiben vom 16. Mai 1936, in dem Jaspers die Zusendung eines Hölderlin-Aufsatzes von Heidegger mit der Bemerkung quittiert: «Daß ich... schweige, werden Sie verstehen und billigen. Meine Seele ist verstummt; denn in dieser Welt bleibe ich nicht mit der Philosophie ‹ohne Ansehen›, wie sie es von sich schreiben, sondern werde... doch mir stockt das Wort.» Auf diesen Brief antwortet Heidegger nicht mehr.

1937 wurde Jaspers zwangsweise in den Ruhestand versetzt. 1942 gab es für ihn ein offizielles Publikationsverbot. Heidegger hatte mit keinem Wort darauf reagiert. In den folgenden Jahren mußte die Jüdin Gertrud Jaspers ständig mit der Deportation rechnen. Für diesen Fall trugen die Eheleute Giftkapseln bei sich.

In den ersten Jahren der Naziherrschaft hatte sich Jaspers Vorwürfe gemacht, daß er Heidegger gegenüber nicht offen genug gewesen sei und ihn nicht über seine politische Entwicklung zur Rede gestellt habe. Warum er es unterließ, erläuterte er später in einem Brief an Heidegger vom 1. März 1948, den er freilich nie abschickte: «Ich habe es nicht getan aus Mißtrauen gegen jeden, der sich in dem Terrorstaat mir nicht positiv als wirklicher Freund erwiesen hatte. Ich folgte dem caute Spinozas und dem Rate Platons: in solchen Zeiten sich unterzustellen wie bei einem Regensturm... Ich habe... Ihnen gegenüber seit 1933 gelitten, bis, wie es im Gange der Zeiten zu geschehen pflegt, dieses Leiden schon in den dreißiger Jahren unter der Wucht viel schrecklicherer Dinge fast verschwand. Nur eine ferne Erinnerung blieb und ein gelegentliches immer erneutes Verwundern.»

Heidegger war 1934 vom Rektorat zurückgetreten, nicht weil er ein Gegner des Nationalsozialismus geworden wäre, sondern weil er bemerken mußte, daß seine vagen revolutionären Phantasien sich nicht verwirklichen ließen. Er erwachte allmählich aus seinen philosophisch-politischen Träumen und begann, sich wieder in die Höhle oder auf das Hochplateau – wie man will – seiner Philosophie zurückzuziehen.

Nach dem Zusammenbruch 1945 wird Heidegger von der französischen Militärverwaltung zur Verantwortung gezogen. Ein sogenannter Bereinigungsausschuß soll über Heidegger urteilen. Heidegger ist überrascht, denn er hat tatsächlich kein Schuldgefühl, jedenfalls nicht im justitiablen Sinne. Ihm stellt sich die Situation so dar: Er hat sich bei der nationalsozialistischen Revolution engagiert für kurze Zeit, weil er sie für eine metaphysische Revolution gehalten hat. Als sie nicht einlöste, was sie ihm versprach – und was sie ihm versprach, hat er niemals genau angeben können –, da zog er sich zurück und tat seine philosophische Arbeit, unbeeinflußt von Zustimmung oder Ablehnung durch die Partei. Er hatte seine kritische Distanz zum System nicht verhehlt, sondern in seinen Vorlesungen bekundet, insofern war er für das System weniger verantwortlich als die übergroße Mehrheit der Wissenschaftler, die sich angepaßt hatten und von denen keiner zur Verantwortung gezogen wurde. Was hatte er mit den Verbrechen des Systems zu schaffen?

Heidegger war tatsächlich überrascht, daß er überhaupt zur Verantwortung gezogen wurde. Er empfand, wie er Jaspers eingestand (8. 4. 1950), zwar «Scham», für kurze Zeit mitgewirkt zu haben, das wohl. Aber es war die Scham, sich geirrt, sich «versehen» zu haben. Was er gewollt hatte – Aufbruch, Erneuerung –, das hatte aus seiner Sicht wenig zu tun mit dem, was dann schließlich realpolitisch dabei herauskam. Daß er nach seinem philosophisch motivierten politischen Einsatz die Sphären von Politik und Philosophie wieder getrennt hatte, das erschien ihm jetzt als die Rückgewinnung der Reinheit seiner philosophischen Gesichtspunkte. Der Weg des eigenen Denkens, zu dem er sich in der Öffentlichkeit bekannt hatte, rehabilitierte ihn vor sich selbst. Und so empfand er keine Schuld, nicht im justitiablen und wohl auch nicht im moralischen Sinne.

Der Bereinigungsausschuß kommt im September 1945 zunächst zu einer sehr milden Beurteilung des politischen Verhaltens Heideggers. Er habe sich zwar zunächst in den Dienst der nationalsozialistischen Revolution gestellt und diese damit «in den Augen der deutschen Bildungswelt» gerechtfertigt und dadurch die «Selbstbehauptung deutscher Wissenschaft im politischen Umbruch» erschwert, aber seit 1934 sei er kein Nazi mehr gewesen. Der Vorschlag des Ausschusses: Heidegger soll vorzeitig emeritiert, aber nicht aus dem Amt entfernt werden. Er soll die Lehrbefugnis behalten, aber von der Mitwirkung an den Kollegialorganen entbunden werden.

Der Senat und später auch die französische Militärregierung stellen sich gegen dieses milde Votum mit dem Argument, daß, wenn Heidegger fast ungeschoren davonkomme, es keine Handhabe gebe, gegen andere belastete Mitglieder des Lehrkörpers vorzugehen. Deshalb wird der Ausschuß beauftragt, die Untersuchung im Fall Heidegger noch einmal aufzunehmen.

Heidegger hatte seine Verteidigung auf eine völlige Rehabilitierung angelegt. Er wollte dem Lehrkörper mit allen Rechten und Pflichten angehören. Jetzt merkt er, daß die Universität, um gegenüber der Militärverwaltung glaubwürdig zu bleiben, offenbar bereit ist, in seinem Fall ein Exempel zu statuieren. Die Situation verschlechtert sich für ihn, und er signalisiert seine Bereitschaft, sich emeritieren zu lassen. Er will nur noch seine Lehrbefugnis und natürlich sein Ruhegehalt verteidigen. Er schlägt vor, von Karl Jaspers ein Gutachten einzuholen, von dem er sich eine Entlastung verspricht.

Dieses Gutachten, das Karl Jaspers in den Weihnachtstagen des Jahres 1945 verfaßt, wird die gegenteilige Wirkung haben.

Jaspers wollte es zunächst verweigern, fühlte sich dann aber doch in die Pflicht genommen, zumal da er gerade in diesem Wintersemester eine Vorlesung hielt über die Notwendigkeit der Aufarbeitung von Schuld. Hätte Heidegger diese Vorlesung gekannt, würde er Jaspers wohl nicht um ein Gutachten gebeten haben. Denn Jaspers hatte auch Heidegger im Blick, als er dort sagte: «Viele Intellektuelle, die 1933 mitgemacht haben und für sich eine führende Wirkung erstrebten und die öffentlich weltanschaulich für die neue Macht Stellung nahmen – die dann später, persönlich beiseite gedrängt, unwillig wurden... diese haben das Gefühl, unter den Nazis gelitten zu haben und darum berufen zu sein für das Nachfolgende. Sie halten sich selbst für Antinazis. Es gab all die Jahre eine Ideologie dieser intellektuellen Nazis: Sie sprächen in geistigen Dingen unbefangen die Wahrheit aus – sie bewahrten die Überlieferung des deutschen Geistes – sie verhüteten Zerstörung – sie bewirkten im einzelnen Förderndes... Wer als reifer Mensch im Jahre 1933 die innere Überzeugtheit hatte, die nicht nur in einem politischen Irrtum wurzelte, sondern in einem durch den Nationalsozialismus gesteigerten Daseinsgefühl, der wird nicht rein, außer infolge einer Umschmelzung, die vielleicht tiefer gehen muß als alle anderen.»

Daß Heidegger sich in seiner Bedrängnis Ende 1945 indirekt an ihn wendet, enttäuscht Jaspers um so mehr, als er unmittelbar nach der Befreiung auf ein klärendes Wort Heideggers gewartet hatte. Es war aber nichts geschehen, auch nicht, nachdem er im Herbst 1945 an Heidegger eine Nummer der von ihm mit herausgegebenen Zeitschrift *Die Wandlung* geschickt hatte.

In dem (nicht abgeschickten) Brief von 1948 kommentiert Jaspers sein Gutachten von 1945: «In der Kühle dieser Äußerungen können Sie nicht wahrnehmen, was in meinem Herzen liegt. Mein Brief war abgefaßt in der Absicht, das Unausweichliche zur Geltung kommen zu lassen und in der gefährlichen Lage für Sie das Bestmögliche erwirken zu helfen, damit Sie Ihre Arbeit fortsetzen könnten.»

Die für die Beschlußfassung des Senats entscheidenden Sätze

im Gutachten Jaspers' waren die folgenden: «In unserer Lage ist die Erziehung der Jugend mit größter Verantwortung zu behandeln. Eine volle Lehrfreiheit ist zu erstreben, aber nicht unmittelbar herzustellen. Heideggers Denkungsart, die mir ihrem Wesen nach unfrei, diktatorisch, communikationslos erscheint, wäre heute in der Lehrwirkung verhängnisvoll. Mir scheint die Denkungsart wichtiger als der Inhalt politischer Urteile, deren Aggressivität leicht die Richtung wechseln kann. Solange in ihm nicht eine echte Wiedergeburt erfolgt, die sichtbar im Werke ist, kann m. E. ein solcher Lehrer nicht vor die heute innerlich fast widerstandslose Jugend gestellt werden. Erst muß die Jugend zu selbständigem Denken kommen.»

Das Jaspersche Gutachten hält sich also nicht lange dabei auf, Heideggers äußeres Engagement für den Nationalsozialismus zu bewerten, sondern beurteilt Heideggers philosophischen Denkstil als schädlich für den notwendigen politisch-moralischen Neuaufbau in Deutschland.

Auf dieses Gutachten hin faßt der Senat am 19. Januar 1946 den Beschluß, der französischen Militärregierung die Zwangspensionierung Heideggers und den Entzug der Lehrbefugnis vorzuschlagen – was gleichbedeutend ist mit einer Entfernung aus dem Amt bei Gewährung eines verminderten Ruhestandgehalts. Die Militärregierung wird sich dieses Votum Ende 1946 zu eigen machen und es noch verschärfen, indem die Streichung der Pension ab 1947 verfügt wird. Diese Verschärfung wird dann allerdings im Mai 1947 wieder zurückgenommen.

Karl Jaspers war nach dem Krieg plötzlich zu einer großen Autorität geworden. Die Verfemung während der Nazizeit machte ihn fast über Nacht zum Gewissen der Nation, was er zunächst als Zumutung und als heuchlerische Anbiederung empfand. Er mißtraute diesem plötzlichen Ruhm, es war für ihn ein «Leben in Fiktionen», dem er sich entziehen wollte, als er im Sommer 1948 den Ruf an die Baseler Universität annahm. Von dort aus setzte sich Jaspers Anfang 1949 für die Aufhebung des über Heidegger verhängten Lehrverbotes ein. Er schrieb an den Freiburger Rektor Tellenbach: «Herr Professor Martin Heideg-

«Mitläufer. Keine Sühnemaßnahmen», lautete das abschließende Urteil in Heideggers Entnazifizierungsverfahren im März 1949. «Die unendliche Trauer seit 1933 und der gegenwärtige Zustand, in dem meine deutsche Seele nur immer mehr leidet», schrieb Jaspers zu dieser Zeit an Heidegger, «haben uns ... stillschweigend getrennt.» Ob man den Faden nicht wieder aufnehmen könne? Aufnahme um 1965.

ger ist durch seine Leistungen in der Philosophie als einer der bedeutendsten Philosophen der Gegenwart in der ganzen Welt anerkannt. In Deutschland ist niemand, der ihn überträfe. Sein fast verborgenes, mit den tiefsten Fragen in Fühlung stehendes, in seinen Schriften nur indirekt erkennbares Philosophieren macht ihn vielleicht heute in einer philosophisch armen Welt zu einer einzigartigen Gestalt. Es müsse von nun an gewährleistet werden, daß Heidegger ruhig arbeiten und, falls er dies wünsche, auch lehren könne.»

Nachdem Heideggers Entnazifizierungsverfahren im März 1949 mit dem Urteil «Mitläufer. Keine Sühnemaßnahmen» abgeschlossen worden war, hatte an der Freiburger Universität die Beratung über die Aufhebung des Lehrverbots wieder begonnen. Im Mai 1949 schlug der Senat mit knapper Mehrheit dem Ministerium vor, Heidegger wieder in die Rechte eines Emeritus einzusetzen und damit das Lehrverbot aufzuheben. Die Verhandlungen zogen sich noch längere Zeit hin. Erst im Wintersemester 1951/52 wird Heidegger wieder Vorlesungen halten können.

In seinem ersten Brief an Heidegger nach dem Krieg vom 6. Februar 1949 sondiert Jaspers vorsichtig, ob nicht der Zustand, «daß wir gegeneinander schweigen», beendet werden könnte. Das sei sicherlich ein schwieriges Unterfangen. «Die unendliche Trauer seit 1933 und der gegenwärtige Zustand, in dem meine deutsche Seele nur immer mehr leidet, haben uns nicht verbunden, sondern stillschweigend getrennt.» Wenn auch «Dunkelheit» zwischen ihnen sei, so könne man doch versuchen, ob nicht im Privaten und Philosophieren «zwischen uns ein Wort von einem zum anderen geht». Jaspers schließt seinen Brief mit den Worten: «Ich grüße Sie wie aus ferner Vergangenheit, über einen Abgrund der Zeit hinweg, festhaltend an etwas, das war und das nicht nichts sein kann.»

Dieser Brief von Jaspers kommt zunächst nicht an. Heidegger erfährt im Juni von einem Bekannten, daß Jaspers ihm geschrieben habe. Ohne den Brief also zu kennen, verfaßt Heidegger seinerseits ein kurzes Schreiben, das im forcierten Ton die Unsicherheit deutlich verrät. «Durch alle Irrung und Wirrnis einer zeitweiligen Verstimmung hindurch ist mir der Bezug zu Ihnen unangetastet geblieben.» Auf welcher Ebene soll der «Bezug» fortgesetzt oder wie soll er wiederaufgenommen werden? Heidegger entscheidet sich einstweilen für die Gemeinsamkeit im Erhabenen: «Der Wächter des Denkens sind in der steigenden Weltnot nur wenige; dennoch müssen sie gegen den Dogmatismus jeder Art ausharren, ohne auf Wirkung zu rechnen. Die Weltöffentlichkeit und ihre Organisation ist nicht der Ort, an dem das Geschick des Menschenwesens sich entscheidet. Man soll nicht über die Einsamkeit reden. Aber sie bleibt die einzige Ortschaft, an der Denkende und Dichtende nach menschlichem Vermögen dem Sein beistehen. Aus dieser Ortschaft grüße ich sie herzlich.»

Jaspers antwortet lakonisch und mit kaum verhülltem Mißtrauen. «Was Sie die Offenbarkeit des Seins nennen, das ist mir bis jetzt nicht zugänglich. Der ‹Ort›, von dem her sie mich grüßen – vielleicht habe ich ihn noch nie betreten, empfange gerne, mit Verwunderung und Spannung, solchen Gruß.»

Hannah Arendt gegenüber, die nach dem Krieg mit Jaspers sofort wieder Verbindung aufgenommen hat, kommentiert er diesen Brief verächtlich: «Er ist ganz in der Seinsspekulation, er schreibt ‹Seyn›. Vor zweieinhalb Jahrzehnten tippte er auf ‹Existenz› und verdrehte die Sache im Grunde. Jetzt tippt er noch wesentlicher... Hoffentlich verdreht er nicht noch einmal. Aber ich zweifle. Kann man als unreine Seele... kann man in Unaufrichtigkeit das Reinste sehen?» Aber sogleich nimmt Jaspers die Härte des Urteils zurück und bemerkt: «Sonderbar ist es, daß er um etwas weiß, was heute kaum Menschen bemerken, und mit dem Ahnungsvollen Eindruck macht.»

Hannah Arendt ist ebenso schwankend in ihrem Urteil. Sie freut sich, daß Jaspers wenigstens den brieflichen Kontakt zu Heidegger wiederaufnimmt, und bestätigt zugleich seine negativen Urteile. «Dieses Leben in Todtnauberg, auf Zivilisation schimpfend und Sein mit einem y schreibend, ist ja doch in Wahrheit nur das Mauseloch, in das er sich zurückgezogen hat, weil er mit Recht annimmt, daß er da nur Menschen zu sehen braucht, die voller Bewunderung anpilgern; es wird ja so leicht nicht einer 1200 Meter steigen, um seine Szene zu machen.»

Im November 1949 kommt Hannah Arendt für vier Monate nach Europa, um im Auftrag der «Kommission für jüdischen kulturellen Wiederaufbau in Europa» die Überreste der von den Nazis geraubten jüdischen Kulturschätze zu sichten und zu inventarisieren. Während dieser Reise besucht sie im Dezember 1949 zunächst Karl und Gertrud Jaspers in Basel. Jaspers, inzwischen in väterlicher Liebe Hannah zugetan, erfährt zum erstenmal von der Liebesgeschichte zwischen ihr und Heidegger. «Ach, aber das ist ja sehr aufregend», sagt er. Hannah ist erleichtert über diese Reaktion. Jaspers hätte auch mit moralischer Kritik oder mit Eifersucht reagieren können. Die beiden sprechen so ausgiebig über Heidegger, daß es dem skrupulösen Jaspers schon wieder unbehaglich wird und er sagt: «Der arme Heidegger, nun sitzen wir hier, die beiden besten Freunde, die er hat, und durchschauen ihn.»

Hannah Arendt hatte sich vorgenommen, Heidegger nicht zu besuchen. Das erklärte sie auch Karl Jaspers. Doch als sie in Freiburg ist, läßt sie Heidegger eine Mitteilung zukommen, woraufhin dieser sofort ins Hotel kommt. Mit dieser Begegnung beginnt die erneuerte Freundschaft zwischen den beiden.

Auch Karl Jaspers ist mit Heidegger noch nicht fertig. Aber an einen kontinuierlichen Briefwechsel oder gar an eine persönliche Begegnung denkt Jaspers, nach der kurzen Wiederbelebung der brieflichen Beziehung in den Jahren 1949 und 1950, nicht mehr.

Es war Jaspers, der sich wieder zurückzog – und zwar nach Heideggers Brief vom 7. März 1950. Das war kurz nach Hannah Arendts erstem Besuch bei Heidegger. Sie hatte Heidegger ermuntert, sich gegenüber Jaspers offen zu äußern, und er hatte daraufhin an Jaspers geschrieben: «Ich bin seit 1933 nicht deshalb mehr in Ihr Haus gekommen, weil dort eine jüdische Frau wohnte, sondern *weil ich mich einfach schämte.*» Jaspers hat sich in einem kurzen Antwortbrief für die «rückhaltlose Erklärung» bedankt, aber dann zwei Jahre lang geschwiegen. Als er schließlich doch am 24. Juli 1952 schreibt, wird deutlich, daß er das Mißtrauen gegen Heidegger nicht mehr überwinden kann, daß er ihm auch jene eingestandene «Scham» nicht abnimmt. Außerdem mißtraut er dem ganzen Heideggerschen Orakelton. Heidegger hatte geschrieben, daß «die Sache des Bösen» noch nicht zu Ende sei und daß in dieser «Heimatlosigkeit» sich ein «Advent» vorbereite, «dessen fernste Winke wir vielleicht doch noch in einem leisen Wehen erfahren dürfen und auffangen müssen, um sie zu verwahren für eine Zukunft». Jaspers antwortet: «Das ist, soweit ich denken vermag, reine Träumerei, in der Reihe so vieler Träumereien, die... uns dieses halbe Jahrhundert genarrt haben.» Nach diesem Brief tauschen Jaspers und Heidegger nur noch längere oder kürzere Geburtstagsgratulationen.

1956 liest Jaspers in dem Aufsatz *Zur Seinsfrage*, Heideggers Geburtstagsgabe für Ernst Jünger, die Sätze: «Wer heute das metaphysische Fragen im Ganzen seiner Art und Geschichte deutlicher zu durchschauen und zu befolgen meint, sollte, wo er sich doch so überlegen gern in hellen Räumen bewegt, eines Tages darüber nachdenken, woher er denn das Licht zu einem klaren Sehen genommen hat.» Dazu notiert sich Jaspers: «Es ist nach den gewählten sprachlichen Wendungen leider kein Zweifel, daß ich gemeint bin... Hier beginnt eine Häßlichkeit, auf die ich mich nicht weiter einlasse.» In diesem Jahr wurde Hannah Arendt bei ihrem Deutschland-Besuch von Jaspers in eine «Art Generalbesprechung» über Heidegger hineingezogen. Jaspers habe ihr, so berichtet sie Blücher, «fast ein Ultimatum wegen Heidegger» gestellt. Er forderte einen Abbruch der Beziehung. «Ich wurde wütend und erklärte, ich ließ mir keine Ultimaten stellen.»

Jaspers' Zorn auf Heidegger ist auf dem Höhepunkt, denn es ist gekränkte Eitelkeit im Spiel. Aber bald ist Jaspers wieder milder gestimmt. Er gesteht sich ein, daß er Heideggers Schriften eigentlich nie gründlich gelesen habe, und notiert sich zustimmend einen Satz von Karl Löwith: «In der Tat wird niemand behaupten können, er habe wissentlich verstanden, was das Sein, dieses Geheimnis, ist, von welchem Heidegger redet.»

Jaspers hatte in seinem Hauptwerk *Philosophie* von 1932 das «Suchen des Seins» ähnlich wie Heidegger als wichtigste Aufgabe der Philosophie herausgestellt. Aber es war wohl doch ein anderes Sein, das er suchte, oder genauer: er suchte es auf andere Weise. Das Sein ist für Jaspers das «Umgreifende», das nur in der Bewegung der Freiheit, im Transzendieren, erfahrbar wird. Das «Umgreifende» kann auch nicht im direkten Zugriff durch den philosophischen Gedanken erfaßt werden.

In einer Notiz von 1956 kontrastierte Jaspers seine und Heideggers Position. Es handelt sich um das denkbar knappe Resultat einer lebenslangen Auseinandersetzung. «H: Der Gedanke selber ist Sein – das drumherum reden und Hinweisen, ohne zu ihm zu kommen. J: Der Gedanke hat existentielle Relevanz – die er im inneren Handeln des Meditierenden bezeugt (vorbereitet, zum Ausdruck bringt) und in der Lebenspraxis wirklich werden läßt – ohne daß dies im philosophischen Werk geschehen kann.» Diese Differenz hatte auch Heidegger bemerkt und sie in seiner Nietzsche-Vorlesung vom Winter 1936/37 formuliert (allerdings hat er die entsprechenden Passagen nicht in die zu Jaspers' Lebzeiten erschienene Buchausgabe dieser Vorlesung aufgenommen). Für Jaspers sei Philosophie, so sagt er dort, im Grunde nur eine «Illusion zu Zwecken der sittlichen Erhellung der menschlichen Persönlichkeit». Jaspers nehme das philosophische Wissen «nicht mehr ernst». Philosophie werde bei ihm zur «moralisierenden Psychologie der Existenz des Menschen».

Jaspers vermutet, daß Heideggers Überschätzung des Denkens damit zusammenhängt, daß er sich – trotz seiner Polemik gegen die Wissenschaft – in Wirklichkeit noch nicht von der Idee einer «wissenschaftlichen Philosophie» getrennt habe. Er poche allzusehr auf die Stringenz der Begriffe und auf die bloße ausgedachte und gekünstelte Architektur des Gedankenbaus. Als ein solches konstruiertes Werk hatte Jaspers *Sein und Zeit* empfunden. Im Spätwerk bemerkte er zwar Heideggers radikalen Bruch mit der Wissenschaftlichkeit, sah aber darin das andere Extrem, eine Verselbständigung der Sprache. Sie kümmert sich um sich selbst und wird dann zur Artistik, oder sie gibt sich als

Offenbarung des Seins und wird so zur Magie. Jaspers blieb skeptisch gegenüber Heideggers Sprachphilosophie. Für Jaspers ist die Sprache nicht das Haus des Seins, weil das «Sein» als das «Umgreifende» in überhaupt kein Gehäuse, auch nicht das geräumige der Sprache, hineinpasse. In einem Brief an Heidegger hatte Jaspers geschrieben: «Die Sprache ist doch im Mitteilen zur Aufhebung in der Wirklichkeit selbst zu bringen, durch Tun, Gegenwärtigkeit, Liebe.»

Jaspers, bei dem die Philosophie an ihr Ziel kam, wenn sie zum inneren Handeln der Existenz wurde, bemerkte an Heidegger sehr deutlich den Willen zur Philosophie als Werk. Jedes «Werk» betont die Grenze zum sonstigen Leben. Daß seine eigene Philosophie in diesem Sinne sich nicht in ein «Werk» abschloß, war Jaspers klar, und er empfand das als einen Gewinn für das Philosophieren. Zu Heidegger notiert er sich in diesem Zusammenhang: «Es ist von Anfang an ein spezifisch philosophisches Werk, das seinen Sprachakt und sein Thema bewahrt, als ein Besonderes begrenzt und herausnimmt aus dem sonstigen Leben... Meine Weise hat etwas Unbegrenztes... Der Denkweise nach ist keine Trennung von Alltagsdenken und Philosophieren, von Kathedervortrag und lebendiger Unterhaltung.»

Und doch, trotz Kritik und Abgrenzung, bleibt Jaspers dabei: in einer «philosophisch armen Welt» ist Heidegger eine «einzigartige Gestalt».

In seiner letzten Notiz zu Heidegger schreibt der greise Jaspers: «Hoch im Gebirge auf einem weiten felsigen Hochplateau trafen sich von jeher die Philosophen ihrer Zeit. Von da blickt man hinunter auf die Schneeberge und noch tiefer in die von Menschen bewohnten Täler und überall hin unter dem Himmel auf den fernen Horizont. Sonne und Sterne sind dort heller als irgendwo. Die Luft ist so rein, daß sie alles Trübe verzehrt, so kühl, daß sie keinen Rauch aufkommen läßt, so hell, daß ein Aufschwung des Denkens in unabsehbare Räume erfolgt. Der Zugang ist nicht schwer. Der auf vielen Wegen Aufsteigende muß nur entschlossen sein, seine Behausung immer wieder auf eine Weile zu verlassen, um in dieser Höhe zu erfahren, was eigentlich ist. Dort treten die Philosophen in einen erstaunlichen, gnadenlosen Kampf. Sie sind ergriffen von Mächten, die durch ihre Gedanken, die menschlichen Gedanken, miteinander kämpfen... Es scheint, daß dort heute niemand mehr zu treffen ist. Mir aber schien es, als ob ich, vergeblich suchend in den ewigen Spekulationen, nach Menschen, die sie wichtig fänden, einen träfe, sonst niemand. Dieser aber war mein höflicher Feind. Denn die Mächte, denen wir dienten, waren unvereinbar. Bald schien es, daß wir gar nicht miteinander sprechen konnten. Die Freude wurde zum Schmerz, zu einem eigentümlich trostlosen, als ob eine Möglichkeit versäumt würde, die greifbar nah war. So ging es mir mit Heidegger.»

Freundschaft in Briefen

Gottfried Benn und F. W. Oelze

von Joachim Dyck

I

Der erste Nachkriegswinter ist für die Bevölkerung der Trümmerstadt Berlin mörderisch: weder Holz noch Kohle für den Ofen, Strom nur stundenweise, Wasser aus der Straßenpumpe, abends bei Kerzenlicht oder Karbidlampe. Schwarzmarktgeschäfte helfen bei der notdürftigen Versorgung mit dem Lebensnotwendigen, Unterernährung verschont nur die wenigsten: Neben 15 Gramm Zucker, 50 Gramm Kartoffeln und 10 Gramm Nährmitteln bekommt der Normalverbraucher täglich etwas Fett und Trockenmilch.

Am 2. Mai 1946 scheint die Sonne zwar nicht, aber es ist endlich frühlingshaft warm in Berlin. Gottfried Benn ist an diesem Tag sechzig geworden. Ein runder Geburtstag, in normalen Zeiten Anlaß für Würdigungen und Glückwunschtelegramme, die literarische Welt findet sich zur Gratulationscour ein. Aber ein Jahr nach Kriegsende ist das Leben in Berlin nicht normal, der Dichter Benn von der literarischen Öffentlichkeit vergessen.

Für Benn unterscheidet sich dieser Geburtstag nicht von einem gewöhnlichen Arbeitstag. Er ißt mit dem Dienstmädchen in der Küche, am Nachmittag behandelt er Patienten, die sich in der gutgehenden Praxis der Arztes für Haut- und Geschlechtskrankheiten in der Bozener Straße 20 einfinden. Am Abend schreibt er einen langen Brief an den Bremer Freund Friedrich Wilhelm Oelze: «Lieber Herr Oelze, zu meinem

60. Geburtstag beschenke ich mich selbst damit, Ihnen einen Brief zu schreiben, also mich dem gegenüber zu stellen, dem ich im vergangenen Jahrzehnt so unendlich viel verdanke. Sie wissen es; wir wollen im Augenblick nichts Näheres darüber sprechen. Oft allerdings beschleicht mich doch eine Sorge, ob Sie das nicht Alles zu freundschaftlich sehn, ob nicht Alles viel gleichgültiger und niveauloser ist, als es Ihr wohlwollend-schöpferischer Sinn empfindet u. betrachtet; ich fürchte, es wird so sein, ich fürchte es nicht für mich, sondern für Sie, nämlich daß Sie selber anderen Sinnes durch eigene Entwicklung oder die Zeitgestaltung werden müssen.»

Die außerordentliche Bedeutung der Beziehung zu Oelze thematisiert Benn in der ersten Zeit nach dem Kriege oft, und es scheint manchmal, als ob Oelze der einzige ist, mit dem er überhaupt spricht. Das ist natürlich nicht der Fall, denn Benn verhandelt mit Verlagen, knüpft Kontakte zu den alten Freundinnen Tilly Wedekind und Gertrud Zenzes; seine Tochter Nele, die in Kopenhagen lebt, besucht ihn, er lernt Dr. Ilse Kaul kennen und heiratet die junge Zahnärztin in dritter Ehe im Dezember 1946.

Aber «Herr Oelze aus Bremen» ist der einzige in seinem Leben, der an seiner dichterischen Produktion, seiner geistigen Existenz teilnimmt: «Wenn ich nicht wieder mit Ihnen in Fühlung gekommen wäre u. mir Ihre Briefe in diesen Monaten immer wieder von Ihrem Interesse u. Wohlwollen an u. zu mir Bekundungen gebracht hätten, würde ich diese Zeit wohl nicht überstanden haben. Meine Depression war grenzenlos, meine Hoffnungslosigkeit so tief, daß ich keinen Gedanken mehr fassen konnte. Haben Sie Dank.»

Mit Dankbarkeit dem Freund gegenüber hat Benn nie gespart, und dazu hatte er auch allen Grund. 1938 war er aus der Reichsschrifttumskammer ausgeschlossen worden und hatte Publikationsverbot erhalten. Die Manuskripte sämtlicher Arbeiten, die zwischen 1938 und 1945 entstanden, schickte er, auch aus Angst vor eventuellen Haussuchungen durch die Gestapo, an Oelze zur Aufbewahrung, manchmal behielt er nicht einmal eine Kopie. Und sogar in den Wirren der ersten Nachkriegsjahre verfährt Benn weiter so: «Dann sende ich Ihnen noch das

«Lieber Herr Oelze, zu meinem 60. Geburtstag beschenke ich mich selbst damit, Ihnen einen Brief zu schreiben, also mich dem gegenüberzustellen, dem ich im vergangenen Jahrzehnt so unendlich viel verdanke. Sie wissen es; wir wollen im Augenblick nichts Näheres darüber sprechen» (2. Mai 1946). Aufnahme: Benn im Jahr 1951.

komplettierte ‹Quartär› – für das Archiv. Sie wollen nicht darauf eingehn, ersparen Sie sich Gedanken u. Eindrücke. Sie müssen es bitte verstehn: da ich hier keinen Vertrauten habe, niemanden, der bei einem etwaigen Abschluß, Deportation usw. meine Dinge bestellt u. ordnet, häufe ich zu Ihnen meine Gedanken u. Bruchstücke u. Restbestände hin, sehr der Zudringlichkeit und Unbescheidenheit meines Verhaltens mir bewußt.»

Das Bewußtsein emotionaler Rücksicht und Distanz, das sich

in diesen Zeilen ausdrückt, hat die Freundschaft zwischen dem Bewunderer und dem Dichter lebenslang bestimmt. Sie kam ohne die üblichen Gemeinsamkeiten aus, die Reise etwa oder den Spaziergang, den Konzertbesuch oder das Kneipengespräch. Das private Leben spielte eine Nebenrolle, die Freundschaft bestand im abgeschlossenen Raum eines Briefwechsels, der zwar auch die Teilnahme am persönlichen Glück oder Unglück äußerte, aber, bei Lichte besehen, vor allem die «letzten Fragen» formulierte, mit denen die beiden Intellektuellen beschäftigt waren. Daß die gemeinsame schriftliche Arbeit das Gefühl der Zusammengehörigkeit vermittelte, hat Benn gewußt: «Als Rowohlt mir neulich schrieb, er sei mit Ihnen bei Ihren Freunden zusammen gewesen, sah ich plötzlich unsere, Ihre u. meine, Beziehungen ganz sonderbar: wir führen ein völlig isoliertes Leben mit einander, rasen wie zwei D-Züge auf einander zu in unseren Briefen, an einander vorbei, die Städte u. Landschaften neben den Gleisen kennen wir nicht, lassen wir außer Betracht. Plötzlich stellt man fest, daß diese auch da sind, sehr real mit Einwohnern u. Gegenständen, u. ich bekam einen Schock, daß meine egozentrische u. egoistische Gebahrung Ihnen gegenüber sehr anspruchsvoll u. nicht sehr fair ist. Wissen Sie also, daß ich diese Tatsache zum Mindesten stark empfinde u. beachte.»

Die Unabhängigkeit von persönlicher Nähe und gemeinsamen Aktivitäten verleiht der Freundschaft zwar ihren besonderen Wert, macht sie, wie Benn einsichtig formuliert, aber auch zu einer «Begegnung auf einem schmalen Grat»: «Ich weiß nicht, ob Sie zu essen haben u. ob Sie schon heizen u. Sie wissen nicht, wie meine Praxis geht u. wieviel ich jetzt wiege.»

Noch im Oktober 1935, also mehr als drei Jahre nach Beginn ihres Briefwechsels, kennt Benn den genauen Vornamen seines Schreibpartners nicht, und selbst nach einem halben Dutzend Besuchen kann er sich kein rechtes Bild von Oelze machen und bittet ihn, doch beim nächsten Treffen Bilder von Frau, Sohn und Haus mitzubringen, damit er endlich wisse, mit wem er es zu tun habe. Tilly Wedekind gegenüber äußerte er den Verdacht, Oelze sei homosexuell, weil er sonst eigentlich nicht zu verstehen sei, eine Vorstellung, die Oelze Jahrzehnte später indirekt bestätigt, wenn er gesteht, «er habe über seine wirklichen Neigungen nie sprechen können». Noch 1949 erkundigt sich Benn eindringlich nach den Oelzeschen Geschäften, über die er nicht Bescheid weiß. Und 1951, also 17 Jahre nach der ersten persönlichen Begegnung in Berlin 1934, kommt er schließlich nach Bremen-Oberneuland, wo das Ehepaar Oelze in einer Villa, die von einem gepflegten Park umgeben ist, seit 1945 wohnt.

Natürlich schreiben die Freunde auch über emotionale Befindlichkeiten, über Ärger und Zufriedenheit, über Verstimmungen und Krankheiten, man richtet Grüße an die Ehefrauen aus. Aber als Benn 1938 zum zweitenmal heiratet, schreibt er an Oelze: «Wenn Sie nach Berlin kommen, besuchen Sie uns bitte. Übrigens: dies ist keine konventionelle Sache, ich bleibe für mich, u. wir schreiben uns wie immer ohne Floskeln u. völlig als die alten Freunde à deux.»

Dabei hatte die Freundschaft keinen leichten Beginn. Aus Anlaß des Goethe-Jahres 1932 veröffentlichte Benn, zusammen mit europäischen Berühmtheiten wie Gerhart Hauptmann, Thomas Mann, André Gide und Hermann Hesse, seinen später berühmt gewordenen Aufsatz über *Goethe und die Naturwissenschaften*, der noch im selben Jahr in den Sammelband *Nach dem Nihilismus* aufgenommen wurde. Oelze zögerte nicht, dem Dichter seine Begeisterung über dessen Goethe-Verständnis mitzuteilen; ihm als Goethekenner «schienen die Konturen bekannter Dinge plötzlich verwandelt durch das Medium einer bislang nicht gehörten Sprache». Goethe ist während all der Jahre, in denen die beiden Freunde ihre Gedanken aufs blaue Papier zirkelten, «Ausgangspunkt und Grundlage» der Beziehung geblieben. Und noch im März 1978, kurz vor seinem Tode, verweist Oelze in einem Brief an den Bremer Dompastor Abramzik auf den Trauergesang des Chores aus *Faust II*, 3. Akt:

«Doch zuletzt das höchste Sinnen
gab dem reinen Mut Gewicht,
wolltest Herrliches gewinnen,
aber es gelang dir nicht.

Wem gelingt es? Trübe Frage,
Der das Schicksal sich vermummt,
Wenn am unglückseligsten Tage
Blutend alles Volk verstummt.

Dieses Citat hat nicht wenig dazu beigetragen, daß Benn über Goethe in einem seiner letzten Werke gesagt hat: ‹Goethe –: die höchste geistige Inkarnation der weißen Rasse› –.»

Vorerst ist Benns Antwort auf die Verehrerpost schroff. Er schlägt Oelze die Tür, durch die dieser in sein Leben eintreten will, vor der Nase zu: «21. XII. 32. Sehr geehrter Herr Oelze, vielen Dank für Ihren Brief. Mir eine große Freude, wenn Ihnen meine Aufsätze gefallen haben. Eine mündliche Unterhaltung würde Sie enttäuschen. Ich sage nicht mehr, als was in meinen Büchern steht. Seien Sie vielmals gegrüßt. Ihr sehr ergebener Dr. Gottfried Benn.»

Oelze ließ sich nicht abschrecken, und Benn hat ihm in 749 erhaltenen Briefen doch mehr gesagt, als in seinen Büchern steht, ja seine Essays und Gedichte sind oft ein Teilauszug aus dem Briefwechsel, der als Vorratskammer und Werkstatt dienen mußte: «Wir haben nun im Verlauf der letzten 2 Jahre über bestimmte Themen soviel geredet und in unseren Briefen geschrieben, daß wir sie eigentlich einmal zusammenfassen und abschließen müssen. Ich werde mir daher erlauben, Ihnen in den nächsten Tagen meine letzte größere Arbeit, nämlich ‹Das Weinhaus Wolf›, in dem einzig vorhandenen Schreibmaschinenexemplar zu übersenden. Eigentlich ist es nur eine Zusammenstellung unserer Briefe, an der Sie ebenso beteiligt sind wie ich.»

In der Tat: In diesem Briefwechsel entwickelt Benn seine geschichtsphilosophischen Gedanken, gibt uns Einblicke in die Auseinandersetzung mit dem Nazismus, berichtet über die Armee, über Kriegs- und Nachkriegszeit in Berlin, wir erfahren viel über seine Lektüre, Goethe und immer wieder Nietzsche, über den Fortgang der literarischen Produktion. Aber das ist nur die eine Seite. Denn in diesen Briefen berichtet Benn auch über sich, sie sind seine eigentliche Autobiographie, obwohl das Verhältnis zu Oelze in einer Distanz bleibt, die letzte Bekenntnisse ausschließt: Der Motor der Briefbeziehung bleibt immer die literarische Produktion des Dichters, bleiben Kritik und anregende Vorschläge des Freundes.

Benn hat in Oelze den archimedischen Punkt seines Lebens gehabt. Für ihn konnte er seinen Pessimismus zu Papier bringen, er konnte darauf bauen, Antwort zu bekommen, und, das wichtigste, er fühlte sich verstanden und ernst genommen: «Viele Grüße, lieber Herr Oelze! Sie sind die einzige Bekanntschaft aus einem Jahrzehnt, die mir wertvoll geworden ist, an der ich hänge» (17. 2. 1935); «ich verdanke Ihnen soviel; Ihr Interesse, Ihre Teilnahme ermöglichte es mir, meine Gedanken weiterzuspinnen, sie festzuhalten» (7. 8. 1943); «wenn je noch einmal etwas Neues in mir entsteht u. produktiv – was man so nennt – wird, verdankt es sich ganz allein Ihrer einzigen Anregung» (2. 12. 1945). Freund Oelze ist für Benn die «Diskussions- und Krisenzentrale», und es wäre sicherlich nicht mehr als recht und billig, wenn er für manche Prosa-Arbeit als Verfasser mitgenannt worden wäre. Der Mangel an ausgetauschten Briefen wird von Benn sogar zur «Ausdrucks-Schuld» erklärt: «Wenn das vorstehende mangelhaft empfunden u. unvollkommen ausgedrückt ist, ist es Ihre Schuld –, Schuld unserer spärlich gewordenen Briefe, in denen wir früher unsere Vorarbeiten verrichteten: jetzt muß ich selber auf meinen eigenen Krücken gehn u. mit den Krücken mich vortasten in neue Reiche.»

Sehr oft hat Benn Oelze gegenüber betont, wie wichtig ihm die Zusammenarbeit war, aus der aber nur er den literarischen Vorteil gewonnen hat. Oelze hält sich zurück, steht im Schatten des Meisters. Dabei darf man nicht übersehen, daß auch für Oelze die geistige Zusammenarbeit Lebensinhalt war, obwohl sein Name nicht unter den Essays aus der Bennschen Feder erscheint. Denn Oelze war im Grunde ein verhinderter Schriftsteller, der zur eigenen Produktion nicht durchdringen konnte und der die Öffentlichkeit fürchtete. So schreibt er gewissermaßen durch seine Briefe an dem großen Werk mit – als die Muse, deren Anteil sich auf die Inspiration beschränkt, deren Inspiration aber dem Werk das geistige Niveau und die Kraft der Argumentation diktiert. Anläßlich des Aufsatzes über Julius Evola spricht Benn davon, daß er die Arbeit fast dem «Bremer Echo» gewidmet hätte, «da wir ihn ja gemeinsam geschrieben haben».

Benn hat später nachgeholt, was er hier versäumte. Im Januar 1936 erscheinen die *Gedichte* im Hamburger Verlag Ellermann mit der gedruckten Widmung «HERRN F. W. OELZE, in Bremen, Hartwigstraße. ‹– dunkler als Kreuz ein Pfosten trägt die Worte: du weißt›». Und die erste Veröffentlichung nach dem Kriege in Deutschland (*Drei alte Männer*, 1949) ziert auf Seite 5 die Widmung: «Herrn F. W. Oelze in Dankbarkeit und Freundschaft».

Eine briefliche Männerfreundschaft, in die niemand anders Einblick nehmen sollte. Und die zu guter Letzt noch Geheimbotschaften hervorbringt: «Lieber Herr Oelze, wir kennen uns nun 25 Jahre und darum erlaube ich mir mit einer Bitte zu kommen, für die ich um Wohlwollen bitte. Es handelt sich um Folgendes: ich möchte unter allen Umständen bald noch einmal nach Bremen oder Umgebung fahren, da ich da etwas unerledigt zurücklassen mußte... Das kann ich nur bewerkstelligen, wenn Sie mir etwas helfen, um es hier [bei meiner Frau] unauffällig zu machen... Richten Sie bitte Ihre Gedanken nicht in Richtung Erotik, sondern in der Richtung, daß es einen sehr berührt, wenn man als alter Mann überhaupt noch auf ein inneres Entgegenkommen bei reizvollen jungen Frauen stößt, auf eine Berührung der Sphären, zu denen natürlich auch die Erotik gehört, die aber etwas ganz anderes bewirken und bedeuten, nämlich eine Art Bewegung affektiver Schichten, die einen für eine Weile fortführen von Erstarrung, Müdigkeit, Fettwerden, Ranzigwerden – von all diesen Dingen, in die ich geraten war und aus denen ich hier kein Entkommen sah. Das ist auch das Motiv, das mich schon im vorigen Herbst bewog, zu erwägen, den Winter in einem anderen Ort, Hamburg, München (oder Bremen!) zu verbringen. Wollen Sie also bitte die Sache und meine Bitte im Sinne unserer Freundschaft betrachten.»

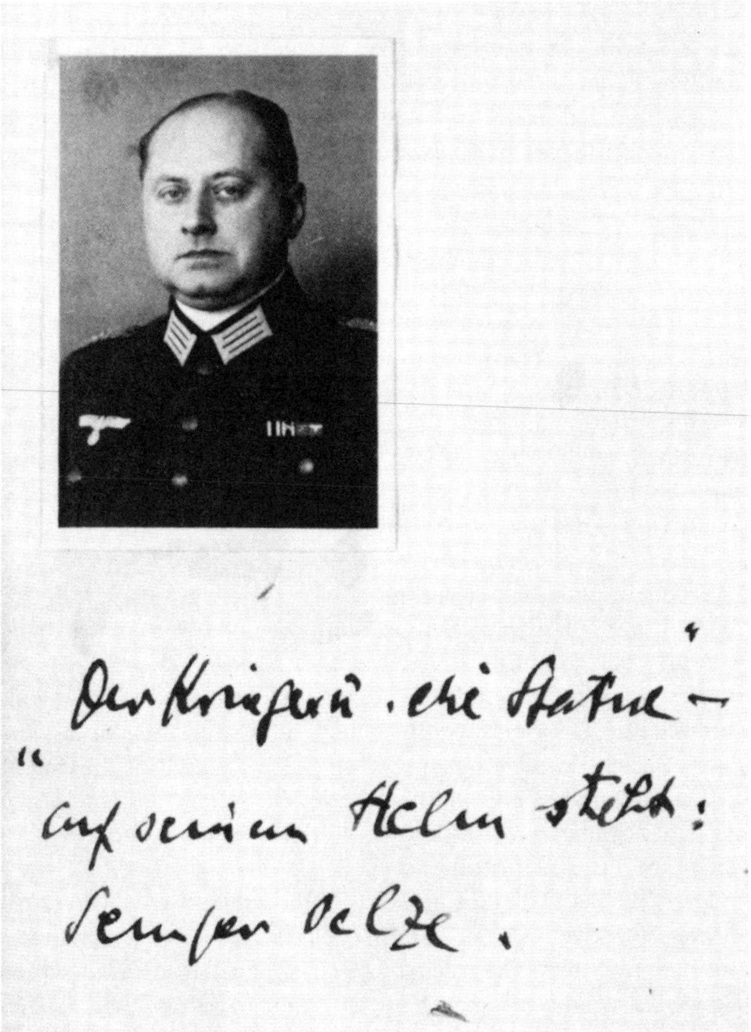

Handschriftliche Widmung für Oelze einschließlich Wehrmachtsfoto. Die Widmung gegenüber dem Titelblatt in den Ausgewählten Gedichten *(Stuttgart 1936) lautet: «‹Der Krieger u. die Statue› – auf seinem Helm steht: Semper Oelze. Benn».*

Während zu Anfang der Beziehung Oelze öfters schreibt und der Dichter sich vornehm zurückhält, kehren sich im Laufe der Jahre die Verhältnisse um: Benn wird der Bedürftigere, er ist davon abhängig, die blauen Briefe zu bekommen und die Klagen über den Zustand der Zeit und der Welt loszuwerden.

Trotzdem, und das ist vielleicht ein Grund für die Dauerhaftigkeit der Beziehung, kommt es niemals zu einer Verbrüderung zwischen dem Kaufmann und dem Dichter. Zwar sind sie sich von 1934 bis 1956 fast jedes Jahr persönlich begegnet – Oelze reist nach Hannover und Berlin, Benn kommt 1951 und 1954 nach Bremen –, aber diese Besuche waren mit einer gewissen Unsicherheit belastet, als könne man sich «von Angesicht zu Angesicht» zu nahe kommen, als könne das Verhältnis einen zu intimen Einschlag erhalten, der es verletzte und banalisierte. Benn ist nach dem ersten Besuch Oelzes im Februar 1934 erleichtert: «Lieber Herr Oelze, obschon ich mir völlig klar war über die innere Schwierigkeit unserer Begegnung, auch für mich, ging ich ihr nicht aus dem Weg. Unsere schriftliche Freundschaft war mir soviel wert, es zu versuchen. Ich freue mich nun aufrichtig, daß wir uns kennenlernten und ich danke Ihnen nochmals für Ihren Besuch. Leider saßen wir ja fast die ganze Zeit in der Dämmerung u. als Sie in die helle Stube traten, sah ich Ihr sonderbares krank u. klug gemischtes Gesicht, das zu weiteren Fragen u. Diskussionen mich innerlich wendete. Vielleicht also ein ander Mal!»

Diese Scheu vor einer Nähe, die das intellektuelle Vertrauen des Briefwechsels durch unkontrollierte Affektivität gefährden könnte, führte zu skurrilen Formen. Benn hatte Oelze seinen Besuch in der Hartwigstraße in Bremen angesagt. Statt dessen kam ein Brief: «Als ich am Bahnhof die Straßenbahn mit dem Schild ‹Hartwigstraße› sah, bin ich umgekehrt; ich wußte nicht mehr, ob ich Ihnen gelegen kommen würde.»

Oelze ist auch nicht besser. Im Februar 1950 streicht er in der Bozener Straße 20 vor den Fenstern der Bennschen Parterrewohnung herum, entschließt sich zur Umkehr und teilt es Benn im nächsten Brief mit. Benn fühlt sich verletzt und deutet:

«Warum haben Sie das gemacht? Ich habe das Gefühl, daß Sie an mein Grab gereist sind (eine Reise, die ich Ihnen für immer erlasse), – so wirkt es auf mich.» Oelze rechtfertigt seine Hemmung durch Verweis auf die Freundschaft: Ein Fremder hätte sicherlich keine Hemmungen gehabt. «Aber unter Freunden ist das doch anders? da gibt es Hemmungen, selbstauferlegte Zurückhaltungen, da hat man feinere Ohren, empfindlichere Organe für das, was in einem gegebenen Augenblick sich ziemt, was förderlich ist, was konträr. Ich wußte ja, daß Sie durch eine Periode tiefer Apathie und Depression hindurchgingen.»

Natürlich hätte man sich auch eine spontanere Haltung denken können, etwa: Ihnen geht es schlecht, also komme ich, um Sie etwas zu trösten. Aber die durch Reflexion gewonnene Rücksichtnahme überwiegt offenbar, denn Benn hatte sich zu Oelzes Besuchswunsch ambivalent geäußert und darauf hingewiesen, er sei apathisch, und es sei noch nicht genügend «Frühling und Heiterkeit in den Lüften». Benn selbst findet für beider Haltung vielleicht den besten Begriff, wenn er von «Distanzierungszwang an verkehrter Stelle» spricht.

II

Friedrich Wilhelm Oelze (3. Januar 1891 bis 13. Dezember 1978) stammte aus einer der ersten Bremer Familien. Er war ein gutaussehender Mann mit «levantinischem Einschlag im äußeren Habitus», wie er selbst von sich sagte, denn seine beiden Urgroßeltern mütterlicherseits kamen aus Umbrien. Seine Mutter war eine geborene Ebbeke, aufgewachsen in der englischen Kronkolonie Jamaika, wo ihr Vater eigene Zuckerplantagen unterhielt. Sie heiratete den Bremer Kaufmann Wilhelm Oelze, der in der Rumimportfirma seines Schwiegervaters F. A. Ebbeke Fortüne machte, und hatte mit ihm fünf Kinder. «Fritz» Oelze, wie er genannt wurde, war der Älteste. Er studierte nach dem Abitur, das er auf dem humanistischen Gymnasium in Bremen ablegte, in Freiburg, München, Bonn, Kiel und in England (1910) Jura. Von 1913 an war er als Referendar am Amtsgericht Bremen in Zivil- und Strafsachen und ab 1919 auch am Landgericht tätig. Im selben Jahr heiratete er Charlotte Stefanie Michaelsen, Tochter aus einer sehr vermögenden und angesehenen Kaufmannsfamilie; 1922 wurde das einzige Kind Stephan geboren.

Im November 1914 wird der Dreiundzwanzigjährige nach Flandern eingezogen; in einem regelmäßig geführten Tagebuch berichtet er über die «furchtbaren Stunden, wo die feindliche Artillerie die Schützengräben beschießt, wo man machtlos, wartend, preisgegeben in den Unterständen zusammengepfercht liegt». Oelze erlebt den erbarmungslosen Stellungskrieg an der Ypern-Front, die Bluträusche auf beiden Seiten; er fragt nach dem Sinn dieses Krieges und kann beim Anblick der Frühlingspracht 1915 den Gedanken nicht fassen, «daß Menschen sich mit allen grausamsten Mitteln moderner Technik verstümmeln, daß Völker sich verbluten und jedes dem andern nach dem Leben trachtet – beherrscht nur von dem einen Gedanken – wie kann ich meinen Gegner am besten martern und morden!» Der deutschen Propaganda, die den Feind moralisch abscheulich und hassenswert darstellt, kann er nicht folgen: «Für uns, die wir tagelang im schwersten Feuer des Feindes liegen müssen, sind die Feinde genausogut Soldaten, wie wir; Soldaten, die ihre schwere Pflicht im Dienst ihres Volkes so gut erfüllen wie wir. Wir hassen sie nicht, wir bekämpfen sie, weil sie die Verteidiger eines Volkes sind, das zu bekämpfen unsere Pflicht ist.»

Freund Benn, der 1914 an der Erstürmung Antwerpens teilnimmt, denkt da radikaler, wenn er in dem kurzen Drama *Etappe*, das er 1915 in Brüssel schreibt, den Militärarzt sagen läßt: «Haben Sie sie gesehen, die blutgrauen Leichenschädel und die zersplitterten Visagen? Dazu das ganze Getümmel, die Schreie und der Mord? Ich sage Ihnen, sie kriegten kein Schwein mehr gegen die Drahtverhaue, wenn die draußen wüßten, wer hier den Tod verschachert.»

Im April 1916 bei den Kämpfen um St. Eloi wird Oelze verschüttet; er muß «noch zwei schreckliche Tage und Nächte lang im wahnsinnigsten Artilleriefeuer, das überhaupt zu denken ist, draußen im Wasser liegen», seine Füße erfrieren. Nach Lazarett und Garnisondienst kommt er im Oktober 1916 an die Ostfront, erlebt 1917 den Winter bei minus 40 °C in Livland, nimmt als Ordonnanzoffizier an der Offensive gegen Riga teil. Im Februar 1918 wird er noch zum Nachrichtenoffizier des Regiments ernannt, beklagt die «unerträgliche Einförmigkeit der Tage», denen im November 1918 der Soldatenrat ein Ende macht. Die anfängliche Zustimmung zur Revolution hat sich gegen Ende der Aufzeichnungen aufgelöst, und wir hören die Töne der Kritik, die uns aus der nationalkonservativen Literatur der Weimarer Zeit vertraut sind: «Die Republik wird Deutschland keiner goldenen Zukunft entgegenführen, – und wenn Herr Ebert den Genossen Liebknecht und Haase die Hand zur Versöhnung reicht, dann wissen wir alle, was wir zu erwarten haben. Die vornehme Intelligenz, der vornehme Mensch wird nichts mehr sein, gelten wird nur noch die schwielige Faust, die das rote Banner entrollt, und die Macht in der Hand des Pöbels wird nicht milder sein, als die, welche den Militarismus ausübte.» Eine pessimistische Ansicht von Geschichte, die der Ablehnung des Geschichtlichen bei Benn durchaus verwandt ist.

Im Mai 1920 promovierte Oelze an der Universität Rostock zum Dr. jur. mit einer Arbeit über das Thema: «Der § 360 Z. 11 R. St. G. B. ‹Grober Unfug und die Presse›.» Ende des Jahres ließ er sich beurlauben und arbeitete von nun an in der väterlichen Rumimportfirma.

In den zwanziger Jahren hielt Oelze Teile der Delmenhorster Mühlenwerke der Gebrüder Menke, die nach der Wirtschaftskrise 1929 in Konkurs gingen. Die dadurch entstandenen wirtschaftlichen Schwierigkeiten veranlaßten Oelze, das Haus in der Hartwigstraße zu verkaufen und 1936 zu der Schwiegermutter in die Villa an der Horner Heerstraße zu ziehen. 1946 beschlagnahmten die Amerikaner als Besatzungsmacht das Haus, und Oelzes zogen in das Landhaus des befreundeten Anwalts Theodor Ichon in Bremen-Oberneuland. Benns Kommentar: «Ihr Haus in Oberneuland reizend, ganz Königin Luise», übersieht, daß Oelzes nur zur Miete wohnten und der gewohnte Lebensstil nach 1945 wesentlich aus dem Vermögen von Frau Charlotte finanziert wurde. Denn die Importfirmen warfen in der Nachkriegszeit nicht viel ab, zudem führte Oelze sie, wie es in der Bremer Kaufmannssprache heißt, «mit loser Hand». Um 1950 übernahm er die Weinimportfirma Wermuth und Co., die aber einem Geschäftsführer anvertraut wurde. Oelze selbst behielt immer ein Büro in bester Bremer Innenstadtlage, Am Domshof 10, 1. Etage, wo er als Inhaber der Firma Ebbeke residierte und das eheliche Vermögen verwaltete, mehr Privatier denn rühriger Kaufmann.

Wenn man nach der Jahrhundertwende noch von bürgerlicher Bildung sprechen kann: Oelze verkörperte sie. Goethes *Faust* mußte er streckenweise schon als Kind auswendig lernen, Geschichte, Politik und Theologie interessierten ihn zeitlebens, Literatur und Kunst waren seine zweite Natur. Zudem war er hoch musikalisch, spielte ausgezeichnet Klavier und begleitete junge Sängerfreunde beim Vortrag von Brahmsliedern. Im Laufe seines Lebens legte er sich ein Wagner-Archiv an. Mit ähnlich gesinnten Freunden gründete er 1920 die «Neue Musik-Gesellschaft», um die junge Moderne in das Bremer Konzertleben einzuführen. Als die Gesellschaft aus finanziellen Gründen aufgeben mußte, bat man Oelze in den Vorstand der Philharmonischen Gesellschaft. Viele Jahre gehörte er dem Vorstand des Bremer Kunstvereins an, dem er eine Reihe kostbarer Bilder stiftete (Friedrich Wasmann, Maurice Denis, Paula Modersohn-Becker, Franz Radziwill). In Amsterdam lebte sein Bruder Hugo als Kunsthändler, mit dem er als Sammler in enger Verbindung stand. Oelze reiste zu Ausstellungen und Auktionen nach Italien, London und Paris. Der Wohlstand des Ehepaares war eher unaufdringlich, zumindest nicht nach außen gekehrt, obwohl es in der Hartwigstraße 53, in Oberneuland und später in der Orleansstraße 9 weder an Orientteppichen und Antiquitäten erster Provenienz noch an wertvollen Gemälden und kostbaren Pendulen mangelte.

Wer je bei Oelzes eingeladen war, wird sich an die unauffällige Regie der Gastgeberin erinnern; zum Essen gab es beste

Weine. Man aß mit Silberbesteck, das je nach den Anlässen wechselte; serviert wurde auf signiertem Porzellan, das bereits Kaiser Wilhelm II. gedient hatte, wenn er auf der Rückreise vom Wilhelmshavener Flottentag im Bremer Ratskeller speiste. Niemand vergißt die Pracht der Blumenbouquets, die sich in den Intarsien der Beistellkommoden und Mahagoni-Tische spiegelten, denn Charlotte Oelze war eine begeisterte und begabte Gärtnerin, Mitglied im Bremer Rhododendronverein.

Die großbürgerliche Lebenskultur erstreckte sich selbstverständlich auch auf die äußere Erscheinung. Oelze maß seiner Garderobe eine ungewöhnliche Bedeutung zu. Noch heute bestätigen Zeitzeugen seine auffallende Eleganz, die durchaus im Widerspruch zu seinem eher zurückhaltenden Auftreten in der Öffentlichkeit stand. In seinem Ankleidezimmer hingen ausschließlich Anzüge aus englischem Tuch, die er von Londoner Schneidern anfertigen ließ. Seine Manschetten wurden von Amethysten zusammengehalten, die Krawatte zierte eine große Perle.

Nach den gelegentlichen Besuchen kommt Benn öfter auf Oelzes Erscheinung zurück, nicht ohne einen Anflug von Ironie: «Ihr Äußeres ist unbeschreiblich superb! Ihr Anzug ganz überraschend eindrucksvoll und interessant, ich hätte mich dafür verbürgt, daß Sie nie einen Pullover in der Stadt tragen, bestimmt nie nachmittags, nun war ich völlig verblüfft und in mittleren Tiefen erschüttert.» Er erkundigt sich neugierig nach Details des Bekleidungskomments der Bremer Kaufmannschaft. Nicht, daß er diese Höhen hätte erreichen können, aber die Normen einschätzen, sich durch ihre Kenntnis Beteiligung verschaffen, das möchte er schon: «Sie trugen eine hellgraue Weste beim letzten Mal. Darüber wüßte ich gerne etwas Näheres. Tut man das jetzt? Andersfarbige Weste?»

Diese Neugier auf die Mode der «Großen» wird auch diktiert vom Gefühl des Zukurzgekommenen, die Beschreibung hanseatischer Eleganz erfolgt aus der Perspektive des Pfarrhauses, besonders wenn es um Äußerlichkeiten der gesellschaftlichen Rangliste geht. Aber Benns Bewunderung ist nicht übertrieben oder gar einschmeichelnd, er äußert sie auch Tilly Wedekind gegenüber: «Oelze sah extravagant-elegant aus. Wirklich ein merkwürdiger, ungewöhnlicher Typ, gänzlich undeutsch. Sieht älter aus als er ist (45 J.), Haar fast weiß, sehr schlank, schmales spitzes Gesicht, Gesichtsfarbe rötlich wie bei Lungenkranken, unwahrscheinlich gut angezogen. Er sieht eigentlich aus wie aus einer Revue, Hoffmanns Erzählungen, am Rand von Wirklichkeit u. Halluzination.»

Von Launen ist die Freundschaft zu Beginn nicht frei. Im Frühjahr 1937 beklagt Benn Oelzes Genügsamkeit, dessen unsinnlichen, mit wenig Genuß verbundenen Eßstil, der sich mit einem Schinkenbrot bei Weinhaus Wolf zufriedengibt oder gar mit Butterbroten vorliebnimmt. Und in Antwort auf eine Bemerkung Elinor Büllers über das Verhältnis Benns zu Oelze nennt er diesen einen «arroganten Halunken, den man kühl lagern müsse, sonst denkt er, er sei schon jemand». Diese Bemerkung könnte allerdings ein Reflex auf ein Zusammentreffen sein, bei dem der Bremer «selten verkrampft und snobig» wirkte. Die feinsinnige Bürgerwelt der Hartwigstraße, die vor dem Krieg in den Kontoren von Zürich, Kingston (Jamaika), Brüssel und London verkehrte, erlebte der Kassenarzt, der auf den Pfennig schauen mußte und deswegen nicht reisen konnte, natürlicherweise mit ambivalenten Gefühlen. Sie bestätigte die Bennsche Formel, auf die er den Lauf der Welt bringt: «Die Armen wollen hoch und die Reichen nicht herunter.»

In Oelze fand er für diese Ansichten durchaus einen Komplizen, dem zwar das Bennsche Denken in seiner Radikalität oft unheimlich war und dessen Stil, gemessen an dem der Freunde Rudolf Borchardt oder Rudolf Alexander Schröder, nicht gerade dem «Bremer Ästhetizismus» entsprach, wie Benn die künstlerischen Maßstäbe Oelzes charakterisierte. Aber auch Oelze führte ein Doppelleben, denn hinter der Fassade des kunstliebhabenden Kaufmanns verbarg sich ein querdenkerischer Geist, der mit den Konventionen seiner Gesellschaft zerfallen war und der die Vorbehalte gegenüber der eigenen sozialen Schicht nicht zurückhielt: «So weit kennen Sie mich, daß

Sie um meinen fortwährenden, seit mehr als 40 Jahren durchgestandenen Kampf gegen das mir eingeborene Bürger- und Gutsbesitzerblut, – der ein Kampf gegen meine eigene soziale Schicht werden mußte, – wissen; um meinen Kampf gegen die Vorurteile dieser Schicht, meinen Haß gegen ihre pharisäische Anmaßung, meine Auflehnung gegen das bequeme Vor- und Nachurteil der ‹Gebildeten›, gegen alles Anerkannte, Sanktionierte, Gültige, Eingleisige, gegen die Pseudoobjektivität aus Opportunismus – aber nach außen, im Anzug, in der Geste, in der Beachtung strenger Formalitäten blieb ich ein Angehöriger jener Welt.»

Dieser Zwiespalt hat Oelzes Leben stark bestimmt, und er liegt auch der schrankenlosen Verehrung des «Jakobiners» Benn zugrunde: «Ich liebe und bewundere das grundsätzlich Oppositionelle, Antithetische, Aggressive, durchgehend Nonkonformistische Ihrer Haltung glühend... in Ihnen fand ich mein Evangelium, auf das ich jeden Eid zu leisten mich entschloß.» Aber solche Bekenntnisse werden von Benn kaum bemerkt. Er stellt Oelze auf den sicheren Podest der sozialen Konvention und ironisiert die Distanz durch Selbsterniedrigung: «Wozu es die Laus aus Mansfeld (Westprignitz) alles bringen kann», schreibt er nach einer Reise zu einer Lesung, «alles versammelt, was gut u. teuer ist. Ganz Westdeutschland, Basel, Baden-Baden.» Und in diesem Kreis, dessen gesellschaftlicher Einfluß durch Geld gebildet wird, steht der Dichter, der aufgrund seines Geistes mithalten kann: «Bestechende Eleganz» in der Diskussion bescheinigt ihm sein Verleger, und Benn ist stolz auf dieses Urteil.

Aber diese Momente gesellschaftlichen Glanzes sind flüchtig angesichts der Beständigkeit des kaufmännischen Reichtums, der eine Weltläufigkeit und Freiheit schafft, die dem Berliner Poeten versagt bleiben: «Am Sonntag fahren wir fort. *Wohin*, kann man Ihren feinen Bordighera- u. Mallorcakreisen gar nicht sagen. Wir fahren nach *Glücksburg* an der Ostsee, soll sehr hübsch sein.»

Auf Oelzes Villenterrasse, die sich in den Park vorschiebt, werden die Rotweinbouteillen kredenzt, für die der Pfarrerssohn keine Kennerschaft entwickeln kann; der Kaufmann macht die Reisen, von denen der Dichter nur träumt; und seine Frau schneidet die Rosen, die Benn in Strophen verewigt:

Wenn erst die Rosen verrinnen
aus Vasen oder vom Strauch
und ihr Entblättern beginnen,
fallen die Tränen auch.

Traum von der Stunde Dauer,
Wechsel und Wiederbeginn,
Traum – vor der Tiefe der Trauer:
blättern die Rosen hin.

Wahn von der Stunden Steigen
aller ins Auferstehn,
Wahn – vor dem Fallen, dem Schweigen:
wenn die Rosen vergehn.

Für Frau Charlotte Stephanie Oelze und den Garten in Oberneuland. 30 V 1946

Benn sieht seinen Freund als die «gesellschaftlich so qualifizierte Persönlichkeit, die den Senatorenkreisen nahesteht und so englisch stilisiert ist», die Jasminparfum trägt und sogar ein Familienwappen hat. Das sind die fast aristokratischen Gefilde, denen er seine Bewunderung und Achtung nicht versagen konnte: «Werden Sie wieder und noch und immer weiter zu den Glanzträgern und Vollkommenen der Erde gehören mit neuen Aufträgen, Geschäften, Coups, Konten, Syndikaten und dem ganzen Konglomerat aus Schönheit, Lässigkeit, Schick, Auftrieb, Liebe, Slepingcar der Welt zwischen Biarritz und Rupenhorn? Wohl Ihnen! Wenn schon ‹Leben›, dann in Üppigkeit und Finessen, nur das Niedersächsische sei verbannt.»

III

Im übrigen ist es die gleiche Weltsicht, ein grundlegender Nihilismus, der die beiden Männer verbindet, Ablehnung der Masse, das Bewußtsein, mit den philosophischen Gedanken über Herkunft und geschichtliches Schicksal der menschlichen Rasse allein zu sein. Als 1950 die ersten Gottfried-Benn-Sendungen bei Radio Bremen entstanden, schrieb Oelze zu den Gründen seiner intellektuellen Isolation an Gert Westphal: «Ich brauche Ihnen nicht zu sagen, daß ich selbst es als keinen geringen Glücksfall betrachte, einem Menschen zu begegnen, mit dem man sich über die fünf oder sechs Grundfragen, auf die es ankommt, ohne Diskussion versteht. Wer sich von den Vorgängen distanziert, sich gegenüber den die Gemeinschaft bewegenden Fragen neutral verhält, gilt im voraus als unzuverlässig und gefährlich, wer sich weigert, der Massenmeinung das Kriterium objektiver Wahrheit zuzubilligen und ihre ideologischen Autoritäten als verbindlich anzuerkennen, wird wie ein Verdächtiger gemieden und so erreicht man zuletzt jenen wünschenswerten Zustand, wo die Verbände und die Kongresse aufhören und nur die Wenigen uns noch erreichen.»

Benn formuliert die gleiche Abneigung gegen die kritiklose, sich dem Leben hingebende Menschheit noch unversöhnlicher: «Ich kann diese sturen Gestalten ringsherum gar nicht mehr verächtlich finden etwa, keineswegs, sie gehen alle ihren armseligen engen Weg mit Weib und Kindern u. starken Dekorationsdrängen und Kriegsverdienstkreuzbestrebungen – nichts gegen sie, es muß so sein, bloß vor der Berührung mit ihnen behüte mich, wenn es irgend etwas Transcendentes giebt, Schicksal oder Ordnung oder Götter oder Zufall, es behüte mich. Die Sprache, die Redewendungen, die Unterhaltungsallüren – es behüte mich. Menschen mit körperlichen Widerlichkeiten geht man aus dem Wege, aber mit solchen mit Ansichten, die doch auch nichts anderes sind als Absonderung, Wunde, zellulöser Unflat, muß man kameradschaftlich u. gesellschaftlich verkehren. Sonst ist man ‹eigenbrödlerisch›, ‹verschlossen›, vor allem arrogant. Was Sie neulich schrieben, ist so wahr darüber. Mit keiner Maske ist das zu verdecken, mit keinem Lächeln abzuschwächen, man ist gezeichnet u. fremd: der Gegentyp.»

Das oft ironisch gebrochene geistige Einverständnis der beiden Außenseiter wird ergänzt durch ein grundsätzliches Vertrauen, das sie fest verbindet. Benn macht von Juni 1934 an aus seiner Ablehnung gegen die Nazis keinen Hehl mehr, wobei seine Aversion sich sicherlich auch aus der Enttäuschung darüber speist, daß seine Vision von der Verschmelzung von Kunst und Macht im neuen Staat nicht erfüllt worden ist und daß persönliche Intrigen und Beutelschneidereien der «Führung» an der Tagesordnung sind.

Auch Oelze, der noch im März 1933 einen Antrag auf Eintritt in die Partei stellt, im Juli 1934 aber die Annahme des Mitgliedsbuches verweigert und seine Beiträge einstellt, geht nach den Reichstagsbrandprozessen und dem «Röhmputsch» in Opposition zum Regime. Im Krieg gehört er als Quartiermeister zum Stab von General Wagner, der ebenso wie Oelzes engste Mitarbeiter Graf Schwerin und Werner von Haeften im Zusammenhang mit dem Attentat vom 20. Juli 1944 erschossen wird.

Die Spruchkammer Bremen stuft ihn 1945 als «Nichtbetroffenen» ein. Dr. Alexander Lifschütz, der als Jude 1935 emigrierte und nach dem Krieg als Senator für politische Befreiung in seine Heimatstadt Bremen berufen wurde, bescheinigt Oelze eine eindeutig antinationalsozialistische Haltung und dankt ihm für seine Hilfe. Mit diesem Urteil ist er nicht allein. Daß Oelze ein ausgesprochener Gegner der Nazis war und seine Überzeugung auch «oft mit persönlichem Risiko zum Ausdruck brachte», bescheinigen mehrere Zeugnisse aus Amsterdam, wo Oelze stationiert war.

In den ersten Kriegsjahren schreibt Benn Briefe von einer nicht ungefährlichen Offenheit; zum Beispiel gibt er Informationen aus dem Oberkommando der Wehrmacht und dem Umkreis seiner Tochter in Kopenhagen weiter. Als Oelze nach Brüssel versetzt wird, wohin Briefe nur per Feldpost befördert werden, äußern sich die Freunde vorsichtiger. Benn rechnet mit einer endgültigen Wende im Kriegsverlauf, formuliert dies aber

Der Lordsiegelbewahrer des Bennschen Œuvre: Alles, was Gottfried Benn zwischen 1938 und 1945 schrieb, schickte er, aus Angst vor Haussuchungen, dem Freund zur Aufbewahrung. Oelze als Stabsquartiermeister, Brüssel 1942.

nur bildlich, indem er Hoffnungen auf den baldigen Frühlingsbeginn ausspricht. Er war – das kann man sich gar nicht oft genug vor Augen halten – von 1935 bis 1945 als Militärarzt mit Versorgungsgutachten beschäftigt, zwar nur in Bürostuben und hinter Schreibtischen, ab 1937 erst in der Bendlerstraße (Dienststelle Befehlshaber Ersatzheer, Oberstleutnant), ab 1941 beim Generalkommando, III. Armeekorps, aber doch an den Quellen. Auch von seinem Bruder, der beim OKW (Abwehr) arbeitet, heimst er Nachrichten ein und gibt sie dem Komplizen weiter: «Was die *Lage* angeht, so ist sie von kristallener Klarheit. Es wird kaum Überraschungen mehr geben», schreibt er am 2. Januar 1943 an Oelze, nachdem Amerikaner und Engländer in Nordafrika gelandet sind und Stalingrad der Einschließung nicht hat entgehen können: «‹die Birne ist reif›, um Napoleons Redensart zu variieren». – «Der große Coup rückt näher», heißt es am 30. Juli 1943, und am 5. März 1944: «Ich hörte kürzlich, daß der Beginn des Frühlings doch erst für den Monat Mai erwartet wird» – Benn meint die Invasion der Alliierten in Frankreich.

«Deutschland hat seine Bestien hochgelassen, schrieb Heinrich Mann bald nach seiner Emigration, aber alles, was die Emigranten schrieben, genügte uns hier nicht. Waren es die Bestien oder waren es die Deutschen, fragten wir uns immer wieder, die hier genasen? ... Nein, man muß erkennen, es waren nicht die Bestien, es war Deutschland, das in dieser Bewegung seine Identität zur Darstellung brachte.»

Solche Sätze, Benn schrieb sie 1949, sind durch den Briefwechsel mit Oelze vorbereitet. Der Ekel vor dem besinnungslosen Mitmachen der deutschen Intelligenz und der deutschen Generalität, vor dem Muckertum, das durch Blockwarte und NS-Frauenschaftlerinnen seine Geschichte machen läßt, hat in der Korrespondenz bereits seinen Ausdruck gefunden. Im Affekt gegen die Deutschen sind sich Oelze und Benn einig: «Der Deutsche ist nur ganz er selbst, wenn er mit einer Formlosigkeit beginnt. Das ist das germanische Glück.» Weserlied, Witukindberg, Porta Westfalica, überhaupt das norddeutsche Nebel- und Nifl-Heim, wo die Asen hausen – der Provinzmief als Inbegriff der Nation. Daß seine Tochter Nele den Antrag auf die dänische Staatsbürgerschaft gestellt hat, begrüßt Benn mit den Worten: «Ich kann je länger je weniger finden, daß wir das auserwählte Volk sind und es das schlechthinnige Glück sei, ihm anzugehören.»

Besonders abschätzig sind Benns Bemerkungen über den autoritären Charakter der Deutschen und ihr militärisches Durchsetzungsvermögen: «Ich gewinne erneut ein tiefes Verständnis für das Geheimnis unserer Siege, – Siege: die Vernichtung als Maßstab u. die Zahl der Leichen als Erfolg. Hinter dem allen steht weniger Mordgier, als eine unendliche Bequemlichkeit u. Dummheit. Und dann wirkt wohl bei keinem anderen Volk der Erde die Familie u. alles, was dazu gehört, so armselig u. kläglich machend, so genügsam u. bescheiden, mit einem Wort so demoralisierend wie das beim deutschen der Fall ist. Die Rücksicht ‹auf die Familie› rechtfertigt jede Feigheit, jedes Zurückbleiben, jede intellectuelle Bastardierung.» Oelze steht ihm in nichts nach. Noch zum Ende seines Lebens bezieht er sich auf die Äußerung Nietzsches, den Deutschen gehe jeder Begriff davon ab, wie gemein sie seien, wobei der Superlativ der Gemeinheit darin bestehe, daß sie sich nicht einmal schämten, Deutsche zu sein. «*Ich* erlaube mich zu schämen, und das seit 53 Jahren.»

Wie meistens, so ist der Briefwechsel mit Oelze auch für diese Frage die Werkstatt, in der ein Stück Prosa zusammengesetzt wird. «Das deutsche Problem ist unlösbar; man kann es nur noch flächenhaft u. beschreibend betrachten. Das tue ich wieder in meiner Weise u. füge meiner Hinterlassenschaft einige weitere Feststellungen in dieser Richtung an.» Mit diesen kryptischen Bemerkungen meint Benn seinen Essay *Kunst und 3. Reich*, der zwischen dem 23. Oktober und dem 3. November 1941 entsteht und den er in den Band *Ausdruckswelt* mit dem Untertitel *Beiträge zur Klinik des Deutschtums* aufgenommen wissen will. Das Buch erscheint im Juni 1949. Den Untertitel hat Benn weggelassen. Ebenso ein Stück Prosa, das zu Lebzeiten nicht mehr veröffentlicht wurde *(Zum Thema Geschichte)*. Benn läßt sich dort ein Rezept einfallen, um die deutsche Misere langfristig zu bessern: «Die Kinder vom sechsten bis sechzehnten Jahr nach Wahl der Eltern in der Schweiz, in England, Frankreich, Amerika, Dänemark auf Staatskosten erziehen.»

Es ist üblich geworden, das Bennsche Comeback mit der Restauration der fünfziger Jahre in Verbindung zu bringen. Freund Oelze hätte für derlei Erklärungen wenig Sinn gehabt. Er fand es bedenklich, daß Benn in politischen Kreisen nun anerkannt war. Daß Kanzler Kiesinger ein Benn-Leser sein sollte, brachte ihn auf die Barrikaden: «Denn wir wollen uns doch über Kiesinger nicht täuschen: Er ist ein ebenso gefälliger wie listiger, daher doppelt gefährlicher Reaktionär, nichts als das freundlich-täuschende Aushängeschild der wohlbekannten ambitionös-nationalistischen Clique, die ihn herausgestellt hat: der Strauß – Abs – Guttenberg, dieser *wirklichen* Manipulatoren der Westdeutschen Kollisionspolitik, deren letztes Ziel, die Notstandsdiktatur, sie mit Hilfe einer schmählichen großen Koalition erzwingen wollen (und werden). Die politische Dummheit und Gemeinheit der Springer-Deutschen ist so gigantisch, es erstaunt mich nicht, daß sie nun einem Kanzler zuschwärmen, dessen Verhältnis zur Demokratie mehr als fragwürdig ist und dessen eitle Repräsentations- und Lächelsucht an die von Fäulnisglanz noch im Dunkel leuchtenden Endjahre des wilhelminischen Byzantinismus alle diejenigen mahnen muß, die wie ich ihre entscheidenden Eindrücke in den Jahren zwischen 1907 und 1918 erfahren haben.»

Von 1936 an wuchs Oelze die Rolle des Lordsiegelbewahrers des Bennschen Œuvre zu. Schon während der hannoverschen Jahre schickte Benn Gedichte an ihn, von denen er selbst kein Doppel hatte, und bat später um Abschriften. Als ihm 1936 der Gedanke kommt, er könne unvermutet sterben, bittet er den Freund, für den Druck der letzten Gedichte zu sorgen. Von *Weinhaus Wolf* hat er kein eigenes Exemplar, die in Landsberg an der Warthe 1943–45 fertiggestellten Teile der *Ausdruckswelt* und des *Phänotyps* landen, als vorschriftsmäßiges Dienstpaket «Nachlaß Rönne» getarnt, bei Oelze, dessen Frau die Manuskripte in Fischerhude bei Bremen in Sicherheit bringt. Und von Stund an gibt es keine Zeile, keine Korrektur, keine Rezen-

«Wirklich ein merkwürdiger, ungewöhnlicher Typ, gänzlich undeutsch... Haar fast weiß, sehr schlank, schmales spitzes Gesicht, Gesichtsfarbe rötlich wie bei Lungenkranken, unwahrscheinlich gut angezogen. Er sieht eigentlich aus wie aus einer Revue...» Benns Schilderung des Freundes aus dem Jahre 1936 scheint noch auf den Oelze der siebziger Jahre zuzutreffen.

sion, keinen Vortrag und keine Ehrung, von denen Oelze nicht ins Bild gesetzt wird: Oft genug bittet Benn um seinen Ratschlag.

Im Laufe der Jahre nehmen die persönlichen Themen zu, die Fragen des inneren und äußeren Befindens, des Alters, des Todes. Benn gibt seinem Freund ärztliche Ratschläge, diskutiert mit ihm die psychischen Grundlagen organischer Krankheiten: «Ihre geschilderten körperlichen Miß-zustände brauchen Sie nicht zu beunruhigen, sie sind die Steuer, die wir für unsere Nerven u. deren Verfeinerung zahlen müssen, niemand ist ohne dem groß u. alt geworden.» Gleichzeitig aber rät er ihm zu dem Hormonpräparat Proviron, «das Allgemeinbefinden u. Stimmung deutlich hebt, ohne etwa ein Aphrodisiacum zu sein. Wöchentlich 2 Spritzen. Ich könnte mir denken, daß es auch dem Ischias gut täte.»

Als Mitglied des Reichstuberkuloseausschusses kennt Benn die schnelle Zunahme der Lungenkrankheit aufgrund der Mangelernährung Ende des Krieges, und er warnt Oelze als «bedrohten Tbc-Typ» vor leichtfertigem Umgang mit einer Grippe. In einer Ferndiagnose glaubt er gar eine Sexualneurose zu entdecken und rät zur Psychoanalyse bei Viktor von Weizsäcker oder zur Selbstkur: «Über diesen Schatten kann man springen.» Der Arzt macht seinem Patienten gar Vorwürfe, er träte nicht genug von sich zurück, sei zu empfindlich; gleichzeitig berichtet er von eigenen «Dumpfheiten», denen sich auszubreiten Gelegenheit gegeben wird «in Hoffnung auf ihre dialectische Natur».

IV

Es sind die Zusammenhänge von privaten Lebensumständen und politischen Druckverhältnissen, in die wir bei aller Distanz doch Einsicht gewinnen, in die Gründe der seelischen Verzweiflungen beider Briefschreiber, in ihre Idiosynkrasien, ihre Erfolge und Zusammenbrüche. Für beide war das Übersenden von Gedichten oder Blumen, von literarischen Entwürfen oder Bremer Klaben, von Druckerzeugnissen, die sich mitunter dem «Sturzbach von Ideen u. Aphorismen» des Freundes verdanken, Teil eines Lebens geworden, dessen Gemeinsamkeit ausschließlich dem Papier überantwortet wurde. Und von dem Oelze ebenso profitierte wie der Dichter, denn in diesen Briefwechsel geht seine ganze Weltsicht ein, für den verhinderten Schriftsteller sind die Briefe das Lebenswerk.

Zum zehnjährigen Bestehen des Briefwechsels schreibt Benn im Mai 1942 an Oelze: «Unsere Korrespondenz war mir immer und wurde mir immer mehr eine große Bereicherung und Anregung, auch ein Maßstab für Gedanken und Formulierungen, die entstanden und sich aus unserer Unterhaltung ergaben. Sie haben diese Korrespondenz in genau dem gleichen Maße mitgeschaffen und zu der Intensität geführt, die sie fast immer in sich trug. Meine Hoffnung ist, mich immer dieser Korrespondenz würdig zu erweisen auch in dem, was in den kommenden Jahren meine Produktion noch von sich geben kann.»

Oelze hat den Freund um 22 Jahre überlebt, und da er nach dem Tode Benns 1956 mit diesem nicht mehr korrespondieren kann, korrespondiert er mit anderen Leuten *über* Benn. In den Briefen des alten Oelze werden die gleichen Themen und Fragen nach dem Sinn des Lebens behandelt, die gleiche Abscheu gegenüber den Ideologemen der Macht und der Gewalt findet ihren Ausdruck. 1963 plant Oelze, einen größeren Essay über Benn zu schreiben: «Benns Stellung in der deutschen und Welt-Literatur.» Er gibt Rechenschaft über seine andauernde Verehrung des Dichters und beruft sich auf ein Wort Thomas Manns über Wagner, das auch für Benn gelte: In seiner Kunst hätten sich «die Möglichkeiten von Popularität und letzter Ausgesuchtheit der Mittel und Wirkungen vereinigt», so daß seine Werke ein Doppelleben führten in ihrer Faszination für den Nichtintellektuellen ebenso wie für «die Elite der Überfeinerten, der Vielerfahrenen, der Leidenden und Alleswisser».

Gegen die Angriffe der Gegner, besonders der Gruppe 47, nimmt er ihn in Schutz. Er erklärt deren Ablehnung durch ein

Schuldgefühl, weil ohne Benn «weder ihre Prosa noch ihre Lyrik da wäre, aber er bleibt ihnen unheimlich, da sie ihn in keinem ihrer Schubfächer unterbringen können. Daher ihre manchmal bis zum offenen Haß gesteigerte Feindseligkeit oder ihr verlegenes Schweigen, oder ihr Achselzucken. Wenn irgendeiner, so flößt er ihnen das Gruseln ein, und seine Unheimlichkeit läßt sie die billigste aller Ausflüchte nicht verschmähen: Die moralische Verdammung, die nie ihren Eindruck verfehlt. Denn er ist viel zu drängend für ihre Trägheit, zu explosiv für ihre kühle Intelligenz. Auch sein Humor ist nicht von ihrer Art, er ist von einer ihnen fremden Substanz, einer originären Grausamkeit: man könnte sich denken, daß er in der orientalischen Sitte des Abschneidens beider Ohren eher einen Scherz gesehen hätte.»

Von allen, die Benn nahestanden, hat Oelze die unerbittliche Radikalität und Skepsis des Bennschen Denkens am besten gekannt. Er kannte auch die Widersprüche in dessen Charakter: einerseits das an Überheblichkeit grenzende Selbstbewußtsein, andererseits bescheidene Zurückhaltung; einerseits das Verlangen nach Anerkennung, andererseits die Auflehnung gegen die herrschende Meinung und gegen das Laster der Heuchelei. «Er sprach aus, was geeignet ist, das Wohlwollen zu stören, mit dem wir uns selbst betrachten; und er bezweifelte, daß unsere Überzeugungen allein aus der Erfahrung stammen und immer das Resultat einer freien Denk- und Willensentscheidung seien.»

Über Oelzes Trauer nach dem Tod Benns wissen wir nichts. Benns Anhänglichkeit und sein Verständnis für den Freund sind bezeugt. Oelze hatte Angst vor dem Tod, und Benn muß es gewußt haben. Als er selbst schon auf dem Sterbelager um sein Leben kämpft, schreibt er dem Freund auf einer Postkarte den Satz: «Jene Stunde... wird keine Schrecken haben seien Sie beruhigt, wir werden nicht fallen wir werden steigen.» Ein *Faust*-Zitat als Tröstung – eine letzte Anspielung auf die tiefe Bedeutung, die Goethe für diese Freundschaft gehabt hat.

Politik und Freundschaft

Konrad Adenauer und Dannie Heineman

von Henning Köhler

Freundschaften sind in der Politik selten, eher die Ausnahme. Das hängt gewiß nicht mit der oft zitierten, ein wenig platten Behauptung zusammen, Politik verderbe den Charakter, so daß Politiker eben auch keine Freundschaften schließen könnten. Damit macht man es sich wohl zu leicht. Wo aber liegen die Ursachen? Es mag sein, daß Freundschaft und politische Betätigung als Gegensatz empfunden werden: Freundschaft als eine umfassende, die ganze Persönlichkeit ergreifende, letztlich private Beziehung, der politische Bereich im Gegensatz dazu von Öffentlichkeit, Extrovertiertheit und Indiskretion bestimmt. Das ist kein Klima, in dem Freundschaften gedeihen.

Auch das soziale Umfeld und die Aktionsbedingungen, die das Leben des Politikers prägen, sind einer Freundschaft in der Regel nicht förderlich. Dem Politiker geht es stets um die Gewinnung oder Erhaltung von Macht. Dazu braucht er einen Kreis von zuverlässigen Helfern, Gefährten und Beratern. Der Politiker steht im Mittelpunkt einer ihn stützenden gesellschaftlichen Gruppierung und ist notwendigerweise ichbezogen: Auf seiner Ausstrahlung und Integrationskraft beruht der Erfolg der Gruppe. Er zieht Menschen an, benutzt sie oder wird von ihnen benutzt, da der Kontakt mit ihm – und sei er noch so freundschaftlich verbrämt – oft von eigensüchtigen Motiven wie Eitelkeit oder dem Wunsch nach Protektion bestimmt wird.

Bei Konrad Adenauer und Dannie Heineman ist das alles ganz anders. Hier entwickelt sich die Freundschaft in dem Moment, wo der Politiker Adenauer 1933 Amt und Einfluß verloren hat; sie wird erst durch den Tod Heinemans im Jahre 1962 ihr Ende finden, ohne daß die einzigartige Nachkriegskarriere Adenauers ihr Abbruch getan hätte.

Schon Adenauers Aufstieg als Politiker paßt nicht ganz in das gängige Schema. Er war 1917, noch in der Monarchie, mit Hilfe eines recht undemokratischen Zensuswahlrechtes für zwölf Jahre in das Amt des Oberbürgermeisters von Köln gewählt worden und hatte sich im Laufe der zwanziger Jahre zum Alleinherrscher in der Stadt entwickelt. Auf das Treiben der Parteien blickte er geringschätzig herab; den Wähler hielt er für dumm, aber beeinflußbar. Wenn man dem Bürger mit großartigen Baumaßnahmen wie dem Grüngürtel und der Mülheimer Brücke imponierte, so Adenauers Kalkül, wüßte er schon, wen er 1929 wiederzuwählen habe. Darin zeigte sich eine obrigkeitlich bestimmte Einstellung, wie sie für die Kaiserzeit typisch war, aber nach 1918 nicht mehr in die politische Landschaft paßte. Es war daher nicht verwunderlich, daß seine Wiederwahl zur Zitterpartie wurde und nur eine Stimme den Ausschlag gab.

Der Abgehobenheit vom politischen Getriebe entsprach Adenauers gesellschaftlicher Umgang. Es waren vor allem Industrielle, mit denen er verkehrte. Die Hinwendung zu markanten Unternehmerpersönlichkeiten wie August Thyssen, Peter Klöckner, Carl Duisberg ist bei Politikern, die Chefpositionen einnehmen, seien es Kanzler oder Ministerpräsidenten, durchaus häufig. Es ist geradezu die Gegenreaktion auf den alltäglichen politischen Betrieb, denn bei Industriellen fühlt sich der Politiker unter seinesgleichen. Man kommt mit Leuten zusammen, die die Welt aus der gleichen Perspektive, nämlich von oben, sehen.

Aber Adenauer war nicht nur der autoritäre Patriarch, der die Menschenverachtung kultivierte, wenn diese in Wirklichkeit auch gar nicht so stark ausgebildet war, wie er es nach außen zeigte. Er war auch ein Mensch, der zur Freundschaft begabt war. Als Student hatte er zu Raimund Schlüter, einem Kommilitonen, eine enge Verbindung gefunden; die Freunde wechselten gemeinsam die Universität, von Freiburg nach München, und unternahmen von dort weite Fahrten. Von München siedelten sie schließlich nach Bonn über und bereiteten sich dort gemeinsam auf das Referendarexamen vor. Schlüters Tod wenige Jahre später traf Adenauer tief.

Auch als Oberbürgermeister von Köln hatte Adenauer zumindest einen Freund: Anton Brüning, Direktor der Kölner Filiale der Deutschen Bank, zu dem sich von 1928 an ein immer engerer Kontakt ergab. Anton Brüning, der nicht mit dem Reichskanzler gleichen Namens verwandt war, muß eine gewinnende Art gehabt haben, die auch Adenauer stark beeindruckte. Brüning erwies sich auch als Freund und tatkräftiger Helfer, als es darum ging, die schon im Jahre 1929 bedenkliche Lage der städtischen Finanzen zu verschleiern. Die Freundschaft kam zu einem abrupten Ende, als Brüning 1933 verhaftet wurde – nicht aus politischen Gründen, sondern weil er sich als Hochstapler erwies. Er wurde wegen Untreue verurteilt.

Die Freundschaft zu Heineman hatte eine lange Vorgeschichte. Die erste Begegnung der beiden fand im Jahre 1907 statt, als es in Köln um die Elektrifizierung der Straßenbahn ging. Damals traf der jüngste Beigeordnete der Stadt Köln auf den Generaldirektor der Sofina, einer belgischen Firma, die auf dieses Gebiet spezialisiert war. Der Unterschied der beiden Persönlichkeiten hätte größer nicht sein können: Dannie Heineman, Bürger zweier Welten mit reicher internationaler Erfahrung, und der Kölner Beamtensohn aus bescheidenen Verhältnissen, der gerade die erste Stufe der Karriereleiter erklommen hatte.

Heineman war gut drei Jahre älter als Adenauer, konnte aber schon auf eine längere erfolgreiche Tätigkeit zurückblicken. Er wurde 1872 in Charlotte im amerikanischen Bundesstaat North Carolina geboren. Die Eltern waren deutsch-jüdischer Herkunft. Sein Vater, in der Kautabakbranche tätig, war schon in den USA geboren; seine Mutter kam als junges Mädchen aus dem Hannoverschen nach Charlotte, um als Stütze der Hausfrau in einer kinderreichen Familie zu arbeiten. Dort lernte sie James Heineman kennen und heiratete ihn. Das eheliche Glück währte nicht lange. 1880 starb der Vater im Alter von 36 Jahren. Die Mutter, die in den USA noch nicht Wurzeln geschlagen hatte, kehrte Mitte der achtziger Jahre mit den Kindern nach

Hannover zurück. Doch die Familie behielt mehr als nur eine Erinnerung an die Vereinigten Staaten, nämlich den amerikanischen Paß, den sie nicht zurückgaben. Für Dannie sollte sich die amerikanische Staatsbürgerschaft noch in mehrfacher Hinsicht auszahlen.

Die familiären Verhältnisse waren eng; als Gymnasiast besserte Dannie die Finanzen durch Nachhilfeunterricht in Englisch und Mathematik auf. Ursprünglich wollte er Medizin studieren; da erfuhr er, daß es an der Technischen Hochschule Hannover ein Stipendium für ein Maschinenbaustudium gab, das ein Amerikaner gestiftet und an die Bedingung geknüpft hatte, daß der Stipendiat US-Bürger sein müsse. So wurde Heineman statt Arzt Ingenieur und spezialisierte sich auf einen noch in den Anfängen steckenden Bereich, dessen ungeheure Entwicklungsmöglichkeiten aber schon absehbar waren, die Elektrotechnik. Er beschäftigte sich nicht nur mit der Stromerzeugung, also dem Bau von Turbinen, Elektrizitätswerken und Wasserkraftwerken, sondern behielt zugleich auch einen damals besonders wichtigen Stromverbraucher im Blick. Das waren die Straßenbahnen. Auf diesem Sektor waren verschiedene Unternehmen tätig, in Deutschland vornehmlich Siemens und AEG. Interessenten für Straßenbahnen, deren Bau erhebliche Kapitalien erforderte, waren vor allem die aufstrebenden Großstädte, die sie entweder in eigener Regie oder – häufiger – durch die Lizenzerteilung an private Gesellschaften betrieben.

Im Jahre 1895 begann Heineman seine Tätigkeit bei der Berliner Union Elektricitätsgesellschaft, einer Berliner Firma, die große Erfahrung beim Straßenbahnbau hatte. Zu dieser Zeit hatte General Electric dort bestimmenden Einfluß. Später, 1903, sollte sie mit der AEG, der eigentlichen deutschen Edison-Gesellschaft, fusionieren. Bei der Union galt die Regel, daß in der Geschäftsführung mindestens drei Amerikaner vertreten sein mußten. Heineman war der dritte – wieder hatte sich sein Paß vorteilhaft ausgewirkt.

Bei der Union blieb er sechs Jahre; er baute in dieser Zeit die Straßenbahn mit E-Werk in Koblenz, ein weiteres kleines E-Werk in Köln und ging für die Gesellschaft für drei Jahre, von

1898 bis 1901, nach Italien. Dort baute er neben einem der ersten italienischen Wasserkraftwerke bei Bologna vor allem Straßenbahnen in Neapel und die elektrische Ausstattung für die Zahnradbahn auf den Vesuv. Dabei kam ihm eine Fähigkeit zustatten, die ihm zeitlebens immer wieder äußerst nützlich sein sollte: seine Kontaktstärke und seine erstaunliche Vorurteilslosigkeit im Verkehr mit Menschen. Die Straßenbahnen in Neapel konnte er nur bauen, weil er sich rechtzeitig mit der Camorra ins Benehmen gesetzt hatte. Nach 1933 sollte er auch mit den Nazis fertig werden und selbst zu SS-Führern ähnliche Kontakte unterhalten.

Nach dem Italienaufenthalt ging Heineman nach Brüssel. Belgien war damals ein Zentrum der Hochfinanz, zugleich hatte die Industrialisierung dort bereits ein hohes Niveau erreicht. Nach einigen Jahren als Direktor der Union Electrique, an der General Electric sowie die Berliner Union beteiligt waren, wurde er 1905 Generaldirektor der Sofina in Brüssel. Der Titel wirkt pompös und war der Größe des Unternehmens keineswegs angemessen. Denn es gab neben Heineman nur noch einen Buchhalter und einen Laufburschen. Mit Heineman an der Spitze nahm die Sofina in den nächsten fünfzig Jahren jedoch eine gewaltige Entwicklung.

Die Sofina – Société Financière de Transports et d'Entreprises Industrielles – war eine Gründung von zwei belgischen Banken, die sich im Elektrizitäts- und Straßenbahngeschäft engagieren und Beteiligungen erwerben wollten. Das bedeutete jedoch nicht, daß die Gründerbanken stets das notwendige Kapital zur Verfügung gestellt hätten. Ganz im Gegenteil, der Erfolg Heinemans beruhte darauf, daß er, der das technische Know-how beherrschte, auch das Problem der Finanzierung löste, und so lockerten sich die Beziehungen zu den Gründern bald. Der Bau von E-Werken wie von Straßenbahnen erforderte einen hohen Kapitaleinsatz; das Kapital erwirtschaftete zwar Zinsen, diese waren im Vergleich zu anderen Bankgeschäften aber nicht sehr attraktiv. Aus diesem Grund hielten sich die Banken bei der Finanzierung zurück, und Heineman entwickelte im Laufe der Jahre eine starke Abneigung gegen das Kreditgewerbe. Jahre später schrieb er geringschätzig: «Ich habe seit langem aufgegeben, die Leistungen von Bankdirektoren zu bewerten, da meine Wertschätzung für sie niemals an die, welche sie für sich selbst haben, herangereicht hätte.»

Mit den zu teuren Krediten der risikoscheuen Banken konnte Heineman nicht viel anfangen, er erschloß sich daher eine andere Finanzierungsquelle. Das waren Lebensversicherungsgesellschaften, die ein Interesse hatten, die eingehenden Gelder in soliden Unternehmungen mit sicheren Renditen anzulegen. Und das war bei den von Heineman betriebenen Unternehmungen durchaus der Fall. Sein enormer geschäftlicher Erfolg beruhte auf drei Voraussetzungen: seinem technischen Fachwissen, seiner Findigkeit bei der Suche nach finanziellen Lösungen und seiner Solidität im Geschäftsgebaren. Dabei interessierte es ihn nicht, selbst Teilhaber oder gar Mehrheitseigner seiner Gesellschaft zu werden. Von den 600000 Aktien der Sofina besaß er nur einen Bruchteil – ganze 1800 Aktien.

Die Bekanntschaft mit dem Kommunalpolitiker Adenauer im Jahre 1907 hatte Johann Hamspohn vermittelt, ein Kölner Großbürger, der eine zu dieser Zeit seltene Verbindung von Politik und Wirtschaft verkörperte. In den achtziger Jahren liberaler Reichstagsabgeordneter, wandte er sich später der Elektroindustrie zu und wurde 1910 Direktor bei der AEG. Diese Position hielt er bis zu seinem Tod 1926 im Alter von 86 Jahren. Hamspohn muß auf die beiden wesentlich Jüngeren wie eine Vaterfigur gewirkt haben. Heineman kannte er schon lange, aber auch auf den jungen Assessor und späteren Beigeordneten Adenauer war er früh aufmerksam geworden und hatte dessen Fähigkeiten entdeckt. Darin war er sich mit dem Kölner Bankier Louis Hagen einig, der nach 1918 gegenüber Paul Tirard, dem Präsidenten der Interalliierten Rheinlandkommission, einmal erklärt hatte, Adenauer besitze die Fähigkeiten, «kraft seiner Autorität, seiner Energie und seiner Übersicht an der Spitze jedes zu bildenden Staatsgebildes zu stehen».

Vor dem Weltkrieg hatte die Bekanntschaft also begonnen, und sie wird bei der Elektrifizierung der Kölner Straßenbahn von 1910 an noch vertieft worden sein. Der Krieg unterbrach die Beziehungen. Heineman erlebte den deutschen Einmarsch in Brüssel und zog sich später in die USA zurück, wo er als Experte für europäische Fragen auch politisch aktiv wurde. So begleitete er 1915 Colonel House, Woodrow Wilsons engsten Ratgeber, auf einer diplomatischen Mission nach Italien. In den Nachkriegsjahren war es vor allem Hamspohn, über den der Kontakt lief. Er berichtete Heineman von den Aktivitäten des Kölner Oberbürgermeisters, und dieser erfuhr durch die Mitteilungen des AEG-Direktors, daß Heineman zu einer internationalen Größe in der Energiewirtschaft aufgestiegen war. Man sah sich selten, denn Köln lag abseits der Reiserouten, die Heineman von Brüssel nach London, Paris, Berlin und New York führten. Am ehesten trafen sie in Berlin zusammen, wo sie auch im selben Hotel, dem «Kaiserhof», abstiegen. So begegneten sie sich im Frühjahr 1926 dort, als Adenauer in den politischen Zirkeln der Hauptstadt als Kanzlerkandidat gehandelt wurde. Ob Heineman ihm zuriet, dieses Amt zu übernehmen? Adenauer hielt sich jedenfalls bedeckt, und zugleich tat sein Intimfeind Stresemann alles, eine Kandidatur Adenauers zu verhindern.

Politische und wirtschaftliche Krisen pflegen auch in den persönlichen Beziehungen oft Störungen zu verursachen. Da beim Geld bekanntlich die Freundschaft aufhört, sind es oft die Finanzen, die zu unerfreulichen Auseinandersetzungen Anlaß geben. Bei Adenauer und Heineman war es genau umgekehrt. Von 1929 an intensivierten sich die Beziehungen zwischen beiden, sie gestalteten sich immer harmonischer. Und das, obwohl es in erster Linie um die Finanzen ging, und zwar die der Stadt Köln. Die Initiative dazu ging von Adenauer aus.

Die Krise, die dann die «Große Krise» genannt werden sollte, nahte auf leisen Sohlen und machte sich frühzeitig bei den öffentlichen Finanzen bemerkbar. Hier war die Stadt Köln besonders anfällig, denn ihr Oberbürgermeister hatte eine ehrgeizige Baupolitik betrieben. Die städtische Verschuldung war außergewöhnlich hoch; zudem handelte es sich zu einem erheblichen Teil um kurzfristige Verpflichtungen. Wie konnte die Stadt den finanziellen Druck mindern? Der einzige Aktivposten, den die Stadt hatte, war ihr Elektrizitätswerk. Hier war der Ansatzpunkt für die Überlegungen Adenauers, mit Hilfe Heinemans eine finanzielle Konstruktion zu finden; wie das geschehen sollte, darüber freilich hatte Adenauer keine klaren Vorstellungen. Wichtig war ihm nur, finanziell etwas Luft zu bekommen. Er erhoffte Hilfe, die Heineman angesichts der sich verschärfenden Krise jedoch nicht leisten konnte. Das führt normalerweise zu Enttäuschungen, gegenseitigen Schuldzuweisungen und zum Abbruch der Kontakte. Aber obwohl der Finanzier Heineman nicht helfen konnte, war keine Verschlechterung, sondern vielmehr eine Intensivierung ihrer Beziehungen zu verzeichnen. Und das bei Adenauer, der mit Schuldzuweisungen an andere freigebig umzugehen pflegte.

Auf Adenauers erste Sondierungen reagierte Heineman durchaus aufgeschlossen. Er sah zwar Probleme, «aber die Schwierigkeiten machen das Problem um so interessanter». Sein Interesse war dabei nicht auf Köln begrenzt. Die Stadt am Rhein war kein Einzelfall, alle Kommunen hatten finanzielle Probleme, und viele hatten wie Köln ein Elektrizitätswerk. Und ein solches Unternehmen – das erkannte Heineman schon früh, und es sollte sich im weiteren Verlauf der Krise bewahrheiten – erwirtschaftete auch in der tiefsten Depression im Gegensatz zu vielen anderen Wirtschaftszweigen noch eine respektable Rendite. Konnte eine Lösung für das Kölner Problem gefunden werden, so hatte man damit ein Konzept auch für andere Städte, um eine Kapitalbeschaffung in großem Maßstab ins Werk zu setzen, gleichsam als Ersatz dafür, daß ausländische Gläubiger ihre Kredite abzogen und damit die Finanzkrise in Deutschland noch verschärften.

In strikter Vertraulichkeit erörterten die beiden das Problem. Heineman kam mehrmals nach Köln, auch zu repräsentativen Anlässen. An der Grundsteinlegung zum Neubau der Universität nahm er ebenso teil wie an der feierlichen Grundsteinlegung für die Kölner Ford-Werke, zu der Henry Ford eigens aus Amerika anreiste.

Am 3. März 1930 wandte sich Adenauer an Heineman, ob er

Der Oberbürgermeister von Köln, Konrad Adenauer, begleitet Reichspräsident Friedrich Ebert zur Eröffnung der Kölner Messe 1924.

nicht einen Vortrag an der Universität halten wolle. Am 28. November war es soweit; von Adenauer sorgfältig vorbereitet, der die Presse mit Vorausinformationen versorgte und sich persönlich um das Aufstellen eines Lautsprechers kümmerte, hielt Heineman einen Vortrag über die «Vereinigten Staaten von Europa», in dem er die USA als Vorbild empfahl. Die offensichtlichen Nachteile der verfassungspolitischen Entwicklung jenseits des Atlantiks müßten dabei allerdings vermieden werden. Das paßte zwar nach den Septemberwahlen von 1930 nicht mehr so richtig in die politische Landschaft, aber das wurde weder von Heineman noch von Adenauer so empfunden.

Das Wahlergebnis vom 14. September 1930 sah Adenauer noch nicht als Katastrophe an. Wenige Tage später, «aus dem schönen Urlaub ungern ... mit schwerem Herzen nach Köln zurückgekommen», schrieb er an Heineman: «Den Ausfall unserer Wahl halte ich nach mancher Beziehung für nicht so schlimm, wie es nach außen hin erscheint. Sehr bedenklich ist nur, daß es in Deutschland eine solche Millionenmenge von ganz radikalen und verzweifelten Menschen gibt. Ich rechne dazu die Kommunisten und die Nationalsozialisten. Hoffentlich bessert sich die wirtschaftliche Lage noch in absehbarer Zeit. Das wird das beste, aber auch das einzigste Mittel sein, um der Gefahren, die sich von der ganzen Situation ergeben, Herr zu werden.»

An der bescheidenen Teillösung des Problems, nämlich die Finanzen Kölns durch Veräußerung des städtischen Elektrizitätswerkes zu sanieren, hatten Adenauer und Heineman seit 1929 in aller Stille gearbeitet. Nach verschiedenen Unterredungen hatte Heinman einen Vertrag entworfen. Dieser sah die Überlassung des Werkes an eine Betriebsgesellschaft vor, wofür die Stadt ein Darlehen erhalten sollte. Adenauer reagierte jedoch ablehnend. Für ihn war es politisch nicht akzeptabel, daß die Stadt bei der Betriebsgesellschaft nicht mehr das Sagen haben sollte; für ihn mußte die Mehrheit bei der Stadt bleiben. Das wiederum war für Heineman nicht akzeptabel, denn wie sollte er Geldgeber interessieren, wenn die Gesellschaft von der Stadtverordnetenversammlung abhängen würde, die sich seiner Meinung nach häufig «nicht von ökonomischen, sondern von politischen Gesichtspunkten leiten» ließ. Es war charakteristisch für ihn, wie er auf Adenauers Sträuben reagierte. Er tat nichts und versuchte gar nicht erst, Druck auszuüben oder verlockende Angebote zu machen. Denn ihn interessierte ja nicht das Kölner Elektrizitätswerk, sondern eine am Beispiel Köln zu erprobende Lösung, über den Verkauf von Elektrizitätswerken die Kommunen finanziell zu entlasten.

Heineman hatte die Entwicklung der Weltwirtschaft genau verfolgt; so wußte er schon früh, daß Deutschland durch den verlorenen Krieg, die Inflation und die hohe Auslandsverschuldung besonders krisenanfällig war. Bereits am 9. Juli 1930, als in Deutschland bestenfalls in Ansätzen ein Bewußtsein von der heraufziehenden Krise vorhanden war, schrieb er an Adenauer: «Man muß, wie ich, sehr großes Vertrauen in Deutschland haben, wenn man angesichts dieser Weltlage bereit ist, große Summen in Deutschland zu investieren. Ich habe dieses Vertrauen.» Er bewies es auch, als er 1931 ein internationales Konsortium zusammenbrachte, das die Mehrheit der Berliner Bewag erwarb und damit die Stadt vor der Zahlungsunfähigkeit rettete.

Bei den entsprechenden Plänen in bezug auf Köln zögerte Heineman, denn er hatte das Gefühl, daß Adenauer «mit großem Widerstreben an den Gedanken herantreten» würde; er habe sich «infolgedessen sehr zurückgehalten». Die Reserviertheit Heinemans angesichts der wachsenden finanziellen Probleme Kölns hatte aber auf das persönliche Verhältnis der beiden, wie gesagt, keinerlei negative Auswirkungen. Der Brüsseler Industrielle blieb für Adenauer ein Hoffnungsträger, mit dem in Kontakt zu bleiben ihm ein Bedürfnis war.

Zugleich setzte Adenauer auf Heinemans internationale Beziehungen, um Aufschlüsse über eine ihn persönlich stark belastende Angelegenheit zu erhalten. Das betraf seine eigenen Finanzen. Er hatte 1928 sein ganzes Barvermögen in Höhe von rund einer Million in Aktien angelegt. Es handelte sich um Aktien von amerikanischen Tochtergesellschaften der Vereinigten Glanzstoff-Fabriken AG Wuppertal, damals einer der führenden deutschen Kunstseidehersteller. Schon Anfang 1929 verloren die Aktien an Wert, so daß Adenauer auf Kredit Aktien nachkaufte. Der New Yorker Börsenkrach im Herbst 1929 tat ein übriges, und die Kurse fielen ins Bodenlose; Adenauer verlor alles. Als er 1931 in der Zeitung etwas über Kapitalzusammenlegungen bei den amerikanischen Glanzstofftöchtern las, wandte er sich an Heineman mit der Bitte um nähere Auskünfte, da er «eine sehr unlautere Geschichte» dabei vermutete. Heineman wandte sich nach New York um Auskunft und schickte die detaillierte und differenzierende Antwort an Adenauer, der damit aber nicht viel anfangen konnte und bei seinen Vorwürfen blieb. Es ist sicher kein Zufall, daß er sich in dieser ihn ungemein beschäftigenden Frage an Heineman und nicht etwa an ihm bekannte Kölner Bankiers wandte. Bei ihm fühlte er sich sicher, auch wenn Heineman keineswegs mit der Position Adenauers übereinstimmte.

Die Reparations- und Bankenkrise im Juni und Juli 1931 beleuchtete kraß das ganze Ausmaß der Krise in Deutschland, und Heineman beurteilte die Situation entsprechend nüchtern. Für Adenauer aber hatte er einen Rat, der diesen schwerlich befriedigen konnte; er schrieb ihm am 12. Juni: «Nehmen Sie die Welt-Krisis mit einer philosophischen Ruhe auf.» Dafür hatte Adenauer nun gar kein Verständnis. Er wollte etwas tun, um die Krise zu bekämpfen, um Arbeit zu beschaffen, nicht aber die Hände in den Schoß legen und ihr Ende abwarten. Er antwortete ihm: «An sich ist doch die philosophische Ruhe durch die ganzen Ereignisse stark bedroht.» Und er fügte hinzu: «Darüber hoffentlich recht bald einmal mündlich.» Hier klingt der Wunsch nach dem direkten Kontakt, dem ausgedehnten Gespräch an, der in den kommenden Jahren für ihn eine entscheidende Bedeutung erlangen sollte.

Nun haben Adenauer und Heineman nicht nur über Finanzprobleme und die Wirtschaftskrise korrespondiert. Auch Lektüreempfehlungen, einschließlich Warnungen vor den falschen Büchern, tauschten sie aus. Adenauer zeigte sich sehr kritisch gegenüber Emil Ludwig, dem Bestsellerautor der zwanziger

Jahre: «Emil Ludwig ist ein gefährlicher Mann. Seine ersten Bücher waren gut. Jetzt fabriziert er Bücher. Seine historischen Feststellungen entbehren absolut der Sicherheit.» Heineman empfahl im Januar 1932 als Lektüre – wohl um dem Freund zur philosophischen Ruhe zu verhelfen – das Buch von Max Wirth: *Geschichte der Handelskrisen*, das schon fast fünfzig Jahre zuvor erschienen war. Adenauer quittierte den Hinweis mit den Worten: «Wenn man sieht, daß früher ähnliche Situationen gewesen sind und daß schließlich dann doch alles wieder in Ordnung gekommen ist, dann bekommt man mehr Mut.»

Der scheint ihm damals ein wenig abhanden gekommen zu sein. Am 26. Januar 1932, also noch vor der politischen Radikalisierung des Frühjahrs 1932, die mit der Reichspräsidentenwahl einsetzte, bei den preußischen Landtagswahlen sich steigerte und dann schließlich Ende Mai zum Sturz Brünings führen sollte, teilte er Heineman rückhaltlos seine Besorgnis über die Lage mit. Dieser weilte damals zur Erholung in Arosa. Adenauer schrieb – und das war sicherlich kein Zweckpessimismus: «Nur zu gerne würde ich Sie dort besuchen, aber man liegt an der Kette. Ich befürchte auch, daß ich ein schlechter Gefährte für einen Erholungsaufenthalt sein würde; denn ich habe noch nie eine politische und wirtschaftliche Situation seit 1918 so gründlich verfahren angeschaut wie die gegenwärtige. Wie Deutschland daraus herauskommt und wie Europa daraus herauskommt, das ist mir einstweilen völlig schleierhaft.»

Die Kontakte ließen im Laufe des Jahres 1932 nach. Adenauer war nach der Zahlungsunfähigkeit der Stadt Köln in seinen Möglichkeiten reduziert, sein politischer Ruf hatte Schaden gelitten, während Heineman seine Pläne für großzügige finanzielle Lösungen im Bereich der Elektrizitätswirtschaft zwar weiterverfolgte, aber nach der Sanierung der Bewag keine weiteren Erfolge in Deutschland verzeichnen konnte. Die wirtschaftlichen und politischen Verhältnisse schreckten ihn einfach ab.

Es war eine Pause in den Beziehungen eingetreten, keineswegs eine Entfremdung. Am 9. März 1933 schickte Heineman nach langer Zeit wieder einen Brief nach Köln. Er zeigte, wie stark ihn die weltweite Depression beschäftigte und daß er darüber die inzwischen eingetretenen politischen Veränderungen in Deutschland nicht mit der notwendigen Aufmerksamkeit zur Kenntnis genommen hatte. Er betrachtete die Krise als eine Krankheit, die alle Teile des Organismus – damit meinte er die internationale Staatenwelt – befallen habe. In bezug auf Deutschland vertrat er den Standpunkt, daß es «in der sehr glücklichen Lage» sei, weil es «den größten Teil der Krankheiten schon durchgemacht» habe. Das war ökonomisch zwar richtig, für Adenauer aber ein geringer Trost, denn die braune Flut war auch in Köln so weit gestiegen, daß er seine Stellung kaum behaupten konnte. Ihn wird vor allem interessiert haben, daß Heineman um den 20. März herum nach Berlin zu reisen und auf dem Rückweg in Köln Station zu machen gedachte. Adenauer reagierte sofort. Er wollte sich nicht auf die Ungewißheit einlassen, ob Heineman tatsächlich nach Köln kommen würde, und schrieb am 11. postwendend, er werde am 20. März für zwei bis drei Tage nach Berlin fahren.

Tatsächlich fuhr er schon früher. Am Sonntag, dem 12. März, fanden in Köln wie überall in Preußen Kommunalwahlen statt, die der Koalition aus NSDAP und Deutschnationalen eine knappe Mehrheit sicherten. Am Montag darauf wurde die Absetzung Adenauers angekündigt, eine SA-Wache zu seinem «Schutz» in sein Haus gelegt. Adenauer, der nicht warten wollte, bis man ihn als Gefangenen durch die Stadt führte, setzte sich kaltblütig ab. Vor Morgengrauen verließ er sein Haus und fuhr mit dem Wagen des Bankiers Pferdmenges nach Dortmund, um dort in den Zug nach Berlin zu steigen.

In Berlin angekommen, wo ihn keiner vermutete, begab er sich in die Wilhelmstraße 64, den Sitz des Preußischen Staatsministeriums, wo er als Präsident des Preußischen Staatsrates eine kleine, sorgfältig eingerichtete Dienstwohnung besaß. Hier, schräg gegenüber der Reichskanzlei, war er vor dem Terror der SA sicher – aber in welcher Lage befand er sich! Aus dem mächtigen Oberbürgermeister war fast über Nacht ein Flüchtling geworden, der Amt und Tätigkeit unter deprimierenden Umständen verloren hatte. Nachdem seine Kinder im Kölner Karitas-Krankenhaus Hohenlind untergebracht waren, kam seine

Frau zu ihm nach Berlin. Das half Adenauer über die schlimmsten Depressionen hinweg, aber dennoch empfand er seine Lage als hoffnungslos, vielleicht gerade weil er den sicheren Schlupfwinkel in der Wilhelmstraße hatte, in dem er völlig isoliert war.

Das Frühjahr 1933 bedeutet einen tiefen Einschnitt in den Beziehungen zwischen Adenauer und Heineman. War es bis dahin mehr eine von gegenseitiger Wertschätzung und Sympathie getragene Bekanntschaft gewesen, so wandelte sich das Verhältnis nun in eine Freundschaft. Voller Verzweiflung schrieb Adenauer am 11. April einen Brief nach Brüssel. Es war eine Bitte um Hilfe. Er skizzierte kurz seine Situation, das Ende seiner Karriere und die Erwartung einer bestenfalls kleinen Pension; er äußerte die «herzliche Bitte an Sie zu prüfen, ob es Ihnen nicht möglich ist, mir zu helfen, daß ich wieder zu einer wenigstens teilweise mich ausfüllenden Tätigkeit und Einkommen gelange». Der Brief schloß mit einem Satz, der Adenauers seelische Verfassung genau widerspiegelte: «Ich bitte mich zu verstehen, wenn ich mich brieflich so kurz wie möglich fasse, und Ihnen nur sage, daß meine Lage innerlich und äußerlich geradezu trostlos ist.»

Am folgenden Tag elektrisierte ihn die Nachricht, daß Heineman in Berlin sei. Sofort schrieb er ihm und bat um seinen Besuch. Er selbst wollte nicht in den «Kaiserhof» kommen – «ich bin dort zu bekannt» –, aber seine Wohnung war nur wenige Schritte vom Hotel entfernt, und Heineman kam. Ihm konnte er nun sein Herz ausschütten, und es bedarf keiner lebhaften Phantasie, sich die belebende Wirkung vorzustellen, die das Erscheinen des vitalen und optimistischen Heineman auslöste.

Adenauer hat nach dem Krieg häufig über diesen Besuch berichtet: wie er neue Hoffnung geschöpft habe und vor allem, daß Heineman ihm wirkungsvoll half, indem er ihm spontan 10000 RM gab, denn Adenauer plagten zu dieser Zeit auch finanzielle Sorgen. Seinem ersten Biographen, Paul Weymar, hat Adenauer plastisch erzählt, wie Heineman seine Brieftasche gezogen und ihm ein Kuvert mit dem Betrag – heute ungefähr das Zehnfache – überreicht habe. Ähnliches berichtet Adenauer auch in seinen *Erinnerungen.* Die Anekdote ist in sich schlüssig, und die Pointe – die Übergabe eines so großen Geldbetrages – hat wirklich stattgefunden, allerdings nicht in der von Adenauer überlieferten Form. Tatsächlich lagen zwischen dem Besuch in Berlin und der Geldübergabe – in Köln – über sechs Wochen.

Es geht nicht darum, zugunsten der prosaischen Wirklichkeit die Details nachzukarten. Viel wichtiger ist etwas anderes: In diesen Wochen beginnt die Freundschaft. Heineman muß Adenauer ganz spontan und ohne viel Aufhebens in Berlin die Zusage gemacht haben, er könne auf ihn rechnen, wenn er in finanzielle Schwierigkeiten gerate. Denn am 2. Mai kam Adenauer nach Schilderung seiner finanziellen Probleme zu dem Punkt, «von Ihrem großmütigen Anerbieten Gebrauch zu machen und Sie um Hilfe zu bitten». Diese Hilfe wollte er als Darlehen verstanden wissen, wobei er allerdings gleich hinzufügte, daß er nicht wisse, wann er es zurückzahlen könne.

Adenauer schrieb diesen Brief aus dem Kloster Maria Laach. Seine Dienstwohnung in Berlin hatte er am 25. April räumen müssen. Da er nicht nach Köln zurückkehren konnte, hatte er dankbar von dem Angebot des Abtes, eines Schulkameraden, Gebrauch gemacht und sich in das Kloster zurückgezogen. Der kontemplative Zuschnitt des mönchischen Lebens war neu für ihn, und die Umstellung fiel ihm nicht leicht. Am schwersten war die Untätigkeit zu ertragen. Adenauer las eine Menge, machte ausgedehnte Spaziergänge und wartete sehnlichst auf die Besuche seiner Frau oder eines der älteren Kinder – aber das konnte ihn nicht ausfüllen oder auch nur seine Sorgen mindern. Er hatte sich immer um alles selbst gekümmert, in der Stadtverwaltung wie in seinem Privathaushalt. So mußte ihn das Nichtstun um so härter treffen.

Als die erbetene Hilfe von Heineman kam, gab ihm dieser Beweis der Treue erheblichen Auftrieb. Heineman hatte Wort gehalten. Sein Brief vom 22. Mai war knapp, aber bedeutungsvoll. Nach einer kurzen Erklärung, warum er nicht eher antworten konnte, schrieb er: «Ich habe einen Freund gebeten, der geschäftlich in Köln ist, Ihre Frau am nächsten Freitag zu besuchen und Grüße von mir zu bestellen. Hoffentlich geht es Ihnen gut.» Und «mit herzlichen Grüßen» verabschiedet er sich als «Ihr sehr ergebener». Er kündigte also Hilfe an. Um dieser Hilfe jeden Charakter des Karitativen oder gar eines Darlehens zu nehmen, wechselte er in dem Brief die Anrede. Statt der üblichen konventionellen Anrede schrieb er einfach: «Lieber Freund». Mit dieser Anrede wollte er deutlich machen, daß das, was er gerade eingefädelt hatte, nichts anderes war als die Hilfe für einen Freund in Not. Diese Haltung behielt Heineman auch in der Folgezeit bei – obwohl Adenauer ein anstrengender Freund war. Man wird nicht viele Menschen finden, die in vergleichbarer Situation so vielseitig geholfen haben wie Dannie Heineman.

Am 2. Juni konnte Gussie Adenauer ihrem «liebsten Schatz» melden: «Soeben war ein Herr aus Berlin hier, der von Heinemans Freund ein Paket brachte (Inhalt 10000,-). Ich fahre sofort zu Oppenheim und werde es auf unser Konto notieren lassen. Fein, gelt? Ich freue mich noch mehr über die Zuverlässigkeit und Menschenfreundlichkeit von Heineman, doch das Geld ist auch herrlich.» Adenauers Antwort an den «lieben Freund» – die Anrede behielten sie nun bei – zeigte, wie sehr er die Hilfe schätzte. Er dankte «herzlichst für Ihre in so ausgezeichneter Weise durch die Tat gezeigte freundschaftliche Gesinnung. Sie helfen mir dadurch ganz wesentlich, auszuhalten bis zu einer hoffentlich in nicht zu langer Zeit eintretenden Besserung der ganzen Lage. Es drängt mich aber auch Ihnen zu sagen, wie sehr mich Ihre Selbstlosigkeit in der heutigen Zeit rührt und stärkt, ich hoffe, daß Sie mich verstehen, man braucht auch diese seelische Hilfe.» Damit hatte er gewiß nicht übertrieben, denn die menschliche Verbundenheit, das Wissen, daß er sich auf einen Freund wie Heineman verlassen konnte, bedeutete für Adenauer bei seinem labilen Zustand wahrscheinlich mehr als die willkommene Geldsumme.

Das drängendste Problem, unter dem Adenauer litt, blieb seine Beschäftigungslosigkeit. Er unterbreitete Heineman immer neue Pläne, wie er mit seiner Hilfe zu einer ihn ausfüllenden Tätigkeit zu kommen hoffte. Im Juni faszinierte ihn folgender Plan. Er hatte von Pferdmenges beiläufig gehört, daß das Bankhaus Levy, dem der jüngst verstorbene Louis Hagen vorgestanden hatte, mit dem Bankhaus Oppenheim zusammengelegt und neue potente Teilhaber – es war die Rede von Friedrich Flick und Albert Voegler – erhalten sollte. Da Reichsregierung und Reichsbank inzwischen ein Transfer-Moratorium für Zahlungen an das Ausland erlassen hatten und ausländische Kredite einschließlich der auflaufenden Zinsen nicht transferiert werden durften, schlug Adenauer vor, daß Heineman mit den in Deutschland blockierten Geldern seiner Firma sich ebenfalls an dieser vielversprechenden Privatbank beteiligen solle. Adenauer wollte dann als «Hüter Ihrer Interessen» in der Bank tätig werden, selbstverständlich nicht als Partner, aber doch in der Weise, «daß ich in irgendeiner Form etwas leisten kann».

Doch Heineman machte nicht mit. Er schrieb Adenauer, er halte es «für meine Gesellschaft für unmöglich, eine Beteiligung an einer Bank überhaupt zu nehmen, da dieses nicht in den Rahmen unserer Tätigkeit paßt». Mit Sicherheit kam eine weitere Überlegung hinzu. In der gesamten Korrespondenz mit Adenauer vor dem Zweiten Weltkrieg wird nie darauf Bezug genommen, daß Heineman Jude war. Nicht der kleinste Hinweis deutet darauf hin. Nach 1933 war Heineman in Deutschland nicht gefährdet. Ihn schützte der amerikanische Paß – jetzt wurde sein Besitz für ihn wohl am wichtigsten –, zugleich aber auch seine internationale Stellung in der Elektrizitätswirtschaft. Seine geschäftliche Tätigkeit in Deutschland fortzuführen war sicher schwierig genug. Es hieß jedoch seine Stellung gefährden, wenn er im Bankwesen Fuß faßte, war es doch das erklärte Ziel der Nazis, das «raffende Kapital» der jüdischen Banken unschädlich zu machen. Das war ein Risiko, das Heineman unmöglich eingehen konnte, hier mußte er bremsen. Das gleiche war der Fall, als Adenauer ihn drängte, ihm ein Aufsichtsratsmandat zu besorgen oder gar wegen der zu erzielenden Provision als Vermittler bei Geschäften tätig zu werden. Adenauer selbst war für solche Tätigkeiten zu prominent; das damit verbundene Aufsehen mußte unbedingt vermieden werden.

Das alles bedeutete nicht, daß Heineman nicht nach einer Beschäftigung für Adenauer Ausschau gehalten hätte. Selbst in Belgien sah er sich um und sprach deshalb die Bürgermeister von Brüssel und Antwerpen an, die Adenauer kannten und schätzten. Aber alle Mühe war vergeblich. Dafür gelang es Heineman unter Einschaltung des AEG-Vorsitzenden Bücher, Adenauers ältesten Sohn Konrad in der AEG unterzubringen. «Das ist der erste Lichtblick für mich seit zehn Monaten», schrieb ihm der Vater im Januar 1934. Auch auf anderem Gebiet half Heineman. Adenauer hatte das Desaster seiner Glanzstoff-Aktienspekulation keine Ruhe gelassen; selbst gegen die Deutsche Bank glaubte er Regreßansprüche geltend machen zu können. Heineman schickte ihm einen Rechtsanwalt, mit dem Adenauer verschiedene Schriftsätze verfaßte.

Die Monate in der Abgeschiedenheit des Klosters waren für Adenauer keine Zeit der Sammlung, sondern bedeuteten eine furchtbare Belastung. Sah er einen Hoffnungsschimmer, wie etwa im Juni die erhoffte Tätigkeit in der von Pferdmenges geleiteten Bank in Köln, dann schrieb er: «Ich denke, daß ich meinen Sturz ziemlich überwunden habe.» Aber einen Monat später, als sich nichts rührte, klang es ganz anders: «Dieses untätige, nicht ausgefüllte Dasein bringt mich fast um, und ich denke geradezu mit Grauen an die Zukunft, wenn das so jahraus jahrein weitergehen soll.» Im Oktober 1933 geriet er in eine schwere Krise. Am 9. Oktober schrieb Gussie alarmiert an Heineman: «Ich war einige Tage bei meinem Mann, der sehr leidet. Ich glaube, es würde eine wahre Wohltat sein, wenn Sie ihn bald einmal aufsuchen könnten.» Sie hatte nicht übertrieben.

Wenige Tage später, am 14. Oktober, schilderte Adenauer seinem Freund rückhaltlos seine Verzweiflung über die quälende Untätigkeit, die finanziellen Sorgen und die ramponierten Nerven. Seit seiner Absetzung im März litt er unter massiver Schlaflosigkeit. Wohl keinem anderen hätte er so offen geschrieben, wie es tatsächlich in ihm aussah: «Ich möchte meine Gemütsverfassung nicht mit vielen Worten schildern und mich damit begnügen, das eine zu sagen: Wenn nicht meine Familie und meine religiösen Grundsätze wären, hätte ich lange meinem Leben ein Ende gemacht, es ist so wirklich nicht lebenswert.»

In dieser niederdrückenden, selbstquälerischen Stimmung gab es nur eines, was Adenauer geradezu elektrisierte: Das war die Hoffnung auf eine persönliche Begegnung mit Heineman, eine Aussprache über die Probleme, die ihn bewegten, aber auch der Austausch über die politische Entwicklung in der Welt. Wenn es auch infolge der Verpflichtungen Heinemans nicht häufig zu einem Treffen kam, war schon die Aussicht darauf für Adenauer ein Orientierungspunkt, der seinem Denken eine Richtung gab.

Die Frage einer neuen beruflichen Tätigkeit erledigte sich für Adenauer im Jahre 1934, als er wieder mit seiner Familie zusammenleben konnte. Da war für Beschäftigung gesorgt, denn die Familie bedeutete ihm unendlich viel. Den finanziellen Druck milderte Heineman wirkungsvoll, indem er aus einem Altmark-Guthaben Geld abhob – in der Regel 1000 RM – und ihm übersandte. Das System spielte sich ein. Heinemans Berliner Sekretärin, Fräulein Schönfelder, überwies prompt, wann immer ein Gruß an sie ausgerichtet, für einen Besuch gedankt oder mitgeteilt wurde, daß Frau Adenauer «sich sehr freuen würde, wenn Fräulein Schönfelder sie im Laufe des Monats einmal aufsuchen wird». 1935 übernahm dann ein Herr Schlüter in Köln die Geldsendungen.

Nachdem Adenauer im Jahre 1937 einen Vergleich mit der Stadt Köln geschlossen und im selben Jahr sein Haus in Rhöndorf gebaut hatte, verlief sein Leben in ruhigeren Bahnen. Nun konnte er sogar wieder an Auslandsreisen denken, nicht zuletzt dank der Devisen, die Heineman ihm zukommen ließ. Im Januar 1938 besuchte er zum erstenmal den Freund in Brüssel, im August desselben Jahres trafen sich die beiden Ehepaare in Lausanne. Im Sommer 1939 machte Adenauer mit seiner Frau ausgedehnte Ferien in der Schweiz. Er hoffte Heineman dort zu treffen, denn auch die Liebe zu den Schweizer Bergen einte sie. Adenauer legte wie immer «aus persönlichen und sachlichen Gründen größten Wert auf ein Zusammentreffen mit Ihnen». Heineman war dazu bereit, konnte aber erst später kommen und schlug als Termin den 28. August vor. Vorsorglich legte er dem Brief 500 Franken bei, um Adenauers Reisekasse zu füllen. Der

Dank Heinemans Devisen konnten Adenauer und seine Frau 1938/39 mehrere Auslandsreisen unternehmen; im Januar 1938 besuchten beide den Freund in Brüssel. Oben: Grußkarte vom Brüsseler Besuch an den Sohn Adenauers in Berlin. Mitte: Heinemans Villa in Brüssel. Unten: Gussie Adenauer, Hettie, Marion und Dannie Heineman, Adenauer (von rechts nach links) in Brüssel.

herausziehende Krieg machte den Plan zunichte. Am 26. August schrieb Heineman kurz, «ich kann natürlich unter den gegenwärtigen Umständen nicht am 28. ds. Mts. mich mit Ihnen treffen».

Mit Ausbruch des Krieges riß der Kontakt für Jahre ab. 1945 versuchte Adenauer, die Korrespondenz wiederaufzunehmen, aber sein Brief erreichte nicht den Empfänger. Erst im April 1947 erfuhr er die Adresse Heinemans in den USA und schrieb wieder einen Brief, der Auskunft darüber gab, wie es ihm und seiner Familie in den letzten Jahren ergangen war. Seine Stellung als Vorsitzender der CDU in der britischen Zone kommentierte er so: «Ich habe in dieser meiner Eigenschaft mehr Arbeit und körperlich anstrengende Arbeit durch das ständige Reisen, als ich je früher gehabt habe.» Welch ein Gegensatz zu den Klagen über die quälende Untätigkeit nach der Machtergreifung! Ein Treffen mit Heineman im Juni 1947 konnte Adenauer nicht wahrnehmen, denn er mußte zu diesem Zeitpunkt der entscheidenden Sitzung des Frankfurter Wirtschaftsrates, des Bizonen-Parlamentes, beiwohnen, als die Direktorenposten besetzt und mit der Wahl Ludwig Erhards zum Direktor für Wirtschaft die Frontstellung gegen die Sozialdemokratie erfolgte. Auch eine Begegnung in Brüssel kam nicht zustande.

Über Heinemans Sohn Stephen, der ihn einmal in Rhöndorf besuchte, blieb Adenauer mit der Familie in Kontakt. Der Vater scheint damals Schwierigkeiten gehabt zu haben, woraus sich wohl seine Schweigsamkeit erklärt. Geradezu tröstend schrieb Adenauer im November 1948 dem Sohn: «Bitte, sagen Sie Ihrem Vater, er soll es nicht zu tragisch nehmen, wenn er nicht mit allen seinen Plänen durchkommt. Ich glaube, er hat soviel geleistet, daß er mit seinem Leben zufrieden sein kann.» Hier macht sich schon der Unterschied bemerkbar, jene immer größer werdende Kluft, die Adenauer fortan von seinem Altersgenossen trennte. Wenn er schrieb, der fast 76jährige Heineman könne stolz auf sein Lebenswerk zurückblicken, hatte er damit völlig recht. Aber es wirkt eigenartig, wenn der fast Gleichaltrige dem Freund diesen Rat gab, den er für sich selbst energisch zurückgewiesen hätte. Für ihn gab es keinen Blick zurück, keinen Stolz und keine Zufriedenheit mit dem Erreichten, er war auf die Zukunft eingestellt, die politische Zukunft Deutschlands, die er an führender Stelle mitgestalten wollte.

Heineman gratulierte am 6. September 1949 zum Wahlerfolg und war im Hinblick auf die bevorstehende Kanzlerschaft Adenauers von deren Gelingen von vornherein überzeugt: «Sie werden es sicher schaffen. Viel Glück! Ihre Jahre zählen nicht.»

Wie richtig er mit dieser Prognose lag, konnte er damals nicht ahnen. Am Schluß seines Briefes teilte er noch eine Sentenz mit: «Die Volkswirtschaft regiert die Welt. Die Politik verdirbt sie sehr häufig.» Es war die Schlußfolgerung eines Unternehmers, dessen Denken und Handeln um den weltweit steigenden Energiebedarf kreiste und der überall auf politische Schwierigkeiten stieß, die von Land zu Land verschieden waren. So war es ganz natürlich, daß er die Politik lediglich als störendes Element empfand, das ihn bei der Realisierung seiner Pläne behinderte.

Adenauer wußte damit nicht viel anzufangen; er stimmte ihm mit Einschränkungen zu: «Sie haben recht, wirtschaftliches Denken könnte alles in Ordnung bringen, aber politisches Denken ist oft sehr unvernünftig, weil es von Leidenschaften geleitet wird.» Politik könnte also vernünftig sein, wenn Leidenschaften außen vor blieben. Im Rückblick ist die Feststellung erlaubt, daß die Ära Adenauer eine schlagende Widerlegung der These Heinemans darstellt. Denn die durch Adenauer geschaffene Stabilität, von der Wirtschaftspolitik Erhards wirkungsvoll unterstützt, verschaffte der Wirtschaft verläßliche Rahmenbedingungen und sorgte zugleich für die Schwachen, daß sie nicht unter die Räder einer sich selbst überlassenen Wirtschaft kamen.

Der Kontakt zwischen den Freunden wurde durch die ungeheure Arbeitslast, die der Kanzler vom Beginn seiner Amtstätigkeit an zu bewältigen hatte, nicht wesentlich beeinträchtigt. «Ich werde mich ganz besonders freuen», schrieb Adenauer am 12. November 1949, «Sie recht bald hier in Deutschland wiederzusehen, da es eine ganze Anzahl wichtiger Fragen gibt, die ich gerne mit Ihnen besprochen hätte.» Trotz des auf ihm lastenden Drucks zeigte er sich optimistisch: «Ich hoffe aber, daß es gelingt, mit Geduld und Zähigkeit die hauptsächlichen Schwierigkeiten zu überwinden und Deutschland Schritt für Schritt in die Gemeinschaft der westlichen Nationen zurückzuführen.»

Im Sommer 1950 hielten sich Heineman und seine Frau längere Zeit in Europa auf. Ende Juli erholten sie sich im Engadin, während Adenauer seit dem 14. Juli auf dem Bürgenstock über dem Vierwaldstätter See seine schwere Lungenentzündung, die ihn im Mai befallen hatte, endgültig auskurierte. Im Gegensatz zu Adenauer ließ Heineman die Koreakrise kalt. Ihn interessierte der Schuman-Plan weit mehr. Er war der Meinung, man müsse dem Plan etwas hinzufügen, was «die Phantasie der einzelnen Vertragsnationen anregt». Er schlug deshalb die Einführung eines Europapasses vor, der «den Bürgern zeigen wird, daß etwas Besonderes entschieden wird und eine Zusammengehörigkeit der Bürger der verschiedenen Nationen entstanden ist». Adenauer antwortete postwendend, er werde «den Gedanken des Europa-Passes im geeigneten Augenblick in die Debatte werfen», und bedauerte, daß noch immer «manche Widersacher gegen den Europa-Gedanken ihre Stimmen erheben». Wie viele Jahrzehnte sollten noch vergehen, bis der Plan verwirklicht wurde!

Vor der Abreise Adenauers auf den Bürgenstock hatten sich die Freunde getroffen. Heineman war beeindruckt: «Die Unterhaltung mit Ihnen in Bonn war ehrenvoll und bringt Gewinn. Ich habe noch viel über dieselbe nachgedacht.» Zum Schluß seines Europa-Aufenthaltes ließ er es sich nicht nehmen, von Brüssel noch einmal an den Rhein zu kommen. Am 12. November machte er seinen Abschiedsbesuch in Rhöndorf. Im Anschluß an das Gespräch muß Adenauer der Gedanke gekommen sein, mit Hilfe Heinemans an einflußreicher Stelle in Washington seine politischen Vorstellungen zur deutschen Wiederbewaffnung vorzutragen. Denn seit der westlichen Außenministerkonferenz im September 1950 trat man auf der Stelle. Den Kanzler reizte offensichtlich die Möglichkeit, in einem persönlichen Brief seine Vorstellungen zur Wiederbewaffnung und ihrer Durchführung Regierungskreisen in Washington darzulegen und zugleich die kontrollierende Zwischeninstanz der Hohen Kommission in Mehlem zu umgehen. Heineman traf dann in New York zwar General Eisenhower, der Adenauers Brief beeindruckend fand, aber die Wirkung in Washington blieb letztlich gering, da die Sichtweise des Kanzlers nicht mit der des offiziellen Washington übereinstimmte.

Heineman brachte die Differenz der Anschauungen einprägsam zum Ausdruck. Adenauer habe ihm gesagt, «daß die Leute fürchten, daß eine Verständigung zwischen den Vereinigten Staaten und Rußland auf Kosten des Westens Europas zustande kommen würde». Das war der «Potsdam-Komplex» des Kanzlers, damals stark ausgebildet. Doch die Amerikaner sahen es anders: «Hier fürchtet man, daß eine Verständigung zwischen Rußland und West-Deutschland an der Tagesordnung ist, nach dem Muster Hitler-Rußland.» Auch dem Hohen Kommissar John McCloy hatte Heineman Adenauers Brief zur Frage der Wiederbewaffnung geschickt, der bei diesem allerdings eine kritische Reaktion auslöste. Zur Beschwichtigung schrieb ihm Heineman, daß nichts für Adenauer charakteristischer sei als «sein Deutschtum (im guten Sinne)». Ihn bedrücke ungemein stark der tiefe Fall, den die Deutschen erlitten hätten, so daß er die westliche Hilfe nicht immer richtig bewerte. Einem hohen Diplomaten schrieb er zur Erklärung, es seien «ganz offene Aussagen Adenauers, wie man sie nur einem Freund übermittelt».

War auch die Privatdiplomatie nicht sehr erfolgreich, so werden diese Aktivitäten für Heineman dennoch ein Ansporn gewesen sein, auch nach seinem 80. Geburtstag sich noch nicht auf das Altenteil zurückzuziehen. Adenauer lobte diesen Entschluß ausdrücklich und fügte hinzu: «Ich glaube, daß Sie ohne Arbeit überhaupt nicht leben können.» Heineman selbst drückte es so aus: «Sie halten mich vielleicht für zu ehrgeizig, aber da ich mich wohlfühle, kann ich es nicht lassen.»

Der triumphale Erfolg des ersten USA-Besuches Adenauers im Frühjahr 1953 stellte auch in der Entwicklung der persönlichen Beziehung einen Höhepunkt dar. Selbstverständlich war genügend Zeit für einen Besuch in Heinemans Haus in Greenwich bei New York eingeplant. Wie stark ihn der Besuch beeindruckte, zeigt Adenauers Brief nach der Rückkehr: «Mein erster Brief gilt Ihnen. Sie glauben nicht, wie sehr ich mich gefreut habe, Ihre Familie und Ihr Haus kennenzulernen und Ihre

Foto der beiden Freunde im Alter.

Frau wiederzusehen. Der Besuch, den wir Ihnen damals in Brüssel gemacht haben, kam mir sehr ins Gedächtnis zurück. Meine ganze Reise in den Vereinigten Staaten wird in meiner Erinnerung bleiben als eine wirklich schöne und erfolgreiche Zeit.»

In der Folgezeit machte sich bei Heineman doch das Bedürfnis bemerkbar, das Arbeitstempo zu drosseln. 1955, nach 50 Jahren erfolgreicher Tätigkeit, trat er als Generaldirektor der Sofina zurück. Seine Briefe wurden länger, sie nahmen einen mehr kontemplativen Charakter an. Rückblicke auf seine beruflichen Anfänge, Erinnerungen an das Rheinland vor 50 Jahren, vor allem aber häufige Bezugnahmen auf sein Lebenswerk, den Siegeslauf der Elektrizität, das Wachstum der Stromerzeugung und die ökonomischen Probleme in den verschiedenen Ländern, die er aus eigener Anschauung kennengelernt hatte, tauchen immer wieder auf. Der Kanzler kam mit der Korrespondenz nicht mehr mit. Ihm fehlte einfach die Zeit, lange Briefe zu schreiben.

Heineman hatte dafür Verständnis. Am 18. März 1955 beendete er einen langen Brief mit den Sätzen: «Ich hatte das Bedürfnis, Ihnen zu schreiben. Ich habe in Ihnen einen Menschen gefunden, der in mir das Gefühl erweckt, daß es einen Sinn hat, einen Freund zu besitzen. Ich habe sehr wenige, unter den wenigen treten Sie an erster Stelle.» Das Glückwunschschreiben zum 80. Geburtstag des Kanzlers benutzte dieser, um auch etwas Grundsätzliches über ihre Freundschaft zu schreiben. Sechs Wochen nach dem Geburtstag, der eine Staatsaktion mit riesiger Gratulationscour war, die sich über zwei Tage hinzog, fand er die Zeit, «Glückwunschbriefe, die mir besonders am Herzen liegen, ausführlicher zu beantworten»: «Ich möchte Ihnen einige Sätze schreiben über etwas Bleibendes, und das ist unsere Freundschaft... Freundschaft ist, wie ich glaube, der wertvollste Besitz eines Menschen. Sie haben sie mir geschenkt, ich habe sie Ihnen geschenkt. Dafür danke ich Ihnen herzlich.» Eine selbstbewußte und zugleich noble Feststellung.

Mit den Jahren pendelte sich der Verkehr entsprechend ihren unterschiedlichen Aufgaben ein. Heineman schrieb unterhaltsame, informationsreiche Briefe und kam hin und wieder nach Bonn; Adenauer besuchte ihn bei seinen zahlreichen Aufenthalten in den USA. Des Kanzlers Kinder wurden in die Beziehung miteinbezogen. An Max Adenauer, damals Oberstadtdirektor von Köln, wandte sich Heineman etwa, um sich nach einem passenden Geburtstagsgeschenk zu erkundigen. Es wurde schließlich ein kleiner Pavillon, der im Garten oberhalb des Hauses Aufstellung fand. Heineman versorgte den Freund auch mit den nachgerade berühmt gewordenen Pepita-Hüten, die der Kanzler vornehmlich beim Bocciaspielen trug. Das ursprüngliche Modell hatte der Schauspieler Rex Harrison als Professor Higgins in der New Yorker Aufführung des Musicals *My Fair Lady* getragen. Heineman schickte dem Kanzler außerdem Artikel aus amerikanischen Zeitungen. Adenauer wiederum versuchte über Heineman auf den bekannten Journalisten James Reston einzuwirken, den er sehr schätzte. Heineman war Anhänger der Demokraten; daher begrüßte er rückhaltlos die Wahl John F. Kennedys zum Präsidenten der Vereinigten Staaten. Adenauer hatte dagegen auf Nixon gesetzt und konnte die Begeisterung seines Freundes nicht teilen. Er erwiderte diplomatisch, daß er überzeugt sei, «daß der neue Präsident ... die Gewähr dafür bietet, mit Klugheit und Stärke die Politik seines Vorgängers in den wesentlichsten Linien fortzusetzen».

Ein empörendes Ereignis war schließlich der Anlaß, im Januar 1960 sich noch einmal gegenseitig der Freundschaft zu versichern. In der Weihnachtsnacht 1959 wurde die nur wenige Monate zuvor eingeweihte Kölner Synagoge durch Hakenkreuzschmierereien geschändet. Wie eine Epidemie griffen die Schändungen von Synagogen, Friedhöfen und Gedenksteinen in Westdeutschland, aber auch im europäischen Ausland um sich. Sie bewirkten im Ausland scharfe antideutsche Reaktionen und weitverbreitete Zweifel an der demokratischen Zuverlässigkeit der Deutschen. Adenauer nahm in einer Rundfunkansprache am 10. Januar 1960 entschieden dagegen Stellung, erregte aber zugleich dadurch Aufsehen, daß er zur Selbstjustiz gegenüber rechtsradikalen Tätern aufforderte; sie sollten sofort verprügelt werden. Heineman ging in einem Brief am 19. Januar auf die Ereignisse ein: «Es ist merkwürdig, wie die jüdische Frage immer wieder zum Vorschein kommt. Ich glaube, es ist eine Frage, die niemals verschwinden wird.» Als wesentlichen Fortschritt erkannte er jedoch, «daß junge Leute jetzt stolz sind, Juden zu sein, und es nicht verheimlichen, wie es früher so oft geschah».

Einen Passus in der Ansprache des Kanzlers bezog Heineman natürlich auf sich selbst. Adenauer hatte gesagt: «Nun, zwei Juden waren es, die, als meine Familie und ich uns in der Zeit des Nationalsozialismus in großer finanzieller Bedrängnis befanden, als erste mir finanzielle Hilfe anboten. Sie wußten, wie ich zu den Juden gestanden habe.» Dazu schrieb nun Heineman: «Ich möchte hierzu bemerken, daß es für mich natürlich war, einem Freunde behilflich zu sein, aber auch mit dem Gefühl, der Welt einen großen Dienst zu leisten. Dieses ist kein Rückblick, sondern Freundschaft und Dienst an der Welt. Ich hätte niemals darüber gesprochen, auch nicht mit Ihnen. Sie haben die Frage aufgegriffen. Ich hoffe, Sie hat Ihnen nicht geschadet, mir auch sicherlich nicht, im Gegenteil. Ich schreibe Ihnen dieses, da Sie sich jetzt in den Zeitungen äußern. Wir haben niemals darüber geschrieben, dieses ist das erste und letzte Mal.» Der alte Mann war, bedingt durch die aktuellen politischen Ereignisse, noch einmal auf die entscheidende Weichenstellung zurückgekommen, als sie wirklich Freunde wurden. In einfachen, doch ergreifenden Worten hatte er seinen Gefühlen Ausdruck verliehen.

Bei Adenauers vorletztem Aufenthalt in den USA, im November 1961, konnten die Freunde sich nicht sehen. Adenauer, schwer erkältet, mußte den Besuch in Washington abkürzen und flog so schnell wie möglich nach Deutschland zurück. Heineman lag krank in New York. Im Dezember wurde er in ein Krankenhaus eingeliefert; er schrieb von schmerzhaften Muskelentzündungen, die ihn plagten, war aber guter Dinge und hoffte bis zuletzt, das Krankenhaus bald verlassen zu können.

Doch die Zeit war abgelaufen. Dannie Heineman starb am 31. Januar 1962. Damit endete eine Beziehung, die mehr als 50 Jahre umfaßte, Höhen und Tiefen erlebt hatte, doch niemals durch persönliche Mißklänge getrübt war.

«Im gleichen Gang und Feldzugsplan»

Ernst Bloch und Rudi Dutschke

von Peter Zudeick

Liebe auf den ersten Blick war es nicht. Und daß hier zwei Lebenslinien – sozusagen «schicksalhaft» – aufeinander zuliefen, wird man auch nicht sagen können. Sie liefen vielmehr zunächst zielstrebig aneinander vorbei.

Der junge DDR-Bürger Rudi Dutschke hatte eigentlich in Leipzig Sportjournalismus studieren wollen. 1957, anläßlich einer Generalversammlung der Schul- und Parteileitung in der Gerhart-Hauptmann-Oberschule in Luckenwalde, hatte der 17jährige vor versammelter Schüler- und Lehrerschaft erklärt, daß er den obligatorischen «freiwilligen» Dienst in der Kasernierten Volkspolizei nach der Schule ablehne. Damit war ein gutes Abitur verpatzt, wegen «ungesellschaftlichen Verhaltens» gab es nur ein «genügend», und das bedeutete: Bewährung in der Produktion, sprich Berufsausbildung. Leipzig war gestorben.

1957 war in Leipzig der Philosophie-Professor Ernst Bloch, 72 Jahre alt, als Verderber der Jugend und Ketzer wider die marxistisch-leninistische Orthodoxie zwangsemeritiert worden, er wurde mit Lehr- und Veröffentlichungsverbot belegt, totgeschwiegen. Als im August 1961 die Mauer gebaut wurde, befand Bloch sich auf einer Vortragsreise in Westdeutschland, er blieb dort. Rudi Dutschke war zu dieser Zeit in West-Berlin, hatte gerade das West-Abitur nachgeholt und wollte an der Freien Universität Soziologie studieren. Auch er blieb im Westen.

Ob Rudi Dutschke von den Vorgängen um den alten Rebellen gegen den Ulbricht-Staat in Leipzig überhaupt etwas mitbekommen hat, ist fraglich. Es gibt auch keine Anzeichen dafür, daß er die Parallelität des lebensgeschichtlichen Bruchs 1961 wahrgenommen hat. In bestimmten akademischen Kreisen, vor allem im theologischen und religionsphilosophischen Umfeld, war Bloch zwar schon lange ein Begriff. 1959 war sein *Prinzip Hoffnung* auch im Westen erschienen, im selben Jahr veröffentlichte er die *Spuren*, und wer in der Marxismus-Debatte zu Hause war, für den war Ernst Bloch eine Art Geheimtip. Aber Rudi Dutschke war in der Marxismus-Debatte durchaus nicht zu Hause, dem christlich erzogenen DDR-Bürger waren die Partei-«Marxisten-Leninisten» in und um Luckenwalde gehörig auf die Nerven gegangen. Zwar hätte da eine Beschäftigung mit Dissidenten im SED-Staat nahegelegen – und Ernst Bloch war einer der ersten und einer der prominentesten –, aber es ist unwahrscheinlich, daß die Kunde von Leipziger (und Berliner) Marxistenverfolgungen bis nach Luckenwalde gedrungen war. Deutschland im Jahre 1961: Da standen sich Ernst Bloch und Rudi Dutschke so fern, wie das im zerrissenen Deutschland nur möglich war.

Von hier an freilich – als der Knoten einmal aufs ungünstigste geschürzt war – liefen beider Lebenslinien mit einer gewissen Konsequenz doch aufeinander zu. Das ist zunächst einmal der Neugier und dem Starrsinn des Rudi Dutschke geschuldet, der nun im Westen auf einmal nichts Wichtigeres zu tun hatte, als sich mit dem Marxismus zu beschäftigen. Bernd Rabehl, einer seiner ersten Freunde, auch aus der DDR gekommen, hat sich darüber immer wieder gewundert: «Er las Lenin, ich Camus, und ich konnte nicht verstehen, wie jemand, der aus der DDR kommt, jetzt noch Lenin liest.» Jetzt noch? Gerade jetzt! Denn für Dutschke war wichtig, «nun auch zu studieren, was mit meiner unmittelbaren Geschichts- und Lebenserfahrung in der DDR nicht übereinstimmte und dennoch etwas damit zu tun hatte».

Dutschke will zurück zu den Wurzeln, er will wissen, was Sozialisten und Kommunisten gedacht, angestrebt haben, bevor die Stalins mit ihren Nagelstiefeln und die Ulbrichts mit ihren rosa Häkeldeckchen den Sozialismus zur blutigen Fratze oder zur lächerlich-kleinbürgerlichen Karikatur verkommen ließen. Dutschke notiert: «Die mehrmalige Lektüre von Isaac Deutscher hat da auf der historischen Seite eine große Rolle gespielt, wie auf der philosophischen Ebene die noch viel intensivere Studiererei von Lukács' ‹Geschichte und Klassenbewußtsein›. Über Lukács und dessen Lebensgeschichte stieß ich auf Ernst Bloch. Über diese beiden erfolgte die erste Marx- und Engels-Rezeption, wurden die ersten Widersprüche und übersehenen Fragestellungen mitgeschleppt. Sah wohl richtig die geschichtliche Einheit von Lukács und Bloch, dennoch in keiner Art und Weise die Differenz der philosophischen Wege.»

Der letzte Hinweis ist bedeutsam: Bloch spielt in den frühen Jahren von Dutschkes wissenschaftlichem und politischem Engagement eine eher untergeordnete Rolle. Die Beschäftigung mit Georg Lukács nimmt ihn eine ganze Weile in Anspruch, und er hat wohl zunächst geglaubt, mit Lukács habe er Bloch sozusagen «inklusive». Dabei spricht einiges dafür, daß Dutschke schon Anfang der sechziger Jahre Bloch gelesen hat. Im März 1965 notiert er in sein Tagebuch, daß Blochs Hegel-Buch *Subjekt-Objekt* und die Monographie über Thomas Münzer «mich so beeinflußten». Bernd Rabehl erinnert sich, daß beide außer *Subjekt-Objekt* auch Blochs Faschismus-Analysen *Erbschaft dieser Zeit* gelesen haben. Gerade darin freilich meinten beide wenig mehr als alte KPD-Positionen zu finden, vor allem Blochs Haltung zum Stalinismus blieb nach ihrer Einschätzung schmerzlich hinter seinem philosophischen Niveau zurück. Noch zehn Jahre später, in einem Beitrag zu Blochs 90. Geburtstag 1975, schreibt Dutschke über *Erbschaft dieser Zeit*: «Die Forderung nach Freiheit, konkreter Wahrheit und realer Humanität als Kriterien sozialer Emanzipation macht vor den Toren Moskaus halt.»

Das war ein ständiger Stachel in der Auseinandersetzung Dutschkes mit Bloch. Aber es blieb immerhin bei Beschäftigung und Auseinandersetzung, nur kehrten sich deren Ergebnisse zunächst nicht nach außen. 1963 hatte Dutschke sich der «Subversiven Aktion» angeschlossen, die später im SDS aufging. In deren Zeitschrift *Anschlag* erschien im August 1964 sein erster Aufsatz. Er fängt so an: «Es gibt noch keinen Sozialismus auf der Erde; der Sozialismus ist weiterhin eine reale Kategorie des Noch-Nicht-Seins, der durch den Kampf der revolutionären Kräfte im Weltmaßstab in die gesellschaftliche Wirklichkeit gebracht werden muß.» Das ist Originalton Ernst Bloch, vor allem der fast beiläufige Gebrauch der Wendung «reale Kategorie des Noch-Nicht-Seins» mag als Hinweis dafür gelten, daß Dutschke zu dieser Zeit Bloch nicht nur gelesen hat, sondern sich in dessen Begriffsapparat offensichtlich zu Hause fühlt.

Das zeigt auch die weitere Argumentation. Ausgehend von Marxens Diktum: «Es genügt nicht, daß der Gedanke zur Verwirklichung drängt, die Wirklichkeit muß sich auch zum Gedanken drängen», erklärt Dutschke: «Unsere Gedanken, die zur Wirklichkeit drängen, auf Verwirklichung des Gedankens aus sind, müssen auf eine Wirklichkeit treffen, die schon so in Bewegung geraten, so schwanger von Enthüllungswillen ist, daß der revolutionäre Gedanke, die revolutionäre Theorie ‹nur› noch der Ausdruck der Bewußtwerdung und Bewußtmachung der gesellschaftlichen Wirklichkeit ist, unmittelbar von den Massen ergriffen, zur ‹materiellen Gewalt› wird.»

Bloch hat sich, vor allem in seiner Hegel-Interpretation, immer wieder auf diesen Marx-Satz berufen und ihn genauso interpretiert, wie Dutschke ihn paraphrasiert. Und noch ein Hinweis: In der Auseinandersetzung um Grundsatzpositionen der «Subversiven Aktion» Anfang 1965 schreibt Dutschke einen Brief an die Freunde in München, in dem er sich wortreich auf Marx, Marcuse, Lukács und andere Größen der Marxismus-Debatte beruft. Bloch kommt nur einmal vor, scheinbar am Rande, tatsächlich aber an zentraler Stelle, nämlich mit einem Zitat, das die Wankelmütigkeit der Genossen der «Subversiven Aktion» charakterisieren soll: «Nur die Feigen reden sich aus allem heraus, die Lügner bleiben allgemein. Dabei sind sie wortreich, verstecken sich in weiten oder spinösen Gewändern und suchen immer woanders zu sein als dort, wo man sie ertappt. Aber das Wahre kann nicht bestimmt genug werden, auch dann und gerade dann, wenn die Sache vor dem Blick noch dämmert.» Das ist eine Passage aus dem *Prinzip Hoffnung*, von

Dutschke freilich zitiert aus dem Aufsatz *Keim und Grundlinie*, der 1953 in der *Zeitschrift für Philosophie* in der DDR erschienen war, einem von mehreren Vorabdrucken aus dem *Prinzip Hoffnung*. Daß er diesen Aufsatz kennt, ist bemerkenswert.

Als Dutschke schließlich im Oktober 1966 für den SDS eine *Ausgewählte und kommentierte Bibliographie des revolutionären Sozialismus von Karl Marx bis in die Gegenwart* schreibt, ist sein Repertoire beachtlich: Marx, Engels, Lenin, Trotzki, Luxemburg, Kautsky, Kropotkin, Korsch, Lukács, Marcuse, Lefèbvre – Ernst Bloch kommt nicht vor. Und doch argumentiert Dutschke ganz im Geiste Blochs: Für eine Neubegründung der revolutionären Theorie und Praxis reichten Marx und die anderen «Klassiker» nicht aus; man müsse auch berücksichtigen, was vor, neben und nach Marx als Sozialismus gedacht worden ist, «und zwar als ambivalente Antworten auf die jeweiligen Veränderungen der geschichtlichen Wirklichkeit: besonders gilt das für die nachmarxsche Zeit».

Später hat Dutschke gelegentlich darauf hingewiesen, daß er Bloch zwar erst 1968 persönlich kennengelernt hat: «Seine Werke und die Lebensgeschichte der Blochs waren mir allerdings schon seit Jahren vertraut.» Es spricht einiges dafür, daß dies keine nachträgliche Geschichtskosmetik ist. Gretchen Dutschke erinnert sich, daß Rudi schon 1964, als die beiden sich kennenlernten, viel über Bloch gesprochen habe, vor allem über dessen *Thomas Münzer*. Das Buch kannte Rudi gut; es war für ihn so wichtig, daß er es seiner Freundin nicht nur zum Lesen gab: «Er hat es mit mir durchgearbeitet, Satz für Satz.»

Rudi Dutschke war christlich erzogen, er hatte aus christlicher Überzeugung den Dienst bei der Volkspolizei abgelehnt. 1975 schreibt er: «Ich habe meine christliche Vergangenheit niemals liquidiert. In der Aufhebung blieb die Erbschaft erhalten. Was so viele Links-Agitatoren nie verstanden haben.» Es lag nahe, daß ihn Blochs Untersuchung des rebellischen Erbes im Christentum besonders faszinierte, der Bogen, den Bloch vom sozialrevolutionären Kern des Christentums zu Marxismus und Sozialismus schlug.

Die Figur Thomas Münzers und die Geschichte der Bauernkriege des 16. Jahrhunderts zeigen exemplarisch Blochs Vorstellung von subversiver Revolutionsgeschichte, die sich durchhält bis ins Heute. «Die Toten kehren, wie im neuen Ton, so im neuanzeigenden Sinnzusammenhang wieder, und begriffene Geschichte, gestellt unter die fortwährenden revolutionären Begriffe, zur Legende getrieben und durcherleuchtet, wird unverlorene Funktion in ihrer auf Revolution und Apokalypse bezogenen Zeugenfülle. Sie ist keineswegs zerfallene Bilderfolge, keineswegs auch ein festes Epos des Fortschritts und der heilsökonomischen Vorsehung, sondern harte, gefährdete Fahrt, ein Leiden, Wandern, Irren, Suchen nach der verborgenen Heimat; voll von tragischer Durchstörung, kochend, geborsten von Sprüngen, Ausbrüchen, einsamen Versprechungen, diskontinuierlich geladen mit dem Gewissen des Lichts.»

Bauernkrieg und Thomas Münzer sind zwar Vergangenheit, Münzer ist tot, und die Sieger schreiben die Geschichte. Aber: «Geschlagen ziehen wir nach Haus, unsre Enkel fechten's besser aus», sangen die Bauern des 16. Jahrhunderts, und das ist die Kampfparole, die Bloch mit neuem Leben erfüllen will: «Münzer verwandte Tage sind wieder gekommen, und sie werden nicht mehr ruhen, bis ihre Tat getan ist. Nun stehen, großgewachsen, die Erben der Münzerschen Webergesellen und Tuchknappen auf dem revolutionären Plan, nicht mehr zu vertreiben; die Zeit geht aufrecht unter ihrer Last, ihrer Sendung; die letzte sozial mögliche Klasse, Erbin der Bauernschaft, losreißende Tangentialkraft ins Unendliche, wird befreit, die Sprengung des Klassen- und Machtprinzips, die letzte irdische Revolution steht in Geburt.» Das ist 1921 geschrieben, und über 40 Jahre später mögen dem jungen Rebellen Rudi Dutschke die Wangen geglüht haben bei der Vorstellung, daß «Münzer verwandte Tage» wieder hereinbrechen könnten.

Für Bloch gibt es ein Gewissen der Tradition, eine «unterirdische Geschichte der Revolution», und die proletarische Revolution tritt seiner Meinung, seiner Hoffnung nach dieses Erbe an. «Derart also vereinigen sich endlich Marxismus und Traum des Unbedingten im gleichen Gang und Feldzugsplan; als Kraft der Fahrt und Ende aller Umwelt, in der der Mensch ein gedrücktes, ein verächtliches, ein verschollenes Wesen war, als Umbau des Sterns Erde und Berufung, Schöpfung, Erzwingung des Reichs: Münzer mit allen Chiliasten bleibt Rufer auf dieser stürmischen Pilgerfahrt.» Hier, bei Thomas Münzer und der unterirdischen Revolutionsgeschichte, begegnen sich Bloch und Dutschke zuerst und am intensivsten. «Im gleichen Gang und Feldzugsplan»: Diesen Titel gibt Rudi Dutschke 1975 seinem Geburtstagsartikel für Ernst Bloch.

«Wohlan, ich will aufrührerisch sein»

Welche Rolle Bloch in den frühen Berliner Jahren für Dutschke auch immer gespielt haben mag, er steht – wenn es um die aktuellen politischen Auseinandersetzungen geht – nicht in vorderster Front, eher als freundlicher Wegbegleiter im Hintergrund. Das liegt zum einen daran, daß die Stichworte für Apo und Studentenrevolte von anderen geliefert wurden, von Herbert Marcuse zum Beispiel. Und das wiederum hat damit zu tun, daß Marcuse da war, greifbar war, in Berlin Vorlesungen hielt, an Diskussionen teilnahm. Zwar hat es wohl einmal eine Art Begegnung zwischen Dutschke und Bloch in Berlin gegeben: Ende Januar 1965 nahm Bloch an den Universitätstagen teil, da mag Dutschke ihn gesehen haben. Interessant die späteren Interpretationen dieses – nur auf Vermutungen beruhenden – Zusammentreffens. Dutschke-Biograph Jürgen Miermeister schreibt, Dutschke sei bei dieser Gelegenheit «in verehrender Distanz» geblieben. Welf Schröter, Mitherausgeber des Briefwechsels Bloch-Dutschke, weiß mehr: «Aus kühler Distanz blickte der Antiautoritäre auf die philosophische Autorität aus Leipzig und blieb merkwürdig unberührt von dessen marxistischer Eloquenz. Bloch strahlte zu diesem Zeitpunkt keine Faszination auf den jungen Anhänger von Lukács' ‹Geschichte und Klassenbewußtsein› aus.»

Die «kühle Distanz» ist sicherlich eine recht kühne Interpretation, aber der Hinweis auf Georg Lukács bleibt richtig: An ihm zuallererst arbeitete der junge Dutschke sich ab auf der Suche nach Anleitungen zu revolutionärer Praxis. Er kam nicht etwa auf die Idee, Ernst Bloch in Tübingen zu besuchen, bei ihm zu studieren oder auch nur gelegentlich in sein Seminar zu gehen. Er pilgerte statt dessen Anfang Mai 1966 mit einigen Freunden nach Budapest zu Lukács. Dessen frühe politische Schriften vor allem führte Dutschke in Auseinandersetzungen im Berliner SDS immer wieder an, zumal wenn es um Fragen von Legalität und Illegalität ging, um Parteiorganisation, Probleme der revolutionären Avantgarde. Bei ihm hatte er auch gelesen, daß Stalins Politik zu einem «Unsichtbarwerden der sozialistischen Perspektive in der Welt» geführt habe, ihn wollte er ausfragen über die Rolle der Intellektuellen in der Revolution, über Kaderpolitik und Massenbewegung.

«Alle waren wir aufgeregt, den alten Genossen zu treffen», schreibt Dutschke ins Tagebuch. Aber der alte Genosse hatte offenbar wenig Lust, *die* scharfe Stalinismus-Kritik zu liefern, die der junge Genosse von ihm erwartete, und Positionen, die er in den zwanziger Jahren mal eingenommen hatte, interessierten ihn wohl nicht mehr sonderlich. «Als ich ihn über die KPU-Fraktionen der 20er Jahre befragte», schreibt Dutschke, «war er erstaunt, einen jungen West-Berliner Sozialisten zu treffen, der verrückt detailliert viele Einzelheiten der Parteigeschichte kannte». Im Frühjahr 1967 fährt er zum zweitenmal nach Budapest, das Ergebnis ist ähnlich enttäuschend. Was Dutschke aber nicht hindert, in Berlin weiterhin die Positionen des frühen Lukács zu vertreten.

«Herbert Marcuse als soziologischer, Ernst Bloch als philosophischer Prophet und Georg Lukács als Ausdruck der kommunistischen Reform-Opposition im Warschauer Pakt bildeten in der Neuen Linken der 60er Jahre durchaus eine Einheit», schreibt Dutschke 1975, wohl wissend, daß Blochs Einfluß auf die heranwachsende undogmatische Linke erst allmählich wuchs. Spätestens 1966 freilich war Ernst Bloch den meisten Akteuren der Apo ein Begriff. Am 30. Oktober sprach er gegen die Notstandsgesetze bei der Kundgebung auf dem Frankfurter Römerberg. «Wir kommen zusammen, um den Anfän-

Der junge Bloch (Gemälde von Willy Geiger 1921)...

gen zu wehren. Diese kennen wir bereits aus den ersten Sätzen der Notverordnung; die weiteren sollen uns erst später bleich machen. Absicht und Tenor der Sache sind so klar wie unheimlich, auch wenn, ja gerade wenn die Ausführungsbestimmungen, die ergänzenden, noch geheime Reichssache sind.» Bloch erinnert an den unseligen Artikel 48 der Weimarer Verfassung, der die Demokratie schützen sollte und letztlich den Nazis den Weg bahnte: «Die Spuren also schrecken, wir wollen

... auf seiten der Studenten: Rudi Dutschke.

uns von ihnen endlich aufschrecken lassen. Wir Wissenschaftler, die den Aufruf gegen den Skandal unterschrieben haben, rufen mit dem einsichtigen überwiegenden Teil der Gewerkschaften zum Protest auf, ehe es zu spät ist. Die alten Herren mit ihrem Artikel 48 haben bereits die Vergangenheit verspielt, die neuen Herren mit ihrem Notstandsrecht sollen nicht unsere Zukunft verspielen.»

Da horchten manche auf, die Ernst Bloch bis dahin bestenfalls als interessanten alten Mann am Rande des westlichen Kulturbetriebs wahrgenommen hatten. Bloch steht von Anfang an und in aller Radikalität auf seiten der rebellierenden Studenten. Als ihm im Oktober 1967 der Friedenspreis des Deutschen Buchhandels verliehen wird, verschreckt Bloch Laudatoren und Honoratioren mit aufrührerischen Tönen: «Nur sanft sein heißt nicht gut sein. Die vielen Schwächlinge, die wir haben, sind noch nicht friedlich. Sie sind es nur im billigen, schlechten Sinne des Wortes, sind es nämlich allzu leicht. Zwar, als kleine Kinder ließen sie sich nichts gefallen, die begehren auf, daß man wunders meint, was es mit uns auf sich habe. Aber danach kamen auf zehn Aufstände tausend Kriege, und die Opfer leben brav. Daneben überall die vielen Duckmäuser, sagen nicht so und sagen nicht so, damit es nachher nicht heißt, sie hätten so oder so gesagt. Sie gibt es auch, und sie geben sich als besonders friedlich, diese Stillen im Lande, sind aber doch mehr feig und verkrochen.» Da redet einer, dem ein *Friedens*preis verliehen wird, dem Widerstand das Wort: «Widerstand der sozial-humanen Vernunft, aktiv, ohne Ausrede.»

Wovon Bloch da konkret redet, ist jedem klar: Fünf Monate vorher war in Berlin Benno Ohnesorg erschossen worden, hatte die Staatsmacht sich schützend vor den Schah von Persien gestellt und mit Polizeiknüppeln den studentischen Protest beantwortet. Diese Art von Staatsmacht weiß Bloch wohl zu würdigen: «So auch etwa als Polizei: Liebend gerne ein Freund des Publikums und ein guter Vater des reibungslosen Verkehrs. Wenn es aber einmal hart auf hart geht, werden ausschließlich die nicht so rechten, also mehr linken Leute, die sich aufzulehnen scheinen, anders behandelt. Diese latente Gewalt, die auf der herrschenden Seite war, konnte sofort sehr aktuell werden. Die anderen haben selbstverständlich angefangen, in der Obrigkeit, im Staat selbst ist keine Gewalt.» Dagegen, der herrschenden Gewalt und der Gewalt der Herrschenden zur Warnung, zitiert Bloch Thomas Münzer: «Unsere Herren machen es selber, daß der gemeine Mann ihnen feind wird und sich empört, und das heißen sie dann Aufruhr. Wohlan, ich will aufrührerisch sein.»

Blochs Friedenspreis-Rede ist kein Einzelfall: Sein Engagement für die Studentenbewegung zieht sich durch eine Vielzahl von Aufsätzen, Erklärungen, Interviews, er setzt große Hoffnung darein. «Man hat nicht mehr, aber auch nicht weniger als einen Vormärz um sich.» Allerdings bleibt für ihn klar, daß eine wirkliche gesellschaftliche Revolution nur geleistet werden kann von der Klasse, die Marx «Proletariat» nannte, wie auch immer diese Klasse unter den Bedingungen spätkapitalistischer Industriegesellschaften neu definiert werden müßte. Der Ruf nach einem «neuen revolutionären Subjekt» ist ihm suspekt, er plädiert für die «Rückgewinnung des Proletariats, so daß eine riesige Majorität im Sinn eines revolutionären Subjekts neu entsteht. Es muß sich der Sozialismus also wieder zurück in das verwandeln, was ihm an der Wiege gesungen wurde.»

Was Bloch überrascht und fasziniert, ist die Tatsache, daß es überhaupt eine studentische Rebellion gibt. «Was ist da aus den deutschen Studenten geworden, die früher im Glück der Bügelfalte geschwelgt haben? Ein ganz anderer Typ Student ist erschienen.» Einer, der zwar nicht – wie Arbeiter und Angestellte – ökonomisch unterdrückt und ausgebeutet wird, aber sich «gegen alles Unterdrückende, Manipuliertmachende, alles Leben Automatisierende, vom allgemeinen Management bis hin zum Besonderen akademischen Patriarchentums» auflehnt, gegen ein gesamtgesellschaftliches Herr-Knecht-Verhältnis. Die Studenten haben «dieses andere subversive Element der Revolution wieder zum Bewußtsein gebracht», den moralischen Anspruch auf den «aufrechten Gang». Als 20jähriger hatte Bloch geschrieben: «Der aufrechte Gang wird am letzten gelernt, Kopf oben, frei umherblickend, nur dazu ist er da.» Er registriert mit Freude, daß dieses Motiv über 60 Jahre später junge Menschen wieder antreibt.

Zwar bemängelt Bloch, daß die Studentenrevolte – im Unterschied zu früheren Rebellionen (1832, 1848, 1917/18) – noch nicht so recht weiß, was sie will. Aber immerhin weiß man schon, was man nicht will, darin ist das Positive zumindest angedeutet. Und die Gewaltanwendung von Studenten verteidigt

Bloch als «Aufruhr gegen primäre Unterdrückung». Das Einschlagen von Fensterscheiben könne insofern, wenn es sich nicht um blinde Aggression handelt, seinen Sinn haben, nämlich als Gegenwehr gegen institutionelle Gewalt. «Folglich: die Gewalt des Aufruhrs ist nicht die primäre, sie wendet sich vielmehr gegen die überall vorhandene Unterdrückungsmacht der herrschenden Verhältnisse.»

Das ist eine Sprache, die aufrührerische Studenten sonst von Professoren, auch von «linken» Professoren, nicht eben häufig hören. Dieser alte Philosoph im beschaulichen Tübingen hat sich eine Radikalität des Denkens und Sprechens bewahrt, die viele junge Leute fasziniert. «Die Nazis wurden wegen ähnlicher Verbrechen, wie sie die Amerikaner gegen das vietnamesische Volk seit Jahren begehen, von einem Nürnberger Gericht unter dem Vorsitz eines amerikanischen Richters zu den strengsten Strafen verurteilt. Wann endlich merkt die Welt diese Parallele, urteilt und handelt danach?»

Diese Erklärung zum Vietnamkrieg wollte Bloch beim «Internationalen Vietnam-Kongreß» am 17./18. Februar 1968 in Berlin vortragen, wo er Rudi Dutschke treffen sollte, eine Woche vorher war eine Begegnung in Bad Boll geplant. Jetzt, Anfang 1968, strebten der alte und der junge Rebell mit Macht aufeinander zu. Mit einiger Sicherheit war es Dutschke, der im SDS die Initiative zur Einladung Blochs nach Berlin ergriffen hatte, und Bloch hatte für den Auftritt Dutschkes in Bad Boll gesorgt. Aber zum Treffen in Berlin kam es nicht: Bloch sagte kurzfristig ab. «Leider hat mein Mann seinen Sinn plötzlich geändert, obwohl er vorher fest entschlossen war zu kommen. Er glaubte, daß sein alleiniges bundesrepublikanisches Auftreten eher schaden als nützen könne», schreibt Karola Bloch an Rudi Dutschke. Eine merkwürdige Absage mit einer merkwürdigen Begründung. «Aber Sie wissen», fährt sie fort, «daß die Abwesenheit in Berlin keinesfalls die mindeste Distanzierung von Ihnen und Ihrer Sache bedeutet, Sie wissen, daß Sie in Ernst Bloch einen Freund haben.» Ob sich diese Bemerkung auf die allgemeine Sympathie Blochs für die Studentenbewegung bezieht oder ob es vorher doch schon – brieflichen? – Kontakt gegeben hat, läßt sich nicht rekonstruieren. Bad Boll jedenfalls ist die erste persönliche Begegnung der beiden.

«Heiterkeit in die Revolution bringen»

«Der alte und der junge Mann sind fasziniert voneinander», schreibt Gerhard Mauz im *Spiegel* nach dieser denkwürdigen Veranstaltung in der Evangelischen Akademie am 11. Februar 1968. Der Berichterstatter selbst ist es offensichtlich auch: «Man hat Rudi Dutschke selten so aufmerksam gesehen wie in Bad Boll, so bemüht gesehen zu antworten. Ernst Bloch, der ‹verehrte Professor Bloch›, ist für ihn eine Instanz, der er sich stellen möchte. Ernst Bloch seinerseits lauscht intensiv, wenn Rudi Dutschke spricht, nicht mit der Herablassung des weltberühmten Älteren, der sein Ohr leiht, sondern gespannt, erwartungsvoll: Er wartet nicht erst seit gestern auf Echo.»

Also doch Liebe auf den ersten Blick? Zumindest wenn wir es wörtlich nehmen wollen, wenn es also tatsächlich um das erste Zusammentreffen von Ernst Bloch und Rudi Dutschke geht. Als «Freundschaft auf den ersten Blick» hat Karola Bloch diese Begegnung erlebt. Und das ist wohl nicht übertrieben. Zwar findet in Bad Boll eine «Podiumsdiskussion» statt, an der die üblichen akademischen Zelebritäten teilnehmen – das Thema lautet: «Novus ordo saeculorum oder Das Problem der Revolution in Deutschland», und ursprünglich sollten die Herren Professoren unter sich bleiben –, aber Bloch hatte bei der Vorbereitung der Veranstaltung darauf gedrängt, mit Dutschke direkt zu diskutieren. «Dabei wurde Rudolf Dutschke zwar kein Referat zugestanden», schreibt der Direktor der Akademie an die Teilnehmer. «Diese werden vielmehr ausschließlich von bekannten Professoren gehalten. Es ist aber vorgesehen, in einer Diskussion Rudolf Dutschke mit diesen Professoren zu konfrontieren.»

So war es geplant. Aber die Veranstaltung wird bald zu einem Gespräch Bloch-Dutschke, die anderen Teilnehmer sind Staffage. «Rudi Dutschke antwortet jedem, doch genaugenommen ist allein Ernst Bloch sein Gesprächspartner», schreibt Gerhard Mauz. «Ernst Bloch will von Rudi Dutschke nichts über taktische Finessen wissen: Er möchte wissen, ob dieser junge Mann einer ist, der nicht sich selbst und die anderen betrügt.» Und auf der anderen Seite: «Rudi Dutschke, um Ernst Bloch werbend und ihn gewinnend, trug Gedanken und Vorstellungen vor, denen vorzuwerfen ist – ihre Differenzierung.» Diese Differenzierungen sind für den Berichterstatter so neu, daß der *Spiegel* zwei Wochen später mit einer umfangreichen Dokumentation des Gesprächs von Bad Boll nachlegt. Titel: «Heiterkeit in die Revolution bringen».

An dem, was Dutschke in Bad Boll sagte, war nichts wirklich neu. Nur war man vor diesem Forum gezwungen, ihm anders zuzuhören. Distanz zum Ostblock-Sozialismus, Kritik am Voluntarismus der Studentenbewegung, Fragen der Avantgarde und Parteiorganisation – wer in der Studentenbewegung nur Krawall hatte sehen wollen, registrierte das alles mit zweifelnd-freundlich hochgezogenen Augenbrauen. Nicht so Ernst Bloch: Was Dutschke zu sagen hatte, war *sein* Thema seit langem. Und was Bloch zur studentischen Jugend zu sagen hatte, muß Dutschke wie eine Art Zauberwort vorgekommen sein, das ihn und seine Mitstreiter aus ideologisch angestrengten Debatten erlösen konnte: «Der biologische Ort des Neuen ist die Jugend. Der soziologische Ort der Revolution ist die unzufriedene Klasse. Also früher waren es die Bauern oder die Bürger und dann die Proleten in der sozialistischen Revolution. Die fehlen uns heute. Dafür haben wir eine Art von soziologisch schwer unterbringbarem Ersatz: die Jugend. Doch die Jugend muß aus dem Zustand, der bloß biologisch ist, heraus. Sie muß sich auch als Statthalter und Stellvertreter einer elenden Masse sehen und fühlen und deren Geschäfte machen.» Wer die komplizierten und von übelstem «Soziologenchinesisch» durchwirkten Diskussionen im SDS um Klasse, Avantgarde und revolutionäres Subjekt kennt, wird ahnen können, daß Dutschke in diesem Augenblick möglicherweise tief durchgeatmet hat: So einfach kann man ein solches Problem darstellen, ohne es zu simplifizieren.

Freilich hält Bloch auch in dieser Diskussion mit seiner Kritik an der mangelnden Klarheit der politischen Ziele der Studentenbewegung nicht hinterm Berg. Er selbst führt diesen Mangel darauf zurück, daß die Wirklichkeit selbst und das sich aus ihr herausschälende, vom Menschen herauszuschälende Neue noch in einer Art Nebel liegt. An dieser Stelle zitiert Bloch das Marx-Wort vom Gedanken, der zur Verwirklichung, und von der Wirklichkeit, die zum Gedanken drängt, und fährt fort: «Nun, die Wirklichkeit drängt aber heute nicht so zum Gedanken, wie dies in den Zeiten der Französischen Revolution der Fall war und wie es im Alten Rom zur Zeit des Spartakus der Fall war.»

Hier will Dutschke widersprechen. Hinter dem Satz von Marx, so sein Einwand, «stand das Vertrauen auf die objektive Dialektik des historischen Prozesses, daß nämlich die immanenten Tendenzen des sozialökonomischen Prozesses notwendigerweise Widersprüche aktualisieren und in der Aktualisierung von krisenhaften Durchbrüchen Klassenbewußtsein möglich wird, Revolution möglich wird. Dieses Vertrauen auf eine objektive Dialektik des Geschichtsprozesses haben wir im wesentlichen verloren, und ich denke, das hat etwas damit zu tun, daß die Wirklichkeit im Nebel liegt, daß die Wirklichkeit nicht eine eindeutige Tendenz hat. Durch die Verstaatlichung der Gesellschaft und durch die Regulierungsmechanismen des spätkapitalistischen Staates können wir dieses Vertrauen nicht mehr haben. Ich würde meinen, das Verhältnis von subjektiver und objektiver Dialektik hat sich verkehrt zugunsten der subjektiven Dialektik. Es hängt heute mehr denn je von der subjektiven Tätigkeit der Menschen, vom revolutionären Willen der Menschen ab als von einer objektiven Dialektik.» Was als Entgegnung auf Bloch gemeint war, mündet in unmißverständliche Zustimmung.

In seinem Schlußwort macht Bloch deutlich, welche Bedeutung dieses Gespräch für ihn hatte: «Ich danke Herrn Dutschke für die Zerstörung eines Klischees, das sich bei interessierten Kreisen zum Teil gebildet hat, die also einen Butzemann hinstellen müssen mit dem Messer zwischen den Zähnen. Wir haben

Warmes, nicht im mindesten Sektiererisches, Breites, in tiefer Toleranz gehört. Das ist ein neuer Ton, auch in der revolutionären Bewegung, wie mir scheint. Also wenigstens ich persönlich möchte meinen Dank sagen für diese neue Etappe der Aufklärung.»

Bloch formuliert noch einmal sein besonderes Anliegen, nämlich das der Vermittlung von revolutionärer Theorie durch eine Sprache, die die Menschen verstehen. «Das wäre die Sprache derjenigen, die eine gemeinsame Not leiden, die Sprache derjenigen, die ansprechen können, poetisch und musikalisch und philosophisch und moralisch und mit Witz, Amüsement, mit Spott, mit der großen schöpferischen Kraft von Humor, der nicht etwa krachendes Gelächter der Kleinbürger am Stammtisch darstellt, sondern der eine rätselhafte Leichtigkeit in uns enthält, eine unbegriffene Freudigkeit ausdrückt, daß wir wirklich noch lachen können, obwohl wir nichts zu lachen haben. Auch in die revolutionäre Bewegung muß eine Heiterkeit hineingebracht werden, die ihr bisher großenteils gefehlt hat!»

Das alles hat Dutschke ohne Zweifel beeindruckt, vor allem die Passagen über Sprache und Propaganda, er kommt später immer wieder auf dieses Thema zurück. *Gelesen* hatte er dies und anderes bei Bloch vorher schon, aber der *lebendige* Bloch war für ihn etwas ganz anderes; die «besondere Bedeutung des persönlichen Dialogs, der unmittelbaren Kommunikation mit Bloch» hat Dutschke später stets hervorgehoben. Fast zehn Jahre später berichtet er von Gesprächen mit Freunden, die Bloch noch in der DDR erlebt hatten. «Während ich von meinen Schwierigkeiten mit der Rezeption des Blochschen Denkens erzählte, sprachen meine Besucher von der faszinierenden Einfachheit der Blochschen Bücher. Es stellte sich heraus, daß meine Freunde Ernst Bloch in Leipzig nicht nur im Radio gehört oder von weitem gesehen, sondern ihn und sein Denken in Seminaren und persönlichen Gesprächen, in der politischen Auseinandersetzung an der Uni kennengelernt hatten. Als junge Sozialisten waren sie durch die lebendige Erfahrung der Blochschen Philosophie, durch die sozialistische Propaganda philosophischen Typs geprägt worden.»

Bad Boll markiert den Beginn einer «dieser geistigen Freundschaften, in denen Vergangenheit und Zukunft, Geschichte und Personen verknüpft sind. Freundschaften also, die Rudi sehr liebte», schreibt Gretchen Dutschke. «Für Rudi waren alle Menschen, die älter waren als er, lebende Geschichte, die er mit Intensität und Eifer kennenzulernen und zu verstehen suchte. Er hatte älteren Menschen gegenüber auch eine gewisse Ehrerbietung, die vielleicht von seiner Erziehung herkam.»

Nach seinem ersten Besuch bei Georg Lukács hatte Rudi in sein Tagebuch geschrieben: «Wir verließen den ‹Alten› nach vielen Stunden. Plötzlich sagte Inge: ‹In den kann man sich ja richtig verlieben.› Lothar und ich schauten uns perplex an.» Allzugroß kann die Verblüffung freilich nicht gewesen sein, denn so fremd war Dutschke dieses Gefühl nicht. Daß er diese Episode überhaupt notiert, spricht für sich. Er hatte stets eine gewisse Vorliebe für bedeutende Figuren des Sozialismus und der Arbeiterbewegung, in deren Leben und politischem Handeln er etwas aufzufinden hoffte, was über sie hinauswies auf die Bewegungen der Gegenwart. «Die tief und grauenhaft verwurzelte Geschichtslosigkeit der Generationen, die ihr Leben mit dem 2. Weltkrieg begannen, ist nicht so schnell aufzubrechen. Eure Köpfe sind voller Geschichte, die unsrigen sind zumeist leer.» Das schreibt Dutschke 1971 an Ernst und Karola Bloch.

Diese Haltung hat ihm unter seinesgleichen Kritik und Spott eingetragen: Ausgerechnet eine Galionsfigur der antiautoritären Revolte ist auf linke Autoritäten fixiert. Aber «Rudi pflegte solche Kritik mit der Formulierung von den ‹antiautoritären Autoritäten› zu konterkarieren und bestand hartnäckig auf der kritisch-solidarischen Auseinandersetzung mit den Alt-Genossen-Intellektuellen», berichtet Jürgen Miermeister.

«Der Aufstand der Söhne gegen die mißratenen Väter» – so charakterisiert Dutschke die Apo, und das ist ein Schlüsselwort für sein eigenes Verhältnis zu Vätern, aber eben zu den «wohlgeratenen». Georg Lukács, Herbert Marcuse, Helmut Gollwitzer und Ernst Bloch waren für Rudi «die vier Väter», wie Gretchen Dutschke schreibt. Und sie fügt hinzu: «Während Rudis Verhältnis zu den anderen drei Vätern ein geschichtlich-

Die andere Seite der Revolution: Rudi Dutschke an den Barrikaden, West-Berlin 1967.

theoretisches war, war Golli ein Partner im Kampf.» In der Tat ist es schwer vorstellbar, daß die Dutschkes den alten Bloch «Ernie» oder «Blochi» genannt hätten; andererseits war da schließlich doch mehr als ein «geschichtlich-theoretisches» Verhältnis. Da war Begeisterung füreinander, Zuneigung, eine Art von Freundschaft, die über Verehrung des Jungen für den Alten und milde Geneigtheit des Alten zum Jungen deutlich hinausging.

«Er wartet nicht erst seit gestern auf Echo», hatte Gerhard Mauz zu Blochs Auftritt in Bad Boll angemerkt. Wohl wahr. Bloch hat es sowohl in Leipzig als auch in Tübingen sehr genossen, daß junge Leute sich um ihn scharten, seine Schüler, zuweilen auch Bewunderer wurden. Das ist nur zu verständlich: Als Bloch 1949 Philosophie-Professor in Leipzig wurde, hatte er – bis auf eine Reihe von Aufsätzen im Prager Exil und einen Vorabdruck des *Prinzips Hoffnung* in den USA – fast 15 Jahre lang nichts veröffentlicht, immer nur still und emsig an seinem Lebenswerk gearbeitet. Öffentliche Resonanz, die über Rezensionen in den Feuilletons hinausging, war für ihn eine neue, angenehme Erfahrung. Politisch allerdings hatte er mit der Entwicklung der DDR die größte Enttäuschung seines Lebens erlebt.

Als dann in der Studentenrevolte nicht etwa eine Restaurierung des orthodoxen Marxismus-Leninismus wortführend wurde, sondern eine undogmatische Linke, deren Kritik an stalinistischen Staats-Sozialismen des Ostens genauso konsequent war wie die am kapitalistisch-imperialistischen Westen, da glaubte Bloch seinen Resonanzboden endlich gefunden zu haben. Als sich aus dieser studentischen Linken ein Wortführer, ein Agitator mit der Außenwirkung Dutschkes herausschälte, da waren Beglückung und Erwartung gleichermaßen groß.

Hinzu kommt: Jugend ist im Denken Ernst Blochs bedeutend mehr als ein biologischer Zustand, sie ist eine eminent wichtige philosophische Kategorie, an zentraler Stelle in der Philosophie der Utopie verankert. Das «Noch-Nicht-Bewußte» als neue Bewußtseinsklasse ist für Bloch der «psychische Geburtsort des Neuen», der sich vor allem in Jugend, Zeitenwende und Produktivität manifestiert. «Alle frische Kraft hat dies Neue notwendig in sich, bewegt sich darauf hin. Seine besten Orte sind: die Jugend, die Zeiten, die im Begriff sind, sich zu wenden, die schöpferische Hervorbringung. Bereits ein junger Mensch, der etwas in sich stecken fühlt, weiß, was das bedeutet, das Dämmernde, Erwartete, die Stimme von morgen.» Und: «Fällt Jugend gar in revolutionäre Zeiten, also in Zeitwende, und steht ihr nicht, wie heute im Westen so oft, der Kopf, durch Betrug, im Nacken, so weiß sie erst recht, was es mit dem Traum nach vorwärts auf sich hat.»

Bloch war 1967/68 davon überzeugt, daß eine solche Allianz von Jugend und Zeitenwende im Entstehen war. Und daß einer wie Rudi Dutschke auf ihn, den Alten, zukam, hat ihn gefreut. Protest und Rebellion gehören so fundamental auch zu Blochs eigenem Lebenslauf, daß er sich ganz selbstverständlich zu dem jungen Rebellen hingezogen fühlte. «Ich erinnere mich, früh auf den Geschmack gekommen zu sein. Aufsässig gegen Haus und Schule, der rote Faden spann sich an», schreibt Bloch 1930 in seinen Kindheitserinnerungen *Geist, der sich erst bildet.* Und ein 1974 geschriebener Lebenslauf beginnt so: «Am besten krümmt man sich nicht beizeiten. Auch auf die Gefahr hin, kein Häkchen zu werden.»

Im übrigen: Wer Bloch jemals erlebt hat, weiß, was Jugendlichkeit, was Elan, was Begeisterung bedeutet. «Ich selbst bin mehr ein durchhaltender Typus, fühle jetzt noch meine 20 Jahre in mir, so wie ich mich auch umgekehrt in der Jugend nicht spezifisch jung fühlte. Zu meinem 22. Geburtstag gratulierte mir eine Freundin, worauf ich: Gratuliere mir nicht, denn das ist noch kein Alter für einen Philosophen!» So Bloch 1967 in einem Gespräch mit Michael Landmann. Und bei einer Veranstaltung in den frühen Siebzigern lehnte er den ihm angebotenen Wein ab mit der Bemerkung: «Wahre Jugend braucht keinen Wein, um sich zu berauschen.»

Was Bloch an Dutschke vor allem faszinierte, was beide zueinander hinzog, waren persönliche Wärme und Freundlichkeit. «Wir haben Warmes... gehört», diese Wendung aus Blochs Schlußwort in Bad Boll kommt nicht aus Verlegenheit, aus der Suche nach Treffenderem, wie das beim freien Sprechen vorkommt. «Wärme» ist bei Bloch eine philosophische Kategorie. Er spricht vom «Kältestrom» und «Wärmestrom» im Marxismus und meint damit die «kalte» wissenschaftliche Analyse der ökonomischen und sozialen Verhältnisse auf der einen Seite, die «unbetrügbare Kälte eines diesseitigen Blicks», auf der anderen Seite das «warme», solidarische Eintreten für die «Mühseligen und Beladenen», die vertrauensvolle, ja gläubige Arbeit an der besseren Welt, «die sich tätig begreifende Menschlichkeit».

Bloch betont unentwegt den subjektiven Faktor in der Geschichte, die Rolle des Menschen, seiner Träume, Wünsche, Selbstprojektionen in dieser eben nicht durch «objektive» Verhältnisse bis ins letzte ausdeterminierten Welt. «Tua res agitur», um dich, um deine Sache geht es, das ist ein Motto Blochscher Philosophie. Worin wir als Subjekte nicht vorkommen, das ist keine philosophische Landschaft. Um noch einmal mit

Blochs Thomas-Münzer-Buch zu sprechen: «Wir wollen immer nur bei uns sein. So blicken wir auch hier keineswegs zurück. Sondern uns selber mischen wir lebendig bei. Münzer und das Seine und alles Vergangene, das sich lohnt, aufgeschrieben zu werden, ist dazu da, uns zu verpflichten, zu begeistern, das uns stetig Gemeinte immer breiter zu stützen.»

«An seinen Gedanken kann man sich wärmen», hat Walter Benjamin über Bloch gesagt. Das empfindet Rudi Dutschke auch, für ihn wird die Doppelheit und Gleichzeitigkeit von analytischer Schärfe und menschlicher Wärme zu einer der wesentlichsten Eigenschaften im Denken Blochs: «Trotz aller Niederlagen und Rückschläge, die Arbeiterbewegung und Demokratie in diesem Jahrhundert erlitten haben, war er deshalb nie in Gefahr, zum bürgerlichen Seminarphilosophen der Lebens- und Geschichtsphilosophie zu werden.» Das schreibt Rudi Dutschke 1976. Bis dahin allerdings war die Freundschaft zwischen ihm und Bloch merkwürdige Wege gegangen.

Geistiges Dynamit in Dänemark

Am 11. Februar 1968 war die Begegnung in Bad Boll, am 11. April wird Rudi Dutschke in Berlin vom Attentäter Josef Bachmann zusammengeschossen. Die persönliche Freundschaft, die gerade mal angefangen hatte, wird zurückgeworfen auf Briefkontakte. Aus London und Cambridge schreibt Dutschke, der sich von seinen schweren Gehirnverletzungen nur langsam und unter großer Quälerei erholt, merkwürdig steife, unsichere Briefe. Mal heißt es «Lieber Genosse Bloch!», dann «Verehrter Ernst Bloch»; mitten in einer langen brieflichen Abhandlung über die Geschichte des SDS, die Schwäche der linken Bewegung durch «Fetischisierung von historischen Kategorien der revolutionären Theorie» kommt eine rhetorische Verbeugung: «So u. a. der von Ihnen, lieber Gen. Bloch schon vor Jahren reflektierte Begriff der ‹Diktatur des Proletariats›!» Dieser Brief datiert vom September 1970, Dutschke plant seine Doktorarbeit über Lukács; auch hier schnell ein Kratzfuß: «Ihre Analyse, Anerkennung und Kritik der damaligen theoretischen und politischen Haltung von L., Gen. Bloch, gab mir die entscheidenden Anregungen für eine solche Studie.» Der Brief endet mit: «In wirklicher Verehrung, Rot Front – Rudi Dutschke».

Unsicherheiten und Verklemmungen dieser Art lösen sich erst beim Besuch der Blochs im Sommer 1971. Dutschkes sind inzwischen aus England ausgewiesen worden und nach Dänemark gezogen. Eigentlich wollte man auf dem Weg in den Urlaub in Norwegen mal vorbeikommen, vielleicht für ein paar Tage. Es wurden drei Wochen daraus.

Die Blochs hatten sich in Ebeltoft einquartiert, ganz in der Nähe von Aldershvile, wo die Dutschkes in einer Landkommune untergekommen waren. «Beinah täglich holte uns Rudi in einem zerbeulten VW ab», erzählt Karola Bloch. «In Aldershvile saß man bei gutem Wetter im Garten, im großen Kreis, denn immer waren nicht nur einige Mitbewohner der Kommune dabei, sondern auch auswärtige Gäste.» Es hatte sich schnell herumgesprochen, daß Bloch bei Dutschke zu Gast war, Aldershvile wird zur Pilgerstätte von Genossen aus aller Welt. Und die beiden Matadore genießen das.

Meist hatten die Tage einen festen Rhythmus: Morgens wurden die Blochs in Ebeltoft abgeholt, dann ging man ein wenig spazieren, Bloch und Dutschke meist ein gutes Stück voraus, und wenn sie sich satt geredet hatten, ließen sie die anderen aufholen, und man machte Rast. Meist hatte Karola das so arrangiert, sie wollte, daß die beiden soviel wie möglich alleine miteinander redeten.

«Schon während der Fahrt entfalten sich Diskussionen», notiert Dutschke mehrmals, und auf diese Weise kann er ein ums andere Mal erleben, wie dieser enzyklopädische Kopf assoziativ und analytisch zugleich denkt und spricht: «In einem Restaurant, welches leider unmittelbar an einer durch Autos bewegten Straße lag, kamen wir auf ‹konkrete Utopie›, kamen wir auf den Straßenverkehr. B. ging an die Sache sofort wieder historisch heran: Post-Pferd, Post-Kutsche, Post-Auto, von der relativ ‹befreienden Ruhe› in der Natur zu der uns hemmenden Lärm-Entfremdung der gegenwärtigen Etappe des Kapitalismus. Müßten und könnten nicht gerade die ‹sozialistischen Länder› mit ihren großen technischen etc. Möglichkeiten einen Volks-Auto-Typus entwickeln, welcher die Marxsche Grundfrage des befreienden Verhältnisses von Mensch und Natur ernst nehmen würde, die Verlärmung, Verdreckung etc. der Straßen, des Wassers systematisch angreifen würde? Wahrscheinlich haben die Herrschenden und sogar die Beherrschten nicht einmal die *Idee* von einem solchen Schritt. Wenn ein solcher Schritt des Denkens nicht geschieht, so scheinen offensichtlich die *Verhältnisse* ein solches Denken nicht echt – objektiv – möglich zu machen.» Mühelos erkennt man Ernst Bloch in diesen Tagebuchaufzeichnungen Dutschkes wieder; man glaubt zu verstehen, was «konkrete Utopie» im vollen, lebensvollen Sinn des Begriffes heißt.

Natürlich ist die Studentenbewegung eines der Hauptthemen, die Zersplitterung der Linken, die «gemeinsame» DDR-Vergangenheit. Dutschke kommt auch immer wieder auf Blochs Faschismus-Analysen zurück, auch auf dessen katastrophale Fehleinschätzung des Stalinismus in den dreißiger Jahren. Blochs Antworten zu diesem Punkt waren wohl eher ausweichend. Dutschke schreibt ins Tagebuch: «Verhältnis zu Stalin in verschiedenster Gestalt ambivalent; dennoch ist die Kritik der heutigen Zustände in der SU die schärfste, die ich mir von einem Genossen vorstellen kann; die SU geht nach Bloch den alten zaristischen Welt-Macht-Stil, Ausweitung der machtpolitischen Räume.» Vier Jahre später, im Aufsatz zu Blochs 90. Geburtstag, zeigt sich, daß Dutschke die Erklärungen Blochs wohl akzeptiert hat: «Die fundamentale Bedrohung der Menschheitsgeschichte war nicht der despotisch verfremdete Kommunismus der UdSSR, sondern der deutsche despotische Faschismus mit seinem monopolkapitalistischen Unterbau.»

Heiter, entspannt und anregend waren die Gespräche in Aldershvile – und sie waren endlos. So haben es alle, die dabei waren, in Erinnerung. Für die Fotografin und Filmemacherin Helga Reidemeister war es «der heiterste Sommer, den ich je erlebt habe. Rudi spürte neue Kräfte, er blühte auf. Er merkte, er wurde geliebt und anerkannt.» Dutschke ist fasziniert von der Vitalität und Spontaneität, der Heiterkeit und Gelassenheit des «Alten». Bloch genießt Rudis leidenschaftliches Engagement, seine Neugier, seinen wachen, drängenden Geist – beider Lebendigkeit und Warmherzigkeit übertragen sich mühelos von den Alltagsdingen auf den theoretischen Diskurs. Der freilich beschränkt sich meist auf Bloch und Dutschke. Gelegentlich war auch ein Besucher aktiv am Gespräch beteiligt, gelegentlich Karola Bloch, vor allem, wenn es um aktuelle politische und um Parteifragen ging, da war die Partei-Aktivistin aus alten KP-Zeiten Fachfrau. Aber viel lieber beobachtete sie: «Der alte und der junge Mann hatten viele Ähnlichkeiten; beide waren heiter, vital, lebhaft; beide hatten einen tief verwurzelten Optimismus, glaubten an das Gelingen, nicht an das Scheitern. Sie waren überzeugt, daß unsere Gesellschaft irgendwann anders, besser wird.»

So einmalig und geschichtsträchtig diese Begegnung auch gewesen sein mag: Da ritt nicht tagtäglich der Weltgeist auf hohem Roß einher und machte bedeutsame Miene. Bloch und Dutschke hatten nicht zuletzt viel Spaß miteinander und aneinander. Helga Reidemeister erzählt die Anekdote, nach der Ernst und Rudi Helgas Schwester Hilde entführen wollten. Die war zur gleichen Zeit Gast im piekfeinen Ferienhaus der Familie Springer in Kampen auf Sylt. «Kann man mit der Pferde stehlen?» wollte Bloch wissen. Dann heckten die beiden einen Plan aus, wie man die Entführung bewerkstelligen könnte, und überlegten ganz lausbübisch, ob man nicht am Reetdach des Nobelschuppens ein wenig zündeln sollte. Da wurde viel gelacht, zuweilen war die Atmosphäre richtig ausgelassen, eine «wunderbare Leichtigkeit» herrschte. Bloch genoß das alles sichtlich; er fühlte sich auch deshalb wohl, weil er von der Last der Arbeit – der Vollendung der Gesamtausgabe seiner Werke – für eine Weile befreit war.

«Gutes Wetter, Bloch voller Ideen, ein Höchstmaß an denkerischer Beweglichkeit», notiert Dutschke; «längere Dialoge»; «Diskussion am Meer»; interessante Diskussion «über die Rolle und Funktion der Armee in der Geschichte»; «zu Hause lange

Die gemeinsamen Tage im dänischen Aldershvile im Sommer 1971, drei Wochen fast ununterbrochenen Gesprächs, waren, so Karola Bloch, von einem heiteren, tief verwurzelten Optimismus geprägt, der beide, Dutschke wie Bloch, an das Gelingen ihrer gesellschaftlichen Utopien glauben ließ.

Diskussionen über die Bedeutung des Strukturalismus, Bloch schlug kräftig zu, gerade weil ‹ich diesen Schund gegen Dialektik und Materialismus schon seit langem kenne›»; «noch ein kurzes interessantes Gespräch über die Schwierigkeiten der Vermittlung von verschiedenen Sprachebenen» – es waren Tage und Wochen höchster Intensität in Dänemark. «Sie lieben inzwischen nicht nur uns, sondern auch die uns umgebenden Lebensverhältnisse», notiert Dutschke, und, am Abreisetag, noch mal: «Sie lieben uns und umgekehrt.»

Ob Ernst Bloch das genauso gesehen hat, ist nicht überliefert. Für Karola Bloch gilt das ohne Zweifel, sie war geradezu vernarrt in Rudi: «Ich kenne kaum einen Menschen, der so geliebt wurde und so ein Vertrauen einflößte wie Rudi. Sein Charisma war überwältigend.» Da Bloch inzwischen fast blind ist und seine Frau die Briefe schreibt – «Rudi, Bruder, wie schön, daß Du angerufen hast. Deine klare, optimistische Stimme klingt mir wie ein Lebensquell» –, ist nicht mit letzter Gewißheit zu klären, ob auch Ernst Bloch so formuliert hätte: «Du bist der positive Geist der Studentenrevolte, unvergessen und geliebt.» Aber es spricht einiges dafür, daß auch er bezaubert war, die Art und Weise, wie Bloch Dutschke in Dänemark begegnet ist, legt es nahe.

Die drei Wochen in Aldershvile waren sozusagen die Einlösung des Versprechens von Bad Boll, die Saat von damals ging auf. Für Rudi Dutschke ist die intensivierte Freundschaft mit Bloch ein frischer Impuls, dessen Wirkung nicht unterschätzt werden darf. «Eure Anwesenheit in Dänemark, die somit möglich gewordenen Diskussionen über Problemzusammenhänge, die uns nur zu oft nicht einmal als Problem erscheinen, hat einen marxistisch-philosophischen Sprung möglich gemacht. Da ist so viel geistiges Dynamit eingeführt worden, die Lebenslinie und die in die Hand zu nehmenden Aufgaben verlieren immer mehr an Unklarheit», schreibt Dutschke im September 1971. Er ist jetzt geradezu verrückt nach neuen Bloch-Büchern, in fast jedem Brief fragt er danach.

In dieser Zeit rückt Blochs Denken immer mehr in den Mittelpunkt von Dutschkes Überlegungen auch für die studentische Linke. Im Juli 1974 schreibt er: «Es kam nicht von ungefähr, daß Ihr mit uns, einer bestimmten SDS-Fraktion mit ehemaligen DDR-Bürgern an der Spitze, – daß wir mit Euch in ein politisch-persönliches Verhältnis gekommen sind. Nicht die Kinder der ‹Frankfurter Schule›, sondern die Erwachsenen und erwachsen Werdenden mit Erfahrungen der staats-sozialistischen Deformation bestimmten den Charakter und das Ziel der Neuen Linken. Herbert Marcuse drückte das Moment der internationalen Dimension der sozialen Befreiung aus, darum sein so scheinbar überraschender Einfluß. Die anti-stalinistische Tiefe der SDS-Richtung zwischen 1965 und 1968 traf aber einen fundamentalen Kern der neuen Sozialismusbestimmung, einer die tendenziell über die Frage des Anti-Imperialismus hinausging und die konkrete Negation der staats-sozialistischen Deformation beinhaltet.»

Dutschke formuliert hier so etwas wie die Geburtsurkunde

der undogmatischen, der Neuen Linken in Westdeutschland, die für eine kurze, intensive Zeit wortführend und richtungweisend in Apo und Studentenbewegung wurde. Und er weist eindringlich darauf hin, wie wichtig Ernst Bloch dabei war und wie wichtig er noch hätte werden können. «Leider waren wir nicht in der Lage, die diesbezüglichen meta-ökonomischen Reflexionen von Ernst noch ernster und konkreter zu nehmen. Unsere Richtung bestimmte diese Periode, aber wir waren weder politisch noch organisatorisch in der Lage, die sich andeutende neue Phase richtig einzuschätzen. Nun darüber zu jammern würde andeuten, weder die Blochsche Lebensgeschichte noch die Bücher rezipiert zu haben. Da gab es viele Übergänge, Zwischenwege und Kreuzungen, – allerdings eine ungebrochene Kontinuität, die des Suchens nach der Konkretisierung des Freiheitsbegriffs des ‹utopischen Sozialismus›, des Freiheitsbegriffs des geschichtlichen Widerstands.»

Dutschke wird nicht müde, immer wieder auf die Bedeutung Blochs für die Linke hinzuweisen. «Ernst war und ist für eine, inzwischen für mehrere jüngere Generationen Ausdruck der Kontinuität des sozialistisch-kommunistischen Widerstandes und der konkret-utopischen Perspektive.» So heißt es im April 1975, ein Jahr später betont Dutschke in einer Rezension eines Bandes mit Gesprächen und Interviews mit Bloch, «daß die subjektive Seite des Emanzipationsprozesses im Klassenkampf theoretisch und praktisch-politisch eine viel zu geringe Beachtung gefunden hat». Acht Jahre vorher hatte Dutschke in Bad Boll genau an diesem Punkt noch gemeint, das trenne ihn von Bloch. Jetzt weiß er: «Die daraus abzuleitende Blochsche ‹Pflicht zur Propaganda›, jenes radikale Herangehen an die Wurzel, an den Menschen und dessen ‹Tagträume›, wurde nur noch nicht zum Gegenstand der Negation der Verhältnisse.» Und er schließt, jetzt ganz eng angelehnt an die Diktion Blochs im Schlußwort von Bad Boll: «Ohne die angemessene Spannung von scharfer Einfachheit, eindeutiger Ehrlichkeit und Wärme, Witz, Phantasie und Klarheit des Konkreten, Unzweideutigkeit der Alternativen ist da weniger denn je etwas ‹zu holen›.»

Die Frage von Sprache und Propaganda war für Dutschke ein ernstes Problem. Daß er als guter, packender Redner berühmt wurde, beruht auf einer ziemlich schiefen Wahrnehmung. In seinen frühen Jahren hat er in aller Regel typisches SDS-Deutsch geredet, außer in studentischen Zirkeln von niemandem zu verstehen. Nur gelegentlich, wenn in endlosen Debatten eine These noch mal auf den Punkt gebracht werden mußte, wenn besonders störrische Gegner und Widersprecher in einer letzten Volte überzeugt werden sollten oder vor anderem Publikum, bei Aktionen, Demonstrationen, in Interviews – da entwickelte Dutschke die Fähigkeit zu pointiertem Sprechen, zu knappen Parolen, zu dem mitreißenden Stakkato, für das er dann bekannt geworden ist. «Ich bin sicher, ohne das Blochsche Moment in meiner Agitation, wie verkürzt auch immer, würde ich niemals anders gehört werden als die vielen anderen Agitatoren.» Diese Selbsteinschätzung aus dem Jahre 1975 geht einher mit der Erkenntnis, daß Blochs Sprachkraft, sein rhetorisches Zupacken, seine Plastizität und Bildhaftigkeit noch eine andere, von ihm, Dutschke, nie erreichte Qualität ausmachen. Dazu kommt, daß Dutschke nach dem Attentat wie ein Kind alles neu lernen mußte, vor allem Sprechen, er mußte in großer Anstrengung sich erarbeiten, was einmal zum festen Bestand seiner Person gehört hatte.

Die Bewältigung der Doktorarbeit («Versuch, Lenin auf die Füße zu stellen») macht da besondere Schwierigkeiten. Bloch hat Teile des Buches gelesen bzw. von seiner Frau vorgelesen bekommen; er machte Dutschke «in einer sensiblen, freundschaftlichen Art auf Gefahren der Verarmung seiner Sprache, auf die Häufung dürrer Soziologismen aufmerksam und empfahl ihm, neben der Lektüre theoretischer Bücher belletristische oder Gedichte nicht zu vergessen. Der versuchte Erklärungen, wehrte halb ab, doch in diesem Abschnitt des mehrstündigen Tischgesprächs konnte er nur verlierender David gegen Goliath sein. Er wußte selbst: der ‹Alte›, wie er Bloch respekt- und liebevoll nannte, hatte eine wunde Stelle angerührt.» Das berichtet Jürgen Miermeister von einem gemeinsamen Besuch bei Bloch im September 1975 in Tübingen. «‹Ich schreibe erst mal nichts mehr›, sagte er, nachdenklich geworden, auf dem Rückweg nach Berlin, ‹der Alte hat völlig recht, ich muß mich erst wieder vollsaugen mit neuen Stoffen, neuen Wörtern, neuen Erfahrungen› – und holte wenige Tage darauf Büchner und Heine und Enzensberger aus einer hinteren Reihe des riesigen Regals.»

Kurz darauf heißt es in einem Brief Dutschkes an Bloch: «Auch die kritischen Bemerkungen von Ernst über mein Lenin-Buch habe ich gut verstanden! Es gibt bei mir noch immer eine Kluft, wenn auch vermindert, zwischen agitatorischer und propagandistischer Form. Die Schreibform ist noch nicht die Sprachform.»

In Dänemark hatte man verabredet, daß Rudi so oft wie möglich nach Tübingen zu den Blochs kommen sollte – was freilich nicht so einfach war. Zum einen war es wegen der Nachwirkungen des Attentats zu gefährlich, allein zu reisen, stets mußte Begleitung organisiert werden; zum anderen war Blochs Zeit bemessen. Er ging haushälterisch damit um, wollte sein Lebenswerk unbedingt vollenden und hatte wohl ein feines Gespür dafür, wie weit seine Kräfte reichten.

Immerhin kamen einige Besuche zustande, mit stundenlangen Gesprächen – wie gehabt. Wenn auch die Atmosphäre von Aldershvile nicht zu wiederholen war: Der freundschaftliche und fruchtbare Austausch zwischen Dutschke und Bloch ging weiter, der «Alte» nahm nach wie vor regen Anteil am politischen Geschehen, an Dutschkes ersten Versuchen, auch öffentlich wieder Tritt zu fassen, seinen Kontakten mit den Grünen. Jürgen Miermeister schreibt: «Diese Freundschaft, die Besuche in Tübingen, die theoretischen Impulse durch Bloch, waren für Dutschke Quell und Wurzel bis zuletzt. Bloch war für ihn, wie Gollwitzer, Marcuse, Lukács, personale Geschichte, zu ehrende, zu bewundernde Vaterfigur. Und gerade Bloch: ein Stück verlorener Heimat, wiedergefunden.»

Für Ernst Bloch blieben die Begegnungen mit Rudi Dutschke wichtige Brücken zur Welt. «Es war wunderbar, Dich bei uns zu haben, Du bist wie ein reiner Quell, aus dem man immer Erfrischung schöpft. Du gibst einem Mut, trotz der traurigen Zeiten, in denen wir leben.» Diesen Brief vom September 1974 nach einem Besuch Rudis in Tübingen hat zwar wiederum Karola Bloch geschrieben, und es ist deutlich, daß der emotionale Ton der ihre ist. Kein Zweifel kann aber daran bestehen, daß hier auch Ernst Bloch spricht.

Am 4. August 1977 stirbt Ernst Bloch, 92 Jahre alt. Rudi Dutschke ist einer der Trauerredner: «Ernst Bloch war und ist Ausdruck der Negation der Resignation, gelebtes Prinzip Hoffnung, gelebter sozialistischer Standpunkt der Selbstveränderung und der Kontinuität des aufrechten Gangs. Geschichte der Produktion und des Wirkens von Ernst Bloch, die Aufarbeitung des ungeheuren Werkes ist noch nicht geschrieben. Eines ist allerdings sicher: die Sozialisten, die ganze Neue Linke, alle Demokraten und Christen sind in ihrer kurzen Geschichte von der großen Lebens- und Denkgeschichte von Ernst Bloch nicht zu trennen.» Und er schließt seine Grabrede: «Ernst Bloch, der revolutionäre Denker und Sozialist, drückte und strahlte jahrzehntelang immer tiefer werdende Glaubwürdigkeit aus. Aus diesem Grunde lebt Ernst Bloch über sein großes unaufgearbeitetes Werk weiter.»

Mit Karola Bloch bleibt Rudi Dutschke in Kontakt. Sie schreibt im April 1979: «Du bist wie so ein Vermächtnis von Ernst. Hast auch manche Ähnlichkeit mit ihm: Deine Heiterkeit, Gelassenheit, Temperament, gute Rhetorik, kluges Denken liegt in der Linie von Ernst. Er hatte Dich auch sehr gern.» Viel schwärmerische Projektion darin, gewiß, aber dem Kern hätte Ernst Bloch sicherlich zugestimmt. Karola Bloch hat an Rudi immer ganz besonders gehangen, er symbolisierte für sie so etwas wie die politisch-praktische Inkarnation dessen, was Ernst Bloch philosophisch entwickelt und gelebt hatte. Als er am 24. Dezember 1979 stirbt, schreibt sie: «Für mich war jede Begegnung mit Rudi ein Trost: Seine Warmherzigkeit und Gelassenheit, seine tiefe Güte haben mich immer bewegt. Sein Tod ist für mich ein gewaltiger Schmerz.»

«Es ist sonderbar, jung zu sein. Der eine träumt nur und bleibt in sich. Der Bessere handelt, schafft, schlägt um sich und geht nach außen. Er setzt, was innen gewonnen ist, seine Wünsche, sein Geheimnis, naiv nach außen um. Das schlägt oft ins

Leere, weil wir nicht allein sind, weil es mit uns nicht anfängt, und weil wir nicht das Alter, das Ausgeglichensein mit dem, was ist und werden will, in den Kräften der Jugend besitzen.» Das schreibt Ernst Bloch in seinem Frühwerk *Geist der Utopie* über Jugend und Alter. Und in *Prinzip Hoffnung* heißt es: «Das gesunde Wunschbild des Alters und im Alter ist das der durchgeformten Reife; das Geben ist ihr bequemer als das Nehmen.» Die Kräfte der Jugend in Allianz mit dem Ausgeglichensein des Alters – das ist Blochs Vorstellung immer geblieben. Für einen kurzen geschichtlichen Augenblick ist etwas von diesem Wunschbild in der Freundschaft zwischen Ernst Bloch und Rudi Dutschke Wirklichkeit geworden.

«Elf Freunde müßt ihr sein»

Die Fussballnationalmannschaft von 1954

von Thomas Kistner

Aus! Aus! Das Spiel ist aus! Deutschland ist Weltmeister!» Unvergessen über Jahrzehnte hinweg blieb dieser 4. Juli 1954. Diese Stimme am Rande des Überschnappens, die kehligen Freudenschreie des Radioreporters Herbert Zimmermann synchronisierten einen Umschwung in der deutschen Nachkriegsgeschichte. Bis heute garnieren deutsche Funk- und Fernsehsender ihre Vorberichterstattungen zu den alle vier Jahre wiederkehrenden Fußballweltmeisterschaften gern mit dem Urschrei aus dem Schallarchiv. Auch mangels Alternativen, denn es hat keine vergleichbar emotionale Radioreportage mehr gegeben hierzulande. Und noch vier Jahrzehnte nach dem Großereignis gehen erstaunlich vielen älteren und jüngeren Sportinteressierten die Namen jener elf Männer fließend von der Zunge, die anno 1954 bei den Titelkämpfen in der Schweiz das «Wunder von Bern» geschaffen hatten: Toni Turek, Josef Posipal, Werner Kohlmeyer, Karl Mai, Werner Liebrich, Horst Eckel, Helmut Rahn, Max Morlock, Ottmar Walter, Fritz Walter, Hans Schäfer. Dies waren die Spieler, um die ihr gleichfalls zur Sportlegende gewordener Trainer Sepp Herberger nicht nur seine Erfolgstaktik, sondern auch den markantesten Leitsatz im Fußball gewoben hatte: Elf Freunde müßt ihr sein.

Kein sportlicher Event vermochte dieses Land annähernd so zu elektrisieren wie jener 3:2-Sieg, den Herbergers Spieler über die hochfavorisierte Mannschaft aus Ungarn errangen. Nicht Max Schmelings Boxtriumphe in den Dreißigern, nicht Boris Beckers Tennissiege in den achtziger Jahren. «Ewig strahlen diese elf Sterne am Fußballhimmel Deutschlands», hatte eine

Sportzeitschrift schon am Tag nach dem Triumph im Berner Wankdorf-Stadion bundesweit in balkendicken Lettern verbreitet und damit bis heute recht behalten. Es mag bezeichnend sein, daß Fachleute in den deutschen Sportredaktionen noch heute die elf Freunde von Bern aus dem Kopf herunterzubeten vermögen, jedoch verzweifeln, wenn sie die Namen der Spieler aus den beiden späteren deutschen Weltmeistermannschaften auflisten sollen.

Vom 2:1-Endspielsieg gegen die Niederlande im Jahr 1974 in Deutschland blieben hauptsächlich die Ausnahmefußballer Beckenbauer, Müller, Maier, Breitner und Hoeneß im Gedächtnis haften. Noch schwieriger wird es für Fußballfreunde wie Experten, wenn es um die Namen jener Spieler geht, die 1990 in Italien den dritten deutschen Weltmeisterschaftserfolg perfekt machten: Matthäus, Brehme, Völler, Augenthaler, äh, Klinsmann, tja – wer noch? Wie hießen die anderen Jungmillionäre, vorübergehend Weltberühmtheiten allesamt, die von zigtausend Werbeplakaten auf uns herablächelten? Schwer zu sagen. Dabei liegt ihr Titelgewinn nur wenige Jahre zurück.

In diesem bemerkenswert selektiven Gedächtnisschwund drückt sich die Wirkkraft des Triumphes von Bern am deutlichsten aus. Während die beiden nachfolgenden WM-Erfolge von 1974 und 1990 zwar durchaus Euphorie auslösten, der Lohn dafür jedoch naturgemäß auf die in jenen Jahren schon fürstlich dotierten Berufsfußballspieler zurückfiel, hatte die Weltmeisterschaft von Fritz Walter und seinen Mitstreitern ein ganzes Volk zu Gewinnern erhoben. Und zwar so ziemlich jeden einzelnen: «Wir sind Weltmeister», so hieß es damals überall auf den Straßen und Plätzen.

Es wurde nachträglich eine Menge Philosophie und noch mehr Phantasterei hineingepackt in jenes aufwühlende Ereignis von Bern, das den Fußballsport erst salonfähig gemacht hatte in Deutschland. Einig sind sich die Chronisten in einem Punkt: Elf unerschütterliche Freunde sollen es gewesen sein, aus deren schweißdampfender Mitte der Erfolg geboren wurde. Eben ganz so, wie es ihr Trainer Herberger beschworen hatte. In hellsten Tönen erklingt seither das Hohelied auf Schubkraft und

Effizienz des ehernen Männerbundes, den Altvorderen zum Troste, den Jungen zum Vorbild. Der Eindruck hat bis heute überdauert, obwohl sich niemand mehr daran orientiert. Denn jene tugendhafte Stimmung, die einstmals der bloße Begriff Kameradschaft zu erzeugen vermochte, wird längst als altdeutsche Folklore belächelt im kopfgesteuerten, medienbeherrschten Showbetrieb der modernen Fußballindustrie. Die hat das Herbergersche Motto entschlossen umgewandelt in: «Elf Großverdiener müßt ihr sein». Profispieler aus allen Ländern und Himmelsrichtungen werden seit mehr als dreißig Jahren in der Fußball-Bundesliga geheuert und gefeuert. Daher muß, sofern man der Bedeutung der Freundschaft von Bern gerecht werden will, das sportive Bravourstück im Licht der damaligen Zeit beleuchtet werden. Was ist geschehen im Jahre 1954?

Neun Jahre nach Kriegsende war mit einemmal ein neues Selbstgefühl erblüht im noch ruinengeschwärzten Land. Der Gewinn der Fußballweltmeisterschaft war das erste identitätsstiftende Ereignis für die junge Bundesrepublik, ein Anlaß zum Singen und Feiern drei Tage lang in fürwahr hemmungsloser südamerikanischer Begeisterung unter den Augen der Weltöffentlichkeit, die, wenn schon nicht mit Wohlgefallen, so doch mit Anerkennung auf dem Land ruhen mußten. Mit einem Schlag, mit einem Sieg vergessen waren die Jahre existentieller Not, die Zeit der Ohnmacht und der Demütigungen. Deutschland war Weltmeister, es hatte sich zur Nummer eins aufgeschwungen just in jenem Leistungssport, der die Welt mehr als jedes andere gesellschaftliche Ereignis in den Bann zog.

Was konnte stimulierender wirken auf die Gemütslage des ausgebombten, entwurzelten, zerpflückten Volkes? Eines Volkes, das seine traumatische Vergangenheit von dem Moment an, da die Waffen schwiegen, konsequent ins Dämmerlicht eines schicksalhaften Verhängnisses wegzudrücken versuchte. Dem Kellerleben kaum entronnen, war mit wachsender Betriebsamkeit so weitergemacht worden, als wären nur die Häuser zerstört: Bloß nicht zurückblicken auf die Trümmer und die Verluste und den eigenen Wahn, der erst wenige Jahre zuvor

Die Gratulationscour der Elf von Bern durch die junge Bundesrepublik dauerte Wochen, und überall, wie hier in München, drängten sich die Menschen am Straßenrand, um ihren Dank zum Ausdruck zu bringen: Endlich war man wieder wer.

den Kontinent in Flammen gesetzt hatte. Ohne die Einschätzung derer zu teilen, die Fußball gern als sportlichen Ersatzkrieg definieren, steht fest, daß die Sieger von Bern das erste Stück einer neuen Welt erobert hatten: Es ging erkennbar vorwärts, voran mit unzähmbarem Leistungswillen und neu erwachtem nationalem Geltungsdrang. Die Freunde von Bern hatten drei zu zwei gegen die Stunde Null gespielt.

Die Geschichte dieser Freundschaft aber kreist um den zwölften Mann. Der war ihr Moderator, ihr unumschränkter Chef, er wurde von allen auch so angesprochen: der Bundestrainer Sepp Herberger, der das Potential der Unbezwingbarkeit allein im bedingungslosen Zusammenhalt seiner technisch keineswegs überragenden Kicker erkannt hatte. Was zur damaligen Zeit ein verträgliches Miteinander abseits des Rasens voraussetzte. Denn jene gewaltigen finanziellen Anreize, die heute selbst erbitterte Widersacher für die Dauer von 90 Minuten in die gemeinsame Berufsaufgabe zwingen, gab es hierzulande noch nicht. Herberger und das Gros seiner elf Sieger vermochten nur ideellen Gewinn zu ziehen aus ihrem hart erarbeiteten Triumph. So bastelten sie mit unermüdlichem Eifer an der Legende aus deutscher Männerfreundschaft und unverbrüchlicher Treue – zu einer Zeit, da sie schon längst keine gemeinsamen Ziele mehr hatten. Zu jedem runden Geburtstag lud der «Chef» seine «Männer» in sein Haus nach Hohensachsen an der Bergstraße. Erst hier, nicht 1954 in der Schweiz, entstand der Adlerhorst des deutschen Fußballs. Zu jedem fünften Jahrestag ihres historischen Erfolgs kamen – und kommen, soweit am Leben – die Weltmeister weiterhin zusammen; zwei Tage feiern sie und schwelgen in Erinnerungen. Doch waren es wirklich Freunde? Elf Kameraden, die durch dick und dünn gingen, weil sie einander von Herzen zugetan waren – ganz so, wie es Sepp Herberger und sein kongenialer Konstrukteur auf den Sportplätzen, Fritz Walter, darstellten?

Fritz Walter: Fußball als Überlebenshilfe

1945. Im russischen Militärdurchgangslager Marmara-Szigett in der Karpato-Ukraine bangt unter Tausenden deutscher Soldaten auch ein gewisser Fritz Walter dem Deportationsbefehl nach Sibirien entgegen. Eines Tages schaut der 24jährige gemeinsam mit anderen Kriegsgefangenen einem Fußballspiel der ungarischen Wachmannschaften zu. Der Ball verirrt sich in seine Richtung, und mit einem artistischen Hackentrick schlenzt ihn der junge Mann, im Vorwärtsfallen und über seinen kahlgeschorenen Kopf hinweg, zurück aufs Spielfeld. Die Spieler und Umstehenden staunen und raunen. Dann rennt ein ungarischer Soldat auf den Gefangenen zu: «Ich kenne dich, du bist der Fritz Walter! Ich habe dich 1942 gegen unsere Nationalmannschaft spielen sehen.»

Das stimmte.

«Das nächste Spiel machst du bei uns mit!»

Der junge Fritz wittert sogleich die Möglichkeit, dem düsteren Schicksal Sibirien von der Schippe zu springen. Er darf und wird um sein Leben rennen. Vom Hunger ausgemergelt, mit durchgewetzten Schuhen sorgt er Tage später für einen 7:3-Sieg seiner ungarischen Mitspieler, er selbst steuert fünf Tore dazu bei. Unter den Zuschauern ist auch der russische Lagerkommandant. Der läßt den Gefangenen zu sich kommen: Er soll, gegen Offiziersverpflegung, bei den Russen spielen. «Aus welcher Stadt kommst du?»

«Aus Kaiserslautern in der Pfalz.»

«Das ist französische Zone.» Der Major gerät ins Grübeln. Dann kommt ihm eine Idee. «Paß mal auf: Willst du Kommunist sein oder krank?»

«Krank», antwortet Fritz Walter.

Im Oktober 1945 ist er wieder zu Hause. Er unterrichtet seinen sportlichen Ziehvater Herberger von der glücklichen Heimkehr und zieht, Tag für Tag, mit dem Fußball zum heimischen Stadion am Betzenberg. Aus der Leidenschaft wird Berufung, denn Fritz Walter macht die ihn überwältigende Erfahrung, daß der populäre Fußballsport tatsächlich die Welt verändern kann. Seine Welt zumindest.

In Kaiserslautern wurde er rasch zu einem Idol. Der 1. FCK stieg in den Nachkriegsjahren vorübergehend zur stärksten deutschen Vereinsmannschaft auf, heimste die Titel reihenweise ein. An Fritz Walters spielerischer Leichtigkeit, seinem strengen Ordnungssinn und nie ermüdenden Trainingseifer orientierten sich die Mannschaftskollegen; er war es bald auch, der neue Spieler entdeckte und die Aufstellungen der Trainer maßgeblich beeinflußte. Gemeinsam mit dem vier Jahre jüngeren, in mancher Hinsicht robusteren Bruder Ottmar bildete der sensible Spielstratege den Kern einer kameradschaftlichen Bewegung in Kaiserslautern. Ein Kern, den die bewundernden Kollegen bald schützend umgeben wie ein Kokon und im Spiel mit allen Mitteln verteidigen. Denn paradoxerweise war dieser ballgewandte Fritz Walter eigentlich viel zu empfindlich für die hemdsärmelige Treterei um die in Leder gehüllte Schweinsblase, und rohen Zweikämpfen ging er in der Regel zielstrebig aus dem Weg.

Filigran und dünnhäutig war er immer gewesen. Eines Tages im Jahr 1937 hatte ein Vorstandsmitglied des 1. FC Kaiserslautern bei einem örtlichen Metzgermeister und Vereinsgönner angefragt, ob der «den Fritz» nicht richtig aufpäppeln könne. Der 17jährige Walter war so schmächtig, daß ihm der Arzt keine Spielerlaubnis geben wollte. Bald verköstigte der Gönner den jungen Mann täglich, der auch schon im Elternhaus in Watte gepackt worden war. Bruder Ottmar erinnert sich: «Fritz war immer etwas zart besaitet und wurde daheim geschont. Die schwere Arbeit mußte ich verrichten.» Manche Scheu blieb Fritz ein Leben lang. Er besaß nie einen Führerschein, und aus Flugangst nahm er selbst strapaziöseste Bahnfahrten auf sich. Die Aufregung vor wichtigen Spielen verursachte ihm beständig größte Übelkeit. Erblickte er dann noch bei der Busanfahrt zu einem Spiel Dinge, die im Volksmund Unglück verheißen – ein Katze, die den Weg kreuzt, eine schwarzgekleidete Nonne –, brach in ihm unweigerlich Trübsinn durch: «Heute wird das nichts. Am besten kehren wir gleich wieder um.»

Die Furcht des talentierten Fußballers vor allem Fremden, Unwägbaren war schon in jungen Jahren so groß, daß er selbst die verlockendsten Angebote anderer Vereine ausschlug. Er mochte seinen Betzenberg, sein Kaiserslautern, seinen geliebten Pfälzer Wald nicht missen. Nicht einmal, als 1950 Vertreter des französischen Klubs Stade Reims in Kaiserslautern auftauchten. Auf Bruder Ottmars Wohnzimmertisch öffneten die Unterhändler einen Koffer, darin lagen säuberlich gebündelt 110000 Schweizer Franken. Zusätzlich hätte es monatlich weitere 7000 Franken für die Brüder gegeben, die damals noch keine Weltmeister waren. Zu jener Zeit war das eine utopische Summe: Beim 1. FC Kaiserslautern verdienten die Brüder gerade mal – wie jeder andere Stammspieler auch – 320 Mark pro Monat. Doch der Lockruf des Geldes verhallte, wiewohl Ottmar Walter später betrübt zurückblickte: «Wenn der Fritz mitgegangen wäre... ich wäre mit ihm später auch nach Madrid oder Mailand gegangen.» Doch der Fritz nicht mit ihm.

Ein Jahr später überraschte er auch die Werber des spanischen Spitzenvereins Atletico Madrid. 250000 Mark plus Gehalt, Auto und freie Wohnung für zwei Jahre – Fritz Walter winkte ab: «Daheim ist daheim.» Diese Standhaftigkeit hatte freilich nicht nur mit Heimatverbundenheit zu tun. Der introvertierte Pfälzer hätte sich nicht einmal in einem anderen deutschen Verein fußballerische Kreativität zugetraut. Und sein väterlicher Freund Sepp Herberger unterstützte diese vermeintliche Bodenständigkeit nach Kräften. Dem Bundestrainer konnte nicht daran gelegen sein, daß sich sein bester Spieler ins Ausland verabschiedete – und damit ein Beispiel geben würde, dem andere Nationalspieler folgen könnten. Auf diese Weise hätte Herberger die Stützen seiner Mannschaft rasch aus den Augen verloren – und aus der Kontrolle.

Sepp Herberger: Die List des Feldherrn

Es verwundert nicht, daß der zugängliche Fritz Walter schon bald Herbergers Auffassung vertrat, daß Geld den Fußballsport auf Sicht nur zerstöre. Niemand widersprach den beiden, obwohl es durchaus Andersdenkende gab zu diesem Thema. Noch bis in die sechziger Jahre hinein propagierte der einflußreiche Bundestrainer vehement gegen eine Überbewertung des Geldes und des heraufdämmernden Profitums: Auch die Einführung des Europapokal-Wettbewerbs Mitte der fünfziger Jahre hatten die deutschen Weltmeister zunächst strikt abgelehnt. Ein Motiv für diese puristische Haltung lag möglicherweise in der schmerzvollen Erfahrung, die Herberger als Fußballspieler 1921, bei seinem Wechsel vom Heimatverein Waldhof Mannheim zum VfR Mannheim, gemacht hatte. Dabei waren überhöhte Spesen im Spiel gewesen: Herberger wurde vom Deutschen Fußballbund zum Profi erklärt und für ein ganzes Jahr gesperrt. Ein Verdikt von schon grotesker Härte, wenn man in Rechnung stellt, daß die Spesensätze für einen Fußballer damals 3,50 Reichsmark pro Spiel betrugen.

Herberger, der auch schon Reichstrainer gewesen war und den Wiederaufbau des deutschen Fußballs zunächst aus einem Kellerraum des zerbombten Kölner Stadions betrieb, knüpfte seine wichtigsten Bande nach dem Krieg in der Pfalz. So eng wurde bald der Kontakt, daß es den Bundestrainer mit einer seltsamen Eifersucht erfüllte, als sein Lieblingsschüler Fritz 1948 heiratete. Doch die Männerfreundschaft vermochte nichts zu trüben. Herberger hatte festgestellt, daß Fritz Walter dazu geboren war, seine Vorstellungen vom Fußballspiel in die Tat umzusetzen, Vorstellungen, die er immerhin mit dem Anspruch versah, man müsse ein Spiel «in den inneren Schichten des Körpers» erfühlen.

Fritz Walter brachte die notwendigen Sensoren mit. Bald waren beide wie Vater und Sohn, Lehrer und Lieblingsschüler, Senior- und Juniorchef. So ernst nahm Walter die Freundschaft, daß er nicht einmal zu ertragen vermochte, wenn Herbergers Spitz-

Vor jedem Länderspiel zogen sie sich zurück und besprachen alle Details: der Trainer und sein «Adjutant» Fritz Walter. Der von ständigem Selbstzweifel geplagte Mannschaftskapitän spielte in Herbergers strategischen Überlegungen die zentrale Rolle. Aufnahme vom August 1955, vor einem Spiel gegen die Sowjetunion.

name «Muckl» fiel: «Bitte nicht in meiner Gegenwart.» Die symbiotische Fußballeinheit endete erst 1962, als Herbergers Versuche fehlschlugen, den mittlerweile 42jährigen Fritz Walter zur Teilnahme an der Fußballweltmeisterschaft in Chile zu überreden. «Der Fritz und ich, wir hatten stets die gleichen Gedanken», so charakterisierte Herberger später das im Spitzensport beispiellos gebliebene Verhältnis.

Fußballtrainer Sepp Herberger, 1897 im Mannheimer Arbeiterviertel Waldhof geboren, hatte im Sommer 1930 sein Sportlehrerdiplom absolviert. Ausgerechnet das Fach, in dem er eine große Naturbegabung entwickeln sollte, hatte er zugunsten seiner rastlosen Nebentätigkeit als Fußballcoach stets gern geschwänzt: Psychologie. Doch Herberger war nicht nur früh mit einem Gesicht ausgestattet, das den Eindruck personifizierter

List und Schläue vermittelte, so zerknittert wie sein unvermeidlicher Trenchcoat. Er besaß tatsächlich das Talent, Menschen in seiner Umgebung zu durchschauen – und in seinem Sinne zu beeinflussen, meist ohne daß sie selbst es merkten. Daneben eignete er sich ein enormes theoretisches Wissen an, und mitnichten beschränkte er sein Studium auf den Sport allein. Zur Vervollkommnung der Trainerfähigkeiten wälzte Herberger auch kriegswissenschaftliche Literatur, er las alles über Clausewitz und Moltke. Als «Feldherr und Feldwebel des grünen Rasens» umschrieb er sich später gern selbst.

Herbergers jovial-moderates Auftreten indes täuschte oft darüber hinweg, daß sein Führungsprinzip in alten Traditionen stand. Dem Zufall überließ er nichts, auch deshalb übertrug er die Hauptrolle in all seinen spieltechnischen Überlegungen dem persönlichen Adjutanten Fritz Walter. Mit dem gleich ihm strategisch denkenden Sportler ging er vor jedem Länderspiel alle Details durch, die übrigen Spieler versah Herberger mit konkreten Einzelaufgaben. Die Sonderstellung des von ständigem Selbstzweifel geplagten Walter gegenüber den Mitspielern strich Herberger immer wieder einfallsreich heraus. Etwa indem er erklärte: «Wenn ich während des Spiels mit einem weißen Taschentuch winke, denkt euch nichts dabei, das braucht nur der Fritz zu verstehen.» Natürlich war die Taschentuchnummer ein Bluff, nur ersonnen, um der Mannschaft während des Spiels Spannungsmomente zu verschaffen und die Zuversicht in den Regisseur zu erhalten.

Kameradschaft als strategisches Puzzle: der Geist von Spiez

Am sportlichen Werdegang Horst Eckels, der mit 22 Jahren der jüngste Weltmeister wurde und als einziger neben Fritz Walter alle sechs Spiele des Endturniers bestritt, läßt sich minutiös aufzeigen, wie zielstrebig Herberger im Zusammenspiel mit Fritz Walter die Berner Elf um einen Kern aus Pfälzer Spielern aufbaute. Im Jahr 1949 war der damals 17jährige aus Vogelbach zum 1. FC Kaiserslautern gestoßen. Die 25 Kilometer Anfahrt per Fahrrad zum Training der Jugendmannschaft zweimal pro Woche nahm er mit Feuereifer auf sich. Eckel war Mittelstürmer, ein Spieler mit ausgeprägtem Tordrang, und weil er vom Tag seines Vereinseintrittes an sehr erfolgreich war, schaute ihm bald einmal der große Fritz Walter zu. Jugendspieler Eckel brillierte wie gewohnt und erhielt eine Einladung zum Training der Senioren. Das erste Spiel mit den Großen allerdings geriet zu einem Desaster. Tausende erfolgsverwöhnter Zuschauer forderten, den Burschen zurück nach Vogelbach zu schicken, doch Fritz Walter hielt an ihm fest: «Jetzt erst recht, Horst. Du bleibst bei uns.» Er gab ihm Tips, wie sein Spiel zu verbessern sei.

Das schweißte Eckel an sein Vorbild. Kein Weg wurde ihm zu weit auf dem Spielfeld, und nicht Trainer Richard Schneider, sondern dem alles dominierenden Ausnahmefußballer Fritz Walter neben ihm wollte er um jeden Preis gefallen, stets zu Diensten sein. Jener wiederum erkannte bald, daß ihm der dienstbare Dauerläufer allerlei unliebsame Arbeit abnehmen konnte. Gegen die Proteste des Vereinsvorstands von Kaiserslautern, der einen neuen Stürmer aus Mainz verpflichtet hatte, setzte Fritz Walter den Nachwuchsspieler Eckel durch. Er brauchte keine Einzelkönner, sondern selbstlose Kämpfertypen um sich. Knochenharte Spieler wie die Abwehrrecken Liebrich und Kohlmeyer oder, vorne, sein Bruder Ottmar. Der wußte aus nächster Anschauung: «Die harte Arbeit habe ich gemacht. Das wußte Fritz zu schätzen, wir wurden ein Gespann.» Und Ottmar Walter wurde beim ersten Nachkriegsländerspiel 1950 Nationalspieler wie der große Bruder, Herberger setzte ihn gegen die Proteste der Medien durch.

Auch Eckel wuchs rasch mit der Förderung und dem Vertrauen, das ihm Fritz Walter schenkte. Er zählte stets zu den besten Torschützen. Um so verblüffter war er, als ihm Trainer Schneider eines Tages eröffnete, er müsse nun auf die unscheinbare Position des rechten Außenläufers wechseln. Befremdlicher noch war allerdings die Tatsache, daß Fritz Walter diese Maßnahme nachdrücklich unterstützte. Auch die dürftige Begründung dafür nagte an Eckels Torjägerstolz: Stürmer gäbe es schließlich genug in der Mannschaft. «Ich war frustriert, denn ich hatte mit die meisten Tore geschossen», erinnert sich Eckel. «Nun sollte ich plötzlich weniger Tore machen, durfte nicht mehr im Mittelpunkt stehen. Ich konnte es nicht begreifen, ich wollte es auch nicht.» Doch Widerspruch wäre ihm nie in den Sinn gekommen. «Damals hat man die Position gespielt, auf die einen der Trainer schickte. Das geschah ohne Murren, so etwas war einfach eine Erziehungssache.»

Was Eckel nicht wußte: Die Rückstufung war der Beginn einer Reifeprüfung. Denn Fritz Walter hatte sich bei Herberger erkundigt, wie der Nachwuchsmann aus Vogelbach in die deutsche Nationalmannschaft einzugliedern sei. Und der Bundestrainer hatte eine Vakanz auf der rechten Läuferposition erkannt. Nicht in Kaiserslautern, in seiner Länderauswahl. Also mußte der junge Eckel erst einmal diskret auf die neue Rolle umgeschult werden. Wie alle Nationalspieler erhielt bald auch er mit der Post die persönlich gehaltenen Trainingsanweisungen des «Chefs». Nach der üblichen Anrede «Liebe Kameraden» folgten Appelle an das sportliche Gewissen jedes einzelnen, dazu gab es individuell gehaltene Aufbauprogramme. Herberger, auf allen Fußballplätzen des Landes zu Hause, kannte Stärken und Schwächen eines jeden seiner Pappenheimer.

Schon 1952 begannen sich Herberger und Walter auf das gemeinsame Projekt Weltmeisterschaft in der Schweiz zu verständigen. Bei den vier WM-Qualifikationsspielen gegen Norwegen und das damals eigenständige Saarland war der Stamm der späteren Meisterelf bereits beisammen. Daß sich Herbergers Auswahl in dieser verhältnismäßig spielschwachen Gruppe mühelos für die WM-Endrunde zu qualifizieren vermochte, wurde im Ausland kaum registriert, ohnedies besaß der deutsche Fußball keinen großen Stellenwert. Die gesamte Fachwelt hegte keinerlei Zweifel daran, daß der Titel nur von der ungarischen Mannschaft gewonnen werden konnte und die übrigen fünfzehn Endrundenteilnehmer dabei nur die sportive Staffage bildeten. Die Ungarn hatten ihren legendären Ruf, ein unbezwingbares «Wunderteam» zu sein, mit einer beispiellosen Siegesserie über viereinhalb Jahre hinweg geschaffen.

Herbergers sittsame, weithin unbekannte Männer freuten sich erst einmal über einen fünftägigen Schnupperausflug nach Baiersbronn im Schwarzwald. Dort lieferten sie sich erbitterte Kämpfe im Tischtennis und Minigolfen – die Buchpreise stiftete der «Chef» persönlich. Und sehnsüchtig lauschten sie dem Trainer, wenn der ihnen vom WM-Quartier in Spiez am Thuner See vorschwärmte: «Ihr seid im Hotel Belvedere direkt am See, mit großem Garten und Liegestühlen, mitten in einer herrlichen Berglandschaft. Und Kahnfahren könnt ihr jeden Tag.» Die Aussicht auf eine bei erfolgreichem Abschneiden möglicherweise drei Wochen währende Sommerfrische beherrschte die mannschaftsinternen Diskussionen, wiewohl die jungen Männer kein allzu großer Optimismus beflügelte. Max Morlock aus Nürnberg etwa, der der erfolgreichste deutsche Torschütze beim Turnier werden sollte, plante seinen privaten Urlaub mit der Ehefrau gleich nach dem Ende der Gruppenspiele.

Kurz nach dem kameradschaftlich gefärbten Erziehungsurlaub von Baiersbronn kam ein 30 Spieler umfassender Kader in der Münchner Sportschule Grünwald zusammen. Die letzte Sichtung vor der Reise in die Schweiz stand an, einige Teilnehmer mußten noch durch Herbergers Sieb gerüttelt werden, weil der WM-Kader nur 22 Akteure umfassen durfte. Doch die Spieler seiner ersten Wahl stellte Herberger da bereits in einer Vielzahl von Vieraugengesprächen auf die kommenden Aufgaben ein. Einen Film vom 6:3-Sieg der Ungarn in England ließ er zweimal vorführen, und den besten Spieler der Magyaren, Ferenc Puskas vom Armeesportklub Honved Budapest, führte er mit den Worten ein: «Und das, meine Freunde, ist der berühmte Major Puskas.»

Puskas und seine Kameraden beherrschten denn auch die Presseberichte in der Schweiz, als das deutsche Aufgebot anreiste. Uniform eingekleidet bis zum Hut vom Deutschen Fußball-Bund DFB, mußten die Spieler schon an der Grenze den Spott der Zöllner ertragen: «Was wollt denn ihr in der Schweiz? Ihr habt doch nicht etwa vor, die Ungarn, die Brasilianer oder Uruguayer zu schlagen?» Nein, vorgenommen hatten sie sich das eigentlich nicht. Erst recht nicht, nachdem sie an ihrem Bestimmungsort angekommen waren. Das DFB-Hotel Belvedere in Spiez lag in unmittelbarer Nachbarschaft des Quartiers der Mannschaft aus Uruguay, der amtierenden Weltmeister. Mit wachsender Bestürzung sahen Herbergers Mannen während der ersten Tage zu, wenn die Südamerikaner im Training die Bälle tanzen und dabei Hunderte Schaulustige staunen ließen. Erst wenn dieses Spektakel vorbei war und sich die meisten Zaungäste zerstreut hatten, zogen die vergleichsweise hölzern wirkenden Deutschen ihre Gymnastik-, Lauf- und Spielübungen auf.

Derweil genossen die favorisierten Ungarn im Zentrum von Solothurn den Starrummel der frühen Jahre in vollen Zügen. Trainiert wurde mäßig und öfter mal gefeiert, und als die Schweizer Zeitungen Berichte über Ferenc Puskas abdruckten, der tagsüber im eigenen Auto spazierenfuhr und auch nachts gern bummeln ging, beugten sich in Spiez Herbergers Männer verwundert über den Bericht. «Wir alle fanden so ein Verhalten unmöglich», erzählt Horst Eckel. «Auch der Chef schaute ungläubig und schüttelte den Kopf.»

Um die Moral der eigenen Einsatztruppe mußte er sich nicht sorgen. Denn das, was in der Sportwelt später als «Geist von Spiez» mythologisiert werden sollte, das verschworene, leistungsfördernde Gemeinschaftserlebnis, lief von Anfang an in generalstabsmäßiger Nüchternheit ab. Herberger belegte die Zweibettzimmer nach gewohntem System jeweils mit Spielern, die ähnlich geartete Aufgaben zu erfüllen hatten. Fritz Walter in seinen Erinnerungen: «Dies geschah nach Möglichkeit so, daß sich die Zimmerkollegen bis in die Träume hinein fachlich unterhalten können.» Pünktliches Wecken, pünktliches Training, pünktlicher Zapfenstreich waren Selbstverständlichkeiten.

Die Spieler, voran Herbergers nibelungentreuer Fritz Walter, übten zudem eine freiwillige Selbstkontrolle aus. Da wurde selbst ein Stuhl moniert, wenn der nach dem Essen nicht mehr so dastand wie zuvor. Es herrschte striktes Alkoholverbot, überhaupt durfte – entgegen moderneren Erkenntnissen – nur mäßig getrunken werden. War dies einmal nicht der Fall, standen in einer Ecke zu viele Wasser- und Apfelsaftflaschen herum, wurde von den Umsitzenden sogleich lautstark ein «feuchter Tisch» gemeldet. Dem Verbot, im verlockend angrenzenden See zu schwimmen, beugte sich jeder, es drohte schließlich Erkältungsgefahr. Zur Sicherung des Burgfriedens spürte Herberger auch nächtlichen Geräuschen auf den Hotelfluren nach. Horst Eckel hat mehr als vier Jahrzehnte später noch wohlige Schauer in der Stimme, wenn er erzählt, wie der Trainer ihn und seinen Zimmerkollegen Hans Schäfer beim nächtlichen Pirschgang mit einer Dose Bier auf dem Nachttisch überraschte.

Alle Ausfahrten mit dem DFB-Reisebus, ob zum Spiel oder zum Training, wurden mit schmetterndem Gesang begleitet. «Singen oder laufen» lautete die Losung beim Einsteigen. Kaum Platz genommen, stimmten Spieler wie Liebrich oder Turek Herbergers Lieblingslied an: «Hoch auf dem gelben Wagen». Von unantastbarer Relevanz waren auch die Essenszeiten der Spielergemeinschaft. Fritz Walter und Werner Liebrich, die über einen Freund des Spiezer Hotelchefs die einmalige Gelegenheit erhalten hatten, in einem Elektroartikelladen die Fernsehübertragung des Länderspiels Brasilien-Jugoslawien (immerhin mit dem designierten nächsten Gegner der deutschen Mannschaft) zu verfolgen, kehrten widerstrebend, doch gewissenhaft vor Beginn der zweiten Halbzeit ins Trainingscamp zurück: 19 Uhr, Abendbrot.

Hart war die Strafe für Unpünktlichkeit. Herberger selbst mußte seine Männer davon abhalten, ein damals in der Nationalmannschaft übliches Zeremoniell, den sogenannten «Heiligen Geist», auch während der Wochen in der Schweiz anzuwenden. Fritz Walter beschrieb diesen Ritus: Dem Betroffenen wurde «von den Kameraden die Hose heruntergezogen, damit jeder seine mehr oder weniger kräftige Handschrift auf die entblößte Körperfläche setzen kann».

Ein strenger Moralkodex, eherne Hackordnungen und überkommene Männerrituale prägten den Alltag. Doch die Stimmung litt darunter keineswegs; die jungen Männer, dem Schützengraben auf die eine oder andere Art knapp entronnen, kannten nicht viel anderes, als jeder Anweisung ergeben zu folgen: «Alles klar, Chef», so lautete die Standardformel. Horst Eckel im Rückblick: «Was Herberger sagte, war Gesetz. Da wurde nicht viel gefragt.» Das Zeitalter sportiver Einzelunternehmer mit Beratern, Werbepartnern und permanenten Außenkontakten war noch fern, in die Verantwortung drängte es keinen aus dem sorgsam ausgetüftelten, pflegeleichten Spielerkader. Ein sicheres Plätzchen schuf schon Zufriedenheit. So mußte Herberger seinen Rangobersten, ausgerechnet den nervenschwachen Fritz Walter, zur Übernahme besonderer Aufgaben abkommandieren: «Fritz, bei mir schießen Sie die Elfmeter. Auch wenn es in Ihrer Vereinsmannschaft ein anderer macht. Sie können ruhig einen Strafstoß verschießen, die Verantwortung dafür übernehme ich. Hauptsache, daß Sie schießen!» Augen zu und durch?

Die hierarchischen Strukturen paßten in die Zeit, Disziplin war die Grundformel – insofern diente dem Herbergsvater Herberger, der selbst nie im Krieg kämpfen mußte, tatsächlich die Kaserne als Funktionsmodell. Horst Eckel zurückblickend: «In den Jahren nach 1945 mußte man draußen auf der Straße zusehen, wie man zurechtkam. Einzelgänger hatten keine Chance, nur in der Gemeinschaft ließ sich etwas bewegen. Diese Einstellung, diese Überzeugung hatte also auch jeder schon so in die Nationalmannschaft mitgebracht. Wir haben uns nicht untergeordnet, man hat sich eingeordnet.»

Doch es gab noch etwas anderes, das die Spieler in den Wochen von Spiez zu einem Trutzbund zusammenschweißte. Die deutschen Sportler befanden sich gleich in mehrfacher Hinsicht in einer Insellage. Einmal als volksnahe Vertreter der unbeliebten, teilweise offen gehaßten neuen Republik, die gerade erst mühsam domestiziert worden war. Zum anderen aber war es die ins Fieberhafte ansteigende Erwartungshaltung in der Heimat, die den nationalen Sportbotschaftern erheblich zu schaffen machte. Als die deutsche Auswahl in Basel bereits in ihrem zweiten Gruppenspiel ein erstes Mal auf die gefürchtete «Wunderelf» aus Ungarn traf und – von Cheftaktiker Herberger durch eine zweitklassige Mannschaftsaufstellung bewußt zur Farce degradiert – eine 8:3-Niederlage einstecken mußte, erreichten den Bundestrainer im Schweizer Trainingsquartier Briefe aus der Heimat, die sich noch heute in jeder schrägen Reality-Fernsehshow präsentieren ließen. «Hängen Sie sich doch auf!» wurde ihm da erzürnt nahegelegt. Oder: «Höchste Zeit für Sie, zu verschwinden! Jede Mark, die noch für Sie bezahlt wird, ist glatt zum Fenster hinausgeworfen!» Typisch für Herbergers psychologische Kriegführung war, daß er derlei Reaktionen an Fritz Walter weiterleitete – und damit an den zentralen Mannschaftsteil. Dies stärkte die Wagenburgmentalität.

Mit einer Mischung aus Fassungslosigkeit und Gekränktheit hat Walter später angemerkt, daß ausländische Beobachter Herbergers Kunstkniff bei jenem 3:8, die tatsächliche eigene Spielstärke gegen die Ungarn in einem für das Weiterkommen im Turnier unerheblichen Spiel zu vertuschen, sogleich durchschaut hätten – im Gegensatz zu den eigenen Landsleuten. Dies erzeugte natürlich Trotz im Troß der gescholtenen Akteure. Daneben keimte leise Furcht vor einer Heimkehr als Gescheiterte beim ersten sportlichen Weltereignis mit deutscher Beteiligung nach dem Krieg. Schimpf- und Schmähbriefe aus Deutschland – zumindest den Hauptakteuren dämmerte da allmählich die Tragweite ihrer Mission. So wurde der Aufenthalt in Spiez vorübergehend zu einer Art Isolierhaft, instinktiv schotteten sich die Spieler ab. Das aber war von Herberger erwünscht: Die 22 Kameraden sollten im eigenen Saft schmoren, bis sie sich als Häuflein Verlorener sahen, die nur noch die gemeinsame Flucht nach vorne antreten konnten – einer für alle, alle für einen.

Natürlich wußte der aufmerksame Zeitgenosse Herberger schon lange um die besondere Gemütslage in der Heimat. Die bitterbösen Briefe von enttäuschten und gedemütigten Fußballanhängern ins Camp nach Spiez paßten schließlich in die Zeit.

Margarete Mitscherlich urteilte ein Jahrzehnt später: «Ich kenne kein Volk, das ein solches Bedürfnis danach hat, zu idealisieren – entsprechend groß ist natürlich die Neigung zu entwerten. Die Realität zu sehen, Menschen zu lieben mit all ihren Schwächen und Fehlern, fällt, glaube ich, den Deutschen besonders schwer.» Die Vorgänge um die Fußballmannschaft in der Schweiz lieferten entlarvende Belege für diese These.

Herberger indes kam mit Fehlern und Schwächen seiner «Männer» ganz gut klar. Das rechneten die ihm nicht nur hoch an, sie bemühten sich auch, Toleranz im Umgang untereinander zu entwickeln. So führte jene DFB-intern als «Kriegslist» gefeierte Kamikazetaktik beim ersten Spiel gegen die Ungarn dazu, daß sich die Mannschaft noch überzeugter um ihren Chef scharte. Es blieb ihr ohnehin nichts anderes übrig: Der muffige, aufkeimende Nationalismus zu Hause zwang sie förmlich dazu, nun verstärkt patriotische Energien freizusetzen. Sie waren an dem Punkt angelangt, wo Herberger sie haben wollte.

Bis zum letzten Spiel

Bei der Weltmeisterschaft in der Schweiz wurden die 16 qualifizierten Länder in vier Gruppen zu je vier Mannschaften eingeteilt. Für die Ermittlung der acht Viertelfinalgegner hatte sich der Fußball-Weltverband FIFA etwas sehr Eigentümliches, geradezu Wettkampfverzerrendes einfallen lassen: In den Gruppen spielte nicht jeder gegen jeden, sondern es wurden pro Gruppe zwei Mannschaften gesetzt, die nicht gegeneinander anzutreten brauchten. In der deutschen Gruppe, der Vorrundengruppe 2, wurden zum Beispiel Ungarn und die Türkei gesetzt, nicht dagegen Deutschland und Südkorea. Herbergers Elf mußte sich daher mit den beiden starken gesetzten Teams aus Ungarn und der Türkei messen, nicht aber mit dem asiatischen Fußballzwerg, der gleichfalls nur gegen die beiden Gesetzten anzutreten hatte. Bei Punktgleichheit zweier Mannschaften nach den

Gruppenspielen sollte ein Entscheidungsspiel den Ausschlag für den Einzug ins Viertelfinale geben.

Dies ergab einen höchst verwirrenden Austragungsmodus, der die Trainer zum Taktieren verdammte. Die deutsche Auswahl errang im für sie bereits vorentscheidenden Auftaktspiel gegen die Türkei einen 4:1-Sieg: hochmotiviert und natürlich in Bestbesetzung. Gegen die viereinhalb Jahre lang unbezwungenen Ungarn ließ Herberger mit der vertraulichen Maßgabe, nicht allzu hoch zu verlieren, insgesamt sieben Reservisten auflaufen. So sorgte er zugleich dafür, daß es für den Fall eines Weiterkommens nach dem dritten, dem Entscheidungsspiel erneut gegen die Türken keine allzu große Unzufriedenheit unter seinen Hinterbänklern geben würde. Denn anders als heute durfte damals kein Spieler ausgewechselt werden. Wer also nicht aufs Spielfeld lief, mußte die gesamten 90 Minuten zuschauen. Fiel jemand verletzt aus, mußte eine Mannschaft mit den verbleibenden zehn Akteuren auskommen.

Im entscheidenden Gruppenspiel gegen die Türkei bot Herberger wieder die Besten auf. Sieben aus dieser Elf hatten die 3:8-Schmach gegen Ungarn ohnmächtig von der Tribüne aus verfolgen müssen. Sie brannten auf Wiedergutmachung, sie fühlten sich nun mehr denn je als Schlüsselfiguren im deutschen Spiel. «Die Türken putzen wir weg», tröstete Ottmar Walter seinen geknickten Bruder Fritz, Max Morlock spuckte in die Hände: «Fritz, paß auf, da machen wir einen dollen Wirbel.» Tatsächlich spielten sie zwei Tage später die Türkei, die sie ja noch aus der Vorwoche in bester Erinnerung hatten, mit 7:2 gegen die Wand. Damit standen Herbergers Männer im Viertelfinale. Und nun, erstmals, hatten sie den Rücken einigermaßen frei.

In dieser nächsten Runde kam ihnen der weiterhin unergründliche Austragungsmodus zu Hilfe. Die FIFA nämlich ließ zur Ermittlung der WM-Halbfinalisten nicht die später üblichen Überkreuzspiele des Ersten gegen den Zweiten einer anderen Gruppe durchführen, sondern die Gruppensieger und die Zweiten jeweils gegeneinander antreten. So mußte die deutsche Auswahl gegen den Gruppenzweiten der Gruppe 1, Jugoslawien, spielen, während sich der stärkere Sieger der Nachbargruppe, Brasilien, mit den Ungarn auseinanderzusetzen hatte (und programmgemäß verlor).

Im Vorfeld des Viertelfinalspiels gegen Jugoslawien schmolz die deutsche Mannschaft zu einer Einheit. Der Stolz auf das Erreichte und die Erleichterung über den gebändigten Volkszorn daheim verbanden die gesamte Delegation. Allerlei aufmunternde Briefe, vom Bundestrainer und sämtlichen Nationalspielern unterschrieben, ergingen nun an andere, in der Heimat zurückgebliebene Kameraden. Mannschaftskapitän Fritz Walter schickte sportliche Feldpost an den verletzten Nationalspieler Erich Retter: «Du fehlst uns nicht nur als feste Stütze unserer Hintermannschaft, wir vermissen dich auch als Mensch und Kamerad.» Ihn selbst hatte ein Brief aus Kaiserslautern erreicht, den er fortan bei sich trug. Ehefrau Italia schrieb: «Schätzchen, zeige der ganzen Fußballwelt, daß Du kein alter Mann bist und daß Du Fußball spielen kannst.» Der 33jährige Fritz Walter begann, im Training mit seinem zehn Jahre jüngeren Zimmerkollegen Helmut Rahn um die Wette zu laufen. Eine Lockerheit griff so allmählich Raum, die sich auf jeden übertrug, denn alle, wohl oder übel, schauten sie auf die Launen von Herbergers allgewaltigem, sensiblem Spielmacher.

Merklich befreit vom Erwartungsdruck, reiste die DFB-Equipe vom Thuner See zum Spielort nach Genf und übernachtete unterwegs im Schloß de Dully. Die freien Zimmer in dem herrschaftlichen Anwesen bei Genf reichten nicht aus. So mußten die Sportler noch enger zusammenrücken. Diejenigen, die anderntags spielen sollten, nächtigten jeweils zu zweit in französischen Doppelbetten, die Reservisten mußten sich mit improvisierten Lagern aus eilig herbeigeschafften Couches und Matratzen zufriedengeben.

Am Tag vor diesem Spiel kam es zu einer entscheidenden Umstellung in der deutschen Stammformation. Wie üblich hatte Herberger die Stimmungslage seines Alter ego bei einem Spaziergang erkundet und dabei die Überzeugung gewonnen, daß der Kapitän diesmal zu einem Einsatz seines Zimmerkollegen Helmut Rahn tendierte. Die Essener Stimmungskanone paßte zwar vom Naturell nicht so recht in Herbergers einheitliches Kameradschaftsbild. Rahn war vom Typ her ein impulsiver Draufgänger, ein schwer berechenbarer Nonkonformist, dem der Trainer einen aufreizenden Eigensinn bescheinigte. Doch während der langen Kasernierung war der Stürmer dem sensiblen Walter ans Herz gewachsen.

Hinzu kam, daß der so erfrischend selbstbewußte Rahn den einflußreichen Zimmerkollegen beim nächtlichen Bettgeflüster über den Viertelfinalgegner ständig geschickt am Aberglauben kitzelte: «Friedrich, du weißt ja selbst, gegen die Jugoslawen habe ich immer mein Tor geschossen. Sogar, wenn ich der schlechteste Mann auf dem Platz war.» So war Herberger froh, mit Walters Einverständnis Rahn anstelle des mannschaftsdienlicheren Berni Klodt nominieren zu können. Der ausgefuchste Trainer wußte, daß gegen die spielstärkeren Jugoslawen Abwehrarbeit oberste Pflicht sein würde und daher weit eher ein kraftvoller Einzelgänger im Angriff für die Entscheidung sorgen könne als einer, der sich selbstbescheiden der jeweiligen Spielsituation unterordnet. Das Experiment glückte, die Rechnung ging auf. Die Jugoslawen brachten sich durch ein Eigentor nach nur zehn Minuten ins Hintertreffen. Kurz vor Schluß war es tatsächlich Helmut Rahn, der sein unter wachsenden Druck geratenes Team mit dem Tor zum 2:0 erlöste.

Dieser Sieg brachte die deutsche Mannschaft unter die letzten vier des WM-Turniers. Ein nie gekanntes Selbstvertrauen griff um sich, das verstärkt wurde durch den Umstand, daß es im Halbfinale zum Nachbarschaftsduell mit den altvertrauten Österreichern kam. Herbergers Mannen sahen, daß sie ebensoweit gekommen waren wie die atemberaubend ballgewandten Weltmeisterspieler Uruguays im Nachbarhotel, und sie begriffen mit einemmal, daß man technische Schwächen durch Laufarbeit und Kampfkraft mehr als wettmachen konnte. Selbst der introvertierte Fritz Walter begann von einer Endspielteilnahme zu träumen. Und Zimmerkollege Rahn, der ihn zum «Stubenältesten» ernannt hatte, putzte ihm persönlich die Fußballschuhe. Ob Berechnung oder Übermut – für den bulligen Stürmer aus Essen hatte die WM jetzt richtig begonnen. Mit seinem

Tor gegen Jugoslawien hatte er sich einen Stammplatz erobert, den wollte er nicht mehr abgeben.

Rahn traf zwar beim folgenden 6:1-Sieg über Österreich nicht ins Tor, doch er war in diesem Halbfinalspiel Teil einer Mannschaft, die sich unumstritten zu einer Leistung von internationaler Spitzenklasse aufzuschwingen vermochte. Der im Jugoslawien-Spiel verletzte Jupp Posipal war wieder für seinen Hamburger Spielerkollegen Fritz Laband ins Team gerückt. Erstmals überhaupt hatte Herberger damit jene elf Spieler zusammengestellt, die auch vier Tage später das Endspiel in Bern gewinnen sollten. Weder davor noch danach haben die elf jemals wieder in dieser kompletten Besetzung gespielt.

Es ist bezeichnend, daß sich die Ungarn bis zum Finale nicht um ihren Gegner gekümmert hatten. Sie hielten die Deutschen, auch eingedenk ihres zwei Wochen zurückliegenden 8:3-Sieges im Gruppenspiel, für spielerisch beschränkte Biedermänner, die nun erneut als Prügelknaben herzuhalten hätten bei ihrem letzten großen Auftritt. Schließlich hatte Ungarn die stärkste Konkurrenz bereits aus dem Turnier geworfen. Brasilien und die Titelverteidiger aus Uruguay. Nein, die ausgelassenen Magyaren, die längst munter mit ihren Ehefrauen unter einem Dach lebten, glaubten nicht im Traum daran, daß noch etwas schiefgehen könnte.

In Spiez hatte auch Herberger seinen Spielern – schweren Herzens, weil strikt im Widerspruch zu all seinen Prinzipien – gestattet, ihre Ehefrauen nachreisen zu lassen. Allerdings wurden die Damen in einem anderen Hotel einquartiert, und wie ein Luchs wachte der Bundestrainer über die Einhaltung des Zapfenstreichs. Nicht nur darüber: Als etwa der zweitjüngste Mann im Troß, der 25jährige Hans Schäfer, seine Frau besuchte, schickte der Coach vorsichtshalber dessen ledigen Zimmerkollegen Horst Eckel mit. Gleichwohl hatte Herberger erkannt, daß er in diesen letzten Tagen der erwachenden Selbstgewißheit und der anschwellenden Euphorie etwas Leine geben mußte, nichts durfte das gemeinschaftliche Aufbruchgefühl mehr trüben. In diesem Punkt kopierte er die Ungarn. Doch es fiel ihm leicht, dieses eine Mal über den eigenen Schatten zu springen. Er ahnte, daß der Schlüssel zum Erfolg in der Hoffart des Endspielgegners einerseits und dem unverwüstlichen Vertrauen seiner «Männer» in des Trainers Planspiele andererseits lag. «Herberger wußte über alles Bescheid», meint Horst Eckel. «Da hat keiner lange nachgedacht.» Tatsächlich erwies sich der Feldherr Herberger als perfekt vorbereitet.

Das Quartier der Ungarn im Stadtzentrum von Solothurn war ihm bestens bekannt, schließlich hatte er persönlich Monate vor Turnierbeginn auch dieses Hotel auf seine Tauglichkeit überprüft. Er hatte verzichtet, als er herausfand, daß in unmittelbarer Nähe der Nobelherberge ein Kirchturm erheblichen Lärm entfaltete: Die Glocken läuteten jede Stunde. Zudem, so hatte der schlitzohrige Allround-Stratege schon viele Wochen vor der WM in Erfahrung gebracht, war in der Umgebung des Hotels just für den Morgen des Endspieltags ein Kapellenwettstreit angesetzt. Die in organisatorischen Belangen völlig unbedarften Ungarn indes merkten dies erst, als sie am Tag des großen Finales in aller Frühe von scheppperndem Blech und dröhnender Blasmusik aus den Betten gerissen wurden.

Damit nicht genug. Seit Beginn der WM-Spiele hatte Herberger nahezu täglich seinen Mannschaftsbetreuer Albert Sing ins Quartier nach Solothurn geschickt. Der Spion aus Spiez notierte dort jede Bewegung der Ungarn, ihre Trainingsprogramme, ihre Speisepläne. Der ungarische Spieler Gyula Lorant, der später sehr erfolgreich als Trainer in der Bundesliga arbeitete, stellte verblüfft fest: «Herberger kannte unsere Stimmungen, er kannte sogar die Sorgen von jedem einzelnen bei uns ganz genau.» Den ungarischen Mannschaftskapitän Ferenc Puskas ließ Herberger zur Behandlung einer Verletzung per Unterwassermassage ins deutsche Quartier einladen. Puskas verzichtete jedoch. Schließlich verdankte er die hartnäckige Blessur am Knöchel, die ihn während des gesamten Turniers sehr behinderte, dem deutschen Mittelläufer Werner Liebrich. Der hatte ihn beim ersten deutsch-ungarischen Aufeinandertreffen mit einer aggressiven Attacke zu Boden geschickt: Puskas mußte vorzeitig verletzt vom Platz.

Zwar wird, bei heutigen Rückblenden auf den Sport jener Zeit, gern eine verklärende Optik von kameradschaftlich-fairem Miteinander bemüht. Tatsächlich aber wurde schon 1954 zuweilen mit derben Methoden zur Sache gegangen. So sparte auch der nach außen stets weise und verbindlich auftretende Herberger intern gegebenenfalls nicht mit Ermunterungen zu einer körperbetonten Spielweise. Die fußballtechnisch perfekten Ungarn, vermeldete ihm Späher Albert Sing, belächelten seine durchtrainierten Athleten nur als teutonische «Kraftmeier». Beirrt hat Herberger das indessen nicht, eher bestärkt. In der Mannschaftsbesprechung vor dem Finale hielt der «Chef» daher einen markigen Hinweis für seine knochenharte Abwehrreihe parat: «Werner Liebrich, Sie wissen ja, wir spielen hart und fair. Aber ich glaube, den ungarischen Stürmer Hidegkuti muß ich nicht mehr sehen beim Bankett nach dem Endspiel.»

Dieses Endspiel verlief zunächst gar nicht planmäßig. Die Deutschen hatten sich noch gar nicht richtig aufgestellt zwischen den Kreidestrichen im Berner Wankdorf-Stadion, Hunderttausende vor den Volksempfängern in der Heimat suchten noch nach dem Sender, da führten die Ungarn bereits mit 2:0. Gerade mal acht Minuten benötigten sie für diesen Vorsprung, der ihnen allerdings Übermut einflößte und schließlich das Genick brechen sollte. Denn dies war nicht mehr die deutsche Elf, die ihnen zwei Wochen zuvor wehrlos gegenübergestanden hatte. Zwar ging Fritz Walter in einer besorgniserregenden Verfassung am Mittelkreis umher, schüttelte den Kopf und ließ die Schultern hängen, doch auf seine während des Turniers erstarkten Kameraden wirkte der Rückstand wie ein allerletzter Adrenalinstoß. «Los, weitermachen!» brüllte von hinten der rotblonde Liebrich. Bruder Ottmar und Hans Schäfer redeten ihm zu, und selbst Max Morlock, sonst einer der Fügsamsten, machte Stimmung: «Jetzt erst recht, Fritz!»

Morlock war es auch, der das Ruder sogleich herumriß. Dem Mann aus Nürnberg war eigentlich die Rolle des fußballerischen Untertans auf die Haut geschrieben; im Jahr zuvor, als der ahnungslose Bundespräsident Theodor Heuss ihn als den Kleinsten im deutschen Team vor einem Länderspiel fragte, ob er denn der Torwart sei, hatte er ehrfürchtig geantwortet: «Jawohl, Herr Bundespräsident, ich bin der Torwart.» Gewiß hätte er sich auf Wunsch auch ins Tor gestellt. So, wie er auch auf des verehrten Bundestrainers briefliche Trainingsanleitungen hin beflissen Vollzug zu melden pflegte: «Lieber Herr Herberger, ich habe das vorgeschriebene Trainingsprogramm heute gleich zweimal gemacht. Ich fühle mich in der Form, wie Sie es wünschen. Vielen Dank.»

Morlock also, der allzeit getreue Maxl war es, der sich kurz nach dem zweiten ungarischen Treffer mit letzter Energie in einen Flankenball warf und den Ball sprichwörtlich mit der großen Zehe ins gegnerische Gehäuse lenkte. Dies war das Tor, das jedermann auf dem Rasen und im Stadion die unbändige Willenskraft der deutschen Fußballer signalisierte. Es brach den Bann. Die DFB-Mannschaft, von Herberger detailliert über Stärken und Schwächen ihrer jeweiligen Gegenspieler instruiert, gestatteten Ungarns Wundermannschaft immer weniger Raum zur Entfaltung. Dirigiert vom neu ermutigten Fritz Walter, zogen sie ein laufstarkes Konterspiel auf, es galt, die Früchte einer dreiwöchigen harten Arbeit zu ernten. Und plötzlich war Rahn zur Stelle, der unbekümmerte Individualist, und drosch einen Eckball Fritz Walters zum Ausgleich ins Netz. «Die Ungarn waren geschockt. Sie fingen an, sich anzumeckern», erinnert sich Horst Eckel. Die deutschen Emporkömmlinge hingegen ließen sich nicht mehr verunsichern, kurze Anweisungen wanderten hin und her, sie spielten ihr System nun wie im Traum herunter. Das Endspiel geriet mehr und mehr zu dem, was Herberger haben wollte: zu einer Art Stellungskampf. In diesen Belangen hatten seine hochdisziplinierten Männer Vorteile. Und auch das Glück blieb beharrlich an ihrer Seite, bis der bullige Rahn kurz vor Schluß den Siegtreffer erzielte.

Als der Schlußpfiff ertönte, lagen sich die elf Sieger noch mehr erschöpft als glücklich in den Armen. Die Weltmeisterschaft war entschieden, der Weltpokal wurde an Fritz Walter überreicht, und im Berner Bindfadenregen erklang die deutsche Nationalhymne. Davon jedoch, daß in diesem Moment in ganz

Fritz Walter nimmt aus der Hand von Bundespräsident Heuss am 19. Juli 1954 im Berliner Olympiastadion den «Silberlorbeer» entgegen.

Deutschland ein Alpdruck erlosch, daß eine überkommene Welt einfach zerstob und sogar Ostberliner Volkspolizisten Freudensalven in die Luft jagten, hatten die Turniergewinner keine Ahnung. Daß es so war, erfuhren sie erst in den Tagen danach: Die junge Bundesrepublik durfte endlich auf seiten der Sieger stehen, endlich war man wieder wer. Die Straßen in der Heimat waren schwarz von Menschen, die Gratulationscour dauerte Wochen.

Jene elf Spieler aber, die sich tatsächlich erst im Halbfinale zu einer Mannschaft zusammengefunden hatten, wurden als unverbrüchlicher Freundschaftsbund heroisiert in einem Land, das sich auf der Suche nach neuen Symbolen seit langem heftig verzehrte. Natürlich erkannten auch die Politiker rasch die Gunst der Stunde. Mit Orden, Medaillen und Geschenken bepackt, suchten sie die Nähe der erfolgreichen Fußballer, die ihnen öffentlichen Glanz verhießen. Innenminister Gerhard Schröder gewährte Audienz in Bonn und händigte jedem Weltmeister einen Lederkoffer aus. Bundespräsident Heuss überreichte jedem Spieler im mit 85000 Zuschauern vollbesetzten Berliner Olympiastadion das Große Silberne Lorbeerblatt. Bei einer abendlichen Veranstaltung in der Westberliner Waldbühne erlosch das Licht, und 40000 Zündhölzer leuchteten auf, während die elf Freunde untergehakt auf dem Podium standen. Deutschland-West sang dazu: «Das ist die Berliner Luft, Luft, Luft...» Ein Jahrmarkt der Hoffnungen, der Sehnsüchte und Eitelkeiten war in Bewegung geraten, gemeinsam wurde in die Zukunft geschunkelt.

«Der Sieg von Bern war der Durchbruch für das Land und für die Politik, nicht nur für die Fußballer», erinnert sich der Publizist und Augenzeuge Hans Blickensdörfer. «Es war aber vor allem ein Jugend-Ereignis, und wir Journalisten haben es damals in einem Jung-Siegfried-Stil in die Heimat übermittelt. Ich selbst staune manchmal, wenn ich meine Artikel von damals lese.» Auch die Spieler staunten, was sie so alles über sich zu lesen bekamen. Bei einigen mag sich der Eindruck gebildet haben, man hätte tatsächlich durch die Kraft persönlichen Zusammenhalts die Sportwelt revolutioniert. Und nicht durch eiserne Trainingsfron und hohe taktische Disziplin, vermittelt von einem weitblickenden, väterlichen Erzieher der alten Schule.

Der unberechenbare Gegner Alltag

«Nach dem Spiel ist vor dem Spiel», lautete eine der Herbergerschen Spruchweisheiten. Gemeint war damit die Notwendigkeit, ein Spiel im Kopf abzuhaken und sich ganz auf die kommende Aufgabe zu konzentrieren – eine Sentenz, die seine Männer verinnerlicht hatten. Nach ein paar Wochen war die WM-Party vorbei. Die neue Spielzeit in den damaligen fünf deutschen Fußball-Oberligen zerstreute die elf Sieger rasch in alle Winde. Turek ging nach Düsseldorf, Posipal nach Hamburg, Rahn nach Essen, Schäfer nach Köln. Mai nach Fürth, Morlock nach Nürnberg, und die fünf Kaiserslauterner Korsettstangen kehrten in ihre pfälzische Heimat zurück. Besonders hier, im Herzstück der Bewegung, sollte sich in der Folgezeit herausstellen, wie belastbar die Berner Fußballfreundschaft im richtigen Leben war. Zwar stand von Beginn an ein Treuebündnis im Raum. Eine Art Gelübde ähnlich jenem, wie es eine Abiturklasse eingeht nach gemeinsam überstandener Reifeprüfung, ohne Blick auf kommende Realitäten.

Herberger, zu einem Säulenheiligen der jungen Republik erhoben wie sein politisches Alter ego Konrad Adenauer, pflegte mit unermüdlicher Unterstützung von Fritz Walter das kameradschaftliche Gedenken, die Illusion einer verschworenen Gemeinschaft. Gleichwohl konnten beide nicht verhindern, daß ihnen abseits der straff terminierten Weltmeistertreffen viele Freunde aus der Umarmung glitten. Der «Chef» zwar war bis zu seinem Tod 1977 stets empfänglich für die Kümmernisse seiner Männer, das ganze Leben regeln konnte er freilich nicht für sie. Was nötig gewesen wäre für einige Sorgenkinder, die ihr strahlender Ruhm, der so schlecht zu vermarkten war, arg ins Straucheln brachte. Doch dies war ein Kampf, den jeder allein auszutragen hatte. Ein Kampf, in dem ein aufmunterndes «Kopf hoch» nicht weiterhalf. Denn abseits des akkurat begrenzten und überschaubaren Rasengevierts, wo einer unweigerlich vom anderen abhängt und keiner das Kollektiv unentdeckt hintergehen kann, wo jeder Schritt per Trainingsanweisung in feste Bahnen gelenkt und der Daseinskampf berechenbar gemacht wurde, abseits dieser fiktiven Spielwiese des Lebens sollten sich die freundschaftlichen Hilfestellungen und Einflußnahmen untereinander als nicht ausreichend erweisen. Die wenigsten der Weltmeister fanden sich in der Berufswelt zurecht. Ein ernüchternder, wiewohl auch von den Sportmedien gern bagatellisierter Umstand, der gleichwohl nicht verschleiert werden darf. Denn auch er wirft Licht auf das Berner Ereignis – und entlarvt die trügerische Konsistenz einer jugendhaften Zweckallianz.

Gesicherte Existenzen vermochten sich Posipal (Möbelkaufmann), Schäfer (Geschenkartikel-Vertreter) und Eckel (Sportlehrer) aufzubauen. Fritz Walter war als Betreiber einer Wäscherei zunächst ebensowenig Glück beschieden wie in einem zweiten Anlauf als Kinobesitzer. Der nach Jahrzehnten immer werbewirksamere Status als einziger Vorzeige-Weltmeister sicherte ihm jedoch ein gutsituiertes Leben. Andere drifteten auf die Schattenseite ab. Torwart Turek, der zunächst ein Toto-Lotto-Geschäft betrieb, leitete später die Registratur der Rheinbahn AG. Er erlag 1984 einem Herzleiden. Max Morlock hatte das Glück, daß ihm Herberger persönlich auf die Beine half. Zur Gründung eines Sportgeschäfts lieh ihm der «Chef» 10000 Mark, zu drei Prozent Zinsen. Morlock starb 1994 an Krebs.

Für keinerlei freundschaftliche Unterstützung zugänglich indes war Werner Kohlmeyer. Der ebenso gutmütige wie naive Verteidiger aus Kaiserslautern verspielte und vertrank sein Haus in schlechter Gesellschaft am Kartentisch. Er verlor seine Lotto- und Toto-Annahmestelle, das Familienleben zerbrach. Geschieden von Frau und drei Kindern, zog er über Jahre verwahrlost umher, kam vorübergehend in die Heilanstalt und starb, zuletzt als Pförtner tätig, 1974 mit 49 Jahren an Herzinfarkt.

Jene schlechte Gesellschaft aber, die etwa Kohlmeyers Tochter Heide bis heute mit Verbitterung erfüllt, hatte der leichtlebige Fußballer vorwiegend in der Tankstellen-Gaststätte von Ottmar Walter vorgefunden. Ausgerechnet dort, im engsten Umfeld jener zwei Fußballhelden, die sich auch nach Bern häufig privat trafen, hatte sich eine zwielichtige Runde aus Zechern und Zockern etabliert. Die Freundschaft der beiden Weltmeister, die nie so stark im Rampenlicht standen wie andere – schon gar nicht wie der große Fritz –, war über die Jahre in dumpfe Spielsucht gemündet, in der naturgemäß keiner dem anderen Halt zu geben vermochte. Vielmehr schienen die Schwächen des einen den anderen zu trösten. Wie Kohlmeyer verlor auch Ottmar Walter seinen gesamten Besitz am Kartentisch. Durch existentielle Geldsorgen, Alkoholprobleme und eine Fülle von Operationen an Knie und Hüfte zermürbt, unternahm er 1969 einen Selbstmordversuch. Ehefrau Annelies half Ottmar Walter wieder auf die Beine. Doch weder der legendäre Freundeskreis noch die Fußballindustrie, sondern die Stadt Kaiserslautern war es schließlich, die dem gestrauchelten Weltmeister mit einem Posten in der Verwaltung das Auskommen bis zum Rentenalter sicherte. Es läßt sich vor solchem Hintergrund schwerlich behaupten, daß Ottmar Walter glücklich geworden sei mit dem Weltmeisterruhm im Schatten des alle überragenden Bruders.

Auch Helmut Rahn ist der Tag von Bern auf lange Sicht nicht sonderlich gut bekommen. Die Fußballschuhe, mit denen er die Tore im Finale erzielte, stehen zwar mit Goldfarbe bepinselt im Museum eines Sportartikelkonzerns. Andächtig werden sie dort bis heute bestaunt. Rahn selbst aber vermochte seine Triumphe nicht zu versilbern. Denn der große Individualist in Herbergers Team verlor gleichfalls Geld am Tresen und durch falsche Freunde. 1957 trug ihm ein Autounfall mit Fahrerflucht eine Gefängnisstrafe ein, trotzdem nominierte ihn Herberger wieder für die Weltmeisterschaft 1958 in Schweden. Sein Geschäft als Gebrauchtwagenhändler gab Rahn nach langen Jahren auf. Aus dem Kreis der Berner Freunde zog er sich früh zurück, ohne je zu erklären, was ihn so spürbar verbittert hatte. Irgendwann mochte er die Freunde von einst nicht mehr sehen, nie wieder die Frage hören: «Erzähl, Helmut! Wie war das damals mit dem Tor?» Und den im Vier-Jahres-Turnus anschwellenden Elf-Freunde-Rummel verabscheut er mittlerweile in schonungsloser Offenheit. Als ihn Bundeskanzler Helmut Kohl im Sommer 1994 zur Mitreise nach Chicago einlud, ins Quartier der deutschen Fußballnationalmannschaft und zu deren Eröffnungsspiel gegen Bolivien, gab Rahn dem fußballbegeisterten Regierungschef einen Korb: «Rückenbeschwerden», lautete die knappe Absage.

Rahn gibt an, das öffentliche Spiel mit dem zum antiken Markenartikel avancierten Berner Sieg als verlogen und kommerziell entlarvt zu haben. Seither verweigert er sich. Auch gegenüber Fritz Walter, der ihn seit vielen Jahren nicht mehr zur Teilnahme an den Treffen überreden konnte. Denn auch unter den Freunden von einst hält den Berner Torschützen nichts mehr, Stammtischnostalgie ist nicht sein Fall. Die aber wird ge-

Zur Verleihung des Bundesverdienstkreuzes an Sepp Herberger zu dessen siebzigstem Geburtstag kamen im März 1967 noch einmal alle – bis auf Kohlmeyer und Mai – in Mannheim zusammen. Der Geist von Bern freilich war längst dahin.

pflegt im kleiner werdenden Kreis der Weltmeister. Im Blick zurück auf den glorreichen Sommer 1954 haben sie sich stets versammelt, gemeinsame Erinnerungen nimmermüd ausgetauscht – und dabei wenig über die aktuellen Lebensumstände des einzelnen gesprochen. Wie war das damals mit Kohlmeyer, der stets den Einladungen gefolgt war? Horst Eckel sagt: «Jeder hat sich natürlich seine Gedanken gemacht über Werners Probleme. Und jeder hat hinten herum irgendwas gehört. Aber bei unseren Treffen wurde das Thema kaum berührt.» Derlei belastende Dinge hätten einfach nicht gepaßt in die Atmosphäre fröhlich-geselligen Wiedersehens.

So blieb auch Rahns Rückzug kein Einzelfall. In vertrauten Zirkeln gegen Ende ihres Lebens waren Werner Liebrich (starb

1995 an Herzinfarkt) und Karl Mai (starb 1993 an Leukämie) wenig gut zu sprechen auf das Bündnis von einst. Es hat den Anschein, als wäre es wertlos geworden. Ein Relikt aus vergangenen Tagen wie die Trophäen und Zeitungsausschnitte, die alle Weltmeister zu Hause horteten. Doch was war geschehen? Wurden zu viele Hoffnungen zerstört, zu viele Enttäuschungen erlitten im späteren Umgang miteinander? Der Fluch einer kollektiven Berühmtheit, der unübersehbar auf vielen der Weltmeister lastete, ist weniger im persönlichen Umgang der Betreffenden miteinander zu lokalisieren als in jener stolzen Legende, die die eilig gezimmerte Ballbruderschaft nach außen verherrlicht hat. Die Wahrheit ist: Die elf Fußballer haben in dieser Besetzung nur zweimal zusammen gespielt, in diesem einen Turnier unter den besonderen Gegebenheiten. Sie hatten, sorgsam zusammengefügt von ihrem listigen Feldherrn und geführt von dessen verlängertem Arm, mit einem Mal perfekt harmoniert. Daß aus dem zweckbedingten Teamgeist von Spiez keine Freundschaften fürs Leben erwuchsen, darf kaum überraschen.

Geeint bis heute blieben sie allerdings in ihrer Weltsicht. Etwa in starken Vorbehalten gegen das moderne Fußballprofitum. «Wir stellen immer wieder fest, daß wir damals zwar keinen besseren, aber bestimmt einen für die Zuschauer schöneren Fußball gespielt haben. Von der Technik her waren wir genauso gut oder besser als die heutigen Spieler», sagt Horst Eckel. Mag da auch einiges Wunschdenken mitspielen, Verständnis läßt sich aufbringen für die Verdrossenheit der alten Fußballidealisten über den Zeitenwandel. Für jedes WM-Spiel in der Schweiz zahlte der DFB 200 Mark Prämie pro Spieler, für das Finale gab es weitere 1000 Mark. Von jeglicher lukrativen Außenbeziehung unverdorben, mußten der Stolz, unter den Klängen der Nationalhymne auf dem Feld der Ehre zu stehen, sowie der Spaß am gemeinschaftlichen Erlebnis zwangsläufig in den Mittelpunkt rücken. Um so mehr schmerzt es die Altvorderen, wenn ihre Nachfahren nur noch die Verdienstmöglichkeiten im Kopf haben und dabei auch vor Nickligkeiten gegen die Konkurrenz in den eigenen Reihen nicht zurückschrecken.

Im modernen Millionengeschäft Profifußball ist der Nebenmann so sehr zum Rivalen geworden wie der Gegenspieler, die patriotischen Energien von einst sind längst verpufft. Nur zwei markante Belege hierfür am Rande: Bei der WM 1986 in Mexiko wurde der Ersatztorwart Uli Stein nach Hause geschickt, weil er den damaligen Trainer Franz Beckenbauer als «Suppenkasper» beschimpft hatte. Bei der WM 1994 in den Vereinigten Staaten traf der Bannstrahl Spieler Stefan Effenberg, der den in die USA gereisten deutschen Anhängern als Reaktion auf ihre Pfiffe den Mittelfinger vorgezeigt hatte. «Die Nationalspieler heute sind Unternehmer in eigener Sache geworden», beklagte DFB-Präsident Egidius Braun am Rande der gescheiterten WM-Mission in den USA. Dabei sind gerade den Funktionären die Erfolgsmechanismen wohlbekannt: Fußball ist ein Marktgeschäft, das funktioniert nun mal nach dem Verdrängungsprinzip. Bundestrainer Berti Vogts mußte beim Turnier in den USA gar eine nächtliche Telefonsperre verhängen, um Vermittler, Manager und Klubchefs aus aller Welt daran zu hindern, die Bettruhe der Spieler zu stören.

Moderne Entwicklungen, die den alten Weltmeistern fremd geblieben sind. Im Rückblick offenbart sich, daß Herberger einen ganz besonderen Typ Fußballspieler ausgespäht und in seinem Geist erzogen hatte: elf getreue Eckeharts. Denn auch von den Weltmeistern hatten einige durchaus die Chance, an das große Geld zu kommen. Italien, Spanien und Frankreich lockten die Walter-Brüder, Max Morlock, auch Helmut Rahn, dem der argentinische Verein Racing Club Buenos Aires bereits 1953 die Fabelsumme von 150000 Mark für einen Wechsel nach Südamerika offerierte. Den Sprung riskiert hatte keiner von ihnen. Deutschland, so hofften sie, böte alles, was sie brauchten: vertraute Menschen auf Schritt und Tritt und den Anreiz, für einen Verein zu gewinnen, den man kannte. Diese Welt schien so beruhigend klein und überschaubar wie der Fußballplatz.

Je ferner das historische Datum rückt, desto mehr verflüchtigt sich allmählich auch die Weihestimmung um das Lagerleben von Spiez. Die sei eine Erfindung im nachhinein, urteilt Horst Eckel vierzig Jahre später: «Der Aufenthalt in Spiez während der WM war nie etwas Besonderes für uns, das schönste war das Tretbootfahren auf dem Thuner See. Eigentlich taten wir nur jeden Tag das, was wir immer machten, wenn wir zusammen waren: Es war wie Urlaub.» Und der Geist von Spiez eine romantische Flucht aus der damaligen Gegenwart. Fritz Walter, der unermüdliche Zeremonienmeister der Berner Freunde, von allen hoch geachtet, doch kaum wirklich geliebt, drückt dies in seinen Erinnerungen so aus: «Vorbei sind die herrlichen Wochen in der Schweiz, vorbei die Tage, die nur der Kameradschaft, der Kameradschaft unter Männern, gehörten.»

Kein Jubelsturm, kein ausgelassenes Gelage, als Höhepunkt der großen Triumphnacht empfand der Hauptdarsteller von Bern den Besuch des Spiezer Bürgermeisters. Denn der habe «erklärt, die Gemeinde sei froh und glücklich, daß sie den Weltmeister beherbergt hat. Zu keinem Zeitpunkt sei die große deutsche Expedition in Spiez aufgefallen. Besonders aber bewundere er, wie wenig laut wir selbst jetzt nach dem Sieg würden. Mit Zurückhaltung und Bescheidenheit hätten wir den deutschen Sport im Ausland würdig vertreten.» Laut wurde es erst nach der Heimkehr der elf Fußballhelden, die eine Gemeinschaft begründeten, weil sie dieselben Gegner hatten.

Die Freundschaft fürs Leben festigten allein die beiden Hauptdarsteller, Sepp Herberger und Fritz Walter. Die saßen gleich nach dem Triumph im Berner Wankdorf-Stadion wie immer in der ersten Reihe des Mannschaftsbusses nebeneinander. Herberger schaute still zum Fenster hinaus, ab und zu drückte er Fritz Walters Hand. «Ist es nicht unwahrscheinlich, daß wir das heute erleben dürfen?» fragte der Trainer. Darauf habe er, so erinnert sich Fritz Walter, nur stumm genickt.

Nachwort

VON THOMAS KARLAUF

Man hat weniger Freunde, als man annimmt, aber etwas mehr, als man kennt.
Hugo von Hofmannsthal

In diesem Buch ist viel von mißlungenen Freundschaften die Rede, von falschen Freunden, Freunden im Widerspruch. Am Anfang steht eine tragische Hinrichtung, die man, handelte es sich dabei nicht um die Entscheidung eines Souveräns des 18. Jahrhunderts, eindeutiger wohl Mord nennen möchte. Ein stellvertretendes Opfer war die Enthauptung des Hans Hermann von Katte allemal, wurde der 26jährige Leutnant doch vom König von Preußen für die Auflehnungen des eigenen Sohnes verantwortlich gemacht, die in dem dilettantischen Fluchtversuch vom 5. August 1730 gipfelten. Indem er den Freund vor den Augen des Sohnes hinrichten ließ, hoffte der Vater, diesen, der als Friedrich der Große in die Geschichte einging, zur Räson zu bringen. «Ich sterbe mit tausend Freuden für Sie», hat Katte dem Kronprinzen am Schluß zugerufen: Hingabe bis in den Tod. Läßt sich ein leidenschaftlicheres Zeugnis erhabener Freundschaft denken, eine dramatischere Eröffnungsszene für einen Band *Deutsche Freunde*?

Und doch bleibt ein Unbehagen. Denn der Mythos von Katte, der noch einen liberal-aufgeklärten Geist wie Theodor Fontane «im Innersten erschüttert» hat, ist, auf seinen historischen Gehalt zurückgeführt, wenig mehr als eine Hofintrige, in der, wenn auch auf eine für Katte fatale Weise, ein bis zum äußersten gespannter Vater-Sohn-Konflikt sich entlädt. Katte hätte auch Keith oder sonstwie preußisch heißen können. Anders gewendet: Katte starb nicht, weil der Kronprinz und er in übergroßer Liebe zueinander entbrannt waren, sondern weil, wie Friedrich Wilhelm I. den Fall abschließend gewertet wissen wollte, «es besser wäre, daß er stürbe, als daß die Justiz aus der Welt käme».

Auch der letzte Essay des Bandes – der im Untertitel korrekt heißen müßte *Zwölf Doppelporträts und eine Mannschaft* – greift einen Mythos auf, der zum Selbstverständnis der Nation, eine Zeitlang zumindest, Wesentliches beigetragen hat: den Sieg der deutschen Nationalmannschaft bei der Fußballweltmeisterschaft 1954. Dieser Sieg, der in der Heimat das Hochgefühl «wir sind wieder wer» auslöste, war – so jedenfalls las es sich in der Berichterstattung, die das «Wunder von Bern» zu erklären suchte – der Sieg einer Mannschaft, in der jeder für jeden kickte, über einen Trupp von Individualisten: Kameradschaft statt Dribbling, Kampfgeist statt Ballkunst. Die Losung zum Sieg hatte der Trainer geprägt: «Elf Freunde müßt ihr sein.» Nur war der Fußball schon damals alles andere als eine heile Welt.

Falsche Mythen, fatale Freundschaften? Der allgemeinen Verunsicherung in den menschlichen Beziehungen, der Tendenz zur Single-Kultur am Ende unseres Jahrhunderts käme eine solche Betrachtungsweise gewiß entgegen. Lange genug hat man uns die leuchtenden Vorbilder zur Nachahmung angedient, sind wir den Schemen heroisierter Freundschaft jünglingshaft begeistert hinterhergelaufen. Kastor und Pollux, Harmodios und Aristogeiton, Orest und Pylades – sie alle sind als Figuren des humanistischen Bildungskanons in der Versenkung verschwunden und mit ihnen Schillers Balladen, die solchen Stoff 150 Jahre lang in jedes Bürgerhaus transportierten.

In der deutschen Literatur wimmelt es nur so von hehren Idealen und hochgestimmten Sentenzen, seit Winckelmann, Klopstock, Hölderlin den sinnlich-herben Anhauch der Griechen verspürten. Im Rückgriff auf das antike Erbe glaubten sich die Deutschen um 1800 für die Ideale der Freundschaft in besonderer Weise prädestiniert. Wie aber sah es in der Wirklichkeit aus? Waren die Beschwörungen von Liebe und Freundschaft nur Ausdruck überhitzter Sinne, oder hatte man zu jener Zeit tatsächlich ein anderes Verständnis vom Umgang unter Männern, eine Gelassenheit der Gefühle, die heute vielen nur noch sentimental und schwülstig vorkommt?

Die romantische Bewegung, der das Verdienst gebührt, Freundschaft in einem sehr deutschen, sehr absoluten Sinn neu erfunden zu haben – der lautere Jüngling auf der Suche nach Liebe und Erkenntnis hat von Anfang an den wissenden Freund an seiner Seite –, produzierte keineswegs nur Worthülsen. Zwischen Wackenroder und Tieck, zwischen Novalis und Schlegel wurden zarte Bande geknüpft. Tieck an Wackenroder: «Ich finde gewiß keinen Menschen wieder, der mich so ganz versteht, wie Du, der jeden meiner Gedanken behorchen kann, der der Dolmetscher aller meiner Empfindungen ist, der so fein, so zart fühlt, dessen Phantasie so ätherisch und geläutert wäre» (1. Mai 1792). Und vier Tage später Wackenroder an Tieck: «O Tieck, ich möchte mich auch selber anbeten, wenn ein Mensch, wie Du, dessen Worte mir Orakel sind, mich so mit dem veredelten Bilde meiner selbst in Rausch und Taumel versetzt. Und wenn ich so in Deinen Augen etwas wert bin, wem hab' ich es anders zu danken als Dir? Dir verdank ich alles was ich bin, alles!»

Im Ton verhaltener, aber nicht minder leidenschaftlich bekunden Friedrich Schlegel und Novalis ihren gegenseitigen Respekt. «Das Schicksal hat einen jungen Mann in meine Hand gegeben, aus dem Alles werden kann», heißt es in Schlegels Bericht über die erste Begegnung vom Januar 1792, und es ist dieser pädagogische Aspekt, der das Verhältnis sofort über das rein gefühlsbestimmte Private hinaushebt. Dabei sieht sich Schlegel selbst eindeutig als der Führende. «Ein Künstler ist, wer sein Zentrum in sich selbst hat. Wem es da fehlt, der muß einen bestimmten Führer und Mittler außer sich wählen, natürlich nicht auf immer, sondern nur fürs erste», liest man in den *Ideen*-Fragmenten jener Zeit, an deren Ende Schlegel sich direkt an Novalis wendet: «Was du gedacht hast, denke ich, was ich gedacht, wirst du denken, oder hast es schon gedacht. Es gibt Mißverständnisse, die das höchste Einverständnis nur bestätigen.»

Die Problematisierung, die sich in solchen Formulierungen ausspricht, zeigt, daß es Schlegel nicht um Harmonisierung im Verhältnis zu Novalis zu tun war. Er suchte vielmehr ein Phänomen systematisch zu erfassen, Freundschaft als Begriff in das romantische Universalgebäude einzuführen. Schleiermacher hatte die Freundschaft das hervorragende Mittel zur Verwirklichung der im Menschen ideell angelegten Individualität genannt, «eine Annäherung zur Individualität ins Unendliche», und in dieser Richtung fand Schlegel schließlich seine Definition: «Es ist schön, wenn ein schöner Geist sich selbst anlächelt, und der Augenblick, in welchem eine große Natur sich mit Ruhe und Ernst betrachtet, ist ein erhabener Augenblick. Aber das Höchste ist, wenn zwei Freunde zugleich ihr Heiligstes in der Seele des Andern klar und vollständig erblicken, und ihres Wertes gemeinschaftlich froh ihre Schranken nur durch die Ergänzung des Andern fühlen dürfen. Es ist die intellektuale Anschauung der Freundschaft.»

Mit Leichtigkeit ließen sich so schöne Sätze auch aus anderen Epochen herbeischaffen, auch andere Nationalliteraturen als die deutsche haben die Freundschaft unter Männern besungen. Aber die Wendung zur Innerlichkeit bleibt, trotz aller Frühformen im Pietismus, ein Vorrecht der Romantik, und erst Innerlichkeit – man könnte ergänzen: Zartheit, Scham, Diskretion – schafft den Raum, in dem Freundschaft allmählich gedeiht. Hinzu kommt, daß die deutsche Frühromantik sehr viel mehr war als eine literarische Bewegung, sie veränderte die Wahrnehmung ganzer Gesellschaftsschichten. Für Ricarda Huch, die Tieck das größte Talent zur Freundschaft von allen zusprach und seine Freundschaft mit Wackenroder nicht zuletzt im Hinblick auf den frühen Tod des «kunstliebenden Klosterbruders» als die romantische Freundschaft schlechthin bezeichnete, war das Ganze «ein großes Freundschaftsnetz, das alle miteinander zu einer Gemeinde verband».

Zartheit, Scham, Diskretion – Novalis hat im 23. *Blütenstaub*-Fragment die Schwierigkeit, von der Freundschaft zu reden, auf den Punkt gebracht: «Freundschaft, Liebe und Pietät sollten geheimnisvoll behandelt werden. Man sollte nur in seltnen, vertrauten Momenten davon reden, sich stillschweigend darüber einverstehn – vieles ist zu zart, um gedacht, noch mehreres um besprochen zu werden.» Ähnlich rigoros Paul Valéry: «Wahrhaft vertraut wird man nur unter Menschen, die im selben Maß *diskret* sind. Alles übrige, Charakter, Bildung und Geschmack, zählt dabei wenig. Echte Vertrautheit beruht auf dem gegenseitigen Sinn für *pudenda* und *tacenda*.»

Wenn sich in solcher Reduzierung auf elementare Bestandteile – Scham und Schweigen – tatsächlich das Wesen der Freundschaft offenbart, dann muß man fragen, ob wir sie als Außenstehende überhaupt je zu fassen bekommen. Die wahre Freundschaft dürfte diesem Verständnis nach gar keine Spuren ihrer selbst hinterlassen, allenfalls Verschlüsseltes, das aufzulösen und an die Öffentlichkeit zu ziehen niemandem zustehen sollte. Novalis benutzt das Wort Pietät im Zusammenhang mit Liebe und Freundschaft nicht zufällig. Aber da uns nun einmal die Neugier treibt und die Freundschaft selbst als ein so selten kostbar Ding gehandelt wird, stoßen wir uns weder an den Grenzen der Pietät noch an der Tatsache, daß aufgrund der in der Freundschaft bis zum Extrem getriebenen Individualität irgendwelche Gesetze sich wohl kaum finden lassen dürften, und bringen Licht auch in dieses Dunkel.

Da ist zunächst die Homosexualität. «Honi soit qui mal y pense», möchte man, den Wahlspruch des Hosenbandordens aufgreifend, ausrufen: «Verachtet sei, wer Arges dabei denkt.» Ein allzu vertraulicher Umgang unter Männern, die sich selbst zu genügen scheinen, ohne daß ein Zweck sie verbindet, weckt Anstoß, ihre Intimität provoziert den Verdacht, es ginge den beiden in Wahrheit um etwas Verbotenes. Die bürgerliche Gesellschaft sieht Männer nicht gern poussieren. Nun hat die generationenlange Ächtung der Homosexualität in der Tat zu raffinierten Camouflagen geführt, und die Philologen haben heute ihre liebe Müh, die Spreu vom Weizen zu trennen. Wenn Kleist an Ernst von Pfuel schreibt: «Ich habe deinen schönen Leib oft, wenn du in Thun vor meinen Augen in den See stiegest, mit wahrhaft *mädchenhaften* Gefühlen betrachtet» und auf dem Höhepunkt seiner Verzückungen im gleichen Brief (7. Januar 1805) das Gelöbnis tut: «Ich heirate niemals, sei du die Frau mir, die Kinder und die Enkel!» – so liegt das eben hart auf der Grenze, auch auf der Grenze dessen, was der bürgerliche Moralkodex verträgt. Schon um 1800 brachte nicht jeder die Größe auf, angesichts der «Verbindung zweier Jünglinge» von einer «schönen Gesinnung» zu sprechen und, wie Goethe in seiner Einleitung zu Winckelmanns Briefen und Aufsätzen, zu bekennen: «Man fühlt sich beschämt.»

Winckelmann hat in einer Abhandlung für den Freiherrn von Berg 1763 darauf hingewiesen, daß die Fähigkeit zur Freundschaft abhängig sei «von der Fähigkeit der Empfindung des Schönen in der Kunst». Diese wiederum sei «in wohlgebildeten Knaben eher als in andern zu suchen, weil wir insgemein denken wie wir gemacht sind». Auch wer den Schritt hin zu den schönen Knaben nicht nachvollziehen mag, wird einräumen, daß die hier gegebene Begründung der Knabenliebe durchaus nicht abwegig ist. Indem wir uns im Freund auf ideale Weise spiegeln, gelangen wir zur Erkenntnis des Schönen: ein gewiß für jeden Mann schmeichelhafter Weg der Selbsterkenntnis.

Das Klebrige kam wohl später, aber auch hierbei gilt es zu unterscheiden. Heines Invektive gegen die ihm widerlichen Vorlieben des Grafen Platen in den *Bädern von Lucca* (1830), die erste und bis heute unübertroffene Geschmacklosigkeit in sexualibus, erregt uns ja nicht, weil wir Aufklärung in diesen Dingen scheuten, sondern weil wir spüren, daß Heine selbst etwas ganz anderes störte als des Grafen Liebesleben. Er erregte sich über das «Anderssein» als Privileg der gesellschaftlichen Elite. In diesem Licht erscheinen Heines Ausfälle, so jüngst Gert Mattenklott in seiner Besprechung der Studien von Heinrich Detering, «nicht als historisch überfälliges Relikt in einer langen Geschichte des Vorurteils, sondern als Auftakt zur erotischen Disziplinierung im Zeichen der Sexualdemokratie: gleicher Sex für alle!» Indem Heine Platens Abweichung als «exklusiv, luxuriös und anmaßend» brandmarkt (Mattenklott), offenbart er unbewußt jene dumpfe Empfindlichkeit, die nach dem Büttel schreit, weil sie das Fremde als bedrohlich erfährt.

Das ist es. Wenn wir uns über zwei Männer, die in geheimnisvoller, vertraulicher Weise miteinander verkehren, noch immer irritiert zeigen, dann deshalb, weil wir jenseits aller Konventionen einen hermetischen Raum geortet haben, zu dem wir weder einen Schlüssel besitzen noch sonstwie Zugang finden und aus dem keinerlei Informationen nach außen dringen. Dies sei der Raum der Freundschaft: Wir betreten ihn nur zu zweit, und sobald wir ihn verlassen – niemals freiwillig –, schließt er sich für immer.

Wer wollte im übrigen leugnen, daß in einer wirklichen Freundschaft Körperliches eine nicht unwichtige Rolle spielt? Abhängig von der jeweiligen Lebensstufe, auf der zwei Freunde stehen, kann es sich dabei um ganz verschiedene «Kristallisationen» handeln. Dem 16jährigen imponiert der Freund, der im Sport gut und bei den Mädchen begehrt ist, im Alter bevorzugt man jene Gelassenheit, über die oft genug schon Tonfall und Klang der Stimme entscheiden. Die Freundschaft zwischen einem Älteren und einem Jüngeren, die im besten Fall unter pädagogischen Imperativen steht, nimmt sicher eine Ausnahmestellung ein, aber auch hier gilt: Jedem ist eine andere Schönheit eigen, jeder sucht das ihm entsprechende Äquivalent, und so läßt sich, bei aller gebotenen Einschränkung, behaupten, daß erst die menschliche Nähe, die das Körperliche mit einschließt, jene Selbstverständlichkeit des Umgangs herstellt, von der wahre Freundschaft ausgeht.

Wodurch unterscheidet sich die Freundschaft noch, was zeichnet wahre Freunde aus vor falschen, welche Kriterien liegen unserer Entscheidung für diesen oder jenen Freund zugrunde? Es gibt die Freundschaft, die langsam aus schwierigen Anfängen erwächst, es gibt den begeisterten Anfang, das kurze Aufflammen, ja, es gibt die Freundschaft einer Nacht. Wir kennen Jugendfreundschaft, Altersfreundschaft, Brieffreundschaft, und wir wissen von mancher Freundschaft, daß sie bei genauer Betrachtung nicht standhält. Die Gründe für das Scheitern sind ebenso vielfältig wie die Formen der Freundschaft selbst.

Aus all dem lassen sich wenig Gesetzmäßigkeiten, kaum ein paar Verallgemeinerungen ableiten. Aristoteles hat im achten und neunten Buch der *Nikomachischen Ethik* versucht, Freundschaft zu kategorisieren, und wenn man will, kann man in diesen Abschnitten mit Ernst Bloch eine Vorform utopischer Gesellschaftsordnung wiederfinden, sozusagen den Staat der Freunde. Davon ausgehend, daß niemand ohne Freunde leben möchte, weil allein schon die Gegenwart der Freunde angenehm sei, behauptet Aristoteles, Freundschaft, die ja aus sich selbst heraus nach Einheit strebe, halte auch Staaten zusammen. Da aber nur die Tugendhaften Freunde um ihrer selbst willen seien – die Schlechten streben nach Lust oder Nutzen, und auch «die Mürrischen» sind nicht geeignet – und der Tugendhafte sich zum Freund genauso verhält wie zu sich selbst («denn der Freund ist ein anderer er selbst»), ist dieser von den Freunden getragene Staat ein guter Staat. «Wo Freunde sind, bedarf es keiner Gerechtigkeit.»

Für die Freundschaft ergeben sich hieraus zwei praktische Regeln: Erstens solle man sich selbst am meisten lieben, denn, so Aristoteles, aus dem Verhalten zu sich selbst bemesse sich auch die Freundschaft zu den anderen, und zweitens könne sich ein solches Verhältnis seiner Natur nach immer nur auf einen einzigen beziehen. Wenn es aber unmöglich sei, mit vielen zugleich befreundet zu sein, dürfe man nicht «auf eine Überzahl an Freunden bedacht sein, sondern nur auf so viele, als für das Zusammenleben hinreichen... Wer aber viele Freunde hat und mit allen vertraut umgeht, scheint Freund keines einzigen zu sein, außer in einem bürgerlichen Sinne; solche nennt man denn auch Liebediener.»

Kommen wir näher an die Gegenwart, ändert sich nicht nur das Vokabular. In einer großen deutschen Illustrierten war Anfang der neunziger Jahre zu lesen, jeder fünfte deutsche Mann habe nur Kontakt zu Bekannten und Kollegen und sehne sich nach einem Freund. Der herbeizitierte Psychologe führte die Vereinsamung darauf zurück, daß viele Männer nicht in der Lage seien, über ihre Gefühle zu reden. Vom Ideal des starken, unabhängigen Mannes geprägt, seien die meisten «emotional blockiert. Mit ihren Freunden reden sie lieber über sachliche Themen wie Beruf, Autos, Sport und Politik.» Konkurrenzangst und Erfolgsdruck kämen hinzu. Dennoch ist der Psychologe zuversichtlich: Viele, insbesondere junge Männer hätten inzwischen gelernt, «mehr über ihre Gefühle zu sprechen und intensivere Beziehungen einzugehen». Und häufig seien es die Frauen, die ihre Männer zur Therapie drängten, «damit sie endlich lernen, Freunde zu haben». Sie seien es nämlich leid, so der Psychologe verständnisvoll, «der einzige seelische Mülleimer ihres Gatten» zu sein.

In solchen Nützlichkeitserwägungen ist nicht mehr viel von dem wiederzuerkennen, was die Freundschaft einst auszeichnete: *pudenda* und *tacenda*, Scham und Schweigen. Nietzsche fand hierfür den schönen Begriff Pathos der Distanz und ließ seinen Zarathustra fragen: «Kannst du an deinen Freund dicht herantreten, ohne zu ihm überzutreten?» Die Antwort lieferte der Weise in orientalischer Dialektik gleich mit: «Du sollst ihm am nächsten mit dem Herzen sein, wenn du ihm widerstrebst.»

Die Zeiten ändern sich, die Freundschaft bleibt. Authentische Zeugnisse, die die Zeiten überdauert haben, weil sie enthüllen, indem sie verschweigen, und geheimhalten, was sie scheinbar offenbaren, sind selten, und selbst ein so berühmtes Dokument wie Montaignes Essay *Von der Freundschaft*, 1580 erstmals publiziert, läßt offen, was nun eigentlich das Besondere an jenem Etienne de la Boëtie war, den Montaigne sein «anderes Ich» nennt, das «allein mein wahres Bild besaß und es mit sich fortnahm». Nach dem Tod des Freundes habe er das Gefühl gehabt, so der Autor, «als wäre ich nur noch halb». Aber je mehr er sich müht, dem Freund individuelle Züge zu verleihen, desto unpersönlicher und allgemeiner wird seine Schilderung, und am Ende müssen die Klischees der Antike herhalten, die «Größe» des Freundes zu illustrieren. Die radikale Subjektivität und Nüchternheit, die Montaigne in unseren Augen so «modern» erscheinen läßt und ihm den Ruhm eintrug, zur Entdeckung des Individuums am Beginn der Neuzeit Wesentliches beigetragen zu haben, reicht nicht aus, auch den anderen, den Freund, das Du radikal subjektiv und nüchtern wahrzunehmen und damit als eigenständiges Wesen zu überliefern.

Dennoch läßt der Text noch heute die innere Bewegung seines Verfassers erahnen – gerade weil die Mittel, diese Bewegung in Worte zu bringen, unzulänglich sind. So heißt es gleich zu Anfang, die meisten Freundschaften, die wir gemeinhin so nennen, verdienten diese Bezeichnung nicht, sie seien nichts als Bekanntschaften; wahre Freundschaft hingegen komme in drei Jahrhunderten vielleicht einmal zustande. Dann freilich gingen die beiden Freunde so ineinander auf, «daß sie die Naht, die sie verbindet, nicht mehr finden». Montaignes Vergleich der wahren Freundschaft mit der gemeinen Liebe fällt entsprechend düster aus. Während unsere Neigung zu Frauen, «ein flüchtiges Feuer... eine Fieberhitze, die bald steigt, bald fällt, und die uns nur bei einem Zipfel hält», durch Genuß zerstört werde, habe die Freundschaft, die «eine allgemeine und alles erfüllende Wärme» verbreite, den Vorteil, «in eben dem Maße genossen zu werden, in dem sie begehrt wird». In der Freundschaft finde «die Geselligkeit den letzten Grad ihrer Vollendung», zur Geselligkeit aber sei der Mensch von Natur aus bestimmt.

Wenn in der Freundschaft tatsächlich, wie die Definitionen der Romantiker nahelegen, die höchste Form der Individualität eines Menschen erreichbar ist, dann werden wir nach Zeugnissen fahnden müssen, die von den individuellen, möglicherweise als unschön empfundenen Einschlüssen nicht abzulenken versuchen. Ein Text wäre demnach um so aufschlußreicher, je überzeugender er vermitteln kann, daß er gar nicht Aufschluß geben will, weil er, genau wie sein Gegenstand, die Freundschaft, sich selbst genügt. Dieses Paradox gelingt nur wenigen, und es sind in der Regel nicht die Schriftsteller erster Ordnung, die uns die eindrücklichsten Schilderungen hinterlassen haben.

Ein Beispiel sind Carl Zuckmayers 1966 erschienene Lebenserinnerungen *Als wär's ein Stück von mir.* Im zentralen Kapitel *Horen der Freundschaft* – so auch der Untertitel des Bandes – erzählt Zuckmayer vom Freundeskreis rund um die Darmstädter «Dachstube», eine Vereinigung sozialrevolutionärer Schüler und Studenten, die im November 1918 eine Zeitschrift gründeten, *Das Tribunal*, für die Zuckmayer als Mitarbeiter gewonnen werden sollte. Carlo Mierendorff, der Herausgeber, verabredete eine erste Begegnung mit Zuckmayer auf einem politischen Meeting in Frankfurt, auf dem wild und erregt über die Ermordung von Rosa Luxemburg und Karl Liebknecht debattiert wurde, die nur wenige Tage zurücklag. Zuckmayer: «Die Versammlung ging unter Krach und Gebrüll zu Ende, die Polizei kehrte den Saal aus, die Massen verliefen sich – wir blieben zusammen, blieben die ganze Nacht zusammen, unter brennenden Debatten und Gesprächen. Es regnete, es war naßkalt und neblig, unsere Zimmer waren ungeheizt, alle Kneipen waren geschlossen, wir brachen unsere letzte, knastrige Zigarette (Roth-Händle, zwei Stück für einen Pfennig) in der Mitte durch und begleiteten uns immer wieder gegenseitig nach Hause, stundenlang, über die untere Mainbrücke oder den Eisernen Steg hin und her von einem Stadtteil in den anderen, da es immer wieder etwas zu sagen und zu entgegnen gab, da wir miteinander einfach nicht fertig werden konnten. Und aus dieser Nacht wuchsen viele andere, unzählige, in denen wir uns immer wieder nach Hause begleiteten, und das immer gleich bewegte, niemals erlahmende Gespräch kreiste um die gleichen Dinge: die Hauptstücke unseres Lebens.»

Der ersten Begeisterung, die sich in diesem Alter gern an einer gemeinsamen politischen Überzeugung festmacht, folgen die Vertiefungen, die oft genug auch Verletzungen mit sich bringen und damit den Kern zu Zerwürfnissen legen können. Mierendorff und Zuckmayer fanden für die in dieser Phase frei werdenden Energien, die mitunter in Aggressionen ausarten, ein Ritual, das vielleicht nicht nach jedermanns Geschmack ist, das aber den Vorteil hat, die Rivalitäten einschließlich ihrer erotischen Komponente auf die direkteste Weise zum Ausdruck zu bringen. «Bald wurden wir, gegenseitig, zu unseren schärfsten Kritikern, und gerade dadurch ermutigten und halfen wir einander. Ich brauchte und liebte sein Maßgefühl, seinen Sinn für Präzision und Genauigkeit, für das Proportionale und Echte. Dabei ging es zwischen uns nicht immer friedlich zu. Aber wir rauften aus Neigung und Sympathie, aus Heiterkeit, aus Enthusiasmus, aus Lebenslust. Wir hatten Meinungsverschiedenheiten, aber es gab zwischen uns niemals den Hauch eines Mißverständnisses oder einer Entzweiung. Wir rauften auch körperlich, ohne erkennbaren Grund oder Anlaß. Wir fielen manchmal berserkerhaft übereinander her, mit einer Wildheit im Kräftemessen, die aus den Wurzeln der Männerfreundschaft aufschoß. Es handelte sich dabei nicht um Eifersucht oder dergleichen – das machten wir, wenn es vorkam, humoristisch ab. Es ging um geheimere Ritualien. Und da wir gewöhnlich in ziemlich gleicher Form waren, ging es hart auf hart, wir ruhten nicht, bis einer den andern am Boden und auf den Schultern hatte.»

Auch was das Gedenken des Freundes angeht, die letzte und in mancher Hinsicht höchste Form der Freundschaft, findet Zuckmayer Formulierungen, deren Schlichtheit ein Ergreifen der ganzen Person voraussetzt. Mierendorff, der von den Nationalsozialisten fünf Jahre lang durch mehrere Konzentrationslager geschleppt worden war, starb im Dezember 1943 bei einem Bombenangriff auf Leipzig. «Immer wieder träume ich von ihm. Kaum je von anderen Freunden. Oft werde ich morgens wach – jetzt, mehr als zwanzig Jahre nach seinem Tod – und weiß, er war wieder da. Es ist immer der gleiche Traum: er taucht plötzlich, lachend, aus einer Schar von Menschen auf, und ich erschrecke zuerst, denn er ist dann für mich noch immer im KZ, und will ihn mit einer unbändigen Freude begrüßen: Du bist raus! Du bist hier! Er kommt auf mich zu, ruft meinen Namen. Was weiter ist, weiß ich morgens nicht mehr. Der Traum verschwimmt, vernebelt. Ich kann ihn nicht zurückrufen. Aber er hinterläßt jedesmal eine tiefe Beunruhigung.»

Ein Wort noch zum vorliegenden Band. Wie jede Auswahl ist auch diese nicht frei von Zufällen. Es sollten ein paar Grundtypen vorgestellt werden – Jugendfreundschaft, Altersfreundschaft, Freundschaft in verschiedenen sozialen und intellektuellen Milieus –, und zu jedem der gewählten Beispiele fallen einem schnell ein paar weitere, vielleicht sogar bessere Beispiele ein. Der Herausgeber faßt sich an die Nase und fragt, ob es nicht besser gewesen wäre, statt der Jugendfreundschaft im Tübinger Stift, die stark im Spekulativen angesiedelt ist, doch auf die bewährten Romantiker zurückzugreifen oder auf Goethes heftige Beziehung zu Herder in ihrer gemeinsamen Straßburger Zeit. Aber die Romantiker sind als *happy few* interessanter denn als Paare, und Goethe war als Freund Zelters von vornherein für das Thema Altersfreundschaft reserviert – weshalb auch Goethe und Schiller keine Berücksichtigung fanden. So hängt eines am andern.

Wäre bei Nietzsche zum Beispiel nicht auch sein Verhältnis zu Overbeck, zu Rée, zu Peter Gast oder Heinrich von Stein interessant gewesen? Und erst seine Freundschaft mit Wagner! Freundschaft? Auch darüber, daß Nietzsches Beziehung zu Wagner alles andere als eine Freundschaft war, hätte sich trefflich schreiben – und streiten – lassen. Bei Hofmannsthal fallen einem die Namen der Freunde gleich dutzendweise ein: Schnitzler, Andrian, Bodenhausen, Borchardt, Schröder, Nadler, Pannwitz, Burckhardt – die Liste ließe sich fortsetzen, aber waren sie alle wirklich Freunde? Eine Frage, die sich natürlich auch im Fall Kessler stellt. Am ergiebigsten wohl auch hier die Beziehung, die zugleich am problematischsten ist, die Freundschaft des Siebzehnjährigen mit Stefan George. Indem George ganz fehlt, fehlt im übrigen ein wesentlicher Aspekt der Freundschaft in diesem Band: die stark von erotischen Impulsen bestimmte Freundschaft eines Älteren zu einem Jüngeren, eines Meisters, wie George genannt wurde, zu seinem Schüler.

Es fehlen die Musiker, es fehlen die Maler, es fehlt jener Autor, dem die deutsche Sprache die ausschweifendsten, sinnlichsten Bilder heroischer Jünglingsfreundschaft verdankt, Jean Paul. Der eine vermißt einen Beitrag über die bierlaunige Pervertierung des Begriffs in den Burschenschaften, den anderen interessieren die Verbindungen an den Lagerfeuern der Jugendbewegung. Im Widerstand gegen Hitler hat sich Freundschaft neben den Blutsbanden als besonders resistent bewährt, von der Weißen Rose bis zur Roten Kapelle. Und warum nicht am Ende ein Essay über Winnetou und Old Shatterhand, die Generationen deutscher Jünglinge bis in ihre Träume hinein von der Blutsbrüderschaft schwärmen ließen? Wie ein Indianer wollte man sich da vor dem Einschlafen an den Hals des Pferdes schmiegen, hinfliegend über die Ebenen, den Freund zu retten, wie ein Pfeil...

Geblieben sind am Ende dreizehn Annäherungen an ein hehres Ideal, das vielen Mißverständnissen ausgesetzt war und zu dem wir doch immer wieder zurückkehren. *Deutsche Freunde* ist ein Buch, das von Freunden handelt und für Freunde gedacht ist.

Die Autoren und ihre Beiträge

Günter Barudio, geboren 1942 in Dahn/Pfalz, Bauernsohn, Lateinschüler, Ölbohrer; Studium in Frankfurt/Main und Uppsala (Jura, Philosophie, Osteuropäische Geschichte, Skandinavistik), seit 1981 freischaffender Publizist und Geschichtsschreiber. 1994 erschien von ihm *Politik als Kultur. Ein Lexikon von Abendland bis Zukunft.*

Literaturhinweise: G. Barudio, Das Zeitalter des Absolutismus und der Aufklärung 1648–1779, FWG 25, 1981; A. Breycha-Vauthier (Hg.), Aus Diplomatie und Leben. Maximen des Fürsten Metternich, 1962; E. C. Corti, Metternich und die Frauen, 1948; H. Fink, Metternich: Staatsmann, Spieler, Kavalier, 1989; H. v. Eckardt (Hg.), Friedrich von Gentz und die Deutsche Freiheit. Schriften und Briefe aus den Jahren 1799–1813 und 1815–1832, 1921; D. Gies McGuigan, Wilhelmine von Sagan. Zwischen Napoleon und Metternich, dt. 1994; F. Hartau, Clemens Fürst von Metternich mit Selbstzeugnissen und Bilddokumenten, 1991; G. Kronenbitter, Wort und Macht. Friedrich Gentz als politischer Schriftsteller, 1994; G. Mann, Friedrich von Gentz. Gegenspieler Napoleons – Vordenker Europas, 1947, 1995; W. N. Medlicott (Hg.), From Metternich to Hitler. Aspects of British and Foreign History 1814–1939, 1963; F. Meinecke, Die Idee der Staatsräson in der neueren Geschichte, 4. Auflage 1976; R. Metternich-Winneburg (Hg.), Aus Metternichs nachgelassenen Papieren, 8 Bände, 1880–1884; A. Palmer, Glanz und Niedergang der Diplomatie. Die Geheimpolitik der europäischen Kanzleien vom Wiener Kongreß bis zum Ausbruch des Ersten Weltkrieges, dt. 1986.

Joachim Dyck wurde 1935 in Hannover-Linden geboren, studierte von 1955–1965 Germanistik und vor allem Romanistik in Göttingen, Toulouse, Münster, Kiel und Freiburg/Br. Mehrere Gastprofessuren in den USA. 1970–1980 Professor für Neuere deutsche Literaturgeschichte in Freiburg/Br. 1981 Ruf auf den Lehrstuhl für Literaturtheorie an der Universität Oldenburg. Leiter der «Arbeitsstelle Rhetorik» im Fachbereich Sprach- und Literaturwissenschaften. Wissenschaftliche Veröffentlichungen zur Literaturtheorie des Barock und der Aufklärung, zur Geschichte und Systematik der Rhetorik, zu Benn, Brecht, Fontane, Goethe, Heine, Lessing und Karl Philipp Moritz.

Literaturhinweise: G. Benn, Briefe an F. W. Oelze 1932–1956, hg. von H. Steinhagen und Jürgen Schröder, Vorwort von F. W. Oelze, Wiesbaden und München 1979/80 (als Fischer Taschenbuch, Frankfurt/Main 1982). Die Briefe von F. W. Oelze liegen im Deutschen Literaturarchiv in Marbach, durften aber nicht eingesehen werden. – Berühmte Briefe: Gottfried Benn – Friedrich Wilhelm Oelze, Bayerisches Fernsehen. Kultur und Naturwissenschaften, unveröffentlichtes Manuskript; Gert Westphal, Doppelleben und Ausdruckswelt. Gottfried Benn in seinen Briefen an Friedrich Wilhelm Oelze, Radio DRS, August 1981, unveröffentlichtes Manuskript; Joachim Dyck, Durch Oelzes Brille. Benns Rezeption nach 1956. In: H. A. Glaser (Hg.), Gottfried Benn, Frankfurt/Main 1989, S. 201–212.

Bei der Erforschung der Oelzeschen Biographie waren mir Irmela Abramzik, Antje Borchardt und Friedrich-Carl Focke, alle Bremen, behilflich. Sie opferten mir nicht nur ihre Zeit in ausführlichen Gesprächen, sondern stellten mir auch wichtige Dokumente zur Verfügung. Ihnen danke ich sehr für die freundliche, entgegenkommende Unterstützung. Herzlich danke ich auch Fritz Werner, Freiburg i. Br., der mir seinen Briefwechsel mit Oelze zugänglich machte.

Willi Jasper, geboren in Lavelsloh, Studium und Promotion an der FU Berlin (Germanistik u. Politische Wissenschaft), lebt in Köln; Mitarbeiter des Salomon-Ludwig-Steinheim-Instituts für deutsch-jüdische Geschichte, Fellow am Moses-Mendelssohn-Zentrum Potsdam. Veröffentlichungen u. a.: *Ludwig Börne: Berliner Briefe an Jeanette Wohl (Hg.), Köln 1987; Keinem Vaterland geboren. Ludwig Börne. Eine Biographie, Hamburg 1989; Der Bruder. Heinrich Mann. Eine Biographie, München 1992; Hotel Lutetia. Ein deutsches Exil in Paris, München 1994.*

Literaturhinweise: Walter Benjamin, Gesammelte Schriften, Frankfurt/Main 1972ff; ders., Briefe, 2 Bde., Frankfurt/Main 1978; Walter Benjamin/Gershom Scholem, Briefwechsel 1933–1940, Frankfurt/Main 1980; Werner Fuld, Walter Benjamin. Eine Biographie, München 1979; Betty Scholem/Gershom Scholem, Mutter Sohn im Briefwechsel, München 1989; Gershom Scholem, Walter Benjamin. Die Geschichte einer Freundschaft, Frankfurt/Main 1975; ders., Von Berlin nach Jerusalem, Frankfurt/Main 1994; ders., Tagebücher 1913–1917, Frankfurt/Main 1995.

Thomas Kistner, geboren 1958 im badischen Karlsruhe, studierte Politikwissenschaften und Geschichte an der Universität Heidelberg. Seit 1990 Redakteur bei der «Süddeutschen Zeitung» in München. Berichtet von allen Sport-Großereignissen wie Olympischen Spielen, Fußballweltmeisterschaften und Tennisturnieren. Autor verschiedener Sportbuch-Beiträge.

Literaturhinweise: Fritz Walter, 3 :2; Das Jahrhundertbuch des Sports; Helmut Böttiger, Kein Mann, kein Schuß, kein Tor.

Henning Köhler, geboren 1938, ist Professor für Moderne Geschichte an der Freien Universität Berlin. Studium der Geschichte, Germanistik und Philosophie in Heidelberg und Berlin. Gastprofessor an der Stanford University 1981/82; Visiting Member am Institute for Advanced Study in Princeton 1987/88. Zahlreiche Veröffentlichungen, u. a. *Arbeitsdienst in Deutschland* (1967); *Autonomiebewegung oder Separatismus?* (1974); *Frankreich und die Novemberrevolution* (1980); *Geschichte der Weimarer Republik* (1981); *Adenauer und die Rheinische Republik 1918–1924* (1986). Zuletzt erschien von ihm: *Adenauer. Eine politische Biographie* (1994).

Matthias Kroß, geboren 1953 in Osterode am Harz, nach dem Studium der Geschichte, Politikwissenschaften, Kunstgeschichte und Philosophie Ausbildung zum Gymnasiallehrer, seit 1986 Journalist und Publizist. 1993 erschien von ihm *Klarheit als Selbstzweck. Ludwig Wittgenstein über Philosophie, Religion, Ethik und Gewißheit.*

LITERATURHINWEISE: Im Gegensatz zu der Vielzahl von Quellen und Studien zur *Nach*-Tübinger Zeit der «drei Idealisten» sind die Zeugnisse über ihre gemeinsame Zeit im Tübinger Stift eher dürftig. Die meisten Darstellungen der Jugendgeschichte der drei schließen von späteren philosophischen Äußerungen auf die gegenseitige Beeinflussung der Freunde im Stift zurück. – Stellvertretend für die allgemeine philosophiehistorische Literatur sei verwiesen auf die gut lesbare und bis heute aktuelle Einführung in die geistige Situation der Tübinger Zeit durch Peter Szondi, Poetik und Geschichtsphilosophie, 2 Bde., Frankfurt a. M. 1974 und öfter, sowie auf Panajotis Kondylis, Die Entstehung der Dialektik. Eine Analyse der geistigen Entwicklung von Hölderlin, Schelling und Hegel bis 1802, Stuttgart 1979. – Zur Geschichte des Tübinger Stifts vgl. Joachim Hahn/Hans Mayer, Das Evangelische Stift in Tübingen. Geschichte und Gegenwart. Zwischen Weltgeist und Frömmigkeit, Stuttgart 1985. Ausführlich über die Zeit der drei Freunde im Stift berichtet Martin Leube, Das Tübinger Stift 1770–1950, Stuttgart 1954; anschaulich, aber beschönigend ist Julius Klaiber, Hölderlin, Hegel und Schelling in ihren schwäbischen Jugendjahren, Stuttgart 1877.

Materialien zum *frühen Hölderlin* bieten: Bernhard Zeller (Hg.), Hölderlin in Tübingen. Bearbeitet von Werner Volke. In: Marbacher Magazin II/1978, ^{3}1990; Walter Betzendörfer, Hölderlins Studienjahre im Tübinger Stift, Heilbronn 1922; zum Verständnis der schwäbischen Atmosphäre in Hölderlins Werk unverzichtbar sind Peter Härtling, Hölderlin. Ein Roman, Darmstadt & Neuwied 1978, sowie Pierre Bertaux, Friedrich Hölderlin, Frankfurt a. M. ^{6}1994. Zum *frühen Hegel*: Mechthild Lemcke und Christa Hackenesch, Hegel in Tübingen, Tübingen o. J.; Christoph Jamme und Helmut Schneider (Hgg.), Der Weg zum System. Materialien zum jungen Hegel, Frankfurt a. M. 1990; Zum *frühen Schelling*: Manfred Frank, Eine Einführung in Schellings Philosophie, Frankfurt a. M. 1995; Manfred Frank und Gerhard Kurz (Hgg.), Materialien zu Schellings philosophischen Anfängen, Frankfurt a. M. 1975; Gustav

Leopold Plitt, Aus Schellings Leben. In Briefen, 3 Bde., Leipzig 1869f; Horst Fuhrmans (Hg.), F. W. J. Schelling. Briefe und Dokumente. Bd. 1 und 2, Bonn 1962/1973.

Wolfgang Leppmann, Jahrgang 1922, promovierte in Princeton; lebt in München und den USA als emeritierter Germanist und Literaturkritiker der «Frankfurter Allgemeinen Zeitung». Er arbeitet an einer Biographie von Harry Graf Kessler und veröffentlichte *The German Image of Goethe* (Oxford 1961; Stuttgart 1962, Bern 1982, Frankfurt a. M. 1984, München 1994 als *Goethe und die Deutschen*), *Pompeji, eine Stadt in Literatur und Leben* (München 1966, London 1968), *Winckelmann* (New York u. London 1970, Berlin 1971, Frankfurt a. M. 1986, Mailand 1987), *Rilke: Leben und Werk* (München 1981 u. 1993; New York, Cambridge u. Paris 1984, Bratislava 1987, Mailand 1989, Amsterdam 1990, Tokio 1991), *Gerhart Hauptmann: Leben, Werk und Zeit* (München 1986, Frankfurt a. M. 1989, Berlin 1995), *Die Roaring Twenties: Amerikas wilde Jahre* (München 1989).

Werner Ross, geboren 1912 in Uerdingen am Niederrhein, Studium der Romanistik bei Ernst Robert Curtius; nach längeren Italienaufenthalten 1964 bis 1972 Leiter der Goethe-Institute. Honorarprofessor für vergleichende Literaturwissenschaften und Literaturkritik an der Universität München, Literaturkritiker der «Frankfurter Allgemeinen Zeitung»; publizierte 1980 die Nietzsche-Biographie *Der ängstliche Adler* (neue Taschenbuchausgabe 1994); zuletzt erschienen *Lou Andreas Salomé* (1992), *Baudelaire und die Moderne* (1993), *Der wilde Nietzsche* (1994).
Literaturhinweise: Die Briefe Nietzsches an Rohde und Rohdes an Nietzsche liegen fast vollständig vor. Nietzsches Briefe wurden nach der Studienausgabe zitiert, die ein gründliches Gesamtregister bietet, die Briefe an Nietzsche nach der Kritischen Gesamtausgabe des Briefwechsels. Die auf Seite 160 erwähnte Nietzsche-Biographie hat den Titel *Zarathustras Geheimnis* und ist 1989 im Greno-Verlag/Nördlingen erschienen (als Rowohlt Taschenbuch, Reinbek 1992).

Rüdiger Safranski, geboren 1945 in Rottweil/Württemberg, Dr. phil., lebt als Schriftsteller in Berlin. Wichtigste Veröffentlichungen: *E. T. A. Hoffmann – Das Leben eines skeptischen Phantasten* (1984), *Schopenhauer und Die wilden Jahre der Philosophie* (1987), *Wieviel Wahrheit braucht der Mensch? Über das Denkbare und Lebbare* (1990), *Ein Meister aus Deutschland – Heidegger und seine Zeit* (1994).

Thomas Stamm-Kuhlmann, geboren 1953 in Solingen, 1980 Promotion in Neuerer Geschichte an der Rheinischen Friedrich-Wilhelms-Universität Bonn mit einer Dissertation zur Wissenschaftspolitik; 1987 Habilitation an der Christian-Albrechts-Universität Kiel. Seit 1992 außerplanmäßiger Professor an der Universität Kiel; 1992–1995 Lehrstuhlvertreter an der Ludwig-Maximilians-

Universität München. 1992 erschien: *König in Preußens großer Zeit. Friedrich Wilhelm III., der Melancholiker auf dem Thron*; 1995: *Die Hohenzollern*. Weitere Forschungen gelten der politischen Geschichte sowie der Wissenschafts- und Geistesgeschichte um 1800.

Fritz Stern, geboren 1926 in Breslau, ist Professor für Geschichte an der Columbia University New York. Er ist Mitglied des Ordens «Pour le mérite» und korrespondierendes Mitglied der Deutschen Akademie für Sprache und Dichtung. Zu seinen bekanntesten Veröffentlichungen in deutscher Sprache zählen *Gold und Eisen. Bismarck und sein Bankier Bleichröder* (Berlin 1978) sowie *Der Traum vom Frieden und die Versuchung der Macht. Deutsche Geschichte im 20. Jahrhundert* (Berlin 1988).
Der vorliegende Aufsatz basiert auf umfangreichen Vorarbeiten zu einer geplanten Doppelbiographie über Einstein und Haber. Er wurde im Februar 1986 fertiggestellt und erschien zuerst in dem Sammelband *Forschung im Spannungsfeld von Politik und Gesellschaft. Geschichte und Struktur der Kaiser-Wilhelm-/Max-Planck-Gesellschaft.* Aus Anlaß ihres 75jährigen Bestehens hg. von Rudolf Vierhaus und Bernhard vom Brocke (Stuttgart 1990). Der Aufsatz erscheint hier in gekürzter Form. Dazu teilt der Autor mit: «Aus Zeitgründen war es mir nicht möglich, die nach 1986 erschienene Literatur zu berücksichtigen. Ich habe nach diesem Datum weitergeforscht, konnte aber die neuen Ergebnisse, die weitere Belege ihrer Freundschaft erbrachten, nicht einarbeiten. Ich danke den vielen Archiven, in denen ich gearbeitet habe, ganz besonders dem Einstein-Archiv in Boston und Jerusalem, dem Archiv der Max-Planck-Gesellschaft in Berlin und dem Weizmann-Archiv in Rehovot.»

Ralph-Rainer Wuthenow, geboren 1928 in Rendsburg/Schleswig-Holstein, Studium in Heidelberg, 1956 Lektor in Bordeaux, anschließend in Okayama/Japan und Tokio, Habilitation in Göttingen, seit 1969 in Frankfurt tätig (neuere deutsche Philologie und vergleichende Literaturwissenschaft). Veröffentlichungen u. a. über Jean Paul, Georg Forster, Probleme der literarischen Übersetzung, zur europäischen Autobiographie im 18. Jahrhundert; zur europäischen Reiseliteratur im 18. Jahrhundert; *Muse, Maske, Meduse* (1978), *Im Buch die Bücher oder der Held als Leser* (1980), *Das Bild und der Spiegel* (1984), *Europäische Tagebücher* (1990); Übersetzungen aus dem Französischen und dem Japanischen (Chamfort, Valéry, Bashow).
Literaturhinweise: Briefwechsel zwischen Goethe und Zelter in den Jahren 1799–1832, hg. v. Ludwig Geiger, Bd. 1–3, Leipzig o. J. (1902–1904); Der Briefwechsel zwischen Goethe und Zelter, hg. v. Max Hecker, Bd. 1–3, Leipzig 1913–1918; Carl Friedrich Zelters Darstellungen seines Lebens. Zum ersten Male vollständig nach den Handschriften hg. v. Johann Wolfgang Schottländer, Weimar 1931 (Schriften der Goethe-Gesellschaft 44. Bd.); G(eorg) G(ottfried) Gervinus, Über den Göthischen Briefwechsel, Leipzig 1836; Johann Wolfgang Goethe, Tag- und Jahreshefte als Ergänzung meiner sonstigen Be-

kenntnisse, in: Werke, vollständige Ausgabe letzter Hand, 31. u. 32. Band, Stuttgart und Tübingen 1830; Viktor Hehn, Gedanken über Goethe, 4. Auflage, Berlin 1900; Paul Stöcklein, Wege zum späten Goethe, Hamburg 1949.

Peter Zudeick, geboren 1946 in Haan, aufgewachsen in Solingen. Studium der Philosophie, Germanistik, Theaterwissenschaft und Pädagogik in Köln, 1977 Promotion in Philosophie mit einer Arbeit über Ernst Bloch. Von 1976 an beim «Kölner Stadt-Anzeiger», 1980 Wechsel zum Südwestfunk Baden-Baden, seit 1985 freier Journalist.
LITERATURHINWEISE: Uwe Bergmann, Rudi Dutschke u. a., Rebellion der Studenten oder Die neue Opposition, Reinbek 1968; Stefan Reisner (Hg.), Briefe an Rudi Dutschke, Berlin 1968; Rudi Dutschke, Versuch, Lenin auf die Füße zu stellen, Berlin 1974; ders., Mein langer Marsch. Reden, Schriften und Tagebücher, Reinbek 1980; ders., Geschichte ist machbar. Texte über das herrschende Falsche und die Radikalität des Friedens, Berlin 1980; ders., Aufrecht gehen. Eine fragmentarische Autobiographie, Berlin 1981; ders., Die Revolte. Wurzeln und Spuren eines Aufbruchs, Reinbek 1983; Gretchen Dutschke-Klotz, Die vier Väter: Lukàcs, Gollwitzer, Marcuse, Bloch. In: Rudi Dutschke, Die Revolte, Reinbek 1983; Karola Bloch, Aus meinem Leben, Pfullingen 1981; Karola Bloch, Welf Schröter (Hg.), Lieber Genosse Bloch. Briefe Rudi Dutschkes an Karola und Ernst Bloch, Mössingen-Talheim 1988; Ulrich Chaussy, Die drei Leben des Rudi Dutschke, Darmstadt, Neuwied 1983; Jürgen Miermeister, Rudi Dutschke, Reinbek 1986; Welf Schröter, Rudis Weg zu Bloch. In: Jürgen Strohmaier (Hg.), Utopie und Hoffnung, Mössingen-Talheim 1989; Peter Zudeick, Der Hintern des Teufels. Ernst Bloch – Leben und Werk, Moos & Baden-Baden 1987.
UND VOR ALLEM: Gespräche mit Karola Bloch, Gretchen Dutschke, Helga Reidemeister, Jürgen Holtfreter, Bernd Rabehl, Ulrich Chaussy und anderen.

Der Herausgeber wurde 1955 in Frankfurt am Main geboren, lebte von 1974 bis 1984 in Amsterdam und ist seit 1984 Verlagslektor in Berlin.

Abbildungsnachweis

Archive und private Leihgeber

Archiv für Kunst und Geschichte, Berlin: 133; Archiv der Max-Planck-Gesellschaft, Berlin: 225, 229; Joachim Dyck, Oldenburg: 323, 345; Helga Reidemeister, Berlin: 403; Rowohlt Verlag, Reinbek: 141, 193, 237, 293, 303, 386, 387, 396; Stiftung Bundeskanzler-Adenauer-Haus, Rhöndorf: 357, 369, 374; Stiftung Weimarer Klassik: 163, 176, 203; Süddeutscher Verlag, München: 419, 436, 441; Ullstein Bilderdienst, Berlin: 212, 213, 313.

Publikationen

Adolf Beck, Paul Raabe (Hg.): Hölderlin. Eine Chronik in Text und Bild. Schriften der Hölderlin-Gesellschaft 6/7, Frankfurt am Main 1970: 58, 63, 65; Walter Benjamin 1892–1940. Eine Ausstellung des Theodor W. Adorno Archivs Frankfurt a. M. in Verbindung mit dem Deutschen Literaturarchiv Marbach am Neckar. Bearbeitet von Rolf Tiedemann, Christoph Gödde, Henri Lonitz, Marbach am Neckar 1990: 257, 279; Gottfried Benn 1886–1956. Eine Ausstellung des Deutschen Literaturarchivs im Schiller-Nationalmuseum Marbach am Neckar. Ausstellung und Katalog von Ludwig Greve, in Zusammenarbeit mit Ute Doster und Jutta Salchow, Marbach am Neckar 1986: 329, 341; Walter Biemel, Hans Saner (Hg.): Martin Heidegger/Karl Jaspers. Briefwechsel 1920–1963, Frankfurt am Main, München, Zürich 1990: 292; Remigius Brückmann (Hg.): Politische Karikaturen des Vormärz (1815–1848), Karlsruhe 1984: 155; Peter Csendes (Hg): Österreich 1790–1848. Das Tagebuch einer Epoche, Wien 1987: 149; Jörn Göres (Hg.): Goethes Leben in Bilddokumenten, München 1981: 100, 119; Christian Graf von Krockow, Karl-Heinz Jürgens: Friedrich der Große. Lebensbilder, Bergisch Gladbach 1986: 17, 25, 37, 45; Hans Puttnies, Gary Smith: Benjamina. Eine biographische Recherche, Gießen 1991: 261, 267; Wilhelm Schlösser (Hg.): Deutsche Chronik 1954, Stuttgart 1955: 413; Johann Wolfgang Schottländer (Hg.): Carl Friedrich Zelters Darstellungen seines Lebens. Schriften der Goethe-Gesellschaft Bd. 44, Weimar 1931: 95; Bernhard Zeller (Hg.): Hölderlin zum 200. Geburtstag. Eine Ausstellung des Schiller-Nationalmuseums Marbach a. N., München 1970: 69, 83.